Einstieg in Python

Dipl.-Inform. Michael Inden ist Java- und Python-Enthusiast mit über 20 Jahren Berufserfahrung. Nach seinem Studium in Oldenburg hat er bei diversen internationalen Firmen in verschiedenen Rollen etwa als Softwareentwickler, -architekt, Consultant, Teamleiter, CTO sowie Leiter Academy gearbeitet. Seit Anfang 2022 ist er als Head of Development in Zürich tätig. Sein besonderes Interesse gilt dem Design qualitativ hochwertiger Applikationen sowie dem Coaching. Sein Wissen gibt er gerne als Trainer in internen sowie externen Schulungen und auf Konferenzen weiter, etwa bei der JAX/W-JAX, JAX London, Oracle Code One, ch.open sowie bei der Java User Group Switzerland. Zudem hält er Vorlesungen zum Thema Einstieg in Python im Rahmen eines CAS Machine Learning for Software Engineers.

Michael Inden

Einstieg in Python

Grundlagen der Python-Programmierung leicht und verständlich erklärt

2., überarbeitete und erweiterte Auflage

dpunkt.verlag

Michael Inden

Lektorat: Benjamin Ziech, Sandra Bollenbacher
Copy-Editing: Ursula Zimpfer, Herrenberg
Satz: Michael Inden
Herstellung: Stefanie Weidner
Umschlaggestaltung: Eva Hepper, Silke Braun
Druck und Bindung: mediaprint solutions GmbH, 33100 Paderborn

Bibliografische Information der Deutschen Nationalbibliothek
Die Deutsche Nationalbibliothek verzeichnet diese Publikation in der Deutschen Nationalbibliografie; detaillierte bibliografische Daten sind im Internet über *http://dnb.d-nb.de* abrufbar.

ISBN:
Print 978-3-98889-022-1
PDF 978-3-98890-208-5
ePub 978-3-98890-209-2

2., überarbeitete und erweiterte Auflage 2025

Wieblinger Weg 17
69123 Heidelberg
E-Mail: *hallo@dpunkt.de*

Hinweis:
Dieses Buch wurde mit mineralölfreien Farben auf PEFC-zertifiziertem Papier aus nachhaltiger Waldwirtschaft gedruckt. Der Umwelt zuliebe verzichten wir zusätzlich auf die Einschweißfolie. Hergestellt in Deutschland.

PEFC-zertifiziert
Dieses Buch stammt aus nachhaltig bewirtschafteten Wäldern und kontrollierten Quellen
PEFC
PEFC/04-31-0810
www.pefc.de

Schreiben Sie uns:
Falls Sie Anregungen, Wünsche und Kommentare haben, lassen Sie es uns wissen: *hallo@dpunkt.de*.

5 4 3 2 1 0

In Erinnerung an meine geliebte Mutter Marianne Inden.
Vielen Dank für deine bedingungslose Liebe und Unterstützung.

Inhaltsverzeichnis

Vorwort

Zunächst einmal bedanke ich mich bei Ihnen, dass Sie sich für dieses Buch entschieden haben. Hierin finden Sie einen fundierten und interaktiven Einstieg in die Programmierung mit Python. Dabei fangen wir mit den Grundlagen an und bauen Ihr Wissen immer weiter aus, sodass Sie nach der Lektüre in der Lage sind, eigene Experimente zu wagen, und idealerweise sogar Programmieren als neues Hobby lieben gelernt haben. Insbesondere die ungeheuren Möglichkeiten, kreativ zu werden und dabei immer wieder Neues zu entdecken, werden Sie bestimmt ähnlich faszinieren wie mich seit über 30 Jahren.

Verbesserungen in dieser Auflage

Diese zweite Auflage von »Einfach Python« wurde in weiten Teilen im Vergleich zum Vorgänger leicht überarbeitet und hat dadurch ein Facelift sowie eine Aktualisierung erfahren. Dazu wurden einige Passagen ergänzt und derart modifiziert, dass sie noch besser nachvollziehbar sind. Auch potenziell missverständliche Formulierungen wurden korrigiert und sogar kleinere Teile entfernt, um dem Text mehr Stringenz zu verleihen.

Ohne auf jedes Detail eingehen zu wollen, möchte ich doch folgende Verbesserungen explizit herausheben:

- An diversen Stellen im Text wurde die Verständlichkeit weiter verbessert, indem verschiedene Neuerungen, etwa aus Python 3.10, integriert wurden. Darüber hinaus wurden ein paar Informationen hinzugefügt, ab und an ein Beispiel ergänzt sowie Formulierungen präziser gestaltet. Das gilt beispielsweise für den nun deutlich ausführlicher beschriebenen Einstieg in Variablen oder Programmausgaben mit `print()` und später im Text bei der Behandlung von Besonderheiten bei Sortierungen.
- Zum leichteren Einstieg und Verständnis wurden die Anwendungsgebiete und die zu lösenden Herausforderungen etwa für Schleifen oder Listen stärker motiviert. Analog gilt das für Beispiele, etwa für List Comprehensions und Slicing, die dabei helfen, Zusammenhänge besser verstehen zu können.
- Um komplexere Sachverhalte besser nachvollziehbar zu gestalten, wurden mitunter erklärende Grafiken u. a. rund um negative Indizes bei Strings und Listen ergänzt.

- Auch bei den Übungsaufgaben sind einige dazugekommen, etwa ein BMI-Rechner sowie Aufgaben zu List Comprehensions. Ein paar wenige Aufgaben wurden aus didaktischen Gründen entfernt.
- In der ersten Auflage wurden mitunter die Begrifflichkeiten Methode und Funktion synonym verwendet. In dieser Überarbeitung wird im ganzen Text stringenter auf die korrekte Terminologie geachtet.
- In der ersten Auflage wurden manchmal einige Parameter von Funktionen und Methoden analog zu Built-in-Funktionen benannt, etwa `input()`, `max()`, `min()` oder `sum()`. Das führt zu einer Redefinition und macht die Built-in-Funktionalitäten (temporär) nicht verfügbar. Im lokalen Kontext gilt dies nur für die Anweisungen der Funktion bzw. Methode. Dieses Shadowing wurde nun durch Umbenennungen oder das Hintenanstellen eines _ an den Namen aufgelöst.
- Sowohl einzelne Passagen als auch Praxisbeispiele wurden umgeordnet. Dadurch konnte der Lesefluss verbessert und Vorwärtsreferenzen auf spätere Themen vermieden werden.
- Schließlich wurden einige zu komplexe Themen wie `reduce()` und `groupby()` sowie das Praxisbeispiel Stack entfernt, da sie sich mehr an den fortgeschrittenen Programmierer wenden und den Einsteiger eher verwirren als ihm nützen.

Erweiterungen in dieser Auflage

Neben den zuvor beschriebenen Detailverbesserungen wurden zwei Kapitel und ein Anhang ergänzt:

- **Kapitel 11 »Bildverarbeitung und Kontakt zur Außenwelt«** – In diesem Kapitel widme ich mich einführend der Bibliothek *Pillow* und deren Möglichkeiten zur Verarbeitung von Bildern. Darüber hinaus verdeutliche ich in dem Kapitel, wie einfach man mithilfe der Bibliothek *requests* Kontakt zu Webseiten aufnehmen kann, um etwa ein Bild herunterzuladen (weitere mögliche Anwendungsfelder bestehen darin, beispielsweise Wetterdaten abzufragen). Zudem lernen wir die in Python integrierte Bibliothek *webbrowser* kennen, um eine als Datei gespeicherte Grafik im Browser anzuzeigen oder eine Google-Suche auszuführen.
- **Kapitel 12 »LLMs mit Python im Kurzüberblick«** – Als ganz besonderes Highlight wurde ein einführendes Kapitel zu LLMs (Large Language Models) ergänzt, die derzeit in aller Munde sind. Deren Möglichkeiten wachsen ständig und die Qualität der produzierten Ergebnisse ist ebenso verblüffend wie beeindruckend. Mittlerweile ist es mit ziemlich wenig Aufwand möglich, den Computer sinnvolle Texte, kleine Geschichten oder sogar überschaubar komplexe Programme erstellen zu lassen. Ebenso kann man sich Programme durch den Computer erklären lassen. Zwei besonders interessante Einsatzgebiete sind die Erzeugung von gesprochener Sprache als MP3-Audio aus einem Text und die Generierung von Bildern, rein basierend auf ein paar Stichworten.

- **Anhang C »Neuerungen in Python 3.13«** – Dieser Anhang stellt einige der für das brandaktuelle Python 3.13 umgesetzten Erweiterungen vor. Manche davon können Ihnen die ersten Experimente und Gehversuche insbesondere mit dem Python-Kommandozeileninterpreter erleichtern.

Zielgruppe

Dieses Buch ist für Programmierneulinge gedacht. Es wendet sich somit an

- **Schüler und Schülerinnen**, die ein paar Tipps und Hilfestellungen suchen, die das Nachvollziehen des Informatikunterrichts erleichtern,
- **Studierende**, die ergänzende Erklärungen zu denen aus den Vorlesungen suchen, um Gelerntes schneller anwenden zu können oder besser für die nächste Prüfung vorbereitet zu sein,
- und **alle Interessierten**, die einfach die wunderbare und vielfältige Welt der Programmierung mit Python kennenlernen möchten.

Zur Lektüre dieses Buchs sind Programmiererfahrungen keine zwingende Voraussetzung – allerdings schaden diese natürlich nicht. Selbst dann nicht, wenn Sie sich vielleicht eher mit Java, C#, TypeScript oder JavaScript beschäftigt haben. Es ist aber hilfreich, wenn Sie einigermaßen fit im Installieren von Programmen sind und wissen, was die Kommandozeile ist und wie Sie diese grundlegend bedienen können.

Was vermittelt dieses Buch?

Dieses Buch bietet Ihnen einen unterhaltsamen Einstieg in Python. Dazu wird die trockene Theorie auf ein Minimum reduziert und Sachverhalte werden immer mit kleinen Beispielen illustriert. Zudem ist es ein Buch zum Mitmachen. Ich ermutige Sie, parallel zum Lesen auch immer ein paar Dinge auszuprobieren, vielleicht sogar mal das eine oder andere abzuwandeln. Man lernt Programmieren am besten, wenn man es praktiziert. Somit bietet es sich an, die abgebildeten Codeschnipsel abzutippen, also direkt im Python-Kommandozeileninterpreter einzugeben, oder später im Editor Ihrer Entwicklungsumgebung/IDE (Integrated Development Environment). Beide Varianten werden im Verlauf des Buchs noch genauer beschrieben.

Damit Sie nicht über einfache Probleme stolpern, führt das Buch behutsam und schrittweise in die jeweilige Thematik ein und gibt Ihnen immer auch einige Hinweise, auf was man achten oder was man vielleicht sogar vermeiden sollte. Dazu dienen diverse Praxistipps mit Hintergrundinformationen.

Tipp: Praxistipp

In derart formatierten Kästen finden sich im späteren Verlauf des Buchs immer wieder einige wissenswerte Tipps und ergänzende Hinweise zum eigentlichen Text.

Aufbau dieses Buchs

Dieses Buch besteht aus jeweils in sich abgeschlossenen, aber aufeinander aufbauenden Kapiteln zu elementar wichtigen Bereichen der Programmiersprache Python. Abgerundet werden viele Kapitel mit Aufgaben und Musterlösungen, sodass das zuvor Gelernte direkt anhand neuer Problemstellungen praktiziert und das Wissen vertieft werden kann.

Für Ihren erfolgreichen Weg zur Python-Programmierung gliedert sich das Buch in die vier Teile Einstieg, Aufstieg, Praxisbeispiele und Schlussgedanken.

Im Teil »Einstieg« werden Grundlagen behandelt. Hier empfiehlt es sich, die Kapitel in der Reihenfolge des Buchs zu lesen, da mit jedem Kapitel neue Wissensbausteine und Themen hinzukommen, die im Anschluss vorausgesetzt und verwendet werden. Dann folgt der Teil »Aufstieg«. Dort beschäftigen wir uns mit leicht fortgeschrittenen Themen. Aus diesen können Sie zwar nach Lust und Laune eins der Kapitel zur Lektüre auswählen, aber auch hier bauen einige Themen aufeinander auf. Der Teil »Praxisbeispiele« verdeutlicht die bisherigen Lerninhalte anhand von vereinfachten, didaktisch aufbereiteten Beispielen aus der Praxis. Hier haben Sie viel Spielraum zum Experimentieren und Einbringen eigener Ideen. Im Teil »Schlussgedanken« wird ein Ausblick gegeben, etwa auf Programmierstil und Testen. Das Buch endet mit einem Rückblick und ein paar Hinweisen für nächste Schritte.

Einstieg

Kapitel 1 – Einführung Dieses Kapitel gibt zunächst einen kurzen Überblick über Pythons mittlerweile fast 30-jährige Geschichte. Bevor wir mit dem Lernen von Python als Programmiersprache loslegen, müssen wir einige Installationen vornehmen: Zum einen benötigen wir Python an sich und zum anderen wird eine Entwicklungsumgebung/IDE (Integrated Development Environment) im Verlauf des Buchs mit zunehmender Komplexität der Beispiele immer nützlicher.

Kapitel 2 – Schnelleinstieg Dieses Kapitel bietet einen Schnelleinstieg und stellt viele wesentliche Elemente von Python vor. Dabei wird ganz behutsam Fahrt aufgenommen: Wir beginnen mit einer einfachen Ausgabe eines Textes, traditionell »Hello World«, und lernen dann, wie wir das mithilfe von Variablen variieren. Zudem schauen wir uns bedingte Ausführungen mit Fallunterscheidungen und Wiederholungen mit Schleifen an.

Kapitel 3 – Strings Zeichenketten oder Strings sind aus kaum einem Programm wegzudenken. Variablen vom Typ `str` repräsentieren Zeichenketten und dienen zur Verwaltung von textuellen Informationen. In diesem Kapitel behandle ich die Thematik genauer.

Kapitel 4 – Klassen und Objektorientierung Immer wieder hört man, dass Python auch die objektorientierte Programmierung unterstützt. Doch was bedeutet das? Zum Verständnis gibt dieses Kapitel einen Einblick in den objektorientierten Entwurf von Software. Dazu vermittle ich die grundlegenden Ideen von Zustand (Daten) in Kombination mit Verhalten (Funktionen auf diesen Daten) und wie man dies in Python formuliert.

Kapitel 5 – Collections Collections bzw. Container bieten Flexibilität und Komfort beim Verwalten von Daten. In Python unterstützen die vordefinierten Listen, Mengen und Schlüssel-Wert-Abbildungen die Verwaltung von Daten.

Kapitel 6 – Ergänzendes Wissen In diesem Kapitel werden verschiedene Themen angesprochen, die in den vorherigen Kapiteln aus didaktischen Gründen bewusst ausgelassen wurden. Warum? Deren Beschreibung erfordert mehr Wissen rund um Python, was Sie mittlerweile erworben haben – vorher wäre das Ganze zu tief in die Details gegangen und hätte zu viele andere Kenntnisse vorausgesetzt. Hier angelangt lohnt es sich aber, das bisherige Wissen etwa mit Informationen zu Besonderheiten bei Parametern, dem Ternary-Operator, Aufzählungen mit `Enum` usw. zu komplettieren.

Kapitel 7 – Verarbeitung von Dateien Dieses Kapitel beschäftigt sich mit der Verarbeitung von Informationen aus Dateien. Dies ist für viele Anwendungen von großer Bedeutung, da Informationen oftmals nicht nur während der Programmlaufzeit von Interesse sind, sondern vor allem auch darüber hinaus – denken Sie etwa an die Highscore-Liste Ihres Lieblingsspiels.

Aufstieg

Kapitel 8 – Collections Advanced Dieses Kapitel stellt fortgeschrittenere Funktionalitäten rund um Collections vor. Dort gehen wir beispielsweise auf sequenzielle Datentypen, Iteratoren und Generatoren ein. Spezielle benannte Datencontainer lassen sich mit Named Tuples erzeugen. Schließlich schauen wir uns noch einführend Lambdas an.

Kapitel 9 – Fehlerbehandlung mit Exceptions Vielleicht kennen Sie es schon: Manchmal tritt ein Programmfehler auf und das Programm stürzt ab. Wichtige Daten gehen potenziell verloren. So etwas ist ärgerlich. Daher gehört die Behandlung von Fehlern zum guten Ton beim Programmieren. Dieses Kapitel führt in die Thematik ein.

Kapitel 10 – Datumsverarbeitung Python bietet diverse praktische Funktionalitäten, um mit Datums- und Zeitangaben zu arbeiten, etwa zur Verarbeitung von Zeitpunkten, Zeitdifferenzen und Berechnungen. Dies und mehr wird in diesem Kapitel einführend dargestellt.

Kapitel 11 – Bildverarbeitung und Kontakt zur Außenwelt Python bietet diverse Bibliotheken, etwa zur Verarbeitung von Bildern und zum Ausführen von Web-Requests. Beide Thematiken stellt dieses Kapitel einführend vor und zeigt abschließend, wie man mit der in Python integrierten Bibliothek *webbrowser* mit dem Webbrowser in Kontakt treten kann.

Kapitel 12 – LLMs mit Python im Kurzüberblick Die Popularität von Python basiert vermutlich auch darauf, dass es viele Bibliotheken rund um KI (Künstliche Intelligenz), ML (Machine Learning) und LLMs (Large Language Models) gibt, die zudem oftmals noch recht gut in der Handhabung sind. Dieses Kapitel zeigt ein paar der vielfältigen Möglichkeiten auf, etwa wie man den Computer sinnvolle Texte erstellen oder Bilder generieren lässt.

Praxisbeispiele

Kapitel 13 – Praxisbeispiel: Tic Tac Toe In diesem Kapitel entwickeln wir eine einfache Version des Strategiespiels Tic Tac Toe. Beim Implementieren wird verdeutlicht, warum man Programme in kleine Bausteine untergliedern sollte.

Kapitel 14 – Praxisbeispiel: CSV-Highscore-Liste einlesen Dieses Kapitel verdeutlicht an einem weiteren Praxisbeispiel, wie die Verarbeitung von Dateien und kommaseparierten Daten, auch CSV (Comma Separated Values) genannt, mit Python erfolgen kann. Um das Ganze unterhaltsam zu gestalten, werden wir statt trockener Anwendungsdaten eine Liste von Spielständen als Eingabe nutzen.

Kapitel 15 – Praxisbeispiel: Worträtsel Das dritte Praxisbeispiel umfasst eine etwas komplexere Programmieraufgabe, nämlich die Erstellung von Worträtseln, wie man sie aus Zeitschriften kennt. Dabei sollen aus einem scheinbaren »Buchstabensalat« verschiedene dort versteckte Begriffe extrahiert werden. Dieses Kapitel vermittelt, wie man Aufgaben in kleine Problemstellungen untergliedert und diese jeweils mit eigenen Klassen realisieren kann. Schließlich agiert die eigentliche Applikation dann wie ein Dirigent und fügt die Einheiten passend zusammen. Dabei lernen wir beispielsweise den Import möglicher Wörter aus Dateien, die Modellierung des Rätsels und einen einfachen Export nach HTML kennen.

Schlussgedanken

Kapitel 16 – Gute Angewohnheiten Dieses Kapitel stellt Ihnen ein paar Dinge zu gutem Programmierstil vor. Das umfasst sogenannte Coding Conventions, also Regeln beim Programmieren. Außerdem zeige ich, wie sich einige davon mit Tools prüfen lassen und wie man Programme mit Pytest testen und dadurch Fehler vermeiden kann.

Kapitel 17 – Schlusswort Hier rekapitulieren wir kurz, was Sie durch die Lektüre dieses Buchs gelernt haben sollten und wie Sie möglicherweise weitermachen können.

Anhang

Anhang A – Schlüsselwörter im Überblick In Python existiert eine Reihe von Schlüsselwörtern, die reserviert sind und nicht als Bezeichner für Variablen, Funktionen und einiges anderes verwendet werden dürfen. Hier erhalten Sie einen Überblick.

Anhang B – Schnelleinstieg REPL In diesem Buch werden diverse Beispiele direkt auf der Konsole ausprobiert. Der Grund ist vor allem, dass Python einen interaktiven Kommandozeileninterpreter als REPL (Read-Eval-Print-Loop) bietet.

Anhang C – Neuerungen in Python 3.13 Dieser Anhang stellt einige der im brandaktuellen Python 3.13 enthaltenen Erweiterungen vor. Manche davon können Ihnen die ersten Experimente und Gehversuche insbesondere mit dem Python-Kommandozeileninterpreter erleichtern.

Konventionen

Verwendete Zeichensätze

In diesem Buch gelten folgende Konventionen bezüglich der Schriftart: Neben der vorliegenden Schriftart werden wichtige Textpassagen *kursiv* oder ***kursiv und fett*** markiert. Englische Fachbegriffe werden eingedeutscht großgeschrieben, etwa Event Handling. Zusammensetzungen aus englischen und deutschen (oder eingedeutschten) Begriffen werden mit Bindestrich verbunden, z. B. Plugin-Manager. Listings mit Sourcecode sind in der Schrift `Courier` gesetzt, um zu verdeutlichen, dass diese einen Ausschnitt aus einem Python-Programm darstellen. Auch im normalen Text wird für Klassen, Funktionen, Methoden, Variablen und Parameter diese Schriftart genutzt.

Verwendete Abkürzungen

Im Buch verwende ich die in der nachfolgenden Tabelle aufgelisteten Abkürzungen. Weitere Abkürzungen werden im laufenden Text in Klammern nach ihrer ersten Definition aufgeführt und anschließend bei Bedarf genutzt.

Abkürzung	Vollständige Bezeichnung
API	Application Programming Interface
ASCII	American Standard Code for Information Interchange
IDE	Integrated Development Environment

Sourcecode und ausführbare Programme

Ich hatte schon angedeutet, dass es zum Programmierenlernen hilfreich ist, die Beispiele und Sourcecode-Schnipsel selbst auszuprobieren und abzutippen. Um Ihnen ein wenig Tipparbeit und Mühe zu sparen, finden Sie viele der Beispiele als Programme in Form eines ZIP-Archivs, das unter `www.dpunkt.de/Einstieg-in-Python-2` zur Verfügung steht. Dort erhalten Sie auch weitere Informationen zum genauen Vorgehen.

Nach dem Entpacken sollte das Resultat im Dateisystem in etwa so aussehen (links). Wenn Sie das übergeordnete Verzeichnis in die IDE PyCharm importieren, zeigt sich eine Darstellung wie rechts abgebildet.

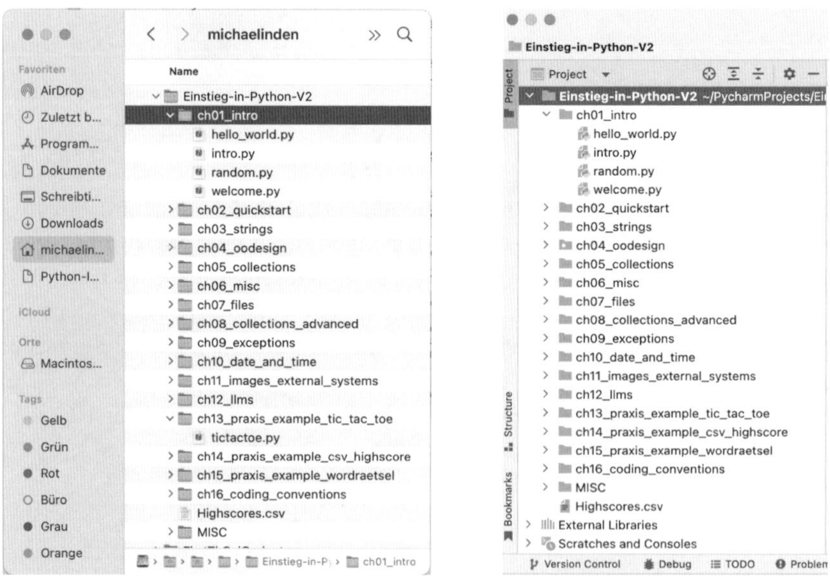

***Abbildung 0-1** Python-Dateien nach dem Entpacken im Dateisystem (links) / nach dem Import in PyCharm (rechts)*

Zu jedem Kapitel des Buchs korrespondiert ein Verzeichnis. Dort finden Sie jeweils einige oder manchmal sogar eine Vielzahl an Python-Programmen in Form von `.py`-Dateien. Wenn Sie auf der Konsole arbeiten, wechseln Sie in das jeweilige Verzeichnis und öffnen die Dateien etwa mit einem Texteditor oder führen Sie diese mit Python aus. Welche Schritte dazu notwendig sind, erfahren Sie in den folgenden Kapiteln.

Wenn Sie PyCharm als IDE einsetzen, ist die Navigation ein wenig einfacher und zudem kann man leichter zwischen verschiedenen Verzeichnissen und somit Themengebieten hin und her springen. In der IDE lassen sich die Programme auch einfacher bearbeiten und dadurch gehen kleine Experimente etwas leichter von der Hand.

Verwendete Python-Version

Die Beispiele dieses Buchs wurden mit der im Sommer 2024 aktuellen Version 3.12 von Python überarbeitet oder neu entwickelt sowie getestet. Eine abschließende Prüfung erfolgte Anfang Oktober 2024 mit dem finalen Python 3.13. Wenn auf Ihrem Rechner die Python-Version noch nicht ganz so aktuell sein sollte, wird dies eher selten ein Problem darstellen. Die allermeisten Programme sollten ohne Änderungen auch in etwas älteren Python-Versionen wie 3.11 oder 3.10 funktionieren.

Kommentare

Beachten Sie bitte, dass sich in den abgebildeten Programmen immer wieder diverse Kommentare (hier fett markiert) finden, die die folgenden Anweisungen erklären und der Orientierung und dem besseren Verständnis dienen. In der Praxis sollte man derartige Kommentierungen mit Bedacht einsetzen und lieber einzelne Sourcecode-Abschnitte in Funktionen auslagern. Für die Beispiele des Buchs dienen diese Kommentare aber als Anhaltspunkte, weil die eingeführten oder dargestellten Sachverhalte für Sie als Leser vermutlich noch neu und ungewohnt sind.

```
# Startet der Text mit der Suchzeichenfolge?
if text.startswith(value_to_find):
    # Treffer: Setze die Suche nach dem gefundenen
    # Begriff nach der Fundstelle fort
    remaining = text[len(value_to_find):]
    count = 1
else:
    # entferne erstes Zeichen und suche erneut
    remaining = text[1:]
```

Danksagung

Wie schon bei einigen meiner Bücher hat mich auch diesmal Michael Kulla wieder ganz besonders unterstützt, wie üblich breitgefächert vom Aufdecken von Tippfehlern bis hin zu diversen inhaltlichen Hinweisen. Auch Prof. Dr. Carsten Kern hat einige Kapitel mit wertvollen Anmerkungen weiter verbessert. Schließlich haben Maya Piepenbreier und Jean-Claude Brantschen mit ein paar Anregungen dazu beigetragen, den Text noch verständlicher zu machen und abzurunden.

Ebenso geht selbstverständlich ein Dankeschön an das Team des dpunkt.verlags (Dr. Michael Barabas, Dr. Benjamin Ziech, Sandra Bollenbacher, Alissa Melitzer und Stefanie Weidner) für die tolle Zusammenarbeit. Außerdem möchte ich mich bei Tobias Overkamp für die fundierte fachliche Durchsicht der ersten Auflage sowie bei Ursula Zimpfer für ihre Adleraugen beim Copy-Editing bedanken.

Abschließend geht ein lieber Dank an meine Frau Lilija für ihr Verständnis und die Unterstützung. Ihren ganz besonderen Anteil hat unser Sonnenschein Sophie Jelena dazu beigetragen, indem sie den Papa immer wieder zum Lachen gebracht hat.

Anregungen und Kritik

Trotz großer Sorgfalt und mehrfachen Korrekturlesens lassen sich missverständliche Formulierungen oder sogar Fehler leider nicht vollständig ausschließen. Falls Ihnen etwas Derartiges auffallen sollte, so zögern Sie bitte nicht, mir dies mitzuteilen. Gerne nehme ich auch Anregungen oder Verbesserungsvorschläge entgegen. Kontaktieren Sie mich bitte per Mail unter:

`michael_inden@hotmail.com`

Zürich, im November 2024
Michael Inden

I Einstieg

1 Einführung

1.1 Python im Überblick

Python wurde Anfang der 1990er-Jahre von Guido von Rossum entwickelt und 1994 in Version 1.0 veröffentlicht. Mittlerweile hat Python zwar schon rund 30 Jahre auf dem Buckel, wird aber nicht altersschwach, sondern kontinuierlich gepflegt und weiterentwickelt. Beispielsweise hat die bereits 2008 erschienene Hauptversion Python 3 diverse Aktualisierungen erfahren und liegt seit Oktober 2023 in der Version 3.12 vor. Im Oktober 2024 ist Python 3.13 erschienen.

Hinweis: Python 2

Tatsächlich findet man vereinzelt immer noch Projekte und Informationen zur Vorgängerversion Python 2. Das neuere Python 3 ist an einigen Stellen nicht rückwärtskompatibel, etwa bei `print()`, das in Python 2 noch ein Kommando war und mittlerweile eine Funktion ist, oder aber bei Aktionen auf Listen, wie Filterungen, die im Gegensatz zu Python 2 nicht mehr direkt ausgeführt werden, sondern ein Ergebnis zum Weiterverarbeiten liefern. Insgesamt bietet Python 3 modernere Konzepte und sollte für Neuentwicklungen bevorzugt werden. Deswegen wird Python 2 in diesem Buch nicht weiter behandelt.

In den letzten Jahren wurde Python immer beliebter und ist mittlerweile die populärste Programmiersprache. Stand November 2024 hat Python laut TIOBE-Popularitätsindex[1] den 1. Platz inne und diesen bereits vor über einem Jahr erobert. Eine wichtige Rolle spielt vermutlich die freie Verfügbarkeit für alle relevanten Betriebssysteme. Zudem ist Python recht leicht zu erlernen (zum Einstieg deutlich einfacher als Java und insbesondere als C oder C++). Auch in der Forschung und Lehre wird Python zunehmend populärer und gewinnt an Bedeutung.

Darüber hinaus ist Programmieren ein wunderbares Hobby sowie ein faszinierender Beruf und es macht zudem noch jede Menge Freude, fördert die Kreativität und den Gestaltungswillen.

Wie Sie sehen, sprechen viele gute Gründe für einen Einstieg in die Programmierung mit Python. Das Wichtigste ist jedoch der Spaß am Programmieren, Tüfteln und Ausprobieren. Lassen Sie uns starten!

1 `https://www.tiobe.com/tiobe-index`

Bestandteile von Python-Programmen

Python als Programmiersprache besitzt ebenso wie eine natürliche Sprache eine Grammatik und feststehende Begriffe (Wörter). Man spricht dabei von ***Syntax*** und Schlüsselwörtern (vgl. Anhang A).

Python-Programme werden textuell verfasst. Das wird ***Sourcecode*** genannt. Zum Einstieg betrachten wir zwei einfache Python-Programme. Wir beginnen mit der ***skriptbasierten*** (Zeile für Zeile abgearbeiteten) Variante des kürzestmöglichen Hello-World-Programms, der Ausgabe eines Grußes auf der Kommandozeile:

```
print("Hello world!")
```

Diese Zeile speichern Sie etwa in einer Datei `helloworld.py` und können diese später ausführen. Das schauen wir uns in Kürze an.

Die gezeigte Funktionalität lässt sich auch etwas komplizierter folgendermaßen im objektorientierten Stil mithilfe einer Klasse (vgl. Kapitel 4) verfassen – solche Darstellungen von Sourcecode nennt man auch ***Listing***:

```
class HelloWorld:
    def greet(self):
        print("Hello world!")


greeter = HelloWorld()
greeter.greet()
```

Keine Sorge, Sie müssen das Ganze noch nicht verstehen, wir werden das alles Stück für Stück erlernen. Hier ist zunächst nur wichtig, dass Sie elementare Bestandteile von Python-Programmen grob einordnen können. Dazu gehören die ***Schlüsselwörter***, also Python-Befehle oder -Anweisungen, hier etwa `class`, `def` und Funktions- bzw. Methodenaufrufe wie `print()` und `greet()`. Ebenso wie die Begriffe in einer Sprache tragen diese reservierten Wörter eine besondere Bedeutung, ganz analog etwa zu den Nomen Auto, Haus, Tür usw. oder den Verben laufen, knobeln etc. im Deutschen.

Genau wie im Deutschen können (oder besser sollten) Begriffe nicht wahllos miteinander verknüpft werden, denn dann ergibt dies höchstwahrscheinlich keinen Sinn. Um einen gültigen Satz zu formulieren, bedarf es der Einhaltung einiger Regeln. Diese werden als Grammatik bezeichnet. Auch in Python existiert eine solche. Damit wird etwa festgelegt, dass es `def greet()` heißen muss, aber nicht `greet() def`. Man spricht dann davon, dass das Programm syntaktisch korrekt ist, wenn es den Regeln der Grammatik entspricht.

Zudem sehen wir Einrückungen. Diese kann man sich wie Absätze in einem Text vorstellen. In Python bündeln diese Einrückungen Anweisungen. Man spricht auch von Blöcken oder Suites. Einrückungen sind im Gegensatz zu anderen Programmiersprachen wie Java äußerst wichtig. Wird in einem Python-Programm falsch eingerückt oder werden Einrückungen ganz weggelassen, so lässt sich das Programm nicht ausführen.

Gründe für die zunehmende Popularität von Python

Wie schon angedeutet, wird Python immer populärer. Beleuchten wir ein paar Gründe für diesen Trend. Zwei wesentliche sind sicher das breite Einsatzspektrum sowie die recht flache Lernkurve beim Einstieg.

Einfaches Experimentieren und erste Schritte Erste Experimente mit Python gehen oftmals schnell von der Hand. Dabei hilft die auf das Wesentliche reduzierte Syntax (die wenigen Schlüsselwörter und Anweisungen) in Kombination mit einigen eleganten Sprachfeatures. Zum einfachen Ausprobieren weniger Anweisungen existiert ein interaktiver Modus. Dieser steht nach der im Anschluss (vgl. Abschnitt 1.2) beschriebenen Installation von Python automatisch zur Verfügung.

Im folgenden Text nutze ich immer $ zur Kennzeichnung von Eingaben auf der Kommandozeile (eine Kurzeinführung finden Sie in Abschnitt 1.3). Von dort starten Sie Python im interaktiven Modus mit dem Aufruf `python` (Windows) bzw. `python3` (macOS). Dies sollte in etwa wie folgt protokolliert werden:

```
$ python3
Python 3.13.0 (v3.13.0:60403a5409f, Oct  7 2024, 00:37:40) [Clang 15.0.0 (clang
      -1500.3.9.4)] on darwin
Type "help", "copyright", "credits" or "license" for more information.
>>>
```

Die drei `>>>` zeigen an, dass Python nun auf Ihre Eingaben und Befehle wartet. In diesem Modus können Sie einzelne Anweisungen und kleinere Berechnungen Zeile für Zeile eingeben und direkt die Resultate sehen, etwa folgendermaßen:

```
>>> 7 * 6
42
>>> print("Willkommen zum Python-Buch")
Willkommen zum Python-Buch
```

Wie bereits angedeutet ist es alternativ ebenfalls möglich, die abgebildeten Zeilen in einer Datei mit der Endung `.py`, etwa als `intro.py`, zu speichern – dabei müssen Berechnungen dann entweder einer Variablen zugewiesen, `result = 7 * 6`, oder wie im nachfolgenden Listing gezeigt per `print()` ausgegeben werden:

```
print(7 * 6)
print("Willkommen zum Python-Buch")
```

Eine solche Datei mit Python-Anweisungen lässt sich dann wie folgt ausführen – mehr Details zu dieser skriptbasierten Ausführung behandelt Abschnitt 1.2.5:

```
$ python3 <dateiname>.py
```

Konkret würde ein Aufruf so aussehen und die nachfolgenden Ausgaben produzieren:

```
$ python3 intro.py
42
Willkommen zum Python-Buch
```

Weitere Vorteile Die gut verständliche Formatierung und Gestaltung von Blöcken mit Einrückungen statt der in anderen Programmiersprachen üblichen geschweiften Klammern erleichtern den Einstieg. Neben dieser optischen Hilfe und Strukturierung besitzt Python eine überschaubare Anzahl an Befehlen (***Schlüsselwörter***).

Damit eine Programmiersprache eine gewisse Popularität erreichen kann, muss sie fast zwangsläufig für alle gängigen Betriebssysteme wie Windows, macOS und Unix verfügbar sein. Das ist für Python gegeben.

Eine weitere Rolle spielt das sogenannte Ökosystem, also die Menge an externen Tools und Frameworks sowie Bibliotheken, die für eine Programmiersprache existieren. Lange Zeit war hier Java vorbildlich und extrem stark. Python spielt in den Bereichen Künstliche Intelligenz (KI) und Machine Learning (ML) eine Vorreiterrolle und holt in anderen Bereichen stetig auf: Es gibt diverse gute Entwicklungstools und weitere Bibliotheken, herausragend sind eben die in den Bereichen KI und ML.

Als Vorgeschmack sei auf die Kapitel 11 und 12 hingewiesen. Im ersten von beiden beschäftigen wir uns mit verschiedenen Bibliotheken zur Verarbeitung von Bildern und zum Ausführen von Web-Requests. Das zweite genannte Kapitel liefert einen Einstieg in KI und beleuchtet einige Möglichkeiten von Large Language Models (LLMs), etwa die Generierung von Texten, Audioausgaben in MP3 und Bildern.

Zwischenfazit

Genug der vielen Informationen. Nachfolgend werden wir die Dinge gründlich besprechen und didaktisch immer wieder neue Themengebiete ergründen, bis wir schließlich einen guten Einstieg in die Python-Programmierung vollzogen haben werden. Vorab wollen wir Python selbst und optional die IDE namens PyCharm[2] installieren und erste Schritte ausführen, um für unsere weitere Entdeckungsreise gewappnet zu sein.

1.2 Los geht's – Installation

Im ersten Teil dieses Buchs wird ein Hands-on-Ansatz verfolgt, bei dem wir Dinge oftmals in Form kleinerer Python-Codeschnipsel direkt ausprobieren. Sie benötigen dazu keine tiefgreifenden Programmiererfahrungen, allerdings schaden diese natürlich nicht, ganz im Gegenteil. Hilfreich wäre jedoch, wenn Sie sich einigermaßen mit dem Installieren von Programmen und grundlegend mit der Kommandozeile auskennen.

Damit Sie die nachfolgend beschriebenen Python-Programme ausführen können, benötigen Sie eine aktuelle Python-Installation. Beginnen wir also damit.

Hinweis: Möglicherweise leicht abweichende Screenshots

Denken Sie bitte daran: Bei Ihnen können die Abbildungen aufgrund von unterschiedlichen Versionen leicht abweichen, insbesondere, wenn Sie Windows verwenden. Die Screenshots wurden unter macOS Sonoma erstellt.

2 `https://www.jetbrains.com/pycharm`

1.2.1 Python-Download

Auf der Webseite `https://www.python.org` ist die aktuelle Python-Version frei verfügbar (vgl. Abbildung 1-1).

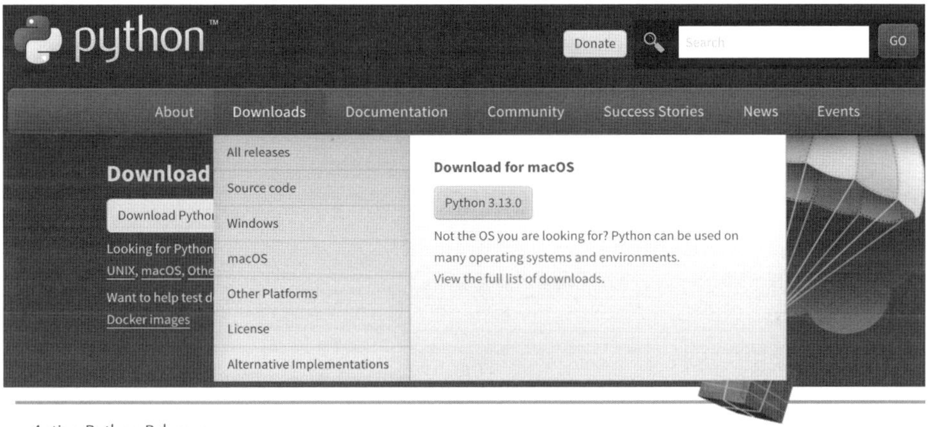

Abbildung 1-1 *Python-Download-Seite*

Nachdem Sie auf den Link zum Python-Download geklickt haben, startet der Download. Wenn dieser abgeschlossen ist, fahren Sie wie im Anschluss beschrieben fort.

1.2.2 Installation von Python

Die Installation von Python wird nachfolgend für die weitverbreiteten Betriebssysteme Windows und macOS beschrieben. Falls Sie ein Unix-Derivat nutzen, dann finden Sie dort oftmals schon eine aktuelle Version von Python vorinstalliert.

Python-Installation für Windows

Für Windows doppelklicken Sie bitte auf die `.exe`-Datei, die nach erfolgreicher Installation gelöscht werden kann. Führen Sie das heruntergeladene Installationsprogramm aus (z. B. `python-3.13.0-amd64.exe`). Damit wird Python installiert. Akzeptieren Sie die Standardeinstellungen und befolgen Sie die Anweisungen während der Installation. In einem Schritt kann angeklickt werden, dass Python der Umgebungsvariablen `PATH` hinzugefügt werden soll. Das sollten Sie unbedingt auswählen, um spätere Aktionen und Änderungen an den Systemeinstellungen zu vermeiden.

Exemplarisch ist die Python-Installation für Windows inklusive der auszuwählenden Aktionen in der nachfolgenden Abbildung 1-2 gezeigt.

Abbildung 1-2 *Python-Installation für Windows*

Python-Installation für macOS

Für macOS sollten Sie eine .pkg-Datei (z. B. python-3.13.0-macos11.pkg) heruntergeladen haben, die Sie doppelklicken, um die Installation zu starten. Folgen Sie den Aufforderungen. Möglicherweise müssen Sie das Administrator-Passwort eingeben, um fortzufahren. Nachdem die Installation abgeschlossen ist, können Sie die .pkg-Datei löschen, um Speicherplatz zu sparen.

1.2.3 Nacharbeiten nach der Python-Installation

Damit Python bei Ihnen nach der Installation in der Kommandozeile korrekt funktioniert, sind mitunter ein paar Nacharbeiten nötig. Dazu sollten wir Python zur leichteren Handhabung in den Pfad aufnehmen. Dies wird nachfolgend für die Betriebssysteme Windows und macOS beschrieben. Falls Sie ein Unix-Derivat nutzen, dann finden Sie dort oftmals eine aktuelle Version von Python vorinstalliert und passend konfiguriert.

Nacharbeiten für Windows

Sofern nicht bereits während der Installation angeklickt, sollte das Installationsverzeichnis in die Umgebungsvariable PATH aufgenommen werden. Diese können Sie unter »Umgebungsvariablen« (engl. Environment Variables) ändern. Drücken Sie die Win-Taste und geben Sie dann »umgeb« ein, bis »Umgebungsvariablen für dieses Konto bearbeiten« erscheint. Mit Enter öffnet sich der Dialog »Umgebungsvariablen«. Hier wählen Sie den Eintrag »Path« aus und klicken auf den Button »Bearbeiten«. In die nun erscheinende Liste fügen Sie das Installationsverzeichnis ein. Dazu klicken Sie auf den Button »Neu« und fügen dort zwei Verzeichnisse hinzu: Zum einen das Installationsverzeichnis, das standardmäßig etwa so aussieht: C:\Users\<NUTZERNAME>\

AppData\Local\Programs\Python\Python313. Zum anderen das Unterverzeichnis Scripts, für das der Eintrag ungefähr wie folgt lautet: C:\Users\<NUTZERNAME>\AppData\Local\Programs\Python\Python313\Scripts. Nach dem Schließen des Dialogs mit »OK« sollte das Ganze dann in etwa so aussehen:

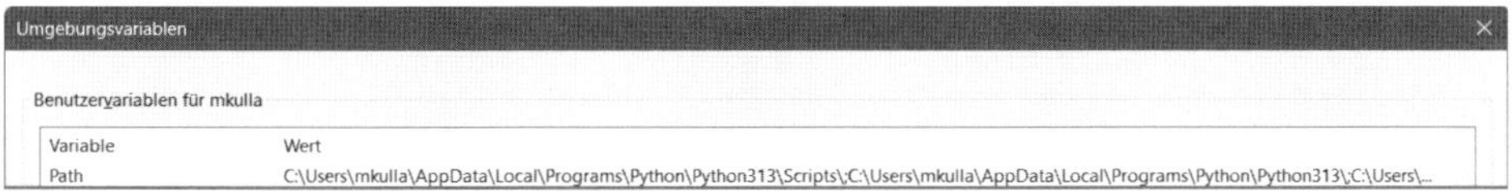

Abbildung 1-3 *Umgebungsvariablen bearbeiten*

Beachten Sie Folgendes: Bestätigen Sie die gesamten Dialoge bitte immer mit »OK«, sodass die Umgebungsvariablen gesetzt sind. Eventuell geöffnete Kommandozeilen müssen geschlossen und neu geöffnet werden, um die geänderten Umgebungsvariablen wirksam werden zu lassen.

Weitere Informationen finden Sie auf der Webseite https://docs.python.org/3/using/windows.html.

Nacharbeiten für macOS

Auch unter macOS empfiehlt es sich, einen Verweis auf Python im Pfad in der jeweiligen Shell (dem Terminal) passend zu setzen. Normalerweise geschieht dies bei einer Installation automatisch. Ansonsten können Sie dies von Hand ausführen bzw. in das Startskript Ihrer Shell folgende Kommandos eintragen, etwa ~/.bash_profile oder neuer ~/.zshrc:

```
$ export PYTHON_HOME=/Library/Frameworks/Python.framework/Versions/3.13/
$ export PATH=$PYTHON_HOME/bin:$PATH
```

1.2.4 Python-Installation prüfen

Nachdem Sie die obigen Schritte ausgeführt haben, sollte Python auf Ihrem Rechner installiert und von der Kommandozeile startbar sein und Sie damit bereit für die nächsten Schritte. Öffnen Sie eine Kommandozeile – falls Sie sich damit noch etwas schwertun, finden Sie in Abschnitt 1.3 eine Kurzeinführung in die Kommandozeile. Von dort starten Sie Python im interaktiven Modus mit python (Windows Eingabeaufforderung) oder python3 (macOS Terminal). Nochmals zur Erinnerung: Im folgenden Text nutze ich $ zur Kennzeichnung von Eingaben auf der Kommandozeile, um es unabhängig vom jeweiligen Betriebssystem einheitlich darstellen zu können:

```
$ python3
Python 3.13.0 (v3.13.0:60403a5409f, Oct  7 2024, 00:37:40) [Clang 15.0.0 (clang
      -1500.3.9.4)] on darwin
Type "help", "copyright", "credits" or "license" for more information.
>>>
```

Sofern Sie ähnliche Meldungen erhalten (möglicherweise mit kleinen Abweichungen bei den Versionsangaben), können wir uns auf die Entdeckungsreise zur Python-Programmierung machen. Wir beenden den interaktiven Modus mit `exit()` oder seit Python 3.13 kürzer mit `exit`, um anschließend noch die skriptbasierte Ausführung kennenzulernen.

```
>>> exit
```

1.2.5 Python-Programm als Skript ausführen

Wie schon erwähnt, kann man Python-Anweisungen nicht nur interaktiv auf der Kommandozeile direkt eingeben und ausführen, sondern auch in Form einer Textdatei bereitstellen und die dortigen Anweisungen Zeile für Zeile ausführen lassen. Dazu müssen die gewünschten Python-Anweisungen zunächst mit einem Texteditor eingegeben werden, beispielsweise folgende zwei Zeilen:

```
print("Herzlich Willkommen zu 'Einfach Python'")
print("Viel Spaß wünscht Ihnen Michael Inden")
```

Speichern Sie diese Zeilen etwa als Datei `welcome.py` ab. Danach können Sie die Anweisungen als Python-Programm unter macOS folgendermaßen starten – für Windows nutzen Sie `python` zum Aufruf statt `python3` (macOS).

```
$ python3 welcome.py
```

Dieser Aufruf startet Python, das dann die Anweisungen aus der angegebenen Datei, hier `welcome.py`, lädt und analysiert und diese schließlich ausführt. Für dieses Beispiel werden als Folge diese Meldungen auf der Kommandozeile ausgegeben:

```
Herzlich Willkommen zu 'Einfach Python'
Viel Spaß wünscht Ihnen Michael Inden
```

1.3 Arbeiten mit der Kommandozeile (Kurzeinführung)

Gerade habe ich bereits das eine oder andere Mal die Kommandozeile erwähnt. Möglicherweise haben Sie noch nicht so viel Erfahrung und tun sich bei deren Start noch etwas schwer. Um diese Einstiegshürde zu überwinden, möchte ich eine kurze Einführung geben, damit Sie dann sicher Python im interaktiven Modus von der Kommandozeile starten können.

Nachfolgend zeige ich Ihnen zuerst die Schritte für macOS und danach die für Windows.

1.3.1 Für macOS

Terminal starten

Unter macOS heißt das Programm für die Kommandozeile »Terminal«. Um dieses zu starten, führen Sie bitte alternativ eine der beiden folgenden Varianten aus.

Variante 1 – Dock und Launchpad Klicken Sie im Dock auf das Symbol des Launchpad (vgl. Abbildung 1-4).

***Abbildung 1-4** Dock und Launchpad*

Daraufhin erscheint eine Iconliste mit allen Programmen. Im oberen Teil befindet sich ein Suchfeld. Dort geben Sie bitte `Terminal` ein. Während der Eingabe wird die Liste der dem Suchbegriff entsprechenden Programme immer stärker eingeschränkt und es sollte das zum `Terminal` gehörende Programmsymbol erscheinen. Dieses können Sie anklicken, wie es nachfolgend in Abbildung 1-5 durch den Pfeil angedeutet ist.

***Abbildung 1-5** Dienstprogramme mit Filterung auf »Te«*

Variante 2 – Dock und Finder Klicken Sie im Dock auf das Symbol des Finder (vgl. Abbildung 1-6).

***Abbildung 1-6** Dock und Finder*

Öffnen Sie dort den Ordner `/Programme/Dienstprogramme` und doppelklicken Sie dann auf `Terminal` wie es nachfolgend in Abbildung 1-7 durch den unteren Pfeil angedeutet ist.

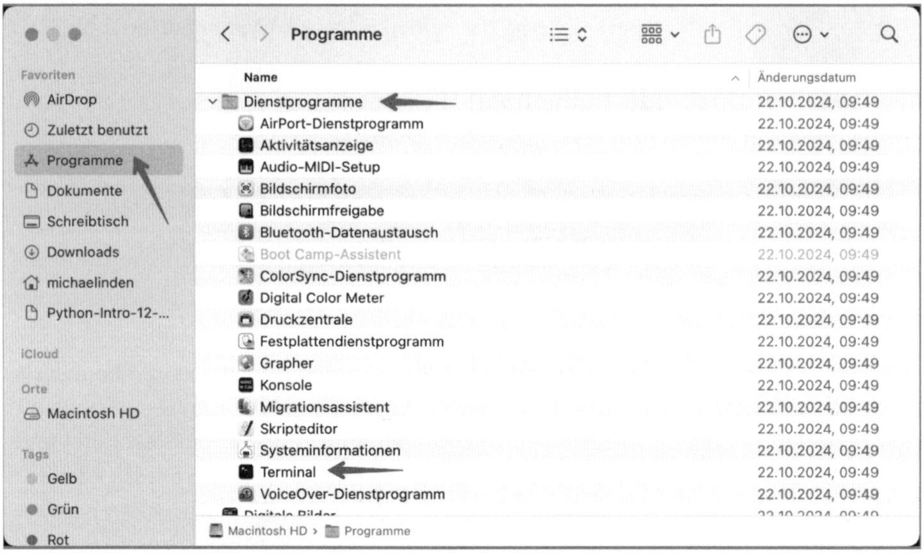

Abbildung 1-7 *Dienstprogramme im Finder*

Resultat: Terminal-Fenster Unabhängig von den beiden beschriebenen Wegen sollte sich ein Terminal-Fenster, also die Kommandozeile, analog zu dem in Abbildung 1-8 gezeigten öffnen – Datumsangaben und Rechnername werden bei Ihnen vermutlich abweichen. :-)

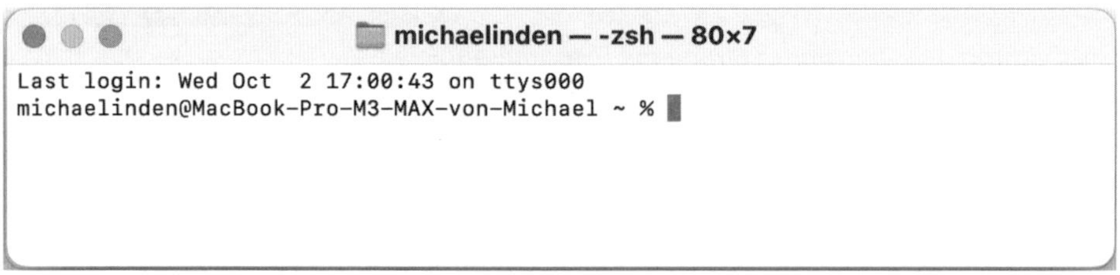

Abbildung 1-8 *Terminal*

Für das Terminal verwende ich im Buch als Abkürzung immer das $-Zeichen. Hier geben Sie Kommandos ein oder führen die Installation von Python-Bibliotheken und Tools durch.

Python im Terminal starten

Um die im Text abgebildeten Python-Kommandos ausführen zu können, müssen Sie den Python-Kommandozeileninterpreter (auch REPL für Read-Eval-Print-Loop genannt) für macOS durch Eingabe von `python3` starten. Nachfolgend ist das Ganze in Abbildung 1-9 nach dem Start von Python gezeigt. Alle im Buch mit >>> markierten Aktionen finden dann dort statt.

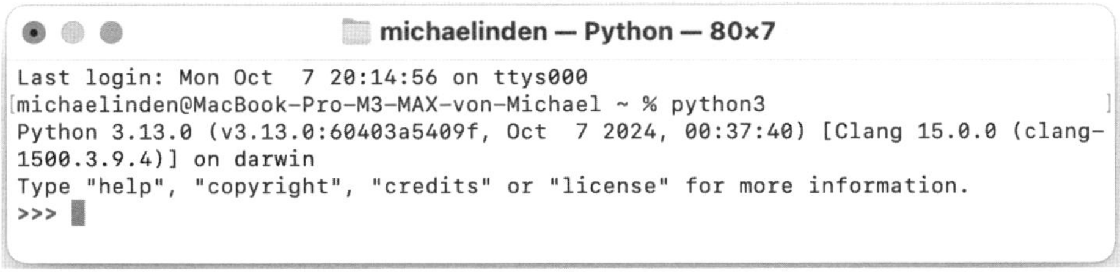

Abbildung 1-9 *Python im Terminal starten*

1.3.2 Für Windows

Eingabeaufforderung starten

Unter Windows heißt das Programm für die Kommandozeile »Eingabeaufforderung« (`cmd.exe`). Um diese zu starten, führen Sie bitte alternativ eine der beiden folgenden Varianten aus.

Variante 1 – Run-Menü Eine Möglichkeit ist die Tastaturkombination `Win + R` zum Öffnen des Run-Menüs. Dort können Sie `cmd` eintippen und den Dialog mit `OK` bestätigen. Daraufhin wird die Eingabeaufforderung gestartet (vgl. Abbildung 1-10).

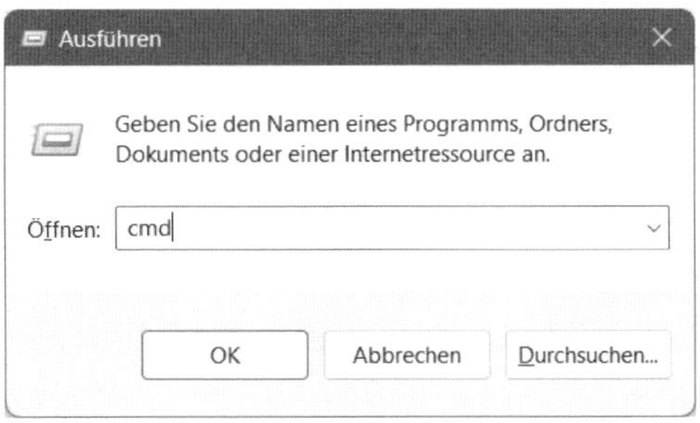

Abbildung 1-10 *Run-Menü und Eingabeaufforderung*

Variante 2 – Startmenü Öffnen Sie das Startmenü des Computers. Klicken Sie dazu auf das Windows-Icon (oftmals in der unteren linken Ecke des Desktops) oder drücken Sie die Win-Taste. Es erscheint das Startmenü, in dem Sie `cmd` eintippen. In der Liste sollte die Eingabeaufforderung als oberster Eintrag angezeigt werden. Mit Enter oder durch Anklicken mit der Maus können Sie die Anwendung starten.

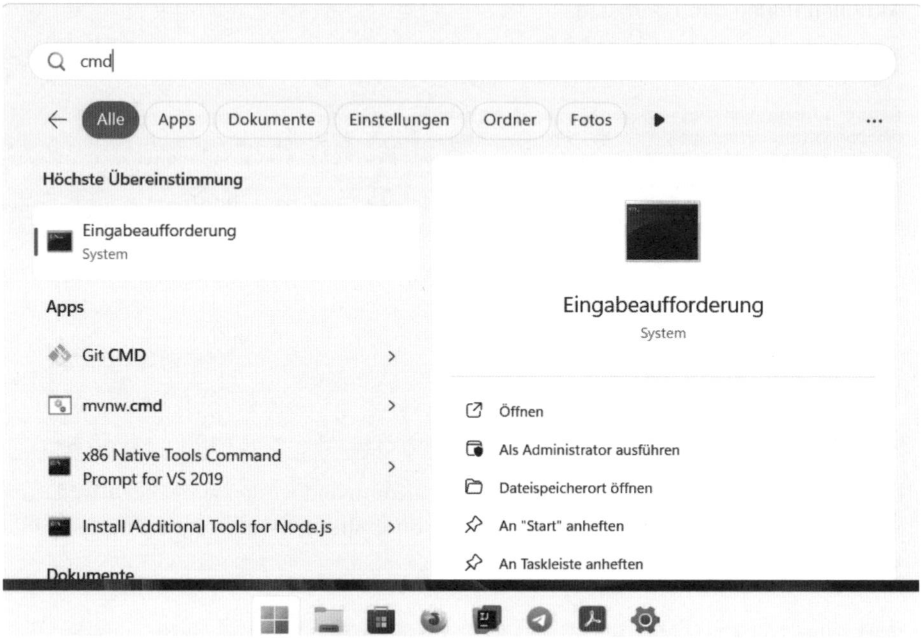

Abbildung 1-11 *Startmenü und Eingabeaufforderung*

Resultat: Eingabeaufforderungfenster Unabhängig von den beiden Wegen sollte sich ein Eingabeaufforderungfenster ähnlich zu dem in Abbildung 1-12 gezeigten öffnen. Nochmals zur Erinnerung: Für diese Eingabeaufforderung verwende ich als Abkürzung immer das $-Zeichen. Hier führen Sie Kommandos wie das Starten von Python oder die Installation von Python-Bibliotheken und Tools durch.

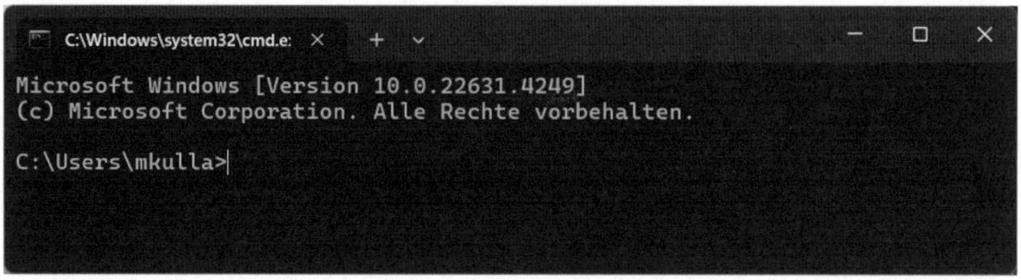

Abbildung 1-12 *Eingabeaufforderung*

Python in der Eingabeaufforderung starten

Um die im Text abgebildeten Python-Kommandos ausführen zu können, müssen Sie den Python-Kommandozeileninterpreter (auch REPL für Read-Eval-Print-Loop genannt) für Windows durch Eingabe von `python` starten. Nachfolgend ist das Ganze in Abbildung 1-13 nach dem Start von Python gezeigt. Alle im Buch mit >>> markierten Aktionen finden dann dort statt.

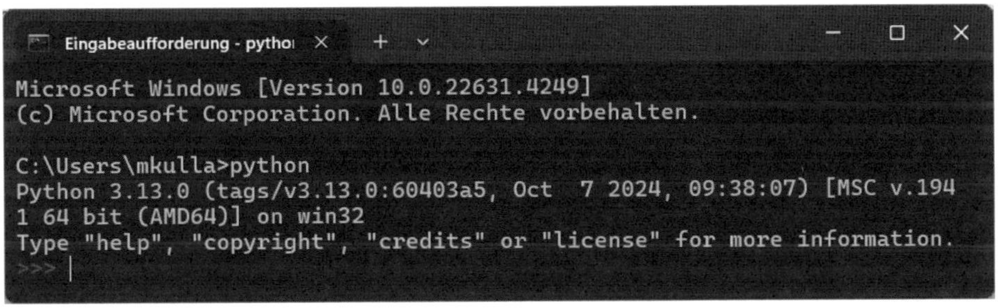

Abbildung 1-13 *Python in der Eingabeaufforderung starten*

1.3.3 IDLE als Alternative

Sowohl für macOS als auch für Windows wird in einer Python-Installation das Programm IDLE (Integrated Development and Learning Environment) mitgeliefert, das eine (sehr) einfache grafische Oberfläche besitzt und mehr oder weniger ein Fenster rund um die Python-Kommandozeile ist. Nachfolgend zeige ich für die IDLE wiederum zuerst die Schritte für macOS und danach die für Windows.

Für macOS

Um die IDLE für macOS zu starten, folgen Sie dem bereits beschriebenen Vorgehen zum Starten des Terminal-Programms mithilfe von Finder. Wechseln Sie dort in das Verzeichnis `Programme`, wie es in Abbildung 1-14 angedeutet ist.

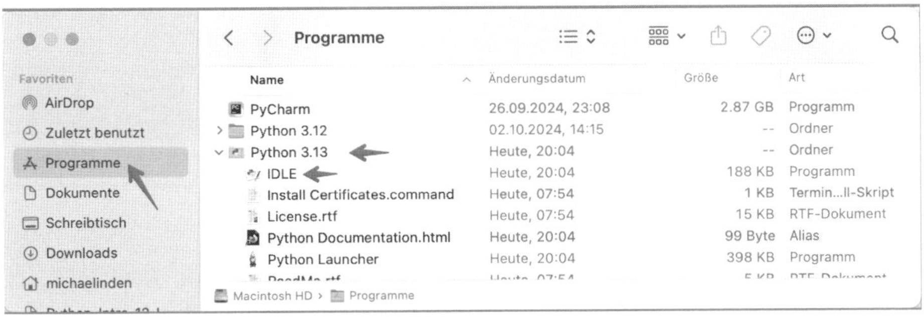

Abbildung 1-14 *IDLE im Programme-Verzeichnis*

Danach wählt man das zur gewünschten Python-Version korrespondierende Verzeichnis, hier `Python 3.13`. Dort befindet sich dann ein Programm namens `IDLE`, dass sich durch Doppelklick starten lässt.

Nach dem Starten der IDLE (vgl. Abbildung 1-15) kann man Experimente analog zum Python-Kommandozeileninterpreter durchführen.

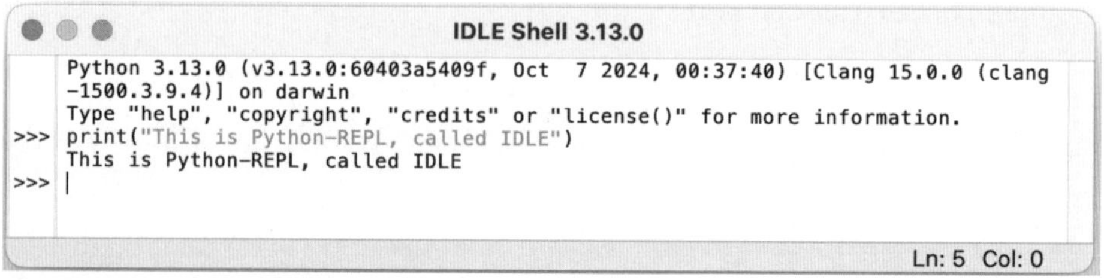

Abbildung 1-15 *IDLE unter macOS*

Für Windows

Um die IDLE für Windows zu starten, folgen Sie dem zuvor beschriebenen Weg für das Startmenü, wo Sie im Suchfeld `IDLE` eintippen. In der Liste sollte das Programm als oberster Eintrag erscheinen, wie es Abbildung 1-16 zeigt.

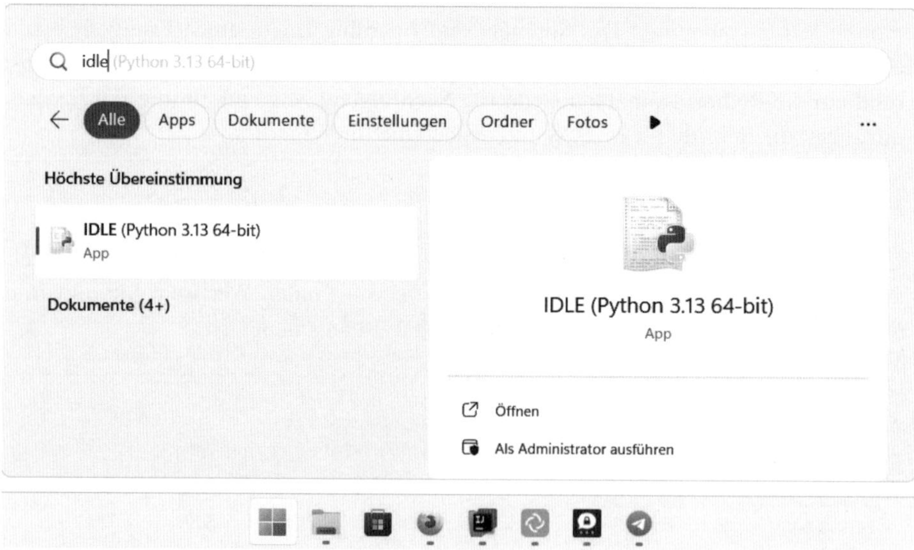

Abbildung 1-16 *IDLE im Programme-Verzeichnis*

Mit Enter oder durch Anklicken können Sie die IDLE starten (vgl. Abbildung 1-17) und Experimente analog zum Python-Kommandozeileninterpreter durchführen.

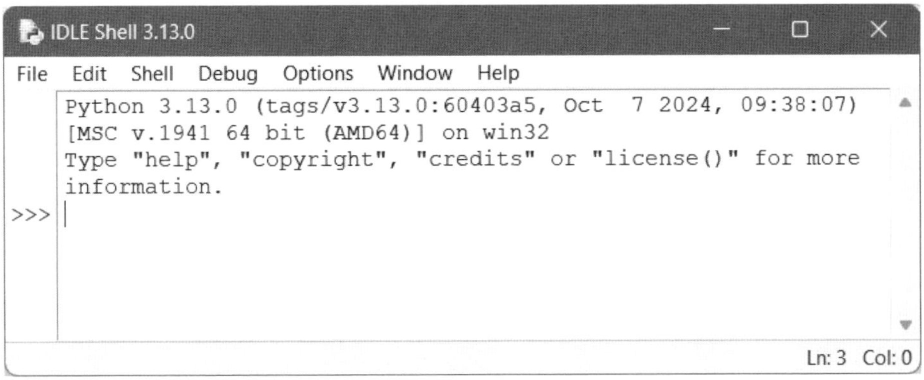

Abbildung 1-17 *IDLE unter Windows*

Hinweis

Abschließend sei noch angemerkt, dass das Bearbeiten mit der IDLE nicht wirklich komfortabel ist. Diese Möglichkeit, Python-Programme zu bearbeiten, erwähne ich nur der Vollständigkeit halber. Je intensiver Sie Python nutzen wollen, desto mehr empfiehlt sich der Einsatz einer Entwicklungsumgebung, auch IDE genannt. Das Thema behandle ich im Anschluss.

1.4 Entwicklungsumgebung PyCharm (Optional)

Bevor es mit dem Thema Entwicklungsumgebung, auch IDE (Integrated Development Environment) genannt, losgeht, sei noch auf Folgendes hingewiesen: Generell werden wir uns in diesem Buch nicht allzu stark mit IDEs beschäftigen. Somit ist sowohl die Installation einer IDE als auch die Lektüre dieses Unterkapitels optional. Sie können es daher zunächst überspringen und bei Bedarf später hierher zurückkehren.

Bislang haben wir zum Ausführen von Python-Programmen folgende Varianten kennengelernt: den Python-Kommandozeileninterpreter, die Python-IDLE sowie die Ausführung als Skript mit vorherigem Erstellen und Bearbeiten von Python-Anweisungen in einem Texteditor. Tatsächlich reichen diese Varianten für viele Experimente und für einen unbeschwerten Start vollkommen aus. Das gilt ebenfalls für viele der im Buch enthaltenen Beispiele. Nachfolgend möchte ich Ihnen das Thema Entwicklungsumgebung/IDE trotzdem schon einmal einführend näherbringen, weil Sie nach den ersten Schritten im Python-Kommandozeileninterpreter vermutlich mehr Komfort und bessere Unterstützung beim Entwickeln suchen.

Je intensiver Sie sich mit Python und dem Programmieren auseinandersetzen, desto mehr werden die Komplexität und der Umfang Ihrer Programme wachsen. Ab einem gewissen Punkt steht der Komfort, mit einer IDE zu arbeiten, in keinem Vergleich zu Texteditoren oder dem Programmieren ausschließlich über die Kommandozeile. Allerdings ist das zugegebenermaßen für den ersten Einstieg noch nicht nötig. Denn für kleine Experimente ist gerade der Python-Kommandozeileninterpreter ein wunderbares Hilfsmittel, das wir zum Einstieg bevorzugt nutzen werden.

Ab Kapitel 4 werden die Programme tendenziell etwas umfangreicher. In solchen Fällen lohnt es sich zur Bearbeitung eher, eine IDE einzusetzen. Die folgende Tabelle zeigt Ihnen, in welchen Kapiteln für die Beispiele vorwiegend der Python-Kommandozeileninterpreter (man spricht auch von REPL für Read-Eval-Print-Loop) und/oder die IDE genutzt bzw. die Programme dort ausgeführt werden.

Kapitel	**Einsatz REPL / IDE**
Kapitel 2 Schnelleinstieg	REPL
Kapitel 3 Strings	REPL
Kapitel 4 Klassen und Objektorientierung	REPL + IDE
Kapitel 5 Collections	REPL
Kapitel 6 Ergänzendes Wissen	REPL
Kapitel 7 Verarbeitung von Dateien	REPL + IDE
Kapitel 8 Collections Advanced	REPL + IDE
Kapitel 9 Fehlerbehandlung	REPL + IDE
Kapitel 10 Datumsverarbeitung	REPL + IDE
Kapitel 11 Bildverarbeitung und Kontakt zur Außenwelt	REPL + IDE
Kapitel 12 LLMs mit Python im Kurzüberblick	REPL + IDE

Vorteile von Entwicklungsumgebungen

Für Änderungen an größeren Python-Programmen kann man zwar auch einmal einen Texteditor nutzen, aber dieser bietet nicht den Komfort einer IDE: In IDEs laufen verschiedene Sourcecode-Analysen automatisch und im Hintergrund ab, wodurch gewisse Defekte direkt während des Modifizierens von Sourcecode (auch ***Editieren*** genannt) erkannt und passend angezeigt werden können. Es liegt an Ihnen, diese dann auch zeitnah zu beheben. :-) Darüber hinaus bieten IDEs weitere Annehmlichkeiten wie Quick Fixes zur Korrektur kleinerer Probleme sowie automatische Transformationen und Änderungen von Sourcecode, sogenannte ***Refactorings***.

Momentan besitzt PyCharm eine Vorreiterrolle bei den Python-IDEs. Es basiert auf dem für Java populären IntelliJ IDEA. Praktischerweise bietet PyCharm eine kostenlose Community Edition, die für die Aufgabenstellungen dieses Buchs vollkommen ausreicht. Das gilt sogar teilweise noch für professionelles Arbeiten – nur bei hohen Ansprüchen empfiehlt sich die kostenpflichtige Ultimate Edition. Mehr Informationen zu PyCharm sowie zum Download finden Sie im Anschluss.

Wenn Sie bereits ein wenig Erfahrung haben, dann sind Sie natürlich frei, auch andere IDEs auszuprobieren. Vieles geht über persönliche Präferenzen.

1.4.1 Installation von PyCharm

Öffnen Sie die Seite `https://www.jetbrains.com/pycharm`. Diese präsentiert sich ähnlich zur folgenden Abbildung 1-18. Dort finden Sie oben rechts sowie unten links je einen Download-Button, von denen Sie bitte einen drücken.

__Abbildung 1-18__ PyCharm-Hauptseite zum Download

Dadurch wird die Download-Seite geöffnet (vgl. Abbildung 1-19).

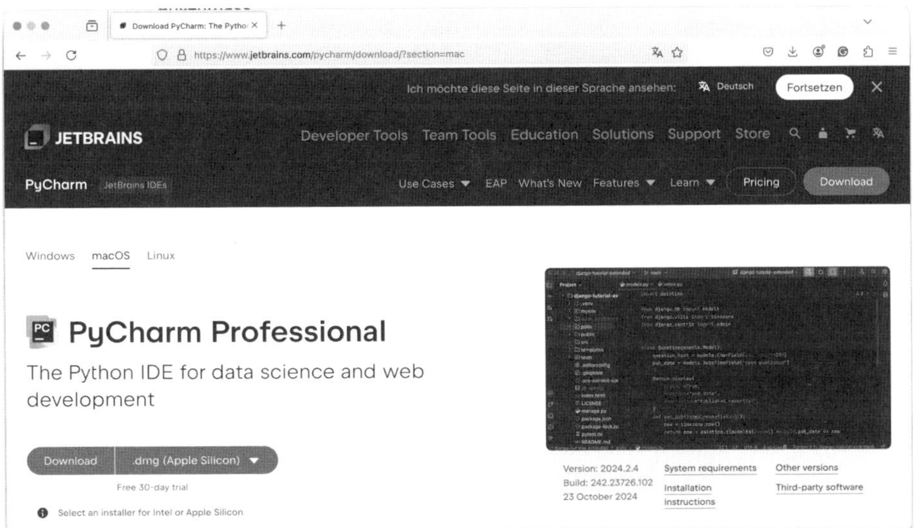

__Abbildung 1-19__ PyCharm-Hauptseite zum Download (Fortsetzung)

Hier können Sie unter anderem die Version für das gewünschte Betriebssystem sowie die kostenlose Community Edition oder die kostenpflichtige Ultimate Edition auswählen. Ein Klick auf den jeweiligen Download-Button startet dann den Download.

Nachdem der Download abgeschlossen ist, entpacken oder starten Sie bitte das heruntergeladene ZIP, DMG oder die Datei im jeweiligen Unix-Format. Für macOS wird ein Fenster geöffnet, in dem Sie das Programm per Drag and Drop in den Programme-Ordner verschieben können. Im Falle von Windows installieren Sie PyCharm bitte über die `.exe`-Datei. Der Einfachheit halber klicken Sie alle Optionen unter »Installation Options« an (64-bit launcher, add launchers dir to the PATH etc.). Ansonsten können Sie die vorgeschlagenen Werte übernehmen. Nach der Installation (und gegebenenfalls einem Neustart) lässt sich PyCharm über das Startmenü oder das Desktop-Icon öffnen.

1.4.2 PyCharm starten

Nach den beschriebenen Installationsschritten sollte Ihnen nun PyCharm als Programm im Startmenü bzw. der Programmauswahl zur Verfügung stehen. Starten Sie es bitte, etwa durch einen Doppelklick auf das Programm-Icon.

Bei macOS erhalten Sie gegebenenfalls einen Warnhinweis, dass es sich um ein aus dem Internet heruntergeladenes Programm handelt. Diesen können Sie ignorieren und wie in Abbildung 1-20 dargestellt durch einen Klick auf Öffnen fortfahren.

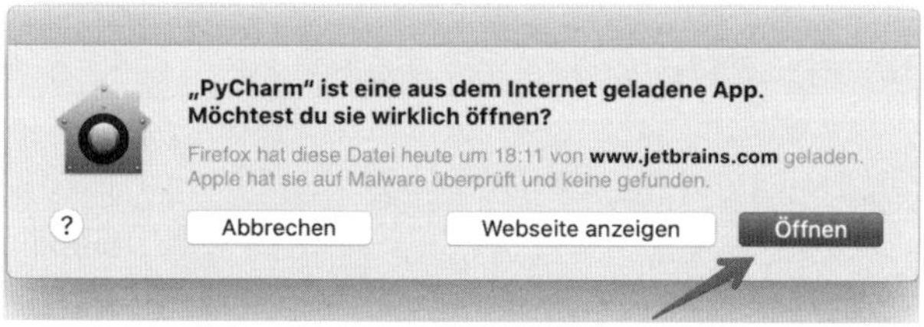

Abbildung 1-20 *Warnmeldung (macOS)*

Als Nächstes öffnet sich der Startbildschirm von PyCharm (vgl. Abbildung 1-21), der sich je nach Version leicht unterschiedlich präsentiert. Hier werden verschiedene Optionen angeboten, etwa das Anlegen neuer Projekte oder das Öffnen bestehender.

Begrifflichkeiten

Beginnen wir mit ein paar Begrifflichkeiten: Ein ***Projekt*** bündelt verschiedene Dateien, insbesondere solche mit Python-Kommandos, aber auch Texte, Bilder usw. Eine Datei, die Python-Kommandos, beispielsweise Variablendefinitionen, Funktionen und weitere Anweisungen enthält, nennt man ***Modul*** und im Dateisystem enden diese standardmäßig mit `.py`. Der zugehörige Modulname ergibt sich aus dem Dateinamen, allerdings ohne die Endung `.py`.

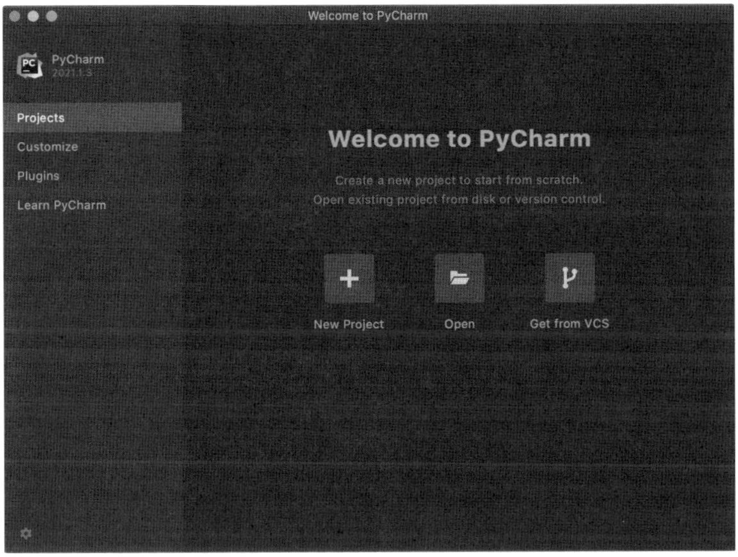

Abbildung 1-21 *Projekt anlegen oder öffnen*

Wenn Sie bereits Projekte erstellt oder importiert haben, dann sehen Sie statt der vorherigen Abbildung in etwa folgende Darstellung (vgl. Abbildung 1-22).

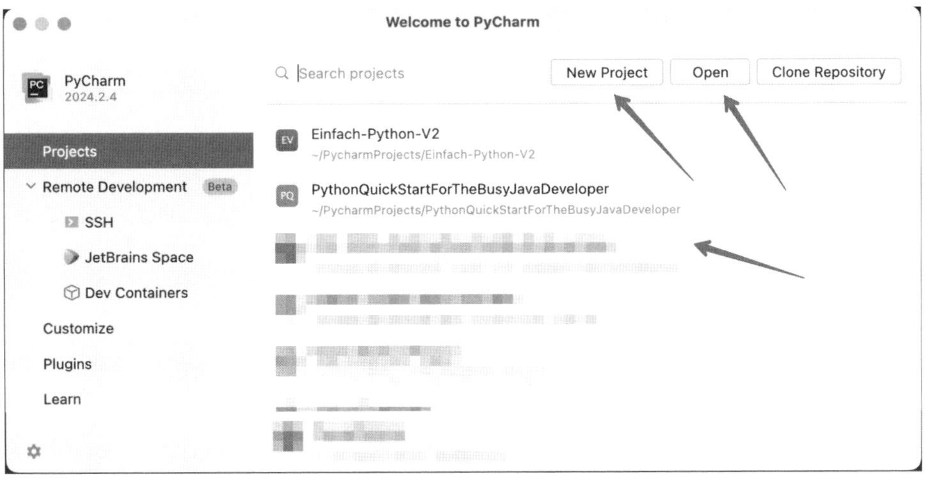

Abbildung 1-22 *Projektliste mit Auswahl zum Projekt anlegen oder öffnen*

Im Anschluss wollen wir uns dem Anlegen eines Projekts und eines ersten Python-Moduls widmen, um die Abläufe exemplarisch einmal durchzuspielen, die für spätere Aktionen notwendig sind.

1.4.3 Erstes Projekt in PyCharm

Beginnen wir mit dem Anlegen eines Python-Projekts. Klicken Sie zunächst auf den Button `New Project`. Zum Anlegen eines Projekts öffnet sich folgender Dialog, in dem Sie im Textfeld `Name` den gewünschten Namen des Projekts, hier `MyFirstPythonProject`, eintragen. Zudem müssen Sie die zu verwendende Python-Installation angeben und dazu gegebenenfalls das passende Installationsverzeichnis wählen. Zum Schluss empfiehlt es sich, für erste Experimente das Erzeugen eines initialen Python-Moduls (`Create a welcome script`) per Checkbox zu aktivieren. All dies ist durch Pfeile in der Abbildung 1-23 gekennzeichnet.

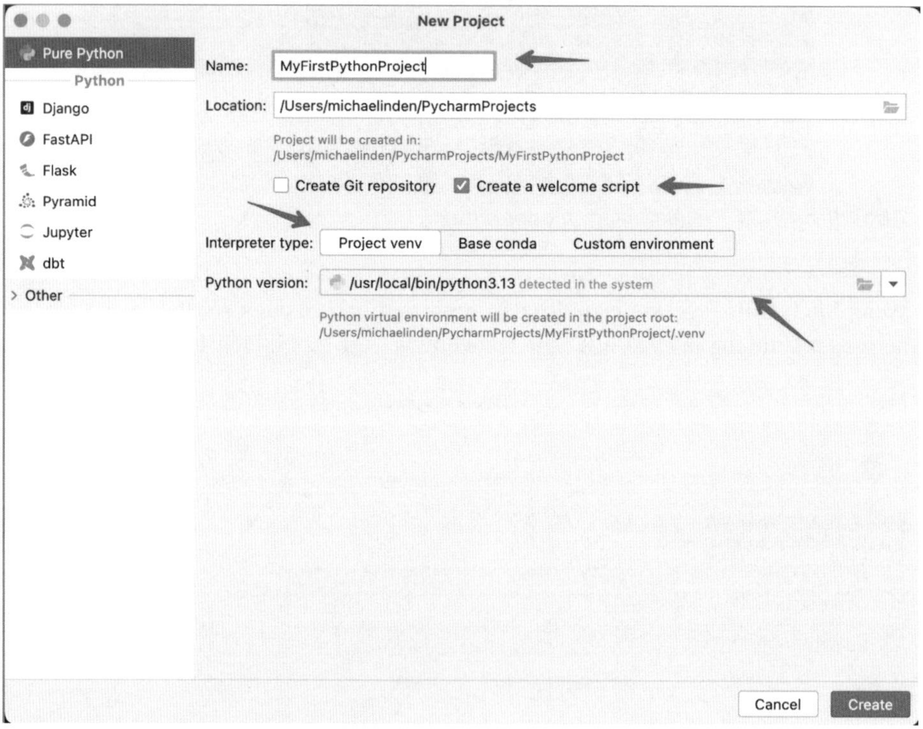

Abbildung 1-23 *Dialog »New Project«*

1.4.4 Erstes Modul in PyCharm

Unser erstes Python-Projekt ist jetzt angelegt und bereit, um mit Leben in Form von Modulen, also Dateien mit der Endung `.py`, die Python-Anweisungen enthalten, gefüllt zu werden. PyCharm sollte sich in etwa wie in Abbildung 1-24 präsentieren. Praktischerweise findet sich schon ein einfaches Grundgerüst als Datei `main.py`, die bereits ein paar Python-Kommandos enthält (siehe rechte Seite der Abbildung). Mit diesen können Sie Ihre ersten Experimente beginnen.

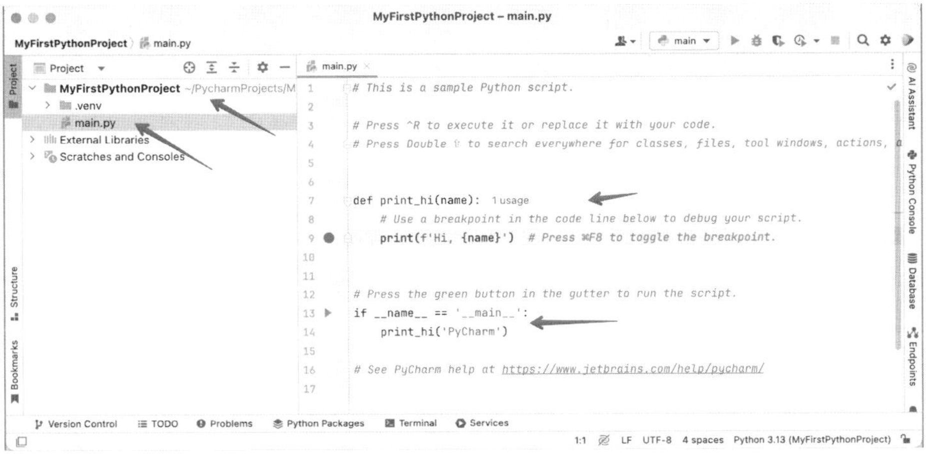

Abbildung 1-24 *Neu angelegtes Projekt*

Neues Modul (Python-Datei) anlegen

Der Ausgangspunkt zum Anlegen eines neuen Moduls / einer Python-Datei ist die Baumdarstellung des Project Explorer auf der linken Seite in Abbildung 1-25. Dort öffnen Sie (durch einen Rechtsklick oder Ctrl + Klick) ein Kontextmenü und klicken darin auf den Eintrag `New > Python File`.

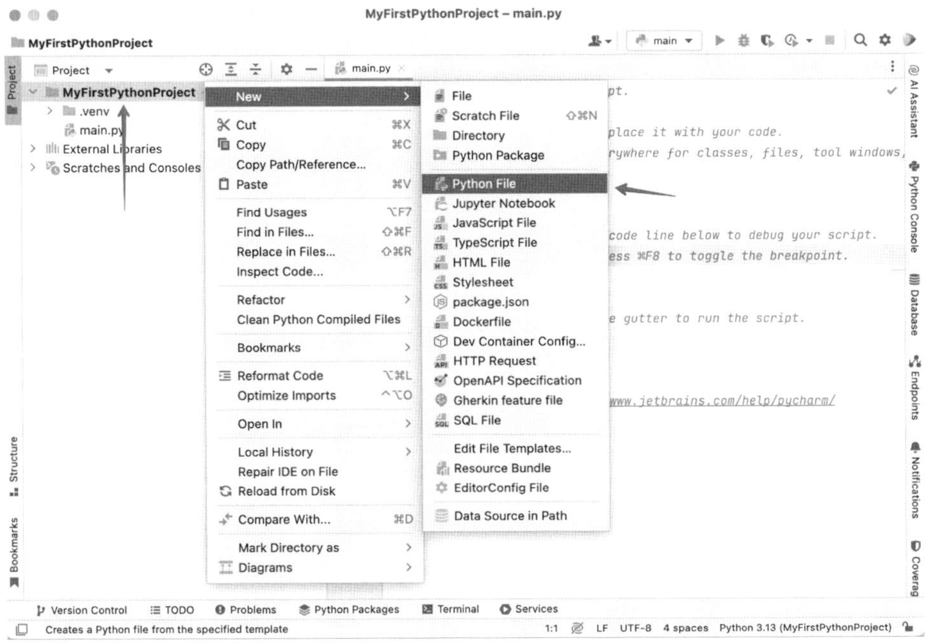

Abbildung 1-25 *Kontextmenü zum Anlegen einer Python-Datei*

Durch Auswahl des Kontextmenüs öffnet sich folgender Dialog zum Erzeugen einer neuen Python-Datei (vgl. Abbildung 1-26):

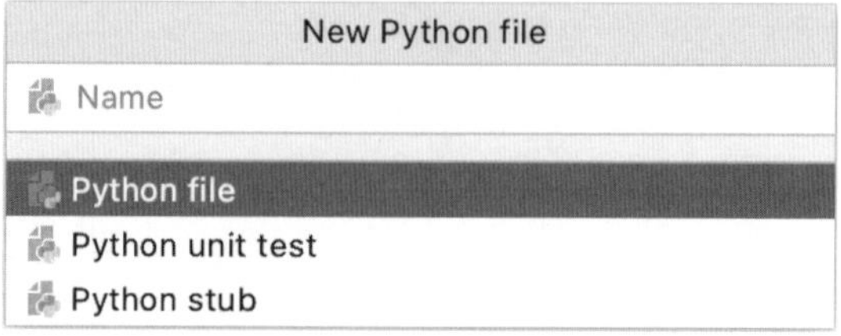

Abbildung 1-26 *Dialog zum Erstellen einer neuen Python-Datei*

Im Dialog gibt man den gewünschten Dateinamen ein, woraufhin diese Datei dann erzeugt wird. Wir nutzen `myfirstpythonmodule` als Namen.

Sourcecode editieren

Nachdem das Grundgerüst steht, können Sie den Sourcecode aus den Beispielen in das Editorfenster auf der rechten Seite einfügen bzw. dorthin abtippen. Generell können Sie Programmschnipsel, die mit dem Python-Kommandozeileninterpreter demonstriert und ausgeführt wurden, alternativ ausprobieren, indem Sie die Programmzeilen im Editorfenster eintippen, wie es durch den großen Pfeil und die beiden Ausgaben mit `print()` in Abbildung 1-27 angedeutet ist.

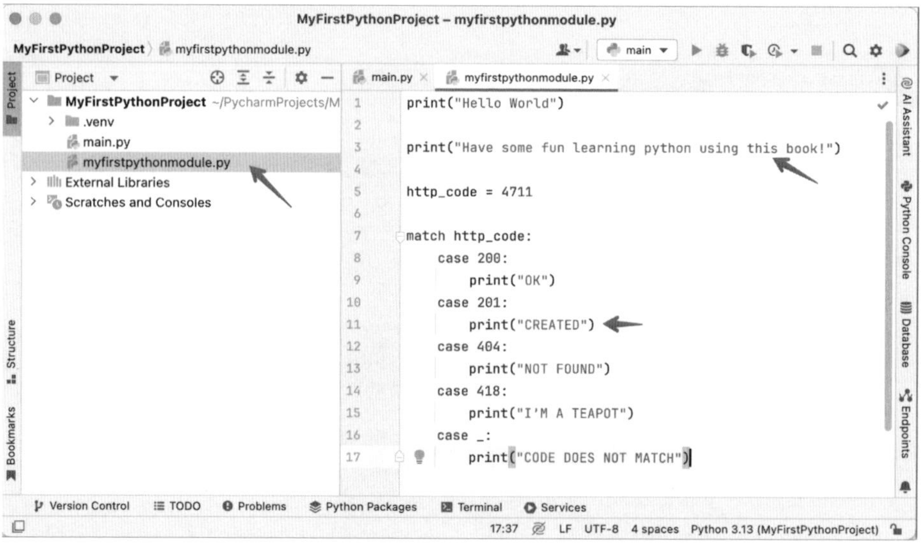

Abbildung 1-27 *Sourcecode editieren*

Programm ausführen

Schließlich wollen Sie bestimmt die entwickelten Python-Programme in Aktion erleben. Dazu ist ein Einstiegspunkt mit einer Prüfung `if __name__ == '__main__':` hilfreich, wie dies im Beispiel in Abbildung 1-24 zu sehen war. Ein solcher Einstiegspunkt ist jedoch optional. Wird dieser nicht definiert, so werden die Python-Anweisungen einfach im Skriptmodus Zeile für Zeile von oben nach unten ausgeführt, wie dies bereits in Abschnitt 1.2.5 vorgestellt wurde.

Abbildung 1-28 *Programm ausführen*

Mithilfe des Run-Eintrags im Kontextmenü oder mithilfe des grünen Play-Pfeils (vgl. Abbildung 1-28) kann man die Ausführung starten. Allerdings muss beim ersten Mal immer über das Kontextmenü gestartet werden, weil dann eine Startkonfiguration angelegt wird. Diese erlaubt es, danach auch über den grünen Pfeil zu starten.

1.5 Ausprobieren der Beispiele

Bevor wir unsere Entdeckungsreise starten, möchte ich nochmals auf das Ausprobieren der Beispiele kurz eingehen.

Vielfach können Sie die abgebildeten Sourcecode-Schnipsel einfach in den Python-Kommandozeileninterpreter oder mithilfe eines Texteditors bzw. besser noch einer IDE eingeben. Nachfolgend motiviere ich ein wenig, wann die eine oder andere Art zu bevorzugen ist. Damit diese Formen leichter und direkt von Ihnen erkannt werden können, markiere ich die Eingaben in den Python-Kommandozeileninterpreter besonders.

1.5.1 Python-Kommandozeileninterpreter

Wie bereits bekannt, können Sie die Python-Anweisungen einfach in den Python-Kommandozeileninterpreter eintippen. Das ist normalerweise dadurch angedeutet, dass die einzugebenden Zeilen mit >>> markiert sind:

```
>>> print("Hello Python-REPL")
Hello Python-REPL
>>>
>>> def multiply(a, b):
...     return a * b
...
>>> multiply(7, 2)
14
```

Auch spezielle Python-Funktionalitäten lassen sich mithilfe von `import` einbinden, etwa das Modul `random` für Zufallswerte (Details folgen in Kapitel 6):

```
>>> import random
>>>
>>> random.randrange(1, 49)
42
>>> random.choice(["Sekt", "Selters", "Apfelschorle"])
'Selters'
```

Dieses Vorgehen praktiziere ich bis maximal ca. 20 Zeilen. Danach empfiehlt es sich, zum Editieren einen Texteditor oder besser eine IDE zu verwenden.

Hinweis

Um konzeptionell etwas zu verdeutlichen, verzichte ich mitunter auf die exakte Darstellung im Python-Kommandozeileninterpreter, da die Anweisungen durch den Mix von Protokollierung mit >>> und den Zwischenergebnissen unübersichtlich wird. Dann nutze ich eine verkürzte Darstellung – die Anweisungen sind dabei einzeln in den Python-Kommandozeileninterpreter einzugegeben oder aber in einen Texteditor oder eine IDE.

```
import random

print(random.randrange(1, 49))

print(random.choice(["Sekt", "Selters", "Apfelschorle"]))
```

1.5.2 Texteditor und direkte Ausführung

Werden die Programme länger, so gestaltet sich das Editieren mit dem Python-Kommandozeileninterpreter immer mühsamer. Hier kann ein Texteditor Abhilfe schaffen. Programme sind in dem Fall generell ohne >>> in etwa wie folgt abgebildet:

```
import random


def simplified_lotto_numbers():
    result = []
    for i in range(6):
        result += [random.randrange(1, 49)]
    print(result)


simplified_lotto_numbers()
```

Diese Zeilen müssen dann exakt so (inklusive Einrückungen, die penibel beachtet werden müssen) abgetippt und als Python-Datei mit beliebigem Namen, aber inklusive der Endung `.py`, also hier etwa als `random_lotto_example.py`, abgespeichert werden.

Wird das Programm noch größer, so hilft es, eine `main()`-Funktion einzuführen und die zuvor definierten Funktionalitäten dort aufzurufen – hier ist das nur exemplarisch gezeigt. Das Einführen einer `main()`-Funktion ist vor allem auch dann sinnvoll, wenn auf die in dem Python-Modul bereitgestellten Funktionalitäten von anderen Modulen zugegriffen werden soll.

```
def main():
    simplified_lotto_numbers()


if __name__ == "__main__":
    main()
```

Ausführung

Die Anweisungen lassen sich durch einen Aufruf von `python3 <dateiname>` ausführen. Betrachten wir das exemplarisch für das obige einfache Beispielprogramm:

```
$ python3 random\_lotto\_example..py
```

Dann erhalten wir etwa diese Ausgabe:

```
[34, 18, 47, 32, 23, 3]
```

1.5.3 IDE

Wie bereits angedeutet, ist eine IDE die empfehlenswerte Variante, den Sourcecode zu pflegen, insbesondere, wenn dieser umfangreicher wird.

Wenn Sie mit einer IDE arbeiten, dann können Sie wie im vorherigen Unterkapitel beschrieben ein Projekt sowie einzelne Python-Dateien anlegen. Programme, die ohne >>> abgebildet sind, sollten Sie bevorzugt in einer IDE eingeben und nur selten auf die zuvor gezeigte Variante mit Texteditor zurückgreifen, oder gar auf den Python-Kommandozeileninterpreter.

1.5.4 Abschließender Hinweis

Obwohl die IDE am meisten Komfort bietet, möchte ich noch einmal auf Folgendes hinweisen: In diesem Buch können Sie leicht zwischen zeilenweiser, interaktiver

```
>>> print("interactive style")
interactive style
```

und skriptbasierter Ausführung mit in Dateien gespeicherten Anweisungen

```
print("script based style")
```

durch die Art und Weise der Darstellung, eben mit >>> und ohne diese Zeichen, unterscheiden.

Die Anweisungen aus Listings zur skriptbasierten Ausführung können Sie ebenso gut im Editorfenster Ihrer IDE eingeben und dort ausführen, wie wir es bereits kennengelernt haben.

2 Schnelleinstieg

2.1 Hallo Welt (Hello World)

Wir beginnen den Einstieg in Python mit einem simplen Programm, nämlich wie traditionell in den allermeisten Büchern zum Programmierenlernen mit »Hello World«, der Ausgabe eines Grußes auf der Konsole. Das haben wir bereits in einfacher sowie in etwas komplizierterer Form in der Einleitung gesehen. Wir wollen nochmals mit der einfachen Variante unsere Entdeckungsreise starten.

Python bietet einen interaktiven Kommandozeileninterpreter, auch Read-Eval-Print-Loop (REPL) genannt. Damit lassen sich kleinere Python-Codeschnipsel einfach ausprobieren, was das schrittweise Erlernen erleichtert. Der Start des interaktiven Kommandozeileninterpreters erfolgt mit dem Kommando `python` (Windows) bzw. `python3` (macOS):

```
$ python3
Python 3.13.0 (v3.13.0:60403a5409f, Oct  7 2024, 00:37:40) [Clang 15.0.0 (clang
     -1500.3.9.4)] on darwin
Type "help", "copyright", "credits" or "license" for more information.
>>>
```

Neben dem Hinweis auf die Version zeigt die Eingabeaufforderung (der Prompt) `>>>` an, dass wir nun Python-Befehle eingeben können. Probieren wir es gleich einmal aus:

```
>>> print("Hello World from Python!")
Hello World from Python!
```

Herzlichen Glückwunsch zur ersten Programmausgabe mit Python. Die eingebaute Funktionalität `print()` ermöglicht Ausgaben auf der Konsole. Derartige Aktionen werden durch sogenannte Funktionen bereitgestellt, in diesem Fall durch die in Python vordefinierte Funktion `print()`, der man in runden Klammern einen Text eingerahmt von Anführungszeichen übergibt.

Selbst wenn es im Verlaufe dieses Schnelleinstieg-Kapitels etwas anspruchsvoller wird, keine Sorge, Sie müssen noch nicht alle Details verstehen – wir werden diese im Verlaufe dieses Buchs noch ausführlich besprechen. Jetzt geht es zunächst um die ersten Schritte und ein initiales Gespür. Tippen Sie die Beispiele einfach ab und wenn Sie sich sicher fühlen, dann variieren Sie diese auch gerne ein wenig.

Wir haben bereits einen netten Gruß auf der Konsole ausgeben können. Das war ein recht guter Anfang. Allerdings wäre es etwas eintönig, nur Texte ohne Variation auszugeben. Um einen Gruß anzupassen oder Berechnungen ausführen zu können, dienen Variablen, die im Anschluss behandelt werden.

Übrigens hätte man die Ausgabe sogar noch etwas kürzer erhalten können – allerdings ohne die wichtige Funktion `print()` kennenzulernen:

```
>>> "Hello World from Python!"
'Hello World from Python!'
```

2.2 Variablen und Datentypen

Stellen wir uns vor, wir wollten einige Eigenschaften einer Person mit Python modellieren, etwa Name, Alter, Gewicht, Wohnort, Familienstand usw. Dabei helfen uns sogenannte Variablen. Diese dienen zum Speichern und Verwalten von Werten. Dabei gibt es unterschiedliche Typen (auch Datentypen genannt), etwa für Texte, Zahlen und Wahrheitswerte. Wir schauen uns dies zunächst einmal einführend an und erweitern dann unser Wissen Schritt für Schritt, beispielsweise um ergänzende Infos oder Aktionen mit den Variablen. Zum Einstieg betrachten und nutzen wir folgende Typen:

- `str` – Textuelle Informationen, wie z. B. "Hallo" oder 'Peter'. In Python werden diese Texte von doppelten oder einfachen Anführungszeichen eingeschlossen und Strings genannt.
- `int` – Ganzzahlen, wie 123 oder –4711.
- `float` – Gleitkommazahlen mit Vor- und Nachkommastellen, wie 42,195 oder –123,45.
  Achtung: Weil Python die amerikanische Notation nutzt, werden als Dezimaltrenner Punkte statt Kommata verwendet. Somit muss es im Python-Programm `42.195` oder `-123.45` heißen.
- `bool` – Wahrheitswerte als wahr oder falsch, in Python: `True` oder `False`.

2.2.1 Definition von Variablen

In Python erzeugen wir eine Variable, also einen benannten Platzhalter für einen Wert, indem wir zunächst den Namen und danach eine Wertzuweisung nach folgendem Muster (auch Syntax genannt) nutzen:

```
variablenname = wert
```

Schauen wir uns ein paar Beispiele an:

```
>>> age = 18
>>> the_answer = 41
>>> simple_pi = 3.1415
>>> name = "Michael"
>>> one_million = 1_000_000
>>> the_answer = 42
>>> is_valid = True
```

Für das Beispiel mit einer Million sehen wir die Angabe von Unterstrichen, die sich gut zur Separierung, hier von Tausendersegmenten, eignen. Zwar habe ich es für `the_answer` gerade nur angedeutet, aber einer Variablen kann durchaus mehrmals im Programmverlauf an unterschiedlicher Stelle ein anderer Wert zugewiesen werden. Denken Sie etwa an einen Punktestand in einem Spiel, einen Temperaturverlauf pro Tag repräsentiert durch eine Variable `temperature` oder aber an die Modellierung der Tageszeit von morgens, mittags, nachmittags, abends und nachts. Für derart in sich abgeschlossene Wertebereiche existieren Aufzählungen, die wir später in Abschnitt 6.5 kennenlernen werden.

Den aktuellen Wert einer Variablen können wir durch Eingabe des Namens in der Konsole abfragen bzw. auslesen:

```
>>> age
18
>>> name
'Michael'
>>> one_million
1000000
```

Alternativ lässt sich die bereits kurz vorgestellte Funktion `print()` nutzen, die einzelne Werte ausgibt:

```
>>> print(age)
18
>>> print(name)
Michael
>>> print(one_million)
1000000
```

Wir erkennen in beiden Varianten der Ausgabe, dass die Simulation der Tausendertrennzeichen nur bei der Definition zum Tragen kommt, Python die Werte jedoch ohne diese Zeichen speichert und ausgibt.

2.2.2 Variablen und Typen

Tatsächlich sind die Typen von Variablen in Python nicht direkt sichtbar, aber sie lassen sich mit der eingebauten Funktion `type()` folgendermaßen abfragen:

```
>>> type(age)
<class 'int'>
>>> type(simple_pi)
<class 'float'>
>>> type(name)
<class 'str'>
>>> type(is_valid)
<class 'bool'>
```

Neben den Typnamen sehen wir weitere Informationen wie `class`, die hier noch nicht relevant sind und daher erst später in Kapitel 4 besprochen werden.

Dynamische Typisierung und Typwechsel

Python ist eine dynamisch typisierte Sprache. Das bedeutet, dass sich der Typ einer Variablen basierend auf dem Wert ergibt und sich dieser Typ sogar im Programmverlauf ändern kann, etwa von einer Gleitkommazahl mit dem Typ `float`

```
>>> age = 50.25
>>> type(age)
<class 'float'>
```

in den Typ `str` durch eine entsprechende Zuweisung eines textuellen Werts:

```
>>> age = "Mittelalt"
>>> type(age)
<class 'str'>
```

Allerdings ist eine derartige Wiederverwendung kein guter Stil und kann zu Missverständnissen und Fehlverwendungen führen. Das gilt insbesondere, wenn im zeitlichen Verlauf statt einer Zahl ein Text gespeichert wird und somit der Typ wechselt.

Typumwandlung (Cast)

Gelegentlich sind Ganzzahlen statt Gleitkommazahlen als Ergebnis gewünscht. Wenn eine Berechnung jedoch Gleitkommazahlen liefert, so können wir mit dem sogenannten ***Casting*** arbeiten: Durch die Angabe `typ(wert)`, wobei `typ` für `str`, `int` usw. steht, lässt sich ein Wert in den angegebenen Typ umwandeln. Nachfolgend nutzen wir `int()`, um eine Gleitkommazahl in eine Ganzzahl zu verwandeln. Dadurch werden die Nachkommastellen wie gewünscht abgeschnitten und aus `3.1415` wird der Wert `3`:

```
>>> int(3.1415)
3
```

Bei diesen Casts ändert sich insbesondere der Typ. In unserem Beispiel war das Abschneiden der Nachkommastellen ein schöner und gewünschter Nebeneffekt.

Oftmals möchte man auch aus Zahlen einen textuellen Wert, also einen String machen. Dabei hilft folgender Aufruf von `str()` – dass die Zahlen in einen String überführt werden, sieht man an den Anführungszeichen vorne und hinten:

```
>>> str(42)
'42'
>>> str(42.195)
'42.195'
```

Die Typumwandlungen sind ebenfalls für Wahrheitswerte möglich – beachten Sie bitte, dass diese sogar in Zahlen gewandelt werden können:

```
>>> str(True)
'True'
>>> int(True)
1
>>> int(False)
0
```

Zahlensystemumwandlungen

In der Regel verwenden wir die arabischen Zahlen mit den uns bekannten Ziffern von 0 bis 9. Für einige Anwendungsfälle benötigt man aber auch Darstellungen als Hexadezimal-, Binär- oder Oktalzahlen. Hexadezimalzahlen besitzen die Ziffern 0 bis 9 und ergänzend die Buchstaben a bis f. Binärzahlen bestehen nur aus Nullen und Einsen und für Oktalzahlen sind nur die Ziffern von 0 bis 7 gültig.

Zur Umwandlung dienen die in Python integrierten Funktionen `hex()`, `bin()` und `oct()`. Man spricht auch von Built-in-Funktionen. Diese dienen dazu, gewisse Aktionen standardisiert bereitstellen zu können. Funktionen schauen wir uns in Abschnitt 2.5 einführend an.

Rufen wir die drei Varianten einmal für den Zahlenwert 12345678 auf und betrachten die Ergebnisse:

```
>>> hex(1234678)
'0x12d6f6'
>>> bin(1234678)
'0b100101101011011110110'
>>> oct(1234678)
'0o4553366'
```

Um diese abweichenden Zahlensystemumwandlungen unterscheiden zu können, sehen wir, dass die Hexadezimalzahlen mit dem Kürzel `0x` starten. Binärzahlen sind mit `0b` markiert und Oktalzahlen starten mit `0o`.

Exemplarisch zeige ich noch die Umwandlung zweier Hexadezimalzahlen sowie einer Binärzahl in eine normale Zahl:

```
>>> int(0x35)
53
>>> int(0xCAFEBABE)
3405691582
>>> int(0b111)
7
```

2.2.3 Ausgaben mit `print()`

Schauen wir uns nun ein paar Details im Zusammenhang mit der Built-in-Funktion `print()` an, die einzelne Werte ausgibt – mehrere textuelle Werte kann man mit »+« verknüpfen und beispielsweise mit `upper()` in Großbuchstaben wandeln:

```
>>> print(age)
18
>>> print("Hello " + name.upper())
Hello MICHAEL
>>>
```

Auf ein Detail möchte ich nochmals hinweisen: Bei `print()` handelt es sich ebenfalls um eine in Python integrierte Funktion. Mit diesen sogenannten Built-in-Funktionen werden gewisse Aktionen standardisiert bereitgestellt. Das Thema Funktionen behandelt Abschnitt 2.5.

Besonderheit: Zahlen und Texte gemischt Bislang erscheint die Ausgabe mit `print()` recht eingängig. Was passiert aber, wenn Zahlen und Texte gemischt auszugeben sind? Das wäre etwa der Fall, wenn wir die meisten der bisher definierten Variablen in eine Konsolenausgabe integrieren wollen.

Betrachten wir zunächst ein vereinfachtes Beispiel, bei dem wir – wie möglicherweise von anderen Programmiersprachen gewohnt – die auszugebenden Bestandteile mit »+« verbinden:

```
>>> anzahl = 3
>>> print("Bitte " + anzahl + " Mal klingeln!")
Traceback (most recent call last):
  File "<stdin>", line 1, in <module>
TypeError: can only concatenate str (not "int") to str
```

Das führt zu einem Programmabbruch. Wir erkennen hier, dass nur textuelle Bestandteile mit »+« verknüpft werden können – ein simpler Cast mit `str()` löst das Problem.

```
>>> print("Bitte " + str(anzahl) + " Mal klingeln!")
Bitte 3 Mal klingeln!
```

Weil derartige Ausgaben recht gebräuchlich sind, ist eine Alternative zu »+« in Python integriert: An `print()` kann man eine kommaseparierte Folge von Werten übergeben, die dann automatisch in Strings verwandelt und mit einem Abstand von einem Leerzeichen ausgegeben werden:

```
>>> print("Hello", name, "the answer is", the_answer, "and not", age)
Hello Michael the answer is 42 and not 18
```

Besonderheit Separator Manchmal möchte man die Werte nicht mit einem Abstand von einem Leerzeichen separieren, sondern gegebenenfalls direkt nacheinander oder mit speziellen Trennzeichenfolgen ausgeben. Dazu bietet `print()` den Parameter `sep`:

```
>>> print("Hello", name, "no_space", "in_between", sep="")
HelloMichaelno_spacein_between
>>> print("Important", "Message", "INFO", sep=" --- ")
Important --- Message --- INFO
```

Besonderheit Zeilenumbruch Bislang werden die Ausgaben mit `print()` automatisch mit einem Zeilenumbruch beendet. Wenn man allerdings mehrere Werte hintereinander in einer Zeile darstellen möchte, dann ist das Standardverhalten unpraktisch. Dieses lässt sich mit Angabe eines leeren Endezeichens in Form von `end=""` abwandeln – dadurch erfolgt auf der Konsole kein Zeilenumbruch mehr, weshalb die Eingabeaufforderung (>>>) direkt nach dem letzten ausgegebenen Zeichen steht:

```
>>> print("Hello " + name, end="")
Hello Michael>>>
```

Varianten der formatierten Ausgabe

Zur Ausgabe von Werten mit `print()` müssen diese in eine textuelle Form überführt werden. Das geschieht automatisch, wenn man die zuvor gezeigte kommaseparierte Variante nutzt. Alternativ kann man die Bestandteile durch einen Aufruf der Python-Standardfunktionalität `str()` in einen String wandeln und dann mit + verknüpfen. Dabei muss man aber auf die korrekte Angabe der Leerzeichen zum Abstand achten.

Egal welche der Varianten man wählt, alle haben so ihre Tücken. Als Abhilfe bietet Python zur formatierten Aufbereitung diverse Möglichkeiten. Details dazu folgen später in Abschnitt 3.1.3. Hier widmen wir uns dem Thema nur knapp und einführend.

Um gewisse Werte in Texten dynamisch einzufügen, verwendet man geschweifte Klammern nur zur Markierung von Platzhaltern. Zunächst sehen wir die Variante mit `format()`, die mit `{}` arbeitet, sowie danach die sogenannten f-Strings, wo man benannte Platzhalter in einem String nutzt, dem ein `f` vorangestellt ist. In beiden Fällen werden die Platzhalter durch die Werte der Variablen ersetzt:

```
>>> print("Hello {} the answer is {} and not {}".format(name, the_answer, age))
Hello Michael the answer is 42 and not 18
>>>
>>> print(f"Hello {name} the answer is {the_answer} and not {age}")
Hello Michael the answer is 42 and not 18
```

2.2.4 Bezeichner (Variablennamen)

Ohne es explizit zu erwähnen, haben wir uns bei der Benennung von Variablen an ein paar Regeln gehalten. Zunächst einmal muss jede Variable durch einen eindeutigen Namen, auch Identifier oder Bezeichner genannt, gekennzeichnet werden. Das gilt ebenfalls für die später vorgestellten Funktionen, Methoden und Klassen.

Bei der Benennung sollte man folgende Regeln und Hinweise beachten:

- Namen sollten mit einem Buchstaben beginnen[1] – Ziffern sind als erstes Zeichen eines Variablennamens nicht erlaubt.
- Namen können danach aus einem beliebigen Mix aus Buchstaben (auch Umlauten), Ziffern und _ bestehen, dürfen aber keine Leerzeichen enthalten.
- Bestehen Namen aus mehreren Wörtern, dann ist es guter Stil, die sogenannte SnakeCase-Schreibweise zu verwenden, bei der jedes neue Wort getrennt durch _ startet, etwa `arrival_time`, `estimated_duration` oder `short_description`.
- Die Groß- und Kleinschreibung von Namen spielt eine Rolle: `arrival_Time` und `arrival_time` bezeichnen unterschiedliche Variablen. Allerdings sollten per Konvention Namen von Variablen bevorzugt kleingeschrieben werden.
- Namen dürfen nicht mit den in Python vordefinierten und im Anhang aufgelisteten Schlüsselwörtern übereinstimmen, somit sind `class` oder `True` keine gültigen Namen – die Begriffe `public_transport` oder `winter` hingegen sind erlaubt.

1 Tatsächlich dürfen Namen auch mit _ beginnen, jedoch ist das eher selten nützlich.

Übrigens spielt es für Python keine Rolle, ob Sie sehr kurze (`i`, `m`, `p`), kryptische (`dpy`, `mtr`) oder aber gut gewählte Namen (`days_per_year`, `max_table_rows`) nutzen. Für das Verständnis beim Nachvollziehen eines Python-Programms macht das aber einen himmelweiten Unterschied. Natürlich sind kurze Variablennamen wie etwa `x` und `y` zur Bezeichnung von Koordinaten vollkommen verständlich, aber was sagt beispielsweise ein einzelner Buchstabe `m` aus? Schauen wir uns ein Beispiel an, das Ihnen das Gesagte verdeutlichen soll:

```
>>> # Gut verständliche Namen
>>> minutes_per_hour = 60
>>> days_per_year = 365
>>> max_table_rows = 25

>>> # NAJA, nicht wirklich verständlich, was die Abkürzungen bedeuten
>>> m = 60
>>> dpy = 365
>>> mtr = 25

>>> # ACHTUNG: ziemlich schwierig unterscheidbar
>>> arrival_Time = "16:50"
>>> arrival_time = 16.50
```

Die letzten beiden Variablendefinitionen sind ziemlich ungünstig, da man sich beim Unterscheiden schwertut. Dadurch kommt es vermutlich leichter zu Fehlverwendungen.

Im Listing sehen wir sogenannte Kommentare. Damit kann man erklärende Zusatzinformationen hinterlegen. In diesem Fall werden mit `#` einzeilige Kommentare eingeleitet. Alles, was nach dem `#` bis zum Ende der Zeile folgt, wird bei der Ausführung von Python ignoriert (vgl. Abschnitt 2.7).

2.3 Operatoren im Überblick

Operatoren dienen dazu, Operationen zwischen Variablen und/oder Werten auszuführen, selbst eine banale Addition ist ein Beispiel, nämlich für den Operator `+`. Das lässt sich gut mit der Python-Kommandozeile nachprüfen. Dort addieren wir ein paar Werte:

```
>>> sum1 = 200 + 50
>>> sum2 = sum1 + 500
>>> sum3 = sum2 + 750
>>> print("Summen: 1:", sum1, "/ 2:", sum2, "/ 3:", sum3)
Summen: 1: 250 / 2: 750 / 3: 1500
```

Generell bietet Python folgende Varianten von Operatoren:

- Arithmetische Operatoren
- Zuweisungsoperatoren
- Vergleichsoperatoren
- Logische Operatoren
- Bit-Operatoren – Diese sind nur für ganz spezielle Anwendungsfälle von Relevanz und werden in diesem Buch deshalb nicht weiter behandelt.

2.3.1 Arithmetische Operatoren

Die arithmetischen Operatoren sind uns größtenteils aus der Schule bekannt. Neben den Grundrechenarten Addition, Subtraktion, Multiplikation und Division gibt es noch die Modulo-Berechnung sowie die Potenzierung. Tabelle 2-1 bietet einen Überblick.

Tabelle 2-1 *Arithmetische Operatoren*

Operator	Name	Beschreibung und Beispiel
`+`	Addition	Addiert zwei Werte: `x + y`, z. B. `2 + 5 = 7`
`-`	Subtraktion	Subtrahiert zwei Werte: `x - y`, z. B. `9 - 2 = 7`
`*`	Multiplikation	Multipliziert zwei Werte: `x * y`, z. B. `2 * 7 = 14`
`**`	Potenzierung	Potenziert zwei Werte (x^y): `x ** y`, z. B. `2 ** 8 = 256`
`/`	Division	Dividiert zwei Werte: `x / y`, z. B. `15 / 4 = 3.75`
`//`	Ganzzahldivision	Dividiert zwei Werte ohne Rest: `x // y`, z. B. `9 // 7 = 1`
`%`	Modulo	Berechnet den Rest der Division zweier Werte: `x % y`, z. B. `9 % 7 = 2`

Beispiele für Grundrechenarten

Betrachten wir einfache Beispiele für diese Operationen, exemplarisch für Ganzzahlen als Parameter. Beachtenswert dabei ist insbesondere, dass die einfache Division eine Gleitkommazahl als Ergebnis liefert:

```
>>> print(9 - 7)
2
>>> print(7 + 2)
9
>>> print(7 * 2)
14
>>> print(15 / 4)
3.75
```

Nutzen wir ergänzend die in anderen Sprachen (oft) unbekannten Operatoren, nämlich `**` zur Potenzierung und `//` zur Ganzzahldivision:

```
>>> print(2 ** 8)
256
>>> print(10 // 7)
1
>>> print(1 + 6 * 7 - 7 // 6)
42
```

Wenn das Ergebnis der letzten Berechnung Sie vielleicht überrascht, denken Sie daran: In Python gelten genau wie in der Mathematik die Vorrangregeln, also Punkt- vor Strichrechnung. Dadurch kommt es zu dieser Auswertung: $1+(6*7)-1$. Die Ganzzahldivision // sorgt dafür, dass wir bei der Division keine Nachkommastellen erhalten.

Spezialfall: Division durch 0

In der Mathematik ist die Division durch 0 ein Spezialfall, der nicht erlaubt ist bzw. den Wert ∞ (unendlich) liefert. Mit diesem Wert kann man aber nicht mehr weiterrechnen. Auch Python verbietet eine derartige Division und reagiert darauf mit dem Auslösen eines `ZeroDivisionError` (vgl. Kapitel 9).

```
>>> 7.0 / 0.0
Traceback (most recent call last):
  File "<stdin>", line 1, in <module>
ZeroDivisionError: float division by zero
>>>
>>> 0.0 / 0.0
Traceback (most recent call last):
  File "<stdin>", line 1, in <module>
ZeroDivisionError: float division by zero
```

Hier reicht uns erst einmal das Wissen, dass nach einer solchen Fehlersituation die Ausführung eines Python-Programms gestoppt wird. In der Kommandozeile hingegen können Sie nach einem solchen Fehler problemlos weitere Kommandos eintippen, wie oben nach der Berechnung $7.0/0.0$ dann mit $0.0/0.0$ geschehen.

Modulo-Operator

Schauen wir uns für einige Zahlen die Modulo-Berechnung an, die den Divisionsrest ermittelt:

```
>>> 5 % 1
0
>>> 5 % 2
1
>>> 5 % 3
2
>>> 5 % 4
1
>>> 5 % 5
0
```

Anstelle der hier gewählten Kurzform können wir natürlich Werte erst einer Variablen zuweisen und danach dann die Operationen ausführen:

```
>>> five = 5
>>> remainder = 9 % five
>>> remainder
4
```

Tipp: Übrigens ...

Der Modulo-Operator arbeitet auch auf Gleitkommazahlen:

```
>>> 5.5 % 2.5
0.5
```

Zunächst mag man sich wundern, wozu das nützlich sein könnte. Wenn wir jedoch beispielsweise ermitteln möchten, ob eine Viertelstunde, also 15 Minuten, ohne Rest in eine Fahrtzeit von 6,5 Stunden passt, dann kann der Modulo-Operator gute Dienste leisten – im zweiten Beispiel mit einer Dreiviertelstunde sieht man, dass es einen Verschnitt von 30 Minuten gibt:

```
>>> 6.5 % 0.25
0.0
>>> 6.5 % 0.75
0.5
```

2.3.2 Zuweisungsoperatoren

Bei den Zuweisungsoperatoren denkt man natürlich zunächst an die Zuweisung mit dem Operator =, den wir nun schon einige Male genutzt haben und der sich ziemlich natürlich erschließt: Er weist einer Variablen, hier `clicks_per_minute`, den rechts hinter dem = stehenden Wert, in diesem Fall `1234567`, zu:

```
>>> clicks_per_minute = 1234567
```

Nehmen wir die Variable `x` und die Wertzuweisung von 100 als Beispiel:

```
>>> x = 100
```

Um einen Wert, etwa 10, hinzuzufügen, können wir Folgendes schreiben:

```
>>> x = x + 10
>>> x
110
```

Kurzschreibweisen

Manchmal möchte man die Addition eines Werts kompakter als beispielsweise

```
>>> x = x + 10
```

notieren. Dazu existiert als Kurzform der Additionszuweisungsoperator +=:

```
>>> x += 10
>>> x
120
```

Neben += gibt es die Varianten -=, *=, **=, /=, //= und %=, die in der Tabelle 2-2 aufgeführt sind.

Tabelle 2-2 *Zuweisungsoperatoren*

Operator	Name	Beschreibung
+=	Addition	Addiert zwei Werte: `x += y` ⇒ `x = x + y`
-=	Subtraktion	Subtrahiert zwei Werte: `x -= y` ⇒ `x = x - y`
*=	Multiplikation	Multipliziert zwei Werte: `x *= y` ⇒ `x = x * y`
**=	Potenzierung	Potenziert zwei Werte (x^y): `x **= y` ⇒ `x = x ** y`
/=	Division	Dividiert zwei Werte: `x /= y` ⇒ `x = x / y`
//=	Ganzzahldivision	Dividiert zwei Werte ohne Rest: `x //= y` ⇒ `x = x // y`
%=	Modulo	Berechnet den Rest der Division zweier Werte: `x %= y` ⇒ `x = x % y`

Nachfolgend ist für jede Operation ein kurzes Beispiel gezeigt:

```
>>> counter = 0
>>> counter += 100
>>> counter
100
>>> counter -= 10
>>> counter
90
>>> counter /= 9
>>> counter
10.0
>>> counter *= 7
>>> counter
70.0
>>> counter %= 9
>>> counter
7.0
>>> counter **= 2
>>> counter
49.0
>>> counter //= 3
>>> counter
16.0
```

2.3.3 Vergleichsoperatoren

Aus der Mathematik kennen wir diverse Operatoren, um Werte miteinander zu vergleichen. Exakt so funktioniert das auch in Python. Man möchte beispielsweise als wahr oder falsch abbilden können, ob zwei Werte gleich oder größer gleich sind. Für derartige Aussagen dienen die Wahrheitswerte `True` oder `False` vom Typ `bool`.

Tabelle 2-3 *Vergleichsoperatoren*

Operator	Name	Beschreibung
==	gleich	`x == y`
!=	ungleich	`x != y`
>	größer	`x > y`
>=	größer gleich	`x >= y`
<	kleiner	`x < y`
<=	kleiner gleich	`x <= y`

Schauen wir uns wieder eine Abfolge von Aktionen zur Verdeutlichung an:

```
>>> 7 == 8
False
>>> 7 != 8
True
>>> 7 < 8
True
>>> 7 <= 8
True
>>> 7 > 8
False
>>> 7 >= 8
False
```

Wir können selbstverständlich Variablen vom Typ `bool` basierend auf den Ergebnissen erzeugen und abhängig vom Wert gewisse Aktionen ausführen. Dazu werden wir in Kürze Fallunterscheidungen und bedingte Ausführungen kennenlernen und einsetzen.

```
>>> is_equal = 7 == 42
>>> is_equal
False
>>> age = 18
>>> younger_than30 = age < 30
>>> younger_than30
True
```

2.3.4 Logische Operatoren

Um einfache Bedingungen zu prüfen, haben wir gerade die Vergleichsoperatoren kennengelernt. Oftmals soll nicht nur eine, sondern es müssen mehrere Bedingungen erfüllt sein, oder eine aus mehreren. Mitunter muss auch die Bedingung invertiert werden: aus größer gleich 18 (`>= 18`) wird dann kleiner 18 (`< 18`). Mithilfe der logischen Operatoren lassen sich diese Aktionen in Python formulieren. Die Operatoren `and` und `or` arbeiten auf zwei booleschen Werten (`bool`), der Operator `not` auf einem.

Tabelle 2-4 *Logische Operatoren*

Operator	Name	Beschreibung
`and`	UND	`True`, wenn beide Bedingungen erfüllt sind, ansonsten `False`
`or`	ODER	`True`, wenn mindestens eine der Bedingungen erfüllt ist, ansonsten `False`
`not`	NEGATION	`True`, wenn die Bedingung nicht erfüllt ist, ansonsten `False`

Wir nutzen wieder eine Abfolge von Aktionen zur Verdeutlichung: Zunächst definieren wir die zwei Ganzzahlvariablen `age` und `points` und kombinieren dann einige Abfragen – dabei sehen wir, dass bei `and` beide Bedingungen erfüllt sein müssen (den Wert `True` haben, damit `True` geliefert wird, und bei `or` zumindest eine der beiden:

```
>>> age = 27
>>> points = 127
>>>
>>> age > 20 and points > 100
True
>>> age > 20 and points > 200
False
>>>
>>> age > 30 or points > 100
True
>>> age > 20 or points > 200
True
>>> age > 30 or points > 200
False
>>>
>>> not points > 500
True
```

Mehrere Verknüpfungen

Es lassen sich nicht nur einzelne Werte miteinander verknüpfen, sondern auch ganze Ausdrücke, z. B. zur Prüfung der Möglichkeit, ein weiteres Bier in einer Bar zu bestellen. Dies soll gegeben sein, wenn das Alter >= 18 ist und man zudem noch genug Bares hat oder der Sitznachbar die Runde übernimmt:

```
one_more_beer = (age >= 18) and (credit > 0 or paid_by_neighbour)
```

Besonderheit bei Verknüpfungen

Wenn man eine Variable auf zwei Grenzen prüfen möchte, dann lässt sich das mit zwei Vergleichen in Kombination mit `and` lösen:

```
>>> age = 22
>>> age >= 18 and age <= 65
True
```

In Python gibt es eine praktische Besonderheit, die gerade bei Vergleichen auf untere und obere Grenzen hilfreich und deutlich besser lesbar ist:

```
>>> 18 <= age <= 65
True
```

2.4 Fallunterscheidungen

Unsere bisherigen Python-Experimente liefen alle Zeile für Zeile von oben nach unten ab. In der Praxis muss man oft Bedingungen prüfen, etwa ob eine Person älter als 18 Jahre ist oder ob eine Bestellmenge größer als 100 ist und ein Rabatt gewährt wird.

Derartige Bedingungen lassen sich mit den bereits kennengelernten verschiedenen Operatoren formulieren. Um abhängig von deren Auswertung einige Programmzeilen nur bedingt auszuführen, dient die `if`-Anweisung. Damit kann man steuern, dass nur beim positiven Ausgang der Auswertung die nachfolgenden Anweisungen ausgeführt werden. Um diese bedingt auszuführenden Anweisungen von den restlichen Anweisungen abzugrenzen, bedient man sich sogenannter ***Blöcke***, auch Suites genannt.. Im Gegensatz zu vielen anderen Programmiersprachen, die hierzu geschweifte Klammern (`{ }`) nutzen, werden Blöcke in Python durch eine Einrückung nachfolgender Anweisungen bestimmt. Oftmals wird dazu eine Einrückung von 4 Leerzeichen genutzt (laut PEP-8-Empfehlung[2]; zwingend ist lediglich eine konsistente Einrückung). Bitte beachten Sie, dass die Blöcke ausschließlich über die Einrückung definiert werden. Eine Zeile mit einer anderen Einrücktiefe beendet den Block bzw. stellt einen Syntaxfehler dar.

2 `https://www.python.org/dev/peps/pep-0008`, PEP = Python Enhancement Proposal

Bedingte Ausführung mit `if`

Wir haben nun genug Vorwissen gesammelt, um eine bedingte Ausführung mehrerer Python-Anweisungen (genauer in Form eines Blocks) formulieren zu können. Dazu verwenden wir das Schlüsselwort `if`, eine Bedingung, gefolgt von einem Doppelpunkt, sowie einen Block mit den Anweisungen nach folgendem Muster:

```
>>> if Bedingung:
...     Anweisungen
```

Nur wenn die Bedingung zu `True` ausgewertet wird, werden die Anweisungen innerhalb des Blocks abgearbeitet. Betrachten wir ein einfaches Beispiel, das prüft, ob die Multiplikation von $6 * 7$ den Wert 42 ergibt, und in dem Fall eine Nachricht ausgibt:

```
>>> if 6 * 7 == 42:
...     print("We found the answer!")
...
We found the answer!
```

Bei der Eingabe auf der Kommandozeile muss Python das Blockende erkennen. Zum Abschluss drücken Sie bitte zweimal Return – danach kommt es zur Ausführung.

Machen wir es etwas praxisrelevanter und prüfen eine Altersangabe:

```
>>> age = 27
>>> if age >= 18:
...     print("You are allowed to drive a car ...")
...     print("- in case you have a driving license")
...
You are allowed to drive a car ...
- in case you have a driving license
```

Anhand der Ausgaben auf der Konsole erkennen wir, dass der Block ausgeführt wurde. Das ist der Fall, weil die Variable `age` den Wert 27 besitzt und damit der Vergleich `if age >= 18` zu `True` ausgewertet wird.

`if` und `else` in Kombination

Oftmals möchte man nicht nur eine Bedingung mit `if` prüfen, sondern auch auf deren Nichterfüllung reagieren können. Das wird ansatzweise bereits an den vorherigen Beispielen deutlich, in denen man ein ungültiges Berechnungsergebnis oder ein unpassendes Alter geeignet behandeln möchte.

Vereinfachen wir das obige Beispiel, indem lediglich eine Wertzuweisung statt einer Konsolenausgabe erfolgt, und ergänzen den Negativfall mit `else`:

```
>>> age = 27
>>> if age > 18:
...     result = "allowed"
... else:
...     result = "NOT ALLOWED"
...
>>> result
'allowed'
```

Kurzschreibweise: Ternärer Operator Diese Art der Abfrage ist etwas lang. Für derart einfache Fallunterscheidungen existiert mit dem sogenannten ternären Operator (vgl. Abschnitt 6.4) eine Kurzschreibweise, die folgende Struktur besitzt:

```
positiveCase if condition else negativeCase
```

Damit lässt sich die obige Zuweisung etwas kürzer schreiben:

```
>>> age = 27
>>> result = "allowed" if age > 18 else "NOT ALLOWED"
>>> result
'allowed'
```

`if`, `elif` und `else` in Kombination

Oftmals benötigt man neben einer Bedingung mit `if` weitere Prüfungen. Im nachfolgenden Beispiel wollen wir abhängig von einer Uhrzeit einen entsprechenden Gruß aufbereiten, also etwa »Good morning«, wenn es noch nicht 12 Uhr ist, oder aber »Good evening« ab 18 Uhr, aber vor 22 Uhr. Das können wir wie folgt mit `if`, `elif` und `else` in Kombination umsetzen – `elif` steht für `else if` in anderen Programmiersprachen.

Wenn der Umfang an abzutippenden Zeilen und Python-Kommandos zunimmt, empfiehlt es sich, auf eine IDE oder einen Texteditor umzusteigen, wie es der folgende Praxistipp thematisiert. Das ist auch an den Listings ersichtlich, da dann der Prompt >>> des Python-Kommandozeileninterpreters nicht mehr aufgeführt ist:

```
time = 15
if time < 12:
    print("Good morning")
elif time < 18:
    print("Good afternoon")
elif time < 22:
    print("Good evening")
else:
    print("Good night")
Good afternoon
```

Im Beispiel ist die Uhrzeit 15 nicht kleiner als 12, sodass die erste Bedingung `False` ist. Dagegen ist die zweite Bedingung `True`, sodass »`Good afternoon`« ausgegeben wird. Wäre die Uhrzeit nach 18 Uhr und vor 22 Uhr, erhielten wir »`Good evening`« und ansonsten resultiert die Auswertung in »`Good night`« als Ausgabe.

Tipp: Komfortablere Programmeingabe

Für das Editieren umfangreicherer Python-Programme eignet sich der Python-Kommandozeileninterpreter (REPL) weniger und es bietet sich an, zum komfortablen Bearbeiten mehrzeiliger Anweisungen eine IDE zu nutzen. Alternativ können Sie die Zeilen in einem Texteditor abtippen und als Datei speichern. Die Varianten und deren Ausführungen wurden bereits kurz in Abschnitt 1.5 besprochen. Zur Erinnerung: Falls ich den Einsatz der IDE empfehle, sind in den Listings nicht mehr die Indikatoren >>> der REPL gezeigt, sondern nur die einzutippenden Kommandos.

2.5 Funktionen

Wir haben schon einiges an Basiswissen zusammengetragen. Sie erinnern sich sicher an die bereits genutzten Aufrufe der in Python vordefinierten Funktionen `print()`, `type()` und `str()` – man spricht auch von Built-in-Funktionen.

Ähnliche Programmbausteine kann man auch selbst definieren. Zur Verdeutlichung nehmen wir nun einmal an, wir wollten eine Art Taschenrechner programmieren bzw. in unserem Programm immer wieder gleichartige Berechnungen oder Abfragen ausführen. Obwohl es etwa bei einfachen Additionen noch problemlos möglich ist, wiederholt die gleichen Zeilen zu schreiben, ändert sich die Situation bereits bei einer Funktionalität, die ein paar Vergleiche oder andere Anweisungen enthält:

```
if age >= 18:
    print("Altersbeschränkung erfüllt")
else:
    print("Altersbeschränkung nicht erfüllt")

// weitere Aktionen

if age >= 18:
    print("Altersbeschränkung erfüllt")
else
    print("Altersbeschränkung nicht erfüllt")
```

Wir sehen die wiederholten Prüfungen mit `if` und die Aktionen. Angenehm und praktisch ist es, derartige Funktionalitäten unter einem Namen zu bündeln. Dazu lassen sich benutzerdefinierte Funktionen erstellen.

Funktionen definieren

Eine Funktion ist ein benanntes Stück Sourcecode, also eine Folge von Anweisungen, die nur dann abgearbeitet werden, wenn die Funktion aufgerufen wird. An diese können Sie Eingabedaten, sogenannte Parameter, übergeben. Funktionen werden verwendet, um bestimmte Anweisungen auszuführen, und zwar auf wiederverwendbare Art und Weise. Das Ganze besitzt folgende Syntax:

```
def funktion_name(Parameter1, Parameter2, ...):
    Anweisung1
    Anweisung2
```

Definieren Sie eine Funktion also einmal und verwenden Sie die dadurch bereitgestellten Anweisungen viele Male überall dort im Python-Programm, wo dies benötigt wird.

Funktionen aufrufen

Um eine Funktion und damit die dort enthaltenen Anweisungen auszuführen, nutzen wir deren Namen, eine öffnende runde Klammer, optional eine kommaseparierte Liste von Parametern und zum Abschluss eine schließende runde Klammer. Für zwei Parameter sieht das wie folgt aus:

```
funktion_name(parameterWert1, parameterWert2)
```

Klingt noch etwas abstrakt, im Anschluss machen wir das Ganze konkreter mit der Standardfunktionalität `print()` und mit drei Parametern, wie wir es ähnlich zuvor schon getan haben:

```
print("Michael", "likes", "Python")
```

2.5.1 Eigene Funktionen definieren

Greifen wir das Beispiel des einfachen Taschenrechners wieder auf. Schauen wir uns als Beispiele die Funktionen zur Addition und Multiplikation an:

```
>>> def add(value1, value2):
...     return value1 + value2
...
>>> def mult(value1, value2):
...     return value1 * value2
...
>>> result = add(7, 2)
>>> mult(result, 3)
27
```

Genauso wäre es möglich, die in den vorher gezeigten Altersprüfungen genutzte Abfrage als verständliche Funktion bereitzustellen:

```
>>> def is_adult(age):
...     return age >= 18
...
```

Basierend darauf können wir sogar die vier Zeilen der Altersprüfung aus der Einleitung

```
if age >= 18:
    print("Altersbeschränkung erfüllt")
else:
    print("Altersbeschränkung nicht erfüllt")
```

in folgende Funktion `check_age()` auslagern. Weil diese keine Rückgabe besitzt, existiert hier kein `return` – dazu gleich mehr.

```
def check_age(age):
    if is_adult(age):
        print("Altersbeschränkung erfüllt")
    else:
        print("Altersbeschränkung nicht erfüllt")
```

Damit lässt sich das Ausgangsbeispiel enorm vereinfachen:

```
check_age(age)

// weitere Aktionen

check_age(age)
```

Wir erkennen Folgendes: Funktionen bestehen aus einem oder mehreren Blöcken mit einer oder mehreren Anweisungen. Dadurch erlauben es uns Funktionen, wiederkehrende Funktionalität zu bündeln und über den Namen anzusprechen, statt die Sourcecode-Zeilen im Programm immer wiederholen zu müssen. Um beim Aufruf Informationen übergeben zu können, werden Parameter verwendet.

Spezialfall: Keine Rückgabe

Funktionen dienen oftmals dazu, Berechnungen und Prüfungen auszuführen, die ein Ergebnis produzieren und dieses dem Aufrufer zurückgeben, etwa für eine Addition. Dazu wird das Schlüsselwort `return` genutzt. Mitunter, etwa wie bei der Funktion `print()`, erhalten wir allerdings keine Rückgabe, weil keine Berechnung, sondern nur eine Aktion erfolgt. In derartigen Fällen gibt es dann allerdings kein `return` mit Wertangabe, sondern nur eine oder mehrere Anweisungen:

```
>>> def greet(name):
...     print("Hello", name)
...
>>> greet("Michael")
Hello Michael
```

Kombination mit Bedingungen

Im nachfolgenden Beispiel wollen wir als wiederverwendbare Funktionalität das Minimum von drei Ganzzahlen ermitteln, zu deren Repräsentation wir `x`, `y` und `z` als Parameternamen verwenden.[3] Initial schauen wir uns an, ob `x` den kleinsten Wert enthält. Danach werden einige Wertebelegungen geprüft:

```
def min_of_3(x, y, z):
    if x < y:
        if x < z:
            return x
        else:
            return z
    else:
        if y < z:
            return y
        else:
            return z
```

Mal ganz ehrlich: Sind Sie allein beim Betrachten sicher, dass sich dort kein Flüchtigkeitsfehler eingeschlichen hat? Zumindest der Programmablauf (Kontrollfluss) ist doch ein wenig unübersichtlich. Einfacher geht das Ganze, wenn man vordefinierte Bausteine verwendet, was wir uns im Anschluss anschauen. Zuvor probieren wir die obige Implementierung der Funktionalität einmal für verschiedene Wertekombinationen aus:

3 Alternativ hätte man auch die etwas besser lesbaren Namen `value1`, `value2` und `value3` verwenden können. Da wir uns hier im mathematischen Kontext bewegen, scheinen mir die Einbuchstabenvariablen gleichfalls adäquat.

```
min_of_3(1, 2, 3)
1
min_of_3(11, 2, 3)
2
min_of_3(11, 22, 3)
3
```

Funktionen als wiederverwendbare Bausteine

Wir könnten beispielsweise mit folgender Implementierung der Funktion `min_of()` zur Berechnung des Minimums für zwei Zahlen starten:

```
def min_of(x, y):
    if x < y:
        return x
    else:
        return y
```

Tatsächlich ließe sich das mit dem auf Seite 45 kurz vorgestellten ternären Operator (Details finden Sie dann in Abschnitt 6.4) noch kompakter schreiben:

```
def min_of_shorter(x, y):
    return x if x < y else y
```

Wenn man diese Bausteine besitzt, kann man die ursprüngliche Funktion `min_of_3()` und das komplizierte `if`-Gebilde folgendermaßen vereinfachen:

```
def min_of_3(x, y, z):
    return min_of(x, min_of(y, z))
```

Überprüfen wir kurz, ob die gleichen Werte wie zuvor geliefert werden:

```
min_of_3(1,2,3)
1
min_of_3(11,2,3)
2
min_of_3(11,22,3)
3
```

Perfekt, funktional ist die obige Variante von `min_of_3()` gleichwertig zur initial gezeigten, aber es war durch den Einsatz der Funktionen viel weniger Aufwand und ist deutlich kürzer. Auch die Verständlichkeit ist um Längen besser, da wir nicht mehrfach verschachtelte `if`-Gebilde nachvollziehen müssen.

Darüber hinaus ist es immer eine gute Idee, sich ein wenig in den Python-Basisbausteinen umzuschauen, weil es dort eine Vielzahl an nützlichen Funktionalitäten bereits vordefiniert gibt. In unserem Fall könnten wir die in Python vordefinierte Funktion `min()` zur Berechnung des Minimums nutzen.

2.5.2 Nützliche Beispiele aus Python

Wir haben bereits die praktische Funktion `print()` kennengelernt. Schauen wir, was man beispielsweise für mathematische Funktionalitäten sonst noch so in Python findet:

- `max(x,y)` – Die Funktion `max(x,y)` liefert das Maximum, also den größeren Wert von `x` und `y`.
- `min(x,y)` – Die Funktion `min(x,y)` ermittelt das Minimum, also den kleineren Wert von `x` und `y`.
- `abs(x)` – Die Funktion `abs(x)` gibt den Absolutwert von `x` zurück: Falls `x` negativ ist, dann ist das der positive Wert.
- `round(x,n)` – Die Funktion `round(x)` gibt den Wert von `x` gerundet auf `n` Nachkommastellen zurück. Es lassen sich sogar negative Nachkommastellen angeben, wodurch dann die entsprechend Ziffer vor dem Komma ausgenullt wird:

  ```
  >>> round(42.195, 1)
  42.2
  >>> round(42.195, 0)
  42.0
  >>> round(42.195, -1)
  40.0
  ```

- `pow(x, y)` – Die Funktion `pow(x, y)` berechnet die Potenz, hier x^y. Erinnern wir uns: Das lässt sich noch ein wenig eleganter als `x ** y` schreiben.

Vorteile durch den Einsatz der Built-in-Funktionen

Mit den bereits in Python vordefinierten Funktionen lässt sich die Implementierung von `min_of_3_python_built_in()` vereinfachen – wir müssen sogar nicht einmal eine Funktion `min()` selbst schreiben, sondern nutzen diejenige aus Python:

```
def min_of_3_python_built_in(x, y, z):
    return min(x, min(y, z));
```

Hier mag der Vorteil des Wiederverwendens bestehender Funktionalität noch nicht ganz so klar werden, da es sehr einfach war, eine `min()`-Funktion selbst zu implementieren. Je komplexer die Funktionalität jedoch wird, desto eher schleichen sich auch einmal Fehler ein. Praktischerweise sind die Bausteine von Python jedoch gründlich getestet.

2.6 Fehlerbehandlung und Exceptions

Während der Abarbeitung von Python-Programmen kann es zu Fehlersituationen kommen. Zu deren Beschreibung dienen sogenannte Exceptions. Sie werden etwa intern ausgelöst, wenn eine Datei oder eine Position in einem String nicht existiert, auf die man zugreifen möchte, oder wenn eine mathematische Berechnung ungültig ist.

Schauen wir uns zum ersten Verständnis die Umwandlung zweier Texte in den Typ `int` an, einmal rein mit Ziffern und einmal für Buchstaben und Ziffern gemischt:

```
>>> int("7271")
7271
>>> int("E605")
Traceback (most recent call last):
  File "<stdin>", line 1, in <module>
ValueError: invalid literal for int() with base 10: 'E605'
```

Die erste Umwandlung ist problemlos möglich, aber der Versuch, den Text `E605` in eine Ganzzahl zu wandeln, führt (selbstverständlich) zu einem Problem. Das resultiert in einem Programmabbruch und produziert einen sogenannten Traceback, eine Protokollierung der Aufrufe bis zur fehlerhaften Programmstelle. Dort sehen wir, dass es zu einem in Python vordefinierten `ValueError` kommt. Sind die Anweisungen in ein Programm eingebettet, so werden die Zeilen nach einer solchen Fehlersituation ohne spezielle Behandlung nicht mehr ausgeführt und die Abarbeitung unseres Programms wird gestoppt. Mehr Details erfahren Sie in Kapitel 9. Auf der Kommandozeile kann man dagegen problemlos weitere Anweisungen eingeben.

2.7 Kommentare

In den vorangegangenen Beispielen haben wir mitunter bereits Kommentare genutzt, hier möchte ich ein paar Varianten davon zeigen.

Ein Kommentar ist ein Teil Ihres Python-Programms und sollte hilfreiche Anmerkungen enthalten, wird jedoch bei der Ausführung ignoriert. In Python markiert `#` den Beginn einer Kommentarzeile. Wenn mehrere aufeinanderfolgende Zeilen einen Kommentar bilden sollen, muss das Symbol `#` an den Anfang jeder Zeile gesetzt werden:

```
>>> # Kommentar
>>> age = 11 # Zeilenkommentar
>>>
>>> # Blockkommentar 1
>>> # Blockkommentar 2
>>> # Blockkommentar 3
```

Man kann auch mehrzeilige, in drei Anführungszeichen eingerahmte Strings (vgl. Abschnitt 3.2.3) als Kommentar nutzen:

```
>>> """
... Kommentarzeile 1
... Kommentarzeile 2
... KommentarZeile 3"""
'\nKommentarzeile 1\nKommentarzeile 2\nKommentarZeile 3'
```

Das kann man wie folgt zur Dokumentation einer Funktion nutzen:

```
>>> def multiply(text, n):
...     """Multiplies the passed text n times.
...        The result is a concatenated string"""
...     return text * n
...
>>> multiply("Doc", 3)
'DocDocDoc'
```

2.8 Module

Bislang haben wir im Wesentlichen ein paar Anweisungen innerhalb des Python-Kommandozeileninterpreters ausgeführt. Dieser ist zwar gut für erste Experimente geeignet. Aber wie gehen wir damit um, wenn wir die erstellten Funktionalitäten später nochmals verwenden möchten? Dazu hatten wir Funktionen kennengelernt. Jedoch gibt es mit unserer bisherigen Arbeitsweise ein kleines Problem: In dem Moment, wo wir den Python-Kommandozeileninterpreter beenden, sind unsere ganzen Mühen futsch. Alle Variablen und Funktionen sind verloren. Das wäre schade, wenn wir etwa eine nützliche Sammlung mathematischer Funktionalitäten oder ein kleines Spiel implementiert hätten.

Wollen wir eine Funktionalität auch später bereitstellen können, so müssen wir diese in einer Datei speichern. Eine Datei mit Python-Anweisungen nennt man ***Modul***. Für Python sollten diese Module die Endung `.py` besitzen.[4] Außerdem sollten Modulnamen allgemein in Kleinbuchstaben geschrieben werden. Zur Bearbeitung des Sourcecodes eines Moduls kann man zwar einen Texteditor nutzen, geeigneter ist jedoch eine IDE. Das gilt insbesondere, wenn die Programme umfangreicher werden. Dann bietet es sich an, gewisse Funktionalitäten auf verschiedene Dateien aufzuteilen und semantisch zu gruppieren. Ebenso kann die Motivation sein, praktische Funktionalitäten nicht immer wieder zu kopieren, sondern einmal als Datei bereitzustellen.

Rekapitulieren wir: Eine Datei mit Python-Anweisungen wird als ***Modul*** bezeichnet – in der Softwarearchitektur versteht man unter Modulen eigentlich etwas anderes, nämlich in sich abgeschlossene Programmeinheiten mit klaren Schnittstellen und einer sauberen Definition von Abhängigkeiten, aber in Python ist die Begrifflichkeit nun einmal so, wie sie ist.

2.8.1 Imports – Einbinden anderer Funktionalitäten

Python-Programme oder Module können Funktionalitäten aus anderen Modulen nutzen. Dazu ist ein sogenannter ***Import*** nötig. Um in das aktuelle Programm die Funktionalitäten eines externen Moduls, also einer anderen `.py`-Datei, zu integrieren, ist folgende Syntax mit `import` üblich, wobei der Modulname ohne die Endung `.py` angegeben wird:

```
import modulname
```

4 Zwar kann man davon abweichen, aber das erschwert das Verständnis.

Beispiel

Das Einbinden anderer Module schauen wir uns am Beispiel des Moduls `random` zum Erzeugen von Zufallszahlen an. Dort existieren mehrere Funktionen unter anderem `randrange()`. Probieren wir einmal einen direkten Zugriff aus:

```
>>> random.randrange(10, 100)
Traceback (most recent call last):
  File "<stdin>", line 1, in <module>
NameError: name 'random' is not defined
```

Offensichtlich und logischerweise, da bislang noch kein passender Import erfolgt ist, können wir nicht auf die Funktionalität zugreifen. Es erfordert folgenden Import:

```
>>> import random
```

Danach rufen wir die Funktion `randrange()` auf. Außerdem hat man durch den Import auch Zugriff auf andere Funktionen wie `choice()` zur zufälligen Auswahl aus einer Werteangabe, hier zur Bestimmung einer Pizza aus drei Lieblingspizzen:

```
>>> random.randrange(10, 100)
24
>>
>>> random.choice(["Napoli", "Funghi", "Diavolo"])
'Diavolo'
```

Eingeschränkter Import

Möchte man den Import auf eine spezifische Funktionalität einschränken und auf diese direkt mit dem Namen ohne Angabe des Modulnamens zugreifen, so schreibt man Folgendes:

```
from <modul> import <function>
```

Schauen wir uns das für die Funktion `randrange()` aus dem Modul `random` an:

```
>>> from random import randrange
>>> randrange(10, 100)
89
```

Ein direkter Aufruf von `choice()` ist dann allerdings nicht möglich, weil der Name ja nicht importiert wurde – daher lässt sich wie gerade gezeigt – nur die Funktion `randrange()` direkt aufrufen. Probieren wir es für `choice()` trotzdem einmal, um die Problematik zu demonstrieren:

```
>>> choice(["Napoli", "Funghi", "Diavolo"])
Traceback (most recent call last):
  File "<stdin>", line 1, in <module>
NameError: name 'choice' is not defined
```

Es ist problemlos möglich, mehrere Funktionalitäten durch kommaseparierte Angabe einzubinden, hier, um zusätzlich `choice()` zur Verfügung zu stellen:

```
>>> from random import randrange, choice
>>>
>>> choice(["Napoli", "Funghi", "Diavolo"])
'Funghi'
```

2.8.2 Zusammenfassung und Ergänzendes

Fassen wir kurz zusammen: Ein Modul entspricht in Python einer Datei, die Python-Kommandos, also beispielsweise Variablendefinitionen, Funktionen und weitere Anweisungen, enthält. Der Modulname ergibt sich aus dem Dateinamen, allerdings ohne die Endung `.py`.

Praktischerweise kann man innerhalb eines Moduls auf den Modulnamen über die interne Variable `__name__` zugreifen, die von Python automatisch bei einem Import zugewiesen wird.

Wenn Module von anderen Modulen importiert werden, dann werden die dort enthaltenen Anweisungen einmalig von oben nach unten abgearbeitet. Dadurch werden alle darin aufgelisteten Funktionen zum Zeitpunkt des Importierens definiert und sofern Aufrufe erfolgen auch ausgeführt.

Besonderheiten beim Start und beim Import

Für den Fall, dass eine Python-Datei mit dem Kommandozeileninterpreter aufgerufen oder aus der IDE gestartet wird, so enthält die interne Variable `__name__` den Namen `__main__`. Das ist für folgende Situation nützlich: In größeren Programmen ist das Verhalten, dass die Python-Anweisungen eines Moduls beim Importieren einmal abgearbeitet werden, in der Regel hinderlich. Soll also die Funktionalität bei einem Import nicht aufgerufen werden, so kann man dies durch folgenden Trick erreichen:

```
def main():
    # Hauptprogramm


if __name__ == "__main__":
    main()
```

Dies ist insbesondere dann nützlich, wenn Module eigenständig aufgerufen oder aber in ein anderes Programm eingebettet werden sollen.

2.9 Built-in-Datentypen

In Python sind mit Listen (`list`), Mengen (`set`) und Dictionaries (`dict`) die in der Programmierpraxis gebräuchlichsten Datenstrukturen direkt in die Sprache integriert, sie sind also built-in. Das gilt ebenfalls für Tupel (`tuple`).

Man spricht in dem Zusammenhang auch von Collection-Literalen, wenn man die Datenstrukturen einfach textuell in eckigen bzw. geschweiften Klammern mit direkter Werteangabe notiert, wie wir es im Anschluss etwas genauer sehen werden.

2.9.1 Listen (`list`)

Sollen mehrere Werte, etwa Namen, Städte, Aufgaben, Kunden usw., verwaltet werden, dann sind Listen oftmals eine gute Wahl – aus dem realen Leben kennen wir etwa Einkaufslisten, To-do-Listen, Wunschlisten und die guten Vorsätze für das neue Jahr.

In Python können Listen mehrere Werte speichern, die zudem eine Reihenfolge besitzen und auch Duplikate enthalten können. Listen werden in eckigen Klammern in Form einer kommaseparierten Aufzählung von Werten wie folgt definiert:

```
>>> names = ["Tim", "Michael", "Tom", "Mike", "Michael"]
```

Alternativ kann man eine leere Liste mit folgenden beiden Varianten erzeugen:

```
>>> empty_list_1 = []
>>> empty_list_2 = list()
```

Für Listen erfolgt der lesende und schreibende Zugriff über die Angabe eines Index in eckigen Klammern in der Form `values[i]` – die vorderste Position besitzt den Wert 0. Die Anzahl an Elementen ermittelt man durch Aufruf von `len()`. Einer Liste kann man mit += weitere Werte in Form einer Liste hinzufügen:

```
>>> names[0]
'Tim'
>>> names[2] = ">>MODIFIED TOM<<"
>>> names
['Tim', 'Michael', '>>MODIFIED TOM<<', 'Mike', 'Michael']
>>> print(names)
['Tim', 'Michael', '>>MODIFIED TOM<<', 'Mike', 'Michael']
>>> len(names)
5
>>> names += ["Sophie", "Jelena"]
>>> names
['Tim', 'Michael', '>>MODIFIED TOM<<', 'Mike', 'Michael', 'Sophie', 'Jelena']
```

2.9.2 Tupel (`tuple`)

Tupel dienen dazu, mehrere Informationen zu einer Einheit zu bündeln. Tupel sind damit ähnlich zu Listen, im Gegensatz zu diesen werden die Werte in runden Klammern aufgeführt und die Intention ist eine andere. Tupel agieren als ein unveränderlicher Datenbestands fixer Größe – man kann Tupel grob als unveränderliche Listen ansehen.

```
>>> pizza_top_3 = ("diavolo", "napoli", "funghi")
```

Man kann ein Tupel auch aus einer Liste durch Aufruf von `tuple()` erzeugen:

```
>>> pizza_top_3 = tuple(["diavolo", "napoli", "funghi"])
>>> pizza_top_3
('diavolo', 'napoli', 'funghi')
```

Führen wir zum besseren Verständnis ein paar Aktionen aus, nämlich einen indizierten Zugriff, eine Ausgabe mit `print()` und eine Wertzuweisung:

```
>>> print(pizza_top_3[0])
diavolo
>>>
>>> print(pizza_top_3)
('diavolo', 'napoli', 'funghi')
>>>
>>> pizza_top_3[0] = "surprise"
Traceback (most recent call last):
  File "<stdin>", line 1, in <module>
TypeError: 'tuple' object does not support item assignment
```

Die obigen Ausgaben zeigen, dass man die Werte innerhalb eines Tupels nachträglich nicht mehr ändern kann, weshalb die Wertzuweisung in einem `TypeError` resultiert.

Besonderheit: Tuple (Un-)Packing

Tupel weisen eine syntaktische Besonderheit auf. Man kann nämlich auf der linken Seite mehrere Variablen kommasepariert auflisten und diese werden dann automatisch mit den von der Position korrespondierenden Werten aus dem Tupel belegt. Dieses praktische Verhalten nennt sich ***Tuple Unpacking***:

```
>>> # Tuple Unpacking => Tupel wird elementweise in Variablen übertragen
>>> first, second, last = pizza_top_3
>>> print(first, second, last)
diavolo napoli funghi
```

Ebenso ist es möglich, einer Variablen eine kommaseparierte Folge von Werten zuzuweisen, wodurch die Variable zu einem Tupel wird. Man spricht von ***Tuple Packing***:

```
>>> first_primes = (2, 3, 5, 7)
>>> print(first_primes)
(2, 3, 5, 7)
>>>
>>> # Tuple Packing => Tupel wird einer Variablen zugewiesen
>>> first_primes_auto = 2, 3, 5, 7
>>> print(first_primes_auto)
(2, 3, 5, 7)
```

Tipp: Besonderheit zu viele Elemente

Bei der Zuweisung von Tupeln könnten wir uns noch fragen, was passiert, wenn wir auf der linken Seite zu wenige Werte bzw. rechts mehr Werte als links haben:

```
>>> one, two = 1, 2, 3, 4, 5
Traceback (most recent call last):
  File "<stdin>", line 1, in <module>
ValueError: too many values to unpack (expected 2)
```

Dieser Umstand wird von Python erkannt und resultiert in einer Fehlermeldung. Mit folgender Schreibweise kann man eine künstliche Hilfsvariable definieren, die die überschüssigen Werte in Form einer Liste aufsammelt:

```
>>> one, two, *others = 1, 2, 3, 4, 5
>>> one
1
>>> two
2
>>> others
[3, 4, 5]
```

2.9.3 Mengen (`set`)

Python ermöglicht die Modellierung mathematischer Mengen. Definitionsgemäß besitzen diese weder eine Reihenfolge noch Duplikate. Aus Ersterem folgt, dass man nicht über die Position zugreifen kann. Letzteres führt dazu, dass beim Hinzufügen von Werten mit `add()` Duplikate automatisch entfernt werden. Eine Menge von Werten definieren wir mit geschweiften Klammern – für ein paar Früchte etwa wie folgt:

```
>>> fruits = {"Apple", "Ananas"}
>>> fruits.add("Apple")
>>> fruits.add("Banana")
>>> fruits.add("Orange")
```

Schauen wir uns kurz den Inhalt der Menge an. Zudem prüfen wir mit `in`, ob ein Element enthalten ist, und ermitteln mit `len()` die Anzahl an Elementen:

```
>>> fruits
{'Banana', 'Orange', 'Apple', 'Ananas'}
>>>
>>> "Ananas" in fruits
True
>>> "Melon" in fruits
False
>>>
>>> len(fruits)
4
```

2.9.4 Dictionaries (`dict`)

Die letzte wichtige Built-in-Datenstruktur sind die Dictionaries. Diese bilden Schlüssel auf Werte ab, etwa Namen auf Telefonnummern, Personen auf Hobbys usw. Der Zugriff erfolgt über die schon bekannte eckige Klammersyntax. Im Gegensatz zu Listen und Tupeln nutzt man aber dort den Wert des Schlüssels und keine Indexposition.

Betrachten wir als Beispiel die Abbildung von Namen auf (Apple-lastige) Mobiltelefone. Wie bei Mengen erfolgt hier die Vorgabe von Schlüsseln und Werten in geschweiften Klammern, jedoch mit einem Doppelpunkt zwischen Schlüssel und Wert.

```
>>> person_phone = {"Tim": "iPhoneSE2",
...                 "Michael": "iPhone 15 Pro",
...                 "Marc": "iPhone X"}
>>>
>>> person_phone
{'Tim': 'iPhoneSE2', 'Michael': 'iPhone 15 Pro', 'Marc': 'iPhone X'}
>>>
>>> len(person_phone)
3
>>>
>>> person_phone["Marc"]
'iPhone X'
```

Im folgenden Beispiel sehen wir, dass es problemlos möglich ist, für die Werte wiederum Listen oder andere Container zu verwenden und diese wie für Listen gewohnt mit eckigen Klammern und der Angabe des Schlüssels auszulesen:

```
>>> person_hobbies = {"Tim": ["Computer", "Java"],
...                   "Mike": ["Java", "Python"],
...                   "Jim": ["Swimming"]}
>>>
>>> person_hobbies
{'Tim': ['Computer', 'Java'], 'Mike': ['Java', 'Python'], 'Jim': ['Swimming']}
>>>
>>>
>>> len(person_hobbies)
3
>>>
>>> person_hobbies["Mike"]
['Java', 'Python']
```

Außerdem ist es durch eine einfache Zuweisung möglich, Schlüssel-Wert-Abbildungen hinzuzufügen, hier für James:

```
>>> person_hobbies["James"] = ["Movies"]
>>> person_hobbies
{'Tim': ['Computer', 'Java'], 'Mike': ['Java', 'Python'], 'Jim': ['Swimming'], '
    James': ['Movies']}
>>>
>>> len(person_hobbies)
4
```

Das war lediglich ein Schnelleinstieg für den ersten Überblick. Die Thematik vertiefen wir in den Kapiteln 5 und 8.

2.10 Schleifen

Mitunter soll ein bestimmter Abschnitt des Sourcecodes mehrmals ausgeführt werden. Das wird mithilfe von Schleifen realisiert. Davon existieren diverse Varianten in Python, die wir nachfolgend kennenlernen wollen. Doch zuvor behandle ich Wertebereiche, da diese im Kontext von Schleifen oft eine wichtige Rolle spielen.

Schauen wir vorab auf die dahinterliegende Motivation und nehmen an, dass wir alle ungeraden Zahlen im Bereich von 1 bis 11 ausgeben sollen. Eine mögliche Lösung besteht darin, die Zahlen jeweils mit `print()` einzeln auszugeben:

```
print(1)
print(3)
print(5)
print(7)
print(9)
print(11)
```

Ganz offensichtlich ist das bereits recht lang und wenig elegant. Schlimmer noch: Wenn wir den Wertebereich vergrößern oder andere Startwerte nutzen wollten, dann hätten wir viel anzupassen.

2.10.1 Besonderheit: Ranges

Im Zusammenhang mit den im Anschluss vorgestellten Schleifen wird ab und an eine Wertebereichsdefinition in der Form `range(start_incl, end_excl)` genutzt. Damit lassen sich Wertebereiche in den angegebenen Grenzen generieren. Das Besondere an diesen Wertebereichen ist, dass diese nicht vollständig erzeugt werden, sondern dass sukzessive bei Bedarf neue Werte geliefert werden. Möchte man die Werte vollständig erstellen, so kann man dies mit einem Aufruf von `list()` ummanteln:

```
>>> range(1, 10)
range(1, 10)
>>> list(range(1, 10))
[1, 2, 3, 4, 5, 6, 7, 8, 9]
```

Soll ein Wertebereich von 0 starten, so kann man die untere Grenze weglassen, weil diese standardmäßig 0 ist. Dies ist hier für den Wertebereich 0–5 gezeigt:

```
>>> list(range(0, 5))
[0, 1, 2, 3, 4]
>>> list(range(5))
[0, 1, 2, 3, 4]
```

2.10.2 Indexbasierte `for-in`-Schleife

Wenn Sie eine Folge von Anweisungen, also einen Block, eine gewisse Anzahl Mal ausführen wollen, so ist die `for`-Schleife mit der Angabe eines Wertebereichs per `range(start_incl, end_excl)` eine gute Wahl. Probieren wir es wieder aus, um von 1 bis 3 zu zählen – denken Sie daran, dass die obere Grenze exklusiv ist:

```
>>> for i in range(1, 4):
...     print("Durchlauf:", i)
...
Durchlauf: 1
Durchlauf: 2
Durchlauf: 3
```

Was passiert dabei im Detail?

Zunächst wird der Wertebereich vor dem Beginn der Schleife festgelegt und in diesem Fall dort der Variablen `i` der Initialwert (hier `i = 1`) zugewiesen. Mithilfe des Wertebereichs wird indirekt eine Bedingung ausgedrückt, in diesem Fall `i < 4`. Dadurch wird festgelegt, wie häufig die Schleife ausgeführt werden soll (hier: `i` muss kleiner als 4 sein). Sofern die Bedingung gilt, wird die Zählvariable, hier `i`, nach jedem Durchlauf automatisch um den Wert 1 erhöht und die Schleife beginnt von vorne. Erreicht die Zählvariable den Grenzwert, wird die Schleife beendet. Die Erhöhung findet erst nach der vollständigen Abarbeitung der Anweisungen des Blocks in der Schleife, auch ***Schleifenkörper*** oder -rumpf genannt, statt.

Umsetzung für unser Beispiel Mit dem bislang gesammelten Wissen zu Schleifen, aber auch zu Funktionen und dem Modulo-Operator, können wir die Aufgabenstellung aus der Einleitung, eine Folge von ungeraden Zahlen auszugeben, viel kürzer und prägnanter lösen, indem wir die Werte 1 bis 11 durchlaufen (bedenken Sie, dass die Angabe der oberen Grenze in `range()` exklusiv erfolgt, weshalb wir hier den Wert 12 nutzen müssen). Für die jeweilige Zahl prüfen wir mit `i % 2 != 0`, ob diese ungerade ist, und wenn dies zutrifft, geben wir sie mit `print()` aus:

```
>>> for i in range(1, 12):
...     if i % 2 != 0:
...         print(i)
...
1
3
5
7
9
11
```

Variieren der Schrittweite

Für gewisse Anwendungsfälle soll der Schleifenzähler nicht um den Wert 1 erhöht werden, sondern man benötigt mehr Flexibilität, etwa um in 5er-, 10er- oder 100er-Schritten hochzuzählen. Diese Anforderung lässt sich mit Ranges leicht durch einen zusätzlichen Parameter erreichen: `range(start_incl, end_excl, step_size)`. Nachfolgend wird im Bereich von 2 bis 10 eine Schrittweite von 3 verwendet – genauso ist es denkbar und einfach möglich, in 2er- oder 10er-Schritten voranzuschreiten:

```
>>> for i in range(2, 10, 3):
...     print(i)
...
2
5
8
```

Umsetzung für unser Beispiel Mithilfe einer fixen Schrittweite von 2 können wir uns die Modulo-Prüfung sparen, da wir ausgehend vom Wert 1 bis 11 mit dieser Schrittweite laufen, wodurch die Umsetzung noch kürzer und eleganter wird:

```
>>> for i in range(1, 12, 2):
...     print(i)
...
1
3
5
7
9
11
```

Negative Schrittweite

Mitunter benötigt man das Herunterzählen, etwa von 10 auf 0 oder von 3 auf 1. Letzteres implementieren wir durch Umkehren der Bereichsangaben, also die größere Zahl als erster Parameter im Range, und negativer Schrittweite folgendermaßen:

```
>>> for i in range(3, 0, -1):
...     print(i)
...
3
2
1
```

Besonderheit beim Durchlaufen

Nachfolgend möchte ich noch auf eine Python-Besonderheit eingehen, nämlich in einer Schleife keinen Variablennamen anzugeben, sondern _. Damit wird ausgedrückt, dass dieser Wert im weiteren Verlauf nicht mehr benutzt wird:

```
>>> for _ in range(5):
...     print("Again")
...
Again
Again
Again
Again
Again
```

Interessanterweise besitzt _ einen Wert und man kann darauf zugreifen – das widerspricht jedoch der eigentlichen Intention:

```
>>> for _ in range(5):
...     print("Again", _)
...
Again 0
Again 1
Again 2
Again 3
Again 4
```

Praxisbeispiel

Nehmen wir an, wir wollten die Zahlen von 0 bis 9 hintereinander und getrennt durch jeweils ein Minuszeichen ausgeben, wobei nach der letzten Ziffer kein Minuszeichen mehr ausgegeben werden soll. Das Ergebnis sollte wie folgt aussehen:

```
0-1-2-3-4-5-6-7-8-9
```

Dabei besteht die Herausforderung darin, dass bei der Funktion `print()` nach einer Werteausgabe standardmäßig ein Zeilenumbruch erfolgt, außer man spezifiziert den Parameter `end` entsprechend um.

Kommen wir zur eigentlichen Aufgabe zurück. Wir nutzen eine `for`-Schleife in Kombination mit `print()`. Abhängig vom aktuellen Wert der Schleifenvariablen fügen wir dann mithilfe einer Fallunterscheidung in Form von `if` und `else` noch das Minuszeichen an oder eben zum Schluss den Zeilenumbruch:

```
>>> for i in range(0, 10):
...     print(i, end='')
...     if i < 9:
...         print("-", end='')
...     else:
...         print()
...
0-1-2-3-4-5-6-7-8-9
```

Durchlaufen einer Liste mit indiziertem Zugriff

Gebräuchlicher als eine reine Wiederholung sind Schleifen über Datenbestände, etwa die Elemente einer Liste. Das Durchlaufen und Verarbeiten von Werten lässt sich folgendermaßen mit einem indizierten Zugriff realisieren – allerdings ist das in Python stilistisch unschön, da elegantere und im Anschluss vorgestellte Varianten existieren.

```
>>> names = ["Barbara", "Lilija", "Sophie"]
>>> for i in range(len(names)):
...     print(names[i])
...
Barbara
Lilija
Sophie
```

Verschachtelte Schleifen

Wir wollen zum Abschluss der indexbasierten Schleifen als Besonderheit verschachtelte Schleifen kennenlernen. Dafür greifen wir mit dem kleinen Einmaleins auf ein Beispiel zurück, das Sie sicher noch aus der Schule kennen. Als Hilfestellung kann man sich eine Tabelle mit Python generieren lassen.

Dazu sind sämtliche Kombinationen der Multiplikationen der Zahlen von 1 bis 10 abzubilden. Das kann man durch zwei Schleifen von 1 bis 10 erreichen, mit der Besonderheit, dass die zweite Schleife in die erste eingebettet ist. Man spricht dann davon, dass Schleifen ineinander geschachtelt sind. Die Berechnung ist eine einfache Multiplikation. Für eine ansprechende Aufbereitung verwenden wir ein Tabulatorzeichen (`\t`), damit die Werte schön ausgerichtet sind:

```
>>> for i in range(1, 11):
...     for j in range (1, 11):
...         result = i * j;
...         print(result, "\t", end='')
...
...     print()
...
1   2   3   4   5   6   7   8   9   10
2   4   6   8   10  12  14  16  18  20
3   6   9   12  15  18  21  24  27  30
4   8   12  16  20  24  28  32  36  40
5   10  15  20  25  30  35  40  45  50
6   12  18  24  30  36  42  48  54  60
7   14  21  28  35  42  49  56  63  70
8   16  24  32  40  48  56  64  72  80
9   18  27  36  45  54  63  72  81  90
10  20  30  40  50  60  70  80  90  100
```

Nun wollen wir das Ganze grafisch ein wenig schöner aufbereiten und nutzen dazu das bisher gesammelte Wissen sowie den Trick einer formatierten Ausgabe, die dann später in Abschnitt 3.1.3 erklärt wird. Zudem sehen wir das Wiederholen von Zeichen mit `*`. Das behandelt in Abschnitt 3.1.1.

```
print("Wert | ", end='')
for x in range(1, 11):
    print("{:4d} ".format(x), end='')

print()
print("-" * 56)

for i in range(1, 11):
    print("{:4d} | ".format(i), end='')
    for j in range(1, 11):
        result = i * j
        print("{:4d} ".format(result), end='')

    print()
```

Wir erhalten folgende Darstellung:

```
Wert |   1    2    3    4    5    6    7    8    9   10
-----------------------------------------------------------
   1 |   1    2    3    4    5    6    7    8    9   10
   2 |   2    4    6    8   10   12   14   16   18   20
   3 |   3    6    9   12   15   18   21   24   27   30
   4 |   4    8   12   16   20   24   28   32   36   40
   5 |   5   10   15   20   25   30   35   40   45   50
   6 |   6   12   18   24   30   36   42   48   54   60
   7 |   7   14   21   28   35   42   49   56   63   70
   8 |   8   16   24   32   40   48   56   64   72   80
   9 |   9   18   27   36   45   54   63   72   81   90
  10 |  10   20   30   40   50   60   70   80   90  100
```

2.10.3 Wertebasierte `for`-`in`-Schleife

Das Hantieren mit Indexwerten birgt Fehler. Möchte man nur eine vordefinierte Wertemenge durchlaufen (man spricht auch von iterieren[5]), so kann man bevorzugt statt eines Wertebereichs eine Liste oder eine direkte Angabe von Werten verwenden. Statt der Indexvariablen wird eine Variable zur Repräsentation von Werten und eine Angabe der zu durchlaufenden Werte genutzt.

Nachfolgend definieren wir eine Liste, die wir nun ohne Index durchlaufen. Dazu dient die Variante mit `for` und `in`, wobei man dort eine Variable angibt, die das jeweilige Listenelement pro Schleifendurchlauf enthält:

```
>>> for current_name in ["Barbara", "Lilija", "Sophie"]:
...     print(current_name)
...
Barbara
Lilija
Sophie
```

Was passiert dabei im Detail?

Für jeden Wert in der Liste wird dieser zunächst der Variablen `current_name` zugewiesen. Im Anschluss werden dann die Aktionen des Schleifenrumpfs, hier die Konsolenausgabe mit `print()`, ausgeführt. Das wiederholt sich, bis alle Werte aus `names` verarbeitet wurden.

Anmerkung

Der Vergleich der indexbasierten und der wertebasierten `for`-`in`-Schleife zeigt, dass letztere etwas einfacher zu formulieren ist, keine Indexzugriffe benötigt und dadurch lesbarer ist. Allerdings hat man in dem Fall dann (logischerweise) auch keinen Zugriff mehr auf den Index.

5 Iteration ist der Fachbegriff für das Durchlaufen einer Schleife.

2.10.4 Die `for-in-enumerate`-Schleife mit Index und Wert

Wir haben nun schon mehrere Arten gesehen, wie wir eine Schleife gestalten können. Folgende Varianten sollten uns mittlerweile geläufig sein:

```
messages = ["Python", "has", "several", "loop", "variants"]

# indexbasiert
for i in range(len(messages)):
    print(i, messages[i], end=',')

print()

# wertebasiert
for current_word in messages:
    print(current_word, end=',')

print()
```

In diesem Beispiel erinnern wir uns an den Parameter `end` für `print()` zur Spezifikation einer Zeichenfolge für das Zeilenende. Dadurch werden die Wörter kommasepariert ohne Zeilenumbruch hintereinander ausgegeben. Im ersten Fall haben wir Zugriff auf den Index und können somit die Position mit ausgeben, im zweiten Fall ist das nicht möglich, dafür ist die Iteration etwas klarer. Das führt zu folgenden Ausgaben:

```
0 Python,1 has,2 several,3 loop,4 variants,
Python,has,several,loop,variants,
```

Manchmal benötigt man nicht nur Zugriff auf den Index, sondern ebenso einen direkten Zugriff auf den Wert. Dazu existiert in Python eine dritte Schleifenvariante, nämlich mit `enumerate()`, das sowohl Zugriff auf den Index als auch den Wert bietet:

```
>>> messages = ["Python", "has", "several", "loop", "variants"]
>>> for i, current_word in enumerate(messages):
...     print(i, current_word, end=',')
...
0 Python,1 has,2 several,3 loop,4 variants,>>>
```

Diese Schleifenvariante produziert die gleiche Ausgabe wie die obere indexbasierte, allerdings ist die Schleife deutlich einfacher zu lesen und zu verstehen. Beachten Sie, dass hier durch das veränderte Endezeichen zum Schluss kein Zeilenumbruch erfolgt.

Was passiert dabei im Detail?

Für jeden Wert in der Liste wird in jedem Schleifendurchlauf die Indexposition der Variablen `i` und der aktuelle Wert der Variablen `current_word` zugewiesen. Diese Mehrfachzuweisung an zwei Variablen wird durch das bereits in Abschnitt 2.9.2 beschriebene Tuple Unpacking möglich: `enumerate()` bereitet ein Tupel aus Index und Wert auf und danach wird dieses passend zugewiesen. Im Anschluss werden dann die Aktionen des Schleifenrumpfs, hier die Konsolenausgabe mit `print()`, ausgeführt. Das wiederholt sich, bis alle Werte aus `messages` verarbeitet wurden.

Beispiel für den Bedarf an Index und Wert

Schauen wir uns ein weiteres Beispiel an, das nach jedem Zeichen an ungerader Position einen Unterstrich in der Ausgabe ergänzt und jedes Zeichen an gerader Position durch Aufruf von `upper()` großschreibt (vgl. Abschnitt 3.1.1). Zur Unterscheidung von geraden bzw. ungeraden Positionen benötigen wir den Index und eine Modulo-Berechnung. Außerdem lernen wir, dass Strings mit einer `for-in`-Schleife Zeichen für Zeichen durchlaufen werden können:

```
>>> for i, ch in enumerate("fun with chars"):
...     if i % 2 != 0:
...         print(ch + "_", end="")
...     else:
...         print(ch.upper(), end="")
...
Fu_N _Wi_Th_ c_Ha_Rs_>>>
```

Wir erhalten folgende Ausgabe, die die zeichenweise Iteration[6] zeigt:

```
Fu_N _Wi_Th_ c_Ha_Rs_
```

> **Tipp: Wahl der Schleifenvariante**
>
> Bedenken Sie immer: Halten Sie den Sourcecode möglichst verständlich und einfach! Falls Sie keinen Zugriff auf den Index benötigen, dann empfiehlt sich die Variante mit `in` ohne `enumerate()`.

Typisches Einsatzgebiet

Die zuvor gezeigte Variante ist ein wenig künstlich. In der Praxis müssen immer mal wieder komplexere Aktionen abhängig von Index und/oder Inhalt ausgeführt werden. Das wird an einem vereinfachten Beispiel demonstriert:

```
>>> values = ["Error 1", "Data 1", "Data 2", "Error 2", "NOISE", "Data 3"]
>>> for index, value in enumerate(values):
...     if index == 0 or "Error" in value:
...         print("First value or error:", value)
...     elif index < 5 and "Data" in value:
...         print("Expected data:", value)
...     else:
...         print("Noise at index:", index, "value:", value)
...
First value or error: Error 1
Expected data: Data 1
Expected data: Data 2
First value or error: Error 2
Noise at index: 4 value: NOISE
Noise at index: 5 value: Data 3
```

6 Das ist der Fachbegriff für das Durchlaufen einer Schleife.

2.10.5 Die `while`-Schleife

Die `while`-Schleife durchläuft einen Block so lange, wie eine angegebene Bedingung erfüllt ist. Im Gegensatz zur `for`-Schleife müssen bei Bedarf gewisse Initialisierungsarbeiten explizit vorab erfolgen. Gleiches gilt innerhalb des Blocks der Schleife (dem Schleifenkörper) auch für das Hochzählen bzw. Modifizieren der Schleifenvariablen, um die Bedingung später einmal zu `False` auszuwerten und dadurch die Schleife tatsächlich (irgendwann) zu beenden.

```
while Bedingung:
    # auszuführender Block
```

Schauen wir uns dies konkret an einem Beispiel an:

```
>>> i = 0
>>> while i < 5:
...     print(i)
...     i += 1
...
0
1
2
3
4
```

Nochmals als Hinweis: Vergessen Sie nicht, die in der Bedingung verwendete Variable zu verändern, also je nach Bedingung zu erhöhen oder zu verringern, sonst wird die Schleife nie beendet!

Was passiert dabei im Detail?

Als Erstes definieren wir eine Schleifenvariable namens `i` mit dem Wert 0. Danach wird in `while` die Einhaltung der Bedingung (hier `i < 5`) geprüft. Solange dies gegeben ist, werden die Anweisungen des sogenannten Schleifenrumpfes ausgeführt. Darin erfolgt eine Konsolenausgabe und danach wird der Wert von `i` um 1 erhöht.

Typisches Einsatzgebiet

Die zuvor gezeigte Variante der `while`-Schleife hätte man gut auch mit einer `for`-Schleife umsetzen können, weil sie simpel einen Zähler verwaltet.

In der Praxis gibt es aber immer mal wieder Situationen, etwa in einem Spiel oder bei der Überwachung eines Systems, dass die Verarbeitung solange erfolgen soll, bis eine Abbruchbedingung eintritt. Dafür sieht man dann Schleifen analog zu dieser:

```
game_over = False

while not game_over:
    # Anweisungen des Spiels
    game_over = check_for_last_life()
```

2.11 Weiterführende Informationen

Python bietet ein wirklich lesenswertes Onlinetutorial. Dieses finden Sie unter `https://docs.python.org/3/tutorial`. Neben einem Einstieg behandelt es diverse andere Themen recht ausführlich. Abbildung 2-1 zeigt die Startseite.

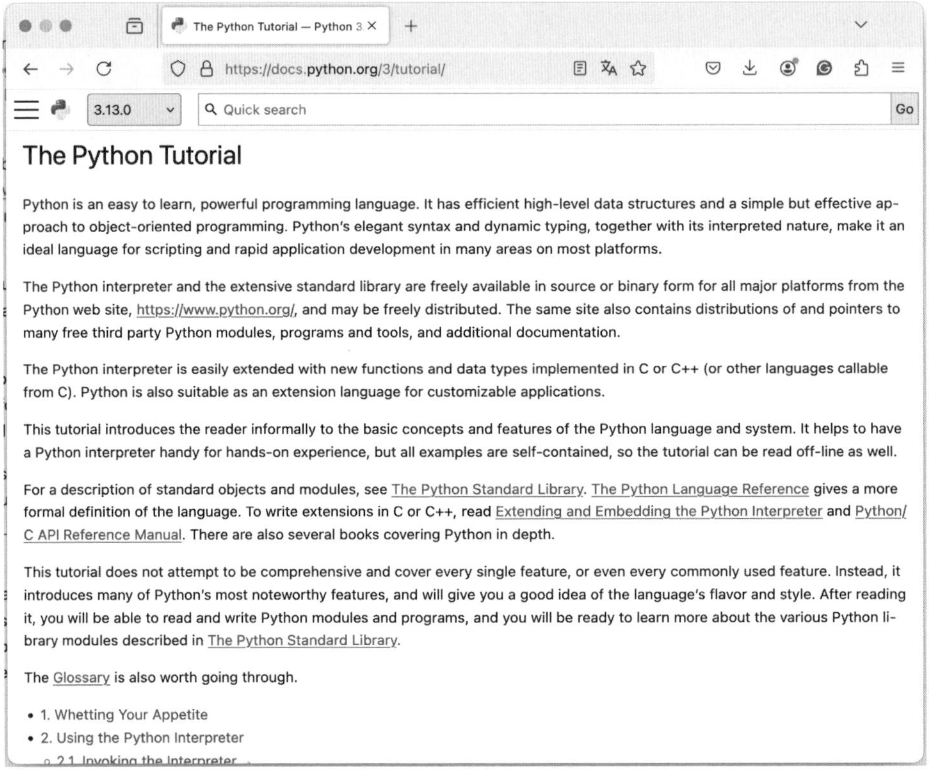

Abbildung 2-1 *Python-Onlinetutorial*

2.12 Aufgaben und Lösungen

2.12.1 Aufgabe 1: Mathematische Berechnungen

Nehmen wir an, wir hätten eine Spedition. Wir bekommen einen Großauftrag und müssen 1000 Kisten ausliefern. In unseren Lkw passen pro Fahrt jedoch nur 75 Kisten. Berechnen Sie, wie oft wir fahren müssen und wie viele Kisten in der letzten Fahrt transportiert werden. Verwenden Sie sprechende Variablennamen.

Lösung

Wenn wir ein wenig überlegen, dann können wir ganz einfach die Ganzzahldivision nutzen, um die Anzahl der vollen Fahrten zu ermitteln. Die Gesamtzahl ist dann dieser Wert, gegebenenfalls plus 1 für eine unvollständig beladene Fahrt. Diese ist nötig, wenn die Division nicht aufgeht und die Restmenge ungleich 0 ist. Die zu transportierende Restmenge an Kisten lässt sich mithilfe des Modulo-Operators bestimmen:

```
>>> bestellmenge = 1_000
>>> lkw_kapazitaet = 75
>>> restmenge = bestellmenge % lkw_kapazitaet
>>> anzahl_fahrten = bestellmenge // lkw_kapazitaet
>>> if restmenge != 0:
...     anzahl_fahrten += 1
...
>>> anzahl_fahrten
14
```

Beachten Sie unbedingt, dass Sie für die Division nicht / verwenden, weil es dadurch zu einer Gleitkommadivision kommen würde, die Nachkommastellen liefert:

```
>>> anzahl_fahrten = bestellmenge / lkw_kapazitaet
>>> anzahl_fahrten
13.333333333333334
```

Als Endergebnis erhielte man dann sogar folgenden Wert:

```
>>> anzahl_fahrten
14.333333333333334
```

2.12.2 Aufgabe 2: Bedingung vereinfachen

Gegeben sei folgende einfache Funktion, die prüft, ob ihre beiden Eingabeparameter `x` und `y` in einem gewissen Wertebereich ($0 < x < 100$ und $10 < y < 20$) liegen. Vereinfachen Sie diese Umsetzung:

```
def check_value_range(x, y):
    if x > 0 and x < 100 and y > 10 and y < 20:
        print("VALID RANGE")
```

Lösung

Die beiden Prüfungen lassen sich aufgrund von Python-Besonderheiten kürzer und verständlicher wie folgt schreiben:

```
def check_value_range(x, y):
    if 0 < x < 100 and 10 < y < 20:
        print("VALID RANGE")
```

2.12.3 Aufgabe 3: Funktion und `if`

Schreiben Sie eine Funktion, die einen Punktestand daraufhin prüft, ob dieser einen neuen Highscore darstellt. Das trifft dann zu, wenn die aktuelle Punktzahl größer als der momentane Highscore ist. In dem Fall soll eine Meldung auf der Konsole ausgegeben werden. Als Ausgangsbasis dienen folgende Anweisungen:

```
>>> points = 1234
>>> highscore = 1000
>>> if points > highscore:
...     print("Congratulation, you reached a new highscore!")
...
Congratulation, you reached a new highscore!
```

Lösung

Um die Aufgabenstellung umzusetzen, schreiben wir eine Funktion mit zwei Parametern, die den aktuellen und den Highscore-Punktestand repräsentieren. In der Funktion werden die beiden Werte in einem `if` verglichen und gegebenenfalls wird eine Meldung ausgegeben:

```
>>> def check_for_new_highscore(points, highscore):
...     if points > highscore:
...         print("Congratulation, you reached a new highscore!")
...
```

Wir prüfen die Funktion wie folgt mit einem Wert, bei dem wir deutlich unter dem Highscore liegen, und einem weiteren Wert, der deutlich darüber liegt:

```
>>> check_for_new_highscore(1000, 5000)
>>> check_for_new_highscore(7271, 5000)
Congratulation, you reached a new highscore!
```

2.12.4 Aufgabe 4: Selbstabholerrabatt

In dieser Aufgabe sollen Sie für einen Pizzalieferservice die Preisberechnung implementieren. Nehmen wir vereinfachend an, jede Pizza koste 11 €. Dabei gelten folgende Regelungen zum Rabatt: Wenn wir fünf oder mehr Pizzen bestellen, dann erhalten wir einen Rabatt von 10 %. Wenn wir die Pizzen selbst abholen, dann erhalten wir pro Pizza einen Nachlass von 2 €. Schreiben Sie eine Funktion `calc_price(count, for_takeaway)`, die den Rechnungsbetrag basierend auf Anzahl Pizzen und Selbstabholung ermittelt.

Lösung

Hier ist eine Abfolge von Berechnungen auszuführen. Zunächst müssen wir den regulären Gesamtpreis aus Pizzapreis mal Anzahl errechnen. Ab fünf Pizzen kommt dann der Rabatt zum Tragen. Die Anweisungen sind reine Mathematik, kombiniert mit `if` sowie zwei Varianten von Zuweisungsoperatoren:

```
>>> def calc_price(count, for_takeaway):
...     pizzaprice = 11
...
...     total = pizzaprice * count
...     if count >= 5:
...         total *= 0.9
...     if for_takeaway:
...         total -= 2 * count
...
...     return total
...
```

Wir prüfen die Berechnung mit einigen Werten nach:

```
>>> calc_price(2, False)
22
>>> calc_price(2, True)
18
>>> calc_price(5, False)
49.5
>>> calc_price(5, True)
39.5
```

Hinweis: Berechnungsvarianten

Bei dieser Aufgabenstellung kann man sich fragen, ob der Rabatt vor oder nach Abzug des Take-away-Nachlasses von 2 € gewährt wird. Wir berechnen hier den Rabatt auf der Summe ohne Selbstabholung. Vermutlich würde die Pizzeria es umgekehrt machen, weil sie dann geringfügig von ca. 2,5 % Mehreinnahmen profitiert.

Schauen wir uns exemplarisch die Berechnung für Rabatt vor und nach Take-away (RVT bzw. RNT) an:

Menge	Normalpreis	Endpreis mit Rabatt und Take-away
2	$2 * 11 = \mathbf{22}$	$2 * (11 - 2) = \mathbf{18}$
4	$4 * 11 = \mathbf{44}$	$4 * (11 - 2) = \mathbf{36}$
5	$5 * 11 = \mathbf{55}$	**RVT**: $5 * 11 = 55 * 0.9 = 49.5 - 5 * 2 = \mathbf{39.5}$ **RNT**: $5 * (11 - 2) = 45 * 0.9 = \mathbf{40.5}$
10	$10 * 11 = \mathbf{110}$	**RVT**: $10 * 11 = 110 * 0.9 = 99 - 10 * 2 = \mathbf{79}$ **RNT**: $10 * (11 - 2) = 90 * 0.9 = \mathbf{81}$

Mathematischer Hintergrund

Zwar erkennt man anhand der Rechenbeispiele, dass die Pizzeria bei der Variante RNT immer ein wenig mehr verdient, aber ganz klar ist der Grund nicht. Das lässt sich aber mit ein wenig Schulmathematik schnell aufklären, indem man die Berechnungen abhängig von der Anzahl der Pizzen (n) und des Rabattfaktors (0.9) sowie der Preisreduktion für Take-away (2) in Form von Formeln modelliert, die man dann passend vereinfacht:

- RVT: $n * 11 * 0.9 - n * 2 \Rightarrow n * 9.9 - n * 2 \Rightarrow n * 0.79$
- RNT: $n * (11 - 2) * 0.9 \Rightarrow n * 9 - 0.9 \Rightarrow n * 0.81$

Somit besitzt die Variante RNT immer eine Vorteil von $0.81/0.79 \approx 1.025$ zur Variante RVT, was eben den zuvor erwähnten 2,5 % entspricht.

2.12.5 Aufgabe 5: Schleifen mit Berechnungen

Schreiben Sie eine Schleife, die die Werte von 1 bis 6 (inklusive) quadriert und die Quadratzahlen ausgibt. Als Ausgangsbasis dienen folgende Anweisungen ohne Schleife:

```
>>> print("1 * 1 = 1")
1 * 1 = 1
>>> print("2 * 2 = 4")
2 * 2 = 4
>>> print("3 * 3 = 9")
3 * 3 = 9
>>> print("4 * 4 = 16")
4 * 4 = 16
...
```

Lösung

Das lässt sich am besten mit einer `for`-Schleife und einem `range()` folgendermaßen lösen, wobei man die Quadrierung entweder ausformuliert oder den Potenzoperator `**` anwendet, wie es im Kommentar angedeutet ist:

```
>>> for i in range(1, 7):
...     print(i, "*", i, "=", i * i)
...     # print(i, "*", i, "=", i ** 2)
...
1 * 1 = 1
2 * 2 = 4
3 * 3 = 9
4 * 4 = 16
5 * 5 = 25
6 * 6 = 36
```

2.12.6 Aufgabe 6: Schleifen und fixe Schrittweite

Schreiben Sie eine Schleife, die die Werte von 10 bis 40 (inklusive) mit einer Schrittweite von 10 ausgibt.

Lösung

Das lässt sich am besten mit einer `for`-Schleife und einem passend gewählten `range()` folgendermaßen lösen:

```
>>> for i in range(10, 41, 10):
...     print(i)
...
10
20
30
40
```

2.12.7 Aufgabe 7: Schleifen mit variabler Schrittweite

Nutzen Sie eine Schleife, die beim Wert 0 und mit einer Schrittweite von 1 startet. Bei jedem Schleifendurchlauf soll der Wert um die Schrittweite erhöht werden. Zusätzlich wird die Schrittweite jeweils um eins erhöht. Geben Sie die beiden Werte aus, solange die Schleifenvariable kleiner als 60 ist. Als Ausgangsbasis dienen folgende Ausgaben, die das gewünschte Ergebnis verdeutlichen:

```
i: 0 und step: 1
i: 1 und step: 2
i: 3 und step: 3
i: 6 und step: 4
...
```

Lösung

Diese Aufgabenstellung ist etwas anspruchsvoller, da eine variable Schrittweite benötigt wird. Hier bietet sich eine `while`-Schleife an. Wir definieren für den Schleifenzähler und die Schrittweite zunächst jeweils eine Ganzzahlvariable. Danach prüfen wir die Bedingung und führen bei deren Erfüllung die Aktionen aus, die sich aus der Aufgabenbeschreibung ergeben:

```
>>> i = 0
>>> step = 1
>>> while i < 60:
...     print("i:", i, "und step:", step)
...     i += step
...     step += 1
...
i: 0 und step: 1
i: 1 und step: 2
i: 3 und step: 3
i: 6 und step: 4
i: 10 und step: 5
i: 15 und step: 6
i: 21 und step: 7
i: 28 und step: 8
i: 36 und step: 9
i: 45 und step: 10
i: 55 und step: 11
```

2.12.8 Aufgabe 8: Verschachtelte Schleifen – Variante 1

Schreiben Sie eine Funktion `print_number_triangle(row)`, die eine mehrzeilige Ausgabe bis zu einer übergebenen maximalen Zeilenanzahl folgendermaßen erzeugt:

```
1
1 2
1 2 3
1 2 3 4
```

Als Kür soll eine Funktion geschrieben werden, deren Ausgabe wie folgt aussieht:

```
1
2 3
4 5 6
7 8 9 10
```

Lösung

Für die Aufgabenstellung bieten sich zwei ineinander geschachtelte Schleifen an. Beginnen wir mit einer Schleife, die n-mal für die Zeilen durchlaufen wird und dann im Folgenden ergänzt wird:

```
>>> def print_number_triangle_v1(row):
...     for y in range(row + 1):
...         print("row:", y)
...
```

Rufen wir diese Funktion einmal auf:

```
>>> print_number_triangle_v1(3)
row: 0
row: 1
row: 2
row: 3
```

Statt der Konsolenausgabe der Zeileninformation benötigen wir eine weitere Schleife, die von 1 bis zur aktuellen Zeile zählt und diesen Wert auf der Konsole ausgibt. Damit die Werte in einer Zeile hintereinander geschrieben werden, dient die Angabe von `end=" "`. Am Ende einer Zeile rufen wir dann `print()` für den Zeilenumbruch auf. Die Implementierung sieht wie folgt aus:

```
>>> def print_number_triangle(number_of_rows):
...     for y in range(1, number_of_rows + 1):
...         for x in range(1, y + 1):
...             print(x, end = " ")
...         print()
...
```

Rufen wir diese erweiterte Funktion einmal auf:

```
>>> print_number_triangle(4)
1
1 2
1 2 3
1 2 3 4
```

Kür Zur Umsetzung der Kür müssen wir eine Zählvariable `num` ergänzen, da wir nicht am Wert für `x`, sondern an einem kontinuierlichem Hochzählen interessiert sind:

```
>>> def print_number_triangle_bonus(number_of_rows):
...     num = 1
...     for y in range(1, number_of_rows + 1):
...         for x in range(1, y + 1):
...             print(num, end = " ")
...             num += 1
...         print()
...
```

Wir rufen diese modifizierte Funktion auf:

```
>>> print_number_triangle_bonus(4)
1
2 3
4 5 6
7 8 9 10
```

2.12.9 Aufgabe 9: Verschachtelte Schleifen – Variante 2

Implementieren Sie eine Funktion, um Buchstaben in folgendem Muster auszugeben:

```
A
B B
C C C
D D D D
```

Als Hilfestellung dient das Wissen, dass man einzelne Zeichen mit der Funktion `ord()` in eine Zahl wandeln kann und mit `chr()` eine Zahl in einen Buchstaben:

```
>>> ord("A")
65
>>> chr(77)
'M'
```

Lösung

Wie schon in der Aufgabe zuvor bedienen wir uns zweier ineinander geschachtelter Schleifen. Statt Ziffern bzw. Zahlen sind aber je Reihe entsprechende Buchstaben auszugeben. Zur Modellierung des Buchstabens nutzen wir einen String mit einem einzelnen Zeichen. Durch die Umwandlung mit `ord()` lässt sich dessen Wert hochzählen und mit `chr()` wieder in eine Zeichenkette mit einem Zeichen wandeln. Als Abwandlung zur Funktion zuvor ändert sich eigentlich nur die Handhabung der Zeichen:

```
>>> def print_letter_triangle(number_of_rows):
...     letter = "A"
...     for y in range(1, number_of_rows + 1):
...         for x in range(1, y + 1):
...             print(letter, end=" ")
...         letter = chr(ord(letter) + 1)
...         print()
...
```

Rufen wir die Funktion auf:

```
>>> print_letter_triangle(4)
A
B B
C C C
D D D D
```

Beachten Sie bitte, dass das Ganze aber nur im Bereich bis 26 Zeilen funktioniert, weil sonst die Umwandlung keine Buchstaben mehr ergibt.

Optimierte Variante Im obigen Beispiel sehen wir den Trick, den Buchstaben zunächst mit `ord()` in eine Zahl zu wandeln und dann zu erhöhen, um diese mit `chr()` wieder zurück zu wandeln. Alternativ können wir auf den Zahlenwerten arbeiten und nur bei der Ausgabe die Umwandlung in ein Zeichen vornehmen:

```
def print_letter_triangle(number_of_rows):
    letter = ord("A")
    for y in range(1, number_of_rows + 1):
        for x in range(1, y + 1):
            print(chr(letter), end=" ")
        letter += 1
        print()
```

Diese Zeilen geben exakt das Gleiche aus, wie zuvor, wenn sie mit den gleichen Eingaben aufgerufen werden.

2.12.10 Aufgabe 10: Verschachtelte Schleifen – Variante 3

Basierend auf den Ideen aus der vorherigen Aufgabe und mit den dort entwickelten Grundfunktionalitäten lässt sich auch eine Buchstabenkombination erzeugen, die die Form eines K besitzt:

```
A B C D
A B C
A B
A
A
A B
A B C
A B C D
```

Lösung

Beginnen wir mit einer Vorüberlegung: Wie schon in der Aufgabe zuvor können wir uns zweier ineinander geschachtelter Schleifen bedienen. Das Ganze muss zweimal geschehen, wobei wir zunächst von der gegebenen Maximalbreite bis 0 (exklusiv) und danach dann von 1 bis zur Maximalbreite + 1 (exklusiv) laufen.

Das führt uns zu einer Implementierung ähnlich zu folgender:

```
def print_k_shaped(number_of_rows):
    for y in range(number_of_rows + 1, 0, -1):
        letter = ord("A")
        for x in range(1, y + 1):
            print(chr(letter), end=" ")
            letter += 1
        print()

    for y in range(1, number_of_rows + 1):
        letter = ord("A")
        for x in range(1, y + 1):
            print(chr(letter), end=" ")
            letter += 1
        print()
```

Auf eine kleine Verbesserung möchte ich noch hinweisen: Beim Programmieren sollten wir Duplikationen von Sourcecode vermeiden. Oben sehen wir, dass die Blöcke der Schleifen jeweils gleich sind.

Anstatt das also zweimal zu tippen und dabei potenziell Fehler zu machen, bietet es sich an, die Zeilen zur Ausgabe in eine Hilfsfunktion `print_letters()` auszulagern:

```
def print_k_shaped_improved(number_of_rows):
    for y in range(number_of_rows + 1, 0, -1):
        print_letters(y)

    for y in range(1, number_of_rows + 1):
        print_letters(y)


def print_letters(y):
    letter = ord("A")
    for x in range(1, y + 1):
        print(chr(letter), end=" ")
        letter += 1
    print()
```

Die beiden Implementierungen waren schon etwas aufwendiger. Vergewissern wir uns, dass sie die gewünschte Form produzieren, und rufen dazu diese Funktion auf:

```
print_k_shaped(4)
```

Damit erhalten wir die gewünschte Ausgabe:

```
A B C D
A B C
A B
A
A
A B
A B C
A B C D
```

Das gilt auch für die verbesserte Funktion:

```
print_k_shaped_improved(4)
```

3 Strings

Wir haben schon ein paar Mal Strings verwendet, ohne viel darüber nachzudenken. Als kurze Erinnerung: Variablen vom Typ `str` modellieren Zeichenketten und dienen zur Verwaltung von textuellen Informationen. In diesem Kapitel setzen wir unsere im vorherigen Kapitel »Schnelleinstieg« begonnene Entdeckungsreise zu Zeichenketten fort und vertiefen die Thematik.

3.1 Schnelleinstieg

Strings bestehen aus einer Folge einzelner Zeichen.[1] Im Gegensatz zu anderen Sprachen besitzt Python keinen Datentyp für einzelne Zeichen, sondern diese werden als String der Länge 1 repräsentiert. Strings lassen sich als Zeichenkette in doppelten oder einfachen Anführungszeichen erzeugen. Das ist insofern praktisch, als dass man so die jeweils andere Art innerhalb des Strings verwenden kann, falls dies nötig sein sollte:

```
>>> info = "Please don't touch!"
>>> help = 'Press "HELP"'
>>> print(info, help)
Please don't touch! Press "HELP"
>>>
>>> one_char = "A"
```

3.1.1 Gebräuchliche Stringaktionen

Stringkonkatenation – »+«

Ein gebräuchlicher Anwendungsfall ist das Zusammenfügen von Strings, auch Konkatenieren genannt. Dazu dient bekanntlich der Operator »+«. Nachfolgend kombinieren wir den Vor- und Nachnamen des Autors mit einem Abstand von einem Leerzeichen:

```
>>> first_name = "Michael"
>>> last_name = "Inden"
>>> print(first_name + " " + last_name)
Michael Inden
```

1 Sie gehören wie Listen zu den sequenziellen Datentypen (vgl. Abschnitt 8.1), weshalb viele Aktionen analog dazu ausführbar sind.

Besonderheit in Kombination mit anderen Typen Beim Erstellen von Texten aus einzelnen Teilbausteinen ist der Operator »+« ziemlich nützlich. Allerdings sollte man dabei die Besonderheit kennen, dass im Gegensatz zu vielen anderen Sprachen bei der Stringkonkatenation die direkte Angabe von Zahlen in Python nicht möglich ist:

```
>>> "Bitte " + 2 + " Mal klingeln"
Traceback (most recent call last):
  File "<stdin>", line 1, in <module>
TypeError: can only concatenate str (not "int") to str
```

Um eine Zahl in eine textuelle Darstellung umzuwandeln und mit dem Operator »+« verknüpfen zu können, ist eine explizite Typumwandlung (ein sogenannter Cast (vgl. Abschnitt 2.2.2)) durch einen Aufruf von `str` wie folgt erforderlich:

```
>>> "Bitte " + str(2) + " Mal klingeln"
'Bitte 2 Mal klingeln'
```

Groß- und Kleinschreibung – `upper()` und `lower()`

Sofern man eine Umwandlung von Groß- in Kleinbuchstaben oder andersherum benötigt, sind die Methoden `upper()` und `lower()` hilfreich. Als Beispiel wandeln wir einen Text vollständig in Großbuchstaben um und danach in Kleinbuchstaben.

```
>>> message = "IMPORTANT: Please consult the doctor"
>>> message.upper()
'IMPORTANT: PLEASE CONSULT THE DOCTOR'
>>> message.lower()
'important: please consult the doctor'
```

Besonderheit: Keine Modifikation erlaubt Bitte beachten Sie, dass Strings in Python unveränderlich sind und eine Modifikation daher nicht möglich ist. Obwohl es im obigen Beispiel so scheint, kommt es nicht zu Modifikationen, sondern tatsächlich wird jeweils ein neuer String mit verändertem Inhalt erzeugt. Nachfolgend ist dies für einen Aufruf von `upper()` gezeigt. Der ursprüngliche Inhalt ist danach unverändert:

```
>>> hint = "Immutable String"
>>> result = hint.upper()
>>> result
'IMMUTABLE STRING'
>>> hint
'Immutable String'
```

Tipp: Was sind Methoden?

Bislang haben wir Funktionen zum Bereitstellen von Funktionalität kennengelernt. Methoden sind ähnlich zu Funktionen, jedoch sind Methoden einem bestimmten Typ, hier `str`, zugeordnet. Das wird später in Kapitel 4 genauer besprochen.

Leerzeichen entfernen – `strip()`, `lstrip()` und `rstrip()`

Mitunter enthält ein String am Anfang oder Ende oder an beiden Seiten unerwünschte Leerzeichen, die entfernt werden sollen. Dazu kann man die Methoden `strip()` sowie `lstrip()` und `rstrip()` aufrufen. Beginnen wir mit der beidseitigen Entfernung:

```
>>> value_with_blanks = "  This text has blanks at the beginning and the end  "
>>> print("strip(): '", value_with_blanks.strip(), "'", sep="")
strip(): 'This text has blanks at the beginning and the end'
```

Nachfolgend werden vorne (`lstrip()`) bzw. hinten (`rstrip()`) die Leerzeichen entfernt:

```
>>> print("lstrip(): '", value_with_blanks.lstrip(), "'", sep="")
lstrip(): 'This text has blanks at the beginning and the end  '
>>>
>>> print("rstrip(): '", value_with_blanks.rstrip(), "'", sep="")
rstrip(): '  This text has blanks at the beginning and the end'
>>>
>>> value_with_blanks
'  This text has blanks at the beginning and the end  '
```

Beachten Sie bitte wiederum, dass durch die Methodenaufrufe der ursprüngliche String nicht verändert wird, sondern ein neuer String mit verändertem Inhalt als Ergebnis entsteht. Dies folgt aus den Ausgaben, insbesondere der letzten, die einen unveränderten Inhalt der Variablen `value_with_blanks` zeigt.

Als Besonderheit kann man ein Zeichen übergeben, das statt Whitespace entfernt wird, hier für führende und nachfolgende X-Zeichen verdeutlicht – die beiden Leerzeichen bleiben dann erhalten:

```
>>> "XXX DATA XXX".strip("X")
' DATA '
```

Länge ermitteln – `len()`

Die Gesamtlänge eines Strings ist des Öfteren eine wichtige Information. Die Anzahl der Zeichen liefert ein Aufruf von `len()`:

```
>>> content = "This is a short message"
>>> len(content)
23
```

Auf leeren String prüfen

Mithilfe der zuvor vorgestellten Methode lässt sich durch einen Vergleich mit 0 prüfen, ob ein String leer ist:

```
>>> no_content = ""
>>> len(no_content) == 0
True
```

Das wird in Python jedoch eher als schlechter Stil angesehen. Stattdessen prüft man gerne auf folgende Weise:

```
>>> if not no_content:
...     print("empty")
...
empty
```

Auf einzelne Zeichen zugreifen – » [] «

Wie man es von anderen Programmiersprachen z. B. für Arrays gewohnt ist, kann man in Python positionsbasiert, indiziert genannt, auf die einzelnen Zeichen eines Strings zugreifen. Dabei geht der Index von 0 bis `len(text)` – 1 und wird in eckigen Klammern notiert, wie es nachfolgendes Beispiel verdeutlicht. Dort lesen wir das erste und das zweite Zeichen des Strings (Achtung: 0-basiert) aus:

```
>>> name = "Michael"
>>> print(name[0])
M
>>> print(name[1])
i
```

Besonderheit: Negativer Index Interessanterweise bietet Python eine Adressierung mit negativem Index, dessen gültiger Wertebereich von –1 bis `-len(text)` reicht, wobei –1 das letzte und `-len(text)` das erste Zeichen ermittelt. Das folgende Beispiel zeigt dies für die Indexwerte –1 und –7 – zudem wird mit der Indexangabe von `[-2]` das zweite Zeichen von hinten ausgelesen:

```
>>> name = "Michael"
>>> name[-1]
l
>>> name[-7]
'M'
>>> name[-2]
'e'
```

Das kann man sich so vorstellen:

Buchstabe	M	I	C	H	A	E	L
Index	0	1	2	3	4	5	6
Negativer Index	-7	-6	-5	-4	-3	-2	-1

Abbildung 3-1 *String mit Index und negativem Index*

Weil Zugriffe über einen negativen Index ein wichtiges Feature ist, das ebenso für Listen funktioniert, möchte ich hier noch einmal den Zusammenhang von $-idx \Leftrightarrow -\texttt{len}(\texttt{text}) - idx$ aufzeigen und anhand einer Grafik verdeutlichen:

```
>>> content = "This is a short message"
>>> content[-1]
'e'
>>> content[-2]
'g'
>>> content[-3]
'a'
>>> content[-20]
's'
```

```
>>> content[len(content) - 1]
'e'
>>> content[len(content) - 2]
'g'
>>> content[len(content) - 3]
'a'
>>> content[len(content) - 20]
's'
```

Abbildung 3-2 *Zugriffe mit negativem Index*

Was passiert, wenn ich an falscher Stelle zugreife? Beim Adressieren von Positionen über den Index kann man schnell einmal einen Fehler machen und um eine oder mehrere Positionen danebenliegen. Zudem sollten wir uns fragen, was eigentlich passiert, wenn wir mit einer Position zugreifen, die über die Länge hinausgeht und somit dafür kein Zeichen existiert, etwa wie folgt mit einem Index von 7271 oder dem negativen Wert –123:

```
>>> name[7271]
Traceback (most recent call last):
  File "<stdin>", line 1, in <module>
IndexError: string index out of range
>>>
>>> name[-123]
Traceback (most recent call last):
  File "<stdin>", line 1, in <module>
IndexError: string index out of range
```

Ein Zugriff außerhalb des jeweils gültigen Indexbereichs führt zu einem `IndexError`, einer speziellen Exception, die einen fehlerhaften Index ausdrückt. Auf Exceptions gehe ich später in Kapitel 9 ein. Hier reicht das Wissen, dass nach einer solchen Fehlersituation (ohne weitere Behandlung) die Ausführung unseres Python-Programms gestoppt wird. Wenn Sie im Python-Kommandozeileninterpreter arbeiten, können Sie nach dem Auftreten von Exceptions problemlos weitere Aktionen ausführen.

Keine positionsbasierte Modifikation erlaubt Bitte beachten Sie, dass keine positionsbasierten Zuweisungen erlaubt sind, um Zeichen in einem String zu modifizieren:

```
>>> content[2] = "X"
Traceback (most recent call last):
  File "<stdin>", line 1, in <module>
TypeError: 'str' object does not support item assignment
```

Wie schon erwähnt, sind Strings in Python unveränderlich. Es gibt aber einen Trick, wie man zeichenbasiert ändern kann. Diesen zeige ich Ihnen später.

Iteration

Beim Durchlaufen der einzelnen Zeichen eines Strings, auch Iteration genannt, gibt es verschiedene Varianten. Zunächst kann man indiziert mit einer `for`-Schleife und `len()` in Kombination mit `range()` arbeiten. Das ist jedoch in Python der am wenigsten adäquate Weg:

```
>>> message = "Python has several loop variants"
>>> for i in range(len(message)):
...     print(i, message[i], end=',')
...
0 P,1 y,2 t,3 h,4 o,5 n,6  ,7 h,8 a,9 s,10  ,11 s,12 e,13 v,14 e,15 r,16 a,17 l
     ,18  ,19 l,20 o,21 o,22 p,23  ,24 v,25 a,26 r,27 i,28 a,29 n,30 t,31 s,>>>
```

Besser ist es, mit `enumerate()` zu arbeiten, was sowohl Zugriff auf den Index als auch auf den Wert bietet:

```
>>> for i, current_char in enumerate(message):
...     print(i, current_char, end=',')
...
0 P,1 y,2 t,3 h,4 o,5 n,6  ,7 h,8 a,9 s,10  ,11 s,12 e,13 v,14 e,15 r,16 a,17 l
     ,18  ,19 l,20 o,21 o,22 p,23  ,24 v,25 a,26 r,27 i,28 a,29 n,30 t,31 s,>>>
```

Ist kein Zugriff auf den Index nötig, empfiehlt sich die wertebasierte Variante mit `in`:

```
>>> for current_char in message:
...     print(current_char, end=',')
...
P,y,t,h,o,n, ,h,a,s, ,s,e,v,e,r,a,l, ,l,o,o,p, ,v,a,r,i,a,n,t,s,>>>
>>>
```

Teilbereiche extrahieren – Slicing mit `[start:end:step]`

Für einige Anwendungsfälle muss man auf Bestandteile eines Texts zugreifen, die durch eine Anfangs- und optional eine Endposition bestimmt sind. Dazu bietet sich das sogenannte Slicing an. Dabei übergibt man innerhalb von eckigen Klammern und der Syntax `[start:end]` die Start- (inklusiv) und Endposition (exklusiv). Im Speziellen ist es möglich, das eine oder andere oder gar beides wegzulassen. Ohne die Angabe einer Startposition wird ausgehend vom Start extrahiert. Ohne die Angabe einer Endposition wird von der übergebenen Startposition bis zum Ende extrahiert. Zudem kann optional eine Schrittweite mit der Syntax `[start:end:step]` angeben werden, um nicht zusammenhängende Bereiche zu extrahieren.

Verwenden wir das mächtige Slicing, um einzelne Zeichen oder Bestandteile zu erhalten:

```
>>> strange_message= "a message containing only a message"
>>> strange_message[10:20]
'containing'
>>> strange_message[:9]
'a message'
>>> strange_message[21:]
'only a message'
```

Besonderheit: Kopie Werden beide Grenzen weggelassen, so entsteht eine vollständige Kopie, da dies der Angabe von vorne bis zum Ende entspricht, als ob `[0:len(<text>)]` angegeben worden wäre. Nachfolgend wird das verdeutlicht:

```
>>> strange_message[:]
'a message containing only a message'
>>> strange_message[0:len(strange_message)]
'a message containing only a message'
```

Besonderheit: Negative Werte Wissenswert sind noch negative Startpunkte sowie negative Schrittweiten. Bei einem negativen Startpunkt wird ausgehend vom Ende gezählt, hier um die letzten sieben Zeichen zu extrahieren:

```
>>> last_seven_chars = strange_message[-7:]
>>> last_seven_chars
'message'
```

Eine negative Schrittweite (Syntax `[start:end:step]`) liefert einen String von hinten gelesen, also in umgekehrter Reihenfolge. Dabei kann man auch Bereiche angeben und den Startpunkt (hier von hinten) festlegen:

```
>>> teile = "Dies ist ein String. Rest ABC"
>>> print(teile[::-1])
CBA tseR .gnirtS nie tsi seiD
>>> print(teile[19::-1])
.gnirtS nie tsi seiD
```

Strings wiederholen und Häufigkeit ermitteln – »*« und `count()`

Manchmal ist es notwendig, einen Text n-mal zu wiederholen. Das ist zwar problemlos durch Konkatenation in einer `for`-Schleife möglich. Alternativ existiert die für Zahlen bekannte und praktische Multiplikation auch für Strings, womit die Aufgabe erleichtert wird:

```
>>> greeting = "MOIN"
>>> greeting * 2
'MOINMOIN'
>>> nonsens = "BLA"
>>> nonsens * 3
'BLABLABLA'
```

Nachfolgend sehen wir die Methode `count()`. Diese zählt, wie oft die übergebene Zeichenkette in einem String vorkommt:

```
>>> pug_nonsens = nonsens * 3 + "!!!!!!!"
>>> pure_nonsens
'BLABLABLA!!!!!!!'
>>> pure_nonsens.count("BLA")
3
>>> pure_nonsens.count("!")
7
>>> pure_nonsens.count("X")
0
```

Besondere Zeichen in Strings – Escaping und Raw Strings

Unicode-Unterstützung Strings können in Python nicht nur normale Buchstaben, sondern alle Unicode-Zeichen enthalten. Diese kann man entweder direkt angeben oder in Form einer sogenannten Escape-Sequenz, eingeleitet durch ein `\u` oder als Surrogates (`\U`). Damit ist etwa die Definition des griechischen Alphabets, normaler Unicodezeichen eingeleitet durch `\u` oder die eines Smileys kein Problem. Die nachfolgende Abbildung zeigt exemplarisch ein paar der Möglichkeiten.

```
>>> greek_alphabet = 'αβγδεζηθικλμνξοπρςστυφχψ'
... print(greek_alphabet)
...
... unicode = '\u00A9 => © \u00BB => » \u1234 \u2620'
... print(unicode)
...
... ibrow = "\U0001F928" # 🤨
... unicode_surrogates = "\U0001F601 \U0001F631 " + ibrow
... print(unicode_surrogates)
...
αβγδεζηθικλμνξοπρςστυφχψ
© => © » => » ሴ ☠
😁 😱 🤨
```

Abbildung 3-3 *Unicode-Zeichen in Strings*

Steuersequenzen Zudem gibt diese Steuersequenzen, auch Escape-Sequenzen genannt:

- `\t` – Tabulator
- `\b` – Backspace
- `\n` – neue Zeile
- `\r` – Wagenrücklauf
- `\"` – Doppelte Anführungszeichen
- `\\` – Backslash

Wann benötigt man diese? Nehmen wir etwa an, wir wollten in einem String auch Anführungszeichen hinterlegen oder in einer Pfadangabe verschiedene Backslashes – immer dann sind die obigen Steuersequenzen nützlich. Man spricht hier von ***Escaping***.

Anführungszeichen in Strings Betrachten wir zunächst einen String, dessen textueller Inhalt auch wieder Anführungszeichen enthalten soll. Recht offensichtlich kann man das nicht wie folgt schreiben:

```
>>> wrong_quotes = "original: "cite""
  File "<stdin>", line 1
    wrong_quotes = "original: "cite""
                               ^^^^
SyntaxError: invalid syntax
```

Zur Korrektur nutzt man Escaping:

```
>>> quotes = "original: \"cite\""
```

Erinnern wir uns an die Einführung dieses Kapitels, so kann man es auch ohne Escaping noch einfacher wie folgt schreiben, indem man den String mit einfachen Anführungszeichen umrahmt:

```
>>> quotes = 'original: "cite"'
```

Pfadangaben in Strings Der Mehrwert des Escapings wird für Pfadangaben wie `C:\test\newpictures\barbara` ganz besonders deutlich.

Probieren wir es einfach mal ein wenig naiv aus – alle drei Sonderzeichen schlagen hier durch: ein Tabulator, ein Zeilenumbruch und ein Backspace:

```
>>> wrong_path = "C:\test\newpictures\barbara"
>>> wrong_path
'C:\test\newpictures\x08arbara'
>>> print(wrong_path)
C:	est
ewpicturearbara
```

Korrigieren wir die Angaben wieder durch Escaping und schauen, was passiert:

```
>>> path = "C:\\test\\newpictures\\barbara"
>>> path
'C:\\test\\newpictures\\barbara'
>>> print(path)
C:\test\newpictures\barbara
```

Raw Strings Als Besonderheit existieren in Python die sogenannten Raw Strings. Diese sind immer dann nützlich, wenn man die textuellen Bestandteile exakt so wie spezifiziert nutzen möchte, etwa bei Dateisystempfaden. Dazu hatten wir eben Escaping eingesetzt, was allerdings mitunter ein wenig mühsam ist. Schlimmer noch, manchmal geht die Notwendigkeit in der Hektik des Alltags unter und es kommt zu Fehlversuchen mit normalen Strings, wobei zur Demonstration nur das erste Backslash zum Escaping doppelt angegeben wurde:

```
>>> dir_path = 'c:\\michael\techinfo\new'
>>> dir_path
'c:\\michael\techinfo\new'
>>> print(dir_path)
c:\michael	echinfo
ew
```

Offensichtlich wurde der Tab (`\t`) und auch die Newline (`\n`) interpretiert und mit dem Resultat können wir für den ursprünglichen Einsatzzweck nichts anfangen. Nutzen wir als Abhilfe Raw Strings, die vor dem eigentlichen Text mit einem kleinen `r` starten:

```
>>> dir_path = r'c:\michael\techinfo\new'
>>> dir_path
'c:\\michael\\techinfo\\new'
>>> print(dir_path)
c:\michael\techinfo\new
```

3.1.2 Suchen, Enthaltensein und Ersetzen

Suchen – `index()`, `rindex()`, `find()` und `rfind()`

Ab und an möchte man feststellen, ob ein gewisser Text oder Buchstabe in einem String enthalten ist. Mithilfe der Methoden `find()` und `index()` erhält man die entsprechende Position. Gibt es keinen Treffer, so liefert `find()` den Wert –1 für »nicht gefunden« und `index()` löst einen Fehler in Form einer Exception aus – dies führt zu einem Programmabbruch und einem Hinweis auf der Konsole (detaillierter behandele ich Exceptions in Kapitel 9). Eine Prüfung vom Ende des Strings aus ermöglichen die Methoden `rfind()` und `rindex()`.

```
>>> maintext = "this is top secret. please do not distribute. top secret!"
>>> maintext.find("not")
30
>>> maintext.rfind("not")
30
>>> maintext.index("this")
0
>>> maintext.index("top")
8
>>> maintext.rindex("top")
46
>>> maintext.rfind("JIM")
-1
>>> maintext.rindex("JIM")
Traceback (most recent call last):
  File "<stdin>", line 1, in <module>
ValueError: substring not found
```

Weitersuchen Auf eine praktische Besonderheit möchte ich im Zusammenhang mit `index()` und `find()` noch eingehen. Zunächst einmal sei angemerkt, dass die Methoden `index()` und `find()` nach dem ersten Vorkommen suchen. Auch wiederholtes Aufrufen ändert die Fundstelle nicht und man kann so keine anderen Vorkommen finden. Praktischerweise gibt es je eine Variante der Methode, der man eine Startposition übergeben kann. Auf diese Weise lässt sich problemlos die Funktionalität »Suchen und Weitersuchen« realisieren, indem man immer nach der Fundstelle weitersucht. Dazu übergibt man einfach die gelieferte Position + 1 wie folgt:

```
>>> info = "one second, one hour and one day"
>>> info.index("one")
0
>>> info.index("one", 1)
12
>>> info.index("one", 13)
25
>>> info.find("one")
0
>>> info.find("one", 1)
12
>>> info.find("one", 13)
25
```

Enthaltensein – `in`

Soll statt einer Suche lediglich geschaut werden, ob der gesuchte Teilstring enthalten ist, bietet sich der `in`-Operator an:

```
>>> sometext = "This is not a huge story. Just one sentence!"
>>> "not" in sometext
True
>>> "MICHAEL" in sometext
False
```

Ersetzen von Inhalten – `replace()`

Neben dem Suchen und dem Test auf Enthaltensein möchte man manchmal Teile eines Strings ersetzen. Dabei ist die Methode `replace()` hilfreich. Diese ersetzt eine gewünschte Zeichenfolge durch die als zweiten Parameter übergebene Zeichenfolge:

```
>>> greeting = "MOIN MOIN"
>>> greeting.replace("MOIN", "GRÜEZI")
'GRÜEZI GRÜEZI'
```

Weil Strings unveränderlich sind, wird hier als Ergebnis wieder ein neuer String mit dem veränderten Inhalt erzeugt.

Hinweis: Komplexeres Ersetzen von Inhalten

Ergänzend zu `replace()` gibt es die Funktion `sub()` aus dem Modul `re` (`https://docs.python.org/3/library/re.html`), die als Suchzeichenfolge einen sogenannten regulären Ausdruck nutzt – um beispielsweise Texte, die mit einem A starten, gefolgt von einem beliebigen Buchstaben und einem C oder D, durch einen Leerstring zu ersetzen: Für dieses Buch reicht es, zu wissen, dass der ». « in einem regulären Ausdruck einen Platzhalter für ein einzelnes, beliebiges Zeichen darstellt und dass man eine Menge von Alternativen in eckigen Klammern angibt:

```
>>> import re
>>> info_regex = "ACC_AEC_MUSIC_ABC_AWARD"
>>> re.sub(r"A.[CD]", "", info_regex)
'__MUSIC__AW'
```

3.1.3 Informationen extrahieren und formatieren

Informationen extrahieren – `split()`

Immer mal wieder enthält ein Text mehrere Informationsbestandteile, die durch ein Trennzeichen wie Minus (»-«), Komma (»,«), Semikolon (»;«), Doppelpunkt (»:«) oder Punkt (».«) separiert sind, etwa eine Uhrzeitangabe mit Stunden, Minuten und Sekunden jeweils durch »:«:

```
>>> timestamp = "11:22:33"
```

Unser Ziel ist es, die Einzelbestandteile als Zahlen zu ermitteln. Wie kann man dazu vorgehen? Um die Informationen aufzuspalten und auszulesen, bietet sich die Methode `split()` an. Dieser übergibt man ein Trennzeichen und erhält als Ergebnis eine Abfolge (genauer: eine Liste) von Strings – Listen werden wir dann in Kapitel 5 genauer kennenlernen:

```
>>> timestamp.split(":")
['11', '22', '33']
```

Extrahieren wir nun noch die Werte einer Datumsangabe mithilfe von `split()`:

```
>>> dateInfo = "23.11.2020"
>>> dateInfo.split(".")
['23', '11', '2020']
```

Formatierte Ausgabe – `format()`

Wenn man Daten, ob nun textuelle Informationen oder Zahlen, ausgeben möchte, kann man dies im einfachsten Fall durch eine kommaseparierte Angabe in `print()` erreichen. Dabei ist man bezüglich der Formatierung jedoch ein wenig eingeschränkt. Oftmals ist mehr Flexibilität wünschenswert. Aus der Einleitung wissen wir bereits, dass in Python zur formatierten Aufbereitung diverse Möglichkeiten existieren.

`format()` Zunächst einmal bieten Strings eine Methode `format()`, die die durch geschweifte Klammern repräsentierten Platzhalter (`{}`) in einem String auffüllt. Dabei gibt es drei Varianten, a) positionsbasiert von vorne nach hinten, b) über eine Positionskennung oder c) eine Benennung:

```
>>> default_order = "{}, {} and {}".format('Mike', 'Lili', 'Sophie')
>>> print("Default Order:", default_order)
Default Order: Mike, Lili and Sophie
>>>
>>> pos_order = "{1}, {0} and {2}".format('Mike', 'Lili', 'Sophie')
>>> print("Positional Order:", pos_order)
Positional Order: Lili, Mike and Sophie
>>>
>>> kw_order = "{so}, {li} and {mi}".format(mi='Mike', li='Lili', so='Sophie')
>>> print("Keyword Order:", kw_order)
Keyword Order: Sophie, Lili and Mike
```

Steuermöglichkeiten Beim Einsatz von format() können Sie mit dem Formatbezeichner :d als Argument eine beliebige Ganzzahl verwenden. Es gibt eine Vielzahl weiterer Platzhalter. Im folgenden Listing sind einige für Strings und Zahlen gezeigt. Die gesamte Liste ist so ausführlich, dass sich ein Blick in die Onlinedokumentation https://docs.python.org/3/library/string.html?highlight=string#module-string lohnt.

Einige Besonderheiten möchte ich erwähnen: Es ist möglich, etwa die Länge einer Ganzzahl mit :<Anzahl>d zu beschränken sowie für Gleitkommazahlen die Anzahl an Nachkommastellen mit :.<Anzahl>f. Nachfolgend sehen wir eine Begrenzung auf zehn Stellen bei einem astronomischen Gehalt und fünf Nachkommastellen für Pi.

```
>>> salary = 123_456_789
>>> import math
>>> "{:s}'s salary is '{:10d}' a year. What about Pi? {:.2f}".format("Sebastian"
    , salary, math.pi)
"Sebastian's salary is ' 123456789' a year. What about Pi? 3.14159"
```

f-Strings Etwas moderner als format() ist der Einsatz sogenannter f-Strings (f für formatted), in denen die Platzhalter per Name referenziert werden und die mit einem kleinen f starten:

```
>>> first = "Michael"
>>> last = "Inden"
>>> print(f"Hallo {first} {last}")
Hallo Michael Inden
```

Ein solcher String kann auch als Stringkonkatenation geschrieben werden. Als Besonderheit muss man dann aber jeden Bestandteil, der Platzhalter enthält, wieder mit f einleiten und am Ende der Zeile mit \ verbinden:

```
>>> name = "Michael"
>>> age = 53
>>> current_city = "Zürich"
>>>
>>> f"{name} ist {age} Jahre alt und lebt in " + \
... f"{current_city}"
'Michael ist 53 Jahre alt und lebt in Zürich'
```

Tipp: Historische Variante der formatierten Ausgabe

Eher historisch existiert noch die Variante mit Platzhaltern wie %s und %d sowie dem Modulo-Operator in Kombination mit einem Tupel, das die Werte bereitstellt:

```
>>> product = "Apple iMac"
>>> price = 3699
>>>
>>> # Historische Variante der formatierten Ausgabe
>>> print("the %s costs %d" % (product, price))
the Apple iMac costs 3699
```

Spezielle Formatierung – `capitalize()`, `title()` und `swapcase()`

Mitunter soll der Anfang des Strings bzw. jedes Worts großgeschrieben werden. Dazu bieten sich die folgenden Aufrufe von `capitalize()` und `title()` an:

```
>>> text = "this is a very special string"
>>>
>>> text.capitalize()
'This is a very special string'
>>>
>>> text.title()
'This Is A Very Special String'
```

Um die Schreibart zu wechseln, hilft `swapcase()`:

```
>>> "this IS a MESSAGE".swapcase()
'THIS is A message'
```

3.1.4 Praxisrelevante Funktionen im Kurzüberblick

Zum Abschluss dieses Schnelleinstiegs in Strings wollen wir noch einmal die wichtigsten und in der Praxis nützlichsten Funktionalitäten rekapitulieren. Nehmen wir an, die Variable `str` wäre ein String. Dann können wir folgende Funktionen und Methoden aufrufen:

- **`len(str)`** – Ermittelt die Länge des Strings. Dies ist eine allgemeine Python-Funktion zum Abfragen der Länge von sequenziellen Datentypen und somit auch Strings.
- **`str[index]`** – Ermöglicht den indexbasierten Zugriff auf einzelne Buchstaben.
- **`str[start:end]` / `str[start:end:step]`** – Extrahiert die Zeichen zwischen den beiden Positionen `start` und `end` – 1. Dabei liefern `[start:]` und `[:end]` jeweils die Teile, beginnend bei `start` bis zum Ende bzw. vom Anfang bis zum Index `end` exklusive. Eine Besonderheit ist die Notation `[:]`, also ohne Bereichsangabe, de zu einer Kopie des gesamten Strings führt. Zudem lässt sich optional eine Schrittweite angeben. Interessanterweise kann sogar die Bereichsangabe entfallen und mit `[::-1]` nur eine negative Schrittweite zum Einsatz kommen, wodurch ein neuer String mit umgekehrter Buchstabenreihenfolge des Originals entsteht.
- **`str.lower()` / `str.upper()`** – Erzeugt einen neuen String, der aus Klein- bzw. Großbuchstaben besteht – Ziffern und Satzzeichen werden nicht umgewandelt.
- **`str.strip()`** – Entfernt Leerzeichen am Textanfang und -ende und gibt das Ergebnis als neuen String zurück. Als Besonderheit kann man ein Zeichen übergeben, das statt Whitespace entfernt wird.
- **`str.isalpha()` / `str.isdigit()` / ...** – Prüft, ob alle Zeichen des Strings alphanumerisch, Ziffern usw. sind.
- **`str.startswith(other)` / `str.endswith(other)`** – Prüft, ob der String mit dem übergebenen String startet bzw. endet.

- **`str.find(other)` / `str.rfind(other)`** – Sucht nach dem übergebenen String und gibt den Index des ersten Vorkommens zurück oder –1 bei Nichtexistenz. Die Funktion `rfind()` sucht vom Ende aus.
- **`str.index(other, start, end)` / `str.rindex(other, start, end)`** – Liefert den Index des ersten bzw. letzten Vorkommens von `other`. Im Gegensatz zu `find()` wird bei Nichtvorhandensein ein Fehler ausgelöst.
- **`str.replace(old, new)`** – Erzeugt einen neuen String, in dem alle Vorkommen von `old` durch `new` ersetzt sind.
- **`str.split(delim)`** – Liefert eine Liste mit Teilstrings, die sich durch Aufteilung des ursprünglichen Strings ergeben. Ohne die Angabe des optionalen Delimiters wird ein Text bezüglich Whitespace (Leerzeichen, Tabulator, ...) aufgespalten.
- **`str.join(list)`** – Bewirkt das Gegenteil von `split()`. Konkret: Die als Liste übergebenen Elemente werden mit dem String als Delimiter verbunden.

3.2 Nächste Schritte

3.2.1 Zeichenverarbeitung

Manchmal muss man einzelne Zeichen verarbeiten, dann können die Funktionen `chr()` und `ord()` nützlich sein. Dabei konvertiert `chr()` einen `int`-Wert in eine Zeichenfolge der Länge 1 und `ord()` eine solche Zeichenfolge in eine Zahl:

```
>>> ord("A")
65
>>> chr(65)
'A'
>>> ord("0")
48
>>> chr(48)
'0'
```

3.2.2 Strings und Listen

Umwandlung in eine Liste

Einige Anwendungsfälle erfordern es, den Inhalt eines Strings in eine geordnete Liste von Einzelzeichen vom Typ `str` zu überführen. Dabei hilft ein Aufruf von `list()`. Listen werden wir in Kapitel 5 genauer besprechen, hier reicht das Verständnis aus Kapitel 2 »Schnelleinstieg«, dass es sich dabei um eine über die Position geordnete Abfolge von Elementen, in diesem Fall Zeichen, handelt.

Möchte man Texte in einzelne Zeichen wandeln, nutzt man einen Aufruf von `list()` wie folgt:

```
>>> print(list("Text als Liste"))
['T', 'e', 'x', 't', ' ', 'a', 'l', 's', ' ', 'L', 'i', 's', 't', 'e']
```

Modifikation in einer Liste

Strings erlauben aufgrund ihrer Unveränderlichkeit keine Modifikationen. Daher ist es praktisch, einen String in eine Liste zu wandeln, wenn man an gewissen Stellen den textuellen Inhalt ändern möchte. Wollten wir nun z. B. jedes dritte Zeichen großschreiben (oder für Sie als kleine Fingerübung durch ein Leerzeichen ersetzen), dann ist dies auf Basis einer Liste von einzelnen Zeichen möglich. Dort erfolgen dann die gewünschten Modifikationen. Um diese Änderungen als Ergebnis zu erhalten, soll die Liste gewöhnlich wieder in einen String umgewandelt werden. Das lernen wir im Anschluss kennen.

Schauen wir uns die Modifikation innerhalb einer Liste für jedes dritte Zeichen an. Zunächst definieren wir die Ausgangsdaten:

```
>>> alphabet = "abcdefghijklmnopqrstuvwxyz"
```

Nun erstellen wir eine passende Funktion, die über alle Elemente, hier Zeichen, mit einer Schrittweite von 3 läuft und diejenigen dann in Großbuchstaben wandelt:

```
>>> def modify_every_3rd_to_upper(values):
...     for i in range(len(values), 3):
...         values[i] = values[i].upper()
...
```

Wir wandeln unseren String in eine Liste um und rufen diese gerade erstellte Funktion einmal auf. Als Ergebnis ist jeder 3. Buchstabe großgeschrieben:

```
>>> as_list = list(alphabet)
>>> modify_every_3rd_to_upper(as_list)
>>> as_list
['A', 'b', 'c', 'D', 'e', 'f', 'G', 'h', 'i', 'J', 'k', 'l', 'M', 'n', 'o', 'P',
    'q', 'r', 'S', 't', 'u', 'V', 'w', 'x', 'Y', 'z']
```

Einen String aus einer Liste erzeugen

Wenn man für Änderungen an einem String diesen zunächst in eine korrespondierende Liste von einzelnen Zeichen umgewandelt hat, dann möchte man später oftmals aus einer solchen Liste auch (wieder) einen String erzeugen. Dazu dient ein Aufruf von `join()` mit einer leeren Zeichenfolge, wodurch die einzelnen Elemente direkt aneinander geschrieben werden:

```
>>> "".join(as_list)
'AbcDefGhiJklMnoPqrStuVwxYz'
```

Als weiteres Beispiel sehen wir einen Gruß in Form einer Liste einzelner Buchstaben, der dann in einen `str` umgewandelt wird – durch `"-".join()` mit jeweils einem Minuszeichen zwischen den Buchstaben:

```
>>> message = ['L', 'o', 'v', 'e', 'l', 'y', ' ', 'S', 'o', 'p', 'h', 'i', 'e']
>>> "-".join(message)
'L-o-v-e-l-y- -S-o-p-h-i-e
```

3.2.3 Mehrzeilige Strings

Praktischerweise unterstützt Python mehrzeilige Strings. Mithilfe von drei Anführungszeichen lassen sich bequem Zeichenketten, die über mehrere Zeilen gehen, definieren. Zudem dürfen die Strings sowohl einfache als auch doppelte Anführungszeichen enthalten:

```
>>> multi_line_string = """
...     This is line 1
...       Second line with "quotes"
...         Last line with 'single quotes'
...     """
>>> multi_line_string
'\n    This is line 1\n      Second line with "quotes"\n        Last line with
    \'single quotes\'\n    '
>>> print(multi_line_string)

    This is line 1
      Second line with "quotes"
        Last line with 'single quotes'
```

Nach der mehrzeiligen Definition kann man wie zuvor gezeigt auf dem String agieren, also dessen Länge bestimmen, Bausteine ersetzen usw. Das liegt daran, dass ein solcher mehrzeiliger String ebenfalls ein normaler String ist und damit alle zuvor beschriebenen Aktionen, hier für Aufrufe von `len()` und `replace()` gezeigt, auch unterstützt werden:

```
>>> type(multi_line_string)
<class 'str'>
>>> len(multi_line_string)
95
>>> modified = multi_line_string.replace("line", "LINE")
>>> print(modified)

    This is LINE 1
      Second LINE with "quotes"
        Last LINE with 'single quotes'
```

Besonderheit Platzhalter

Platzhalter lassen sich definieren und durch Aufruf von `format()` mit Werten befüllen:

```
>>> placeholders = """Michael {} hat am "{}"
...                   {:d} Bücher in '{}' gekauft.
...                 """.format("Inden", "20.1.2020", 7, "Bremen")
```

Die nachfolgende Ausgaben verdeutlicht, dass die Leerzeichen am Anfang eines mehrzeiligen Strings, hier diejenigen vor dem Platzhalter `{:d}`, in den resultierenden String aufgenommen werden:

```
>>> print(placeholders)
Michael Inden hat am "20.1.2020"
                  7 Bücher in 'Bremen' gekauft.
```

Beispiel: HTML-Code

Auch wenn man HTML-Code in Python aufbereiten möchte, sind die mehrzeiligen Strings sehr hilfreich. Es ist in der Tat angenehm, dies wie folgt anzugeben:

```
>>> hello_world_html = """
...                      <html>
...                          <body>
...                              <p>Hello World</p>
...                          </body>
...                      </html>
...                      """
```

Tipp: Behandlung der führenden Leerzeichen

Eine Sache noch zur Ausrichtung bzw. des führenden Leerraums: Während Java die Leerzeichen am Anfang eines mehrzeiligen Strings ignoriert und den gesamten Text an den unteren drei Anführungszeichen ausrichtet, bleiben die Leerzeichen vor den Zeilen in Python erhalten!

3.3 Aufgaben und Lösungen

3.3.1 Aufgabe 1: Länge, Zeichen und Enthaltensein

In dieser ersten Aufgabe geht es darum, grundlegende Funktionalität von Strings anzuwenden. Sie sollen die Länge eines Texts abfragen, dann ein Zeichen an einer beliebigen Position, etwa der 13., ermitteln und schließlich prüfen, ob ein gewünschtes Wort im String enthalten ist.

Lösung

Die geforderten Aktionen lassen sich direkt mit den passenden Funktionen umsetzen, nämlich mit `len()`, `[]` und `in`:

```
>>> nachricht = "Hallo lieber Leser! Viel Spaß mit Python!"
>>> len(nachricht)
41
>>> nachricht[13]
'L'
>>> "Python" in nachricht
True
```

3.3.2 Aufgabe 2: Zeichen wiederholen

Bei dieser Aufgabe sollen die Buchstaben eines Worts gemäß ihrer Position wiederholt werden, aus ABC wird dann ABBCCC. Schreiben Sie dazu eine Funktion `repeat_chars(input)`.

Lösung

Die Grundidee besteht darin, zeichenweise von vorne nach hinten durch den String zu laufen. Dazu nutzen wir eine `for`-Schleife mit `enumerate()`, weil wir damit sowohl den Index als auch das aktuelle Zeichen direkt im Zugriff haben. Strings besitzen die Multiplikation per `*`, die eine n-malige Wiederholung erlaubt. Die damit berechnete Wiederholung eines Buchstabens addieren wir zu unserem Resultat. Die Umsetzung in Python sieht wie folgt aus:

```
def repeat_chars(input):
    result = ""

    for i, ch in enumerate(input):
        result += ch * (i + 1)

    return result
```

Rufen wir dies exemplarisch auf:

```
print(repeat_chars("ABCD"))
print(repeat_chars("ABCDEF"))
```

Dann erhalten wir folgende Ausgabe:

```
ABBCCCDDDD
ABBCCCDDDDEEEEEFFFFFF
```

3.3.3 Aufgabe 3: Vokale raten

Bei dieser Aufgabe erinnern sich einige etwas ältere Leser vielleicht an die Sendung »Glücksrad«, bei der es genau um das Erraten von Wörtern, Sätzen oder Redewendungen ging, in denen Vokale fehlten.[2]

Als Erstes sollen in einem gegebenen String mithilfe der selbst geschriebenen Funktion `remove_vowels(input)` alle Vokale entfernt werden. Als Zweites soll eine Funktion `replace_vowels(input)` implementiert werden, die einen Vokal durch ein »_« ersetzt, damit wir für ein kleines Ratespiel einen Hinweis auf einen entfernten Vokal bekommen.

Lösung: Vokale entfernen

Zum Entfernen der Vokale in einem gegebenen Text durchlaufen wir die Eingabe zeichenweise. Für die Prüfung auf Vokal nutzen wir folgenden Trick: Wir modellieren die Vokale als String `"AÄEIOÖUÜaäeioöuü"` und prüfen dann mit `in`, ob der aktuelle Buchstabe in dieser Zeichenfolge der Vokale enthalten ist. Falls nein (daher hier die Negation mit `not`), übernehmen wir den Buchstaben in unsere Ergebnisvariable `result`:

```
def remove_vowel(text):
    result = ""

    for letter in text:
        if letter not in "AÄEIOÖUÜaäeioöuü":
            result += letter

    return result
```

Zum Nachvollziehen beginnen wir mit der Definition eines beliebigen Texts als Ausgangsbasis und rufen dann die gerade erstellte Funktion auf:

```
text = "Es gibt viel zu entdecken!"
print(remove_vowel(text))
```

Wir erhalten wie erwartet folgendes Ergebnis:

```
s gbt vl z ntdckn!
```

2 Es fehlten auch Konsonanten. Im Gegensatz zu den Vokalen konnte man diese aber kaufen.

Lösung: Vokale ersetzen

Wie gesagt, wäre es für ein kleines Ratespiel besser, wenn wir einen Hinweis auf einen entfernten Vokal durch ein »_« bekommen würden. Basierend auf der obigen Lösung sollte das Ganze ziemlich direkt möglich sein.

Wir wollen in diesem Buch nicht nur das Programmieren lernen, sondern insbesondere auch die Ideen guten Programmierstils befolgen. Im obigen Beispiel ist die Vokalprüfung in der Schleife »versteckt«. Diese Aufgabe kann man als unabhängige Funktionalität ansehen. Deshalb schreiben wir dafür eine eigene Funktion:

```
def is_vowel(letter):
    return letter in "AÄEIOÖÜüaäeioöuü"
```

Schauen wir doch einmal, wie sich deren Nutzung positiv auf das Verständnis und die Erweiterung auswirkt. Beim Auffinden eines Vokals müssen wir jetzt ein »_« einfügen, ansonsten wird das ursprüngliche Zeichen übernommen. Die `for`-Schleife und die anderen Aktionen sind analog zur vorherigen Lösung. Schreiben wir ergänzend eine neue Funktion `replace_vowels(input)` – durch die zuvor erstellte Hilfsfunktion `is_vowel()` ist der Ablauf deutlicher erkennbar:

```
def replace_vowel(text):
    result = ""

    for letter in text:
        if is_vowel(letter):
            result += '_'
        else:
            result += letter

    return result
```

Durch die Kurzschreibweise mithilfe des Ternary-Operators (vgl. Abschnitt 6.4) können wir das Ganz noch kompakter realisieren:

```
def replace_vowel(text):
    result = ""

    for letter in text:
        result += '_' if is_vowel(letter) else letter

    return result
```

Überprüfen wir noch, ob das Ganze auch wirklich wie gewünscht funktioniert:

```
print(replace_vowel("Es gibt viel zu entdecken!"))
print(replace_vowel("PYTHON INTRO BY MICHAEL"))
```

Damit erhalten wir folgende Ausgaben:

```
_s g_bt v__l z_ _ntd_ck_n!
PYTH_N _NTR_ BY M_CH__L
```

3.3.4 Aufgabe 4: String Merge

Schreiben Sie eine Funktion `string_merge(input1, input2)`, die zwei als Parameter gegebene Texte Buchstabe für Buchstabe (»wie ein Reißverschluss«) miteinander verbindet. Wenn der eine Text ACE lautet und der andere BDFG, dann soll ABCDEFG als Ergebnis geliefert werden. Es wird also immer abwechselnd ein Buchstabe aus dem ersten und dann einer aus dem zweiten Text genommen. Ist ein Text vollständig verarbeitet, werden alle Buchstaben aus dem verbliebenen anderen Text übernommen.

Lösung

Um die Texte Zeichen für Zeichen miteinander zu verweben, gibt es viele Varianten. Eine ganz besonders ausgefeilte ist die folgende: Wir bestimmen zunächst die Längen der beiden Texte und zudem mithilfe der Built-in-Funktion `max()` auch die größere von beiden, die wir in der Variablen `max_length` speichern.

Nun durchlaufen wir mit einer `for`-Schleife die Texte bis zu diesem Maximalwert. Wir können per Indexzugriff ein einzelnes Zeichen extrahieren – um aber illegale Positionen zu vermeiden, prüfen wir, ob der aktuelle Index noch im Bereich der Länge des jeweiligen Strings ist:

```
def string_merge(input1, input2):
    length1 = len(input1)
    length2 = len(input2)
    max_length = max(length1, length2)

    result = ""
    for i in range(max_length):
        if i < length1:
            result += input1[i]
        if i < length2:
            result += input2[i]

    return result
```

Probieren wir diese schon etwas komplexere Funktionalität mit ein paar Eingaben aus:

```
print(string_merge("ACE", "BDFG"))
print(string_merge("ACEG", "BDF"))
print(string_merge("First Try", "Second Attempt"))
```

Es kommt zu folgenden Ausgaben:

```
ABCDEFG
ABCDEFG
FSiercsotn dT rAyttempt
```

Interessant ist auch der Fall, wenn einer der Texte leer ist – das führt uns fast zum Thema Testen und der Auswahl zu prüfender Wertebelegungen (vgl. Abschnitt 16.3).

```
print(string_merge("", "Not Empty"))
```

Als Ergebnis erhält man:

```
Not Empty
```

4 Klassen und Objektorientierung

Immer wieder hört man, Python unterstütze neben der imperativen, skriptbasierten Programmausführung (also einer schrittweisen Abarbeitung von Python-Anweisungen) auch die objektorientierte Programmierung. Doch was hat es mit dieser Aussage auf sich? Lassen Sie es uns in diesem Kapitel herausfinden.

Die zugrunde liegende Idee der Objektorientierung (OO) ist es, Zustand (Daten) mit Verhalten (Funktionen auf diesen Daten) zu verbinden. Um Programme zu strukturieren und Funktionalität bereitzustellen, nutzt die objektorientierte Programmierung sogenannte Klassen und Objekte. Das mag noch etwas abstrakt klingen, sollte aber im Laufe der Lektüre dieses Kapitels klarer werden. Starten wir unsere Entdeckungsreise.

4.1 Schnelleinstieg

Bevor wir uns Klassen anschauen, wollen wir einmal überlegen, wie wir zusammengehörende Informationen mit unserem bisherigen Wissensstand ausdrücken könnten. Nehmen wir etwa eine Person und ein Auto. Bereits diese lassen sich nicht mehr nur mit einzelnen Strings oder Zahlen modellieren, sondern wir benötigen mehrere Variablen zur Beschreibung der Eigenschaften. Um diese zu gruppieren, können wir für zusammengehörende Werte ein Präfix, also den gleichen Start des Variablennamens, nutzen, nachfolgend `person` und `car`:

```
>>> import datetime
>>> person_firstname = "Michael"
>>> person_lastname = "Inden"
>>> person_birthday = datetime.date(1971, 2, 7)
>>>
>>> car_brand = "Renault"
>>> car_color = "PETROL"
>>> car_horse_power = 170
```

Insbesondere sehen wir hier für die Person schon den Einsatz eines Datums und der intuitiv verständlichen Klasse `date` aus dem Modul `datetime` (vgl. Abschnitt 10.1.2).

Diese Art der Modellierung zusammengehörender Werte ist noch praktikabel, wenn nur wenige Eigenschaften zu beschreiben sind. Gewöhnlich wollen wir aber diverse Dinge in unseren Programmen verarbeiten. Je mehr dies werden, desto eleganter und sinnvoller ist eine zusätzliche Möglichkeit zur Strukturierung von Daten (und zugehörigen Funktionalitäten – später mehr dazu).

4.1.1 Grundlagen zu Klassen und Objekten

Wie schon angedeutet, besteht der Kerngedanke bei der objektorientierten Softwareentwicklung darin, den Programmablauf als ein Zusammenspiel von Objekten und ihren Interaktionen aufzufassen. Dabei erfolgt eine Anlehnung an die reale Welt. Dort sind Objekte, etwa Personen, Autos usw., und ihre Interaktionen ein wesentlicher Bestandteil. All diese Dinge werden durch spezielle Merkmale und Verhaltensweisen charakterisiert. Betrachten wir dies an einem Beispiel: Im realen Leben ist ein Auto ein Objekt. Ein solches Auto hat Eigenschaften (Attribute), wie z. B. Gewicht und Farbe, und Verhaltensweisen (Methoden), wie z. B. Fahren und Bremsen. Eine Klasse kann man sich wie einen Bauplan oder eine Konstruktionsbeschreibung für die Erstellung von Objekten vorstellen. Bevor wir das Ganze in Aktion erleben, vorab ein wenig Theorie.

Theorie: Klassen und Objekte

Sprechen wir beispielsweise über ein spezielles Auto, etwa das von Hans Mustermann, so reden wir über ein konkretes ***Objekt***. Sprechen wir dagegen abstrakter von Autos, dann meinen wir eine Klasse. Eine ***Klasse*** ist demnach eine Strukturbeschreibung für Objekte und umfasst eine Menge von ***Attributen*** und ***Methoden***, die in der Regel auf diesen Attributen arbeiten und damit Verhalten definieren. Methoden sind damit wie Funktionen, nur dass sie speziell für Objekte definiert sind. Eine Methode »bremsen« kann z. B. das Attribut »Geschwindigkeit« reduzieren. Schließlich ist ein Objekt eine konkrete Ausprägung (***Instanz***) einer Klasse.

Klassen definieren

Mit dem Schlüsselwort `class` erzeugt man einen Bauplan (eine Klasse) und damit auch einen neuen Typ. Standardmäßig startet ein Klassenname in Python mit einem Großbuchstaben. Nachfolgend ist dies für Autos vom Typ `Car` mit drei Attributen, je eins für die Marke, die Farbe und für die Motorleistung, gezeigt. Diese werden in einer speziellen – durch doppelte Unterstriche als intern gekennzeichneten – Methode namens `__init__()` angegeben. Dies ist die Konstruktionsmethode, auch »Konstruktor« genannt, die immer aufgerufen wird, wenn ein neues Objekt vom Typ `Car` entsteht. Darüber hinaus sehen wir das Schlüsselwort `self`. Damit wird das Objekt selbst bezeichnet – ein bisschen viel Neues, aber das wird sich gleich alles klären.

```
>>> class Car:
...     def __init__(self):
...         self.brand = "N/A"
...         self.color = "N/A"
...         self.horse_power = 0
...
```

Ein Objekt erzeugen

Wir haben gerade die Klasse `Car` implementiert, die wir nun zum Erstellen von Objekten verwenden können. Um ein Objekt vom Typ `Car` zu erzeugen, nutzen wir einfach den Klassennamen und runde Klammern, also fast wie bei einem Funktionsaufruf. Man spricht auch von Konstruktion.

Nachfolgend wird demnach ein neues Objekt der Klasse `Car` erzeugt und der Variablen mit dem Namen `my_car` zugewiesen:

```
>>> my_car = Car()
>>>
>>> type(my_car)
<class '__main__.Car'>
>>> my_car
<__main__.Car object at 0x1049e7ca0>
```

Mithilfe der Built-in-Funktion `type()` sehen, wir, dass durch unsere vorherige Definition wirklich ein neuer Typ entstanden ist. Allerdings ist dessen Konsolenausgabe noch kryptisch – um das zu verstehen, benötigt es noch ein wenig Theorie.

Theorie: Referenz und Identität

Wie bereits erwähnt, ist jedes Objekt durch seinen ***Zustand*** (Belegung der Attribute) und sein ***Verhalten*** (Methoden) definiert. Es gibt jedoch ein weiteres Unterscheidungskriterium: Bekanntermaßen entstehen bei der Konstruktion neue Objekte. Diese werden im Hauptspeicher des Computers verwaltet und besitzen unterschiedliche Speicheradressen. Man spricht in diesem Zusammenhang von ***Referenz*** oder auch ***Identität***.

Definiert man in Python eine Variable vom Typ einer Klasse, so stellt diese demnach nicht das Objekt selbst dar, sondern nur eine Referenz auf das Objekt. Eine solche Variable ist ein Verweis, um das Objekt zu erreichen[1] und mit dessen Daten und Methoden zu arbeiten.

Schauen wir uns zum besseren Verständnis noch einmal die Konstruktion eines `Car`-Objekts sowie eine Konsolenausgabe an. Hier sehen wir eine andere Referenz, da ein neues `Car`-Objekt erzeugt wird:

```
>>> my_car = Car()
>>> my_car
<__main__.Car object at 0x10225bbf0>
```

Referenz und `id()` Die obige Ausgabe von `at 0x10225bbf0` repräsentiert die Speicherstelle. Diese erhält man auch durch Aufruf der Built-in-Funktion `id()`, die jedoch eine Dezimalzahl liefert. Wenn man diese per `hex()` in eine hexadezimale Zahl wandelt, wird die Übereinstimmung mit der obigen Ausgabe offensichtlich:

```
>>> memory_address = id(my_car)
>>> print(memory_address, "=", hex(memory_address))
4330994672 = 0x10225bbf0
```

1 Dies entspricht der Adresse im Speicher, wo das Objekt nach seiner Erzeugung abgelegt ist.

Abbildung 4-1 zeigt eine Referenzvariable `my_car`, die auf ein Objekt vom Typ `Car` verweist und somit Zugriff auf dessen Attribute (hier z. B. `brand` und `horse_power`) sowie dessen im Verlauf dieses Kapitels entwickelten Methoden erlaubt.

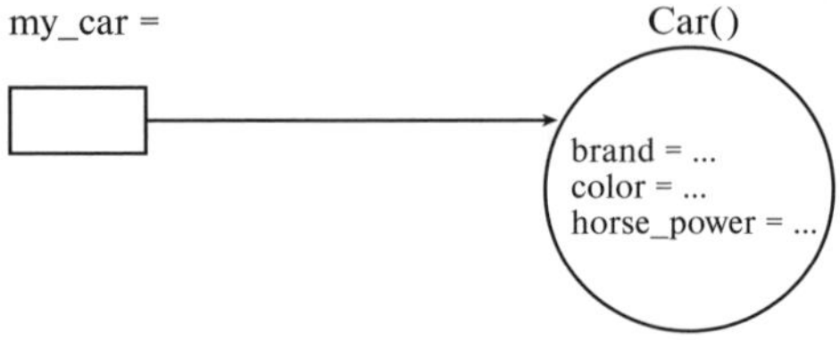

***Abbildung 4-1** Objekterzeugung und -referenzierung*

Die folgende Abbildung 4-2 zeigt die Referenzierung desselben Objekts durch mehrere Referenzvariablen, hier `my_car` und `other_car`.

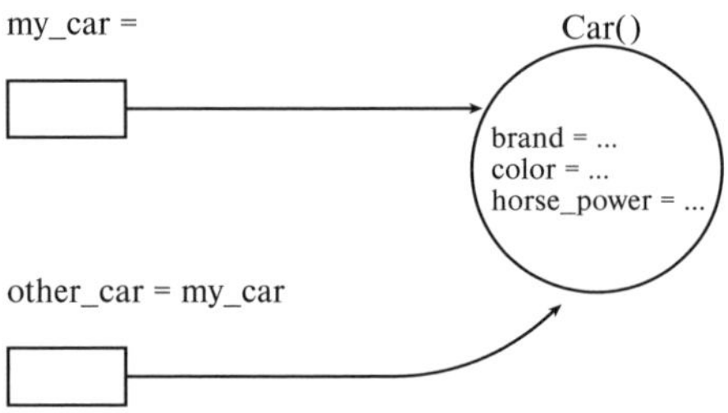

***Abbildung 4-2** Mehrfache Referenzierung eines Objekts*

In Abbildung 4-2 haben wir folgende Anweisungen nachvollzogen, die offensichtlich beide auf dieselbe Stelle im Speicher, und damit auf das gleiche Objekt, verweisen:

```
>>> my_car = Car()
>>> other_car = my_car
>>>
>>> my_car
<__main__.Car object at 0x10225bbf0>
>>> other_car
<__main__.Car object at 0x10225bbf0>
```

Das prüfen wir nochmals durch Aufrufe von `id()` nach und lassen uns die Gleichheit der Referenzen bestätigen:

```
>>> id(my_car) == id(other_car)
>>> True
>>> hex(id(my_car))
'0x10225bbf0'
>>> hex(id(other_car))
'0x10225bbf0'
```

Bereits beim bloßen Betrachten der Abbildung (und auch der gleichen Ids) erahnt man mögliche Auswirkungen von Änderungen von Attributen: Wird etwa der Wert des Attributs `brand` oder `horse_power` für das durch `my_car` referenzierte `Car`-Objekt verändert, so wirkt sich das natürlich auch in dem durch `other_car` referenzierten Objekt aus. Das ist in diesem Beispiel noch leicht verständlich, verweisen doch beide Referenzen auf *dasselbe* Objekt.

Besonderheit: `None` Wollen wir den Verweis von `other_car` löschen, so können wir diesen mit dem Wert `None` belegen. Dadurch zeigt die Variable einfach nirgendwo hin. Deswegen lässt sich mit dem Wert `None` auch prüfen, ob Variablen bereits initialisiert sind, also ein Objekt dafür erzeugt wurde. Und noch etwas: Wenn wir `other_car` mit `None` belegen, so betrifft dies die andere Referenz nicht:

```
>>> other_car = None
>>> my_car
<__main__.Car object at 0x10225bbf0>
```

Allerdings ist die kryptische Konsolenausgabe, die lediglich den Typ sowie die Adresse im Speicher ausgibt, langsam wirklich störend. Das gilt insbesondere, weil es doch eher mühsam ist, die Referenzen zu vergleichen und man eher an den Werten der Attribute interessiert ist. Wir schauen noch kurz auf ein paar Details zu Attributen. Danach lernen wir dann die Abhilfe zur Verbesserung der Konsolenausgabe kennen.

4.1.2 Eigenschaften (Attribute)

Um mit den Daten von Objekten, also deren Eigenschaften, arbeiten zu können, diese beispielsweise auszulesen und bei Bedarf zu verändern, benötigen wir Zugriff darauf. Das thematisiere ich nun.

Zugriff auf die Attribute

Zum Zugriff auf die Eigenschaften (Attribute) eines Objekts verwendet man die Punktnotation (`object.attribute`). Im folgenden Beispiel greifen wir auf alle Attribute des Objekts `my_car` zu, um die Werte für Marke, Farbe und PS auszulesen:

```
>>> my_car.brand
'N/A'
>>> my_car.color
'N/A'
>>> my_car.horse_power
0
```

Tatsächlich entspricht das den Werten, die wir in `__init__()` vorbelegt hatten. Aber eigentlich wäre es wünschenswert, wenn die Attribute mit sinnvollen Werten belegt wären, etwa um einen gelben VW mit 75 PS zu repräsentieren. Was dazu notwendig ist, lernen wir nun – ein klein wenig später schauen wir uns dann auch an, wie man die Attribute bereits bei der Objekterzeugung mit passenden Werte initialisieren kann.

Wertebelegung der Attribute ändern

Analog zum realen Leben ändern sich für Objekte die Eigenschaften, etwa die Geschwindigkeit eines Autos beim Gasgeben oder Bremsen.

Genau wie für Variablen können wir auch für die Attribute die Wertebelegung durch Zuweisungen auf die gewünschten Werte ändern und dabei die schon erwähnte Punktnotation verwenden:

```
>>> my_car.brand = "VW"
>>> my_car.color = "YELLOW"
>>> my_car.horse_power = 75
```

Durch die drei Zuweisungen haben wir aus einem Auto ohne sinnvolle Wertebelegung einen gelben VW mit 75 PS gemacht. Prüfen wir das durch eine Konsolenausgaben nach:

```
>>> my_car.brand
'VW'
>>> my_car.color
'YELLOW'
>>> my_car.horse_power
75
>>> my_car
<__main__.Car object at 0x10225bbf0>
```

Ach ja, die kryptische Ausgabe auf der Konsole wollten wir noch verbessern. Was tun wir zur Abhilfe? Das beschreibe ich später in Abschnitt 4.1.3.

Wertebelegung zur Konstruktion

Statt einzelner Zuweisungen ist es empfehlenswert, die Attribute in der Konstruktionsmethode `__init__()` direkt mit Werten zu belegen und diese dazu als Parameter zu übergeben. Mithilfe von `self` lassen sich gleichnamige Attribute und Parameter unterscheiden. Damit ändern wir die Klasse `Car` folgendermaßen ab:

```
>>> class Car:
...     def __init__(self, brand, color, horse_power):
...         self.brand = brand
...         self.color = color
...         self.horse_power = horse_power
...
```

Dadurch kann man die Konstruktion mit einer initialen Wertebelegung, die einem gelben VW mit 75 PS entspricht, wie folgt schreiben – nach wie vor müssen wir zum Auslesen der Werte händisch auf jedes einzelne Attribut zugreifen, bis wir das Thema Konsolenausgaben für Klassen und Objekte behandelt haben:

```
>>> my_car = Car("VW", "YELLOW", 75)
>>>
>>> my_car.brand
'VW'
>>> my_car.color
'YELLOW'
>>> my_car.horse_power
75
>>> my_car
<__main__.Car object at 0x1042e6ab0>
```

Wertebelegung der Attribute nachträglich ändern

Durch die Übergabe der gewünschten Werte in der Konstruktionsmethode besitzen die Attribute in unserem Beispiel eine sinnvolle Erstbelegung. Diese wollen wir aber so modifizieren, dass unser Auto einen blauen Audi mit 220 PS repräsentiert. Dazu können wir genauso verfahren, wie wir es zuvor schon mit Zuweisungen getan haben, und dabei die schon erwähnte Punktnotation verwenden:

```
>>> my_car.brand = "Audi"
>>> my_car.color = "BLUE"
>>> my_car.horse_power = 220
```

Durch die Zuweisungen ist aus dem gelben VW mit 75 PS ein blauer Audi mit 220 PS geworden. Prüfen wir das durch eine Konsolenausgabe nach:

```
>>> print(my_car)
<__main__.Car object at 0x1049f5f10>
```

Ach ja, die kryptische Ausgabe auf der Konsole ist ja nach wie vor ein noch zu lösendes Problem. Was tun wir zur Abhilfe? Dazu müssen wir spezifische Methoden definieren. Das führt uns zum Thema Verhalten und Methoden.

4.1.3 Verhalten (Methoden)

Lassen Sie uns der Klasse nun Methoden zur Beschreibung von Verhalten hinzufügen. Allerdings wird das Editieren im Python-Kommandozeileninterpreter langsam etwas umständlich. Alternativ können Sie die Programmzeilen in einem Texteditor schreiben und dann in den Python-Kommandozeileninterpreter kopieren – dabei muss man aber penibel auf die Einrückungen achten und für Leerzeilen entsprechend viele Leerzeichen vorsehen. ***Im Normalfall empfiehlt sich zum Bearbeiten von Python-Programmen eine IDE, weil diese komfortable Editiermöglichkeiten bietet.***

Konsolenausgaben

Um endlich die kryptische Konsolenausgabe zu verbessern, müssen wir die Methode `__str__()`[2] implementieren. Diese wird immer dann von Python automatisch aufgerufen, wenn eine Stringrepräsentation für ein Objekt bei Aufruf von `print()` oder `str()` benötigt wird. Wir ergänzen unsere Klasse wie folgt:

```
class Car:
    def __init__(self, brand, color, horse_power):
        self.brand = brand
        self.color = color
        self.horse_power = horse_power

    def __str__(self):
        return f"Marke: {self.brand} / Farbe: {self.color} /" + \
               f" PS: {self.horse_power}"
```

Im Listing sehen wir, wie wir einen etwas längeren formatierten String mit \ am Ende in zwei Zeilen aufbrechen. Schauen wir uns an, was die neue Methode `__str__()` bewirkt. Dazu erzeugen wir uns wieder einmal ein neues Auto:

```
>>> my_car = Car("VW", "YELLOW", 75)
>>> my_car
<__main__.Car object at 0x104324140>
>>> print(my_car)
Marke: VW / Farbe: YELLOW / PS: 75
```

Zumindest ist die Konsolenausgabe nun deutlich informativer, allerdings nur, wenn wir `print()` aufrufen – für eine gelungene Ausgabe von Objekten in der Python-REPL muss man neben der Methode `__str__()` noch die Methode `__repr__()` implementieren. Beide Methoden liefern einen String, bei `__str__()` soll dieser menschenlesbar sein und bei `__repr__()` so gestaltet sein, dass man daraus leicht wieder ein Objekt erzeugen kann. Für unseren Wissensstand reicht es hier, `__repr__()` analog zu `__str__()` zu realisieren, idealerweise durch einen direkten Aufruf:

```
class Car:
    # wie oben

    def __repr__(self):
        return self.__str__()
```

Damit erhalten wir auch bei Experimenten auf der Konsole eine sinnvolle Ausgabe:

```
>>> my_car = Car("VW", "YELLOW", 75)
>>> my_car
Marke: VW / Farbe: YELLOW / PS: 75
>>> print(my_car)
Marke: VW / Farbe: YELLOW / PS: 75
```

2 Wie schon erwähnt, kennzeichnet ein doppelter Unterstrich in Python spezielle interne Methoden. Später dazu mehr in Abschnitt 4.2.4.

Verhalten definieren

Wenn wir erneut die Analogie zum realen Leben bemühen, wäre es ziemlich langweilig, wenn es keine Veränderungen geben würde. Autos können die Geschwindigkeit ändern, ein Tuning Kit erhalten oder im Autoradio wechseln Sie den Sender.

Wir wollen Autos neu lackieren können. Zum Wechseln der Farbe implementieren wir eine Methode mit dem sprechenden Namen `paint_with()`:

```
class Car:
    def __init__(self, brand, color, horse_power):
        self.brand = brand
        self.color = color
        self.horse_power = horse_power

    def __str__(self):
        return f"Marke: {self.brand} / Farbe: {self.color} /" + \
               f" PS: {self.horse_power}"

    def __repr__(self):
        return self.__str__()

    def paint_with(self, new_color):
        self.color = new_color
```

Nachfolgend werden wir aus einem orangen VW einen grünen machen, indem wir die gerade erstellte Methode `paint_with()` aufrufen:

```
>>> my_car = Car("VW", "ORANGE", 123)
>>> my_car.paint_with("GREEN")
>>> my_car
```

Erwartungskonform erhalten wir diese Ausgabe:

```
Marke: VW / Farbe: GREEN / PS: 123
```

Wie wäre es, wenn wir eine Methode `apply_tuning_kit()` zum Tuning hinzufügen?

```
class Car:
    # wie oben

    def apply_tuning_kit(self):
        self.horse_power += 150
```

Nachfolgend erzeugen wir durch einen Konstruktoraufruf mit passenden Parametern einen roten Ferrari als neues Auto in Form eines `Car`-Objekts. Unserem Ferrari spendieren wir gleich noch ein Tuning Kit durch Aufruf von `apply_tuning_kit()`, was dann 150 PS mehr bringt:

```
>>> my_ferrari = Car("Ferrari", "RED", 550)
>>> my_ferrari.apply_tuning_kit()
>>> my_ferrari
Marke: Ferrari / Farbe: RED / PS: 700
>>>
>>> my_ferrari.apply_tuning_kit()
>>> my_ferrari
Marke: Ferrari / Farbe: RED / PS: 850
```

4.1.4 Typprüfung mit `isinstance()`

Eine Prüfung mit `isinstance(<object>, <type>)` wird verwendet, um zu testen, ob ein Objekt eine Instanz des angegebenen Typs (also einer Klasse oder Subklasse) ist. Ein Aufruf von `isinstance()` gibt entweder `True` oder `False` zurück, abhängig vom Ausgang der Typprüfung. Im einfachsten Fall können wir so für Werte prüfen, ob diese Strings oder Zahlen sind:

```
>>> isinstance("Text", str)
True
>>> isinstance(1234, str)
False
>>> isinstance(1234, int)
True
```

Bezogen auf die zuvor vorgestellten Autos könnte man beispielsweise prüfen, ob eine Variable `obj` tatsächlich vom Typ `Car` ist:

```
>>> def check_correct_type(obj):
...     if isinstance(obj, Car):
...         print("is of type Car")
...     else:
...         print("NOT of type Car")
...
>>>
>>> check_correct_type(Car("PORSCHE", "BLACK", 275))
is of type Car
>>> check_correct_type("Peter")
NOT of type Car
```

Anwendungsbeispiel

Manchmal sollen innerhalb einer Methode abhängig vom konkreten Typ verschiedene Aktionen ausgeführt werden. Das kann man mit `isinstance()` wie folgt realisieren:

```
def do_something(param):
    if isinstance(param, str):
        print("param is of type String")
    # .. weitere Prüfungen hier
    elif isinstance(param, Car):
        print("param is of type Car")
```

Folgende Aufrufe führen zu den gezeigten Ausgaben:

```
>>> do_something(Car("PORSCHE", "BLACK", 275))
param is of type Car
>>> do_something("Peter")
param is of type String
```

Bedenken Sie bitte, dass das im Allgemeinen als kein guter Stil angesehen wird, weil dies oftmals gegen das sogenannte Open Closed Principle (eines der SOLID-Prinzipien[3]) verstößt und sich geschickter über eine gemeinsame Basisklasse oder Duck Typing (vgl. Abschnitt 4.3) abbilden lässt.

4.1.5 Objekte vergleichen – die Rolle von `__eq__()`

Immer mal wieder kann es nötig sein, zwei Objekte miteinander zu vergleichen. Für Zahlen haben wir dazu == genutzt. Schauen wir uns an, was passiert, wenn wir das für Objekte genauso machen. Dazu konstruieren wir zwei inhaltlich gleiche Objekte vom Typ `Car` wie folgt:

```
>>> toms_car = Car("Audi", "BLUE", 275)
>>> jims_car = Car("Audi", "BLUE", 275)
>>> toms_car == jims_car
False
```

Zwar scheinen diese Objekte für uns Menschen gleich zu sein, aber für den Computer sind sie es nicht! Wieso? Der Computer unterscheidet verschiedene Formen von Gleichheit! Für Objekte existieren die ***inhaltliche Gleichheit*** sowie die sogenannte ***Referenzgleichheit*** oder ***Identität***. Tatsächlich tun wir das in der Realität genauso: Wir unterscheiden bei Objekten, ob es das gleiche oder dasselbe (identisch) ist. Wenn Peter und Michael je ein Buch des gleichen Titels besitzen, dann sind es zwei Exemplare des gleichen Buchs. Diese sind aber nicht dasselbe Exemplar. Genauso können Tom und Jim jeweils einen blauen Audi mit 275 PS besitzen, ohne dass es sich um dasselbe Auto handelt. Es ist eben das gleiche Auto, also mit gleichen Eigenschaften.

Schauen wir der Vollständigkeit halber nochmals auf die bisherige, vollständige Klassendefinition, die danach passend erweitert wird:

```
class Car:
    def __init__(self, brand, color, horse_power):
        self.brand = brand
        self.color = color
        self.horse_power = horse_power

    def __str__(self):
        return f"Marke: {self.brand} / Farbe: {self.color} /" + \
               f" PS: {self.horse_power}"

    def __repr__(self):
        return self.__str__()

    def paint_with(self, new_color):
        self.color = new_color

    def apply_tuning_kit(self):
        self.horse_power += 150
```

3 https://de.wikipedia.org/wiki/Prinzipien_objektorientierten_Designs#SOLID-Prinzipien

Objektzustand

Die Wertebelegung der Attribute eines Objekts, etwa die Farbe und das Gewicht, wird ***Objektzustand*** genannt. Die Wertebelegungen können sich im Programmablauf ändern. Beispielsweise wechselt die Farbe des Autos durch eine neue Lackierung. Bei Personen ändert sich etwa das Alter oder der Beziehungsstatus.

Unveränderlicher Zustand Interessanterweise gibt es dabei Folgendes zu beachten: Beim Programmieren und im realen Leben existieren Dinge, die nach der Erstellung bzw. Initialisierung unveränderlich sind. Bei Personen ist das etwa das Geburtsdatum, bei Autos ist es die Marke. Wir lernen später, wie wir Attribute durch eine spezielle Benennung vor unerwünschten Modifikationen durch andere Objekte schützen.

Vergleich von Objekten

Kommen wir zum Vergleich von Objekten zurück. Dafür gibt es unter anderem folgende Möglichkeiten:

1. **Operator »`is`«** – Mit dem Operator »`is`« werden Referenzen verglichen. Somit wird auf ***Identität*** geprüft, also, ob es sich um *dieselben* Objekte handelt. Dann liefert ein Aufruf von `id()` für die jeweiligen Variablen den gleichen Wert.
2. **Operator »`==`«** – Mit dem Operator »`==`« werden zwei Objekte bezüglich ihres Zustands (d. h. der Wertebelegung der Attribute) verglichen. In eigenen Klassen ist dazu die Methode `__eq__()` selbst zu implementieren. Standardmäßig erfolgt sonst lediglich ein Vergleich der beiden Referenzen mit dem Operator »`is`«. In eigenen Realisierungen muss derjenige Teil des Objektzustands verglichen werden, der für die ***semantische Gleichheit***, also die ***inhaltliche Gleichheit***, relevant ist.

Puh, das war etwas theoretisch. Allerdings ist durch die bisherigen Erklärungen nun klar, dass ein Vergleich mit `==` den Wert `False` liefert. Es wird hier keine inhaltliche Gleichheit erkannt, weil wir dazu die Methode `__eq__()` selbst definieren müssen.

Implementierung von `__eq__()`

Eine Umsetzung in der Praxis ist recht einfach nach folgendem Vorgehen möglich:

1. **Typprüfung** – Um nicht Äpfel mit Birnen zu vergleichen, sichern wir vor dem inhaltlichen Vergleich ab, dass nur Objekte des gewünschten Typs verglichen werden. Zur Typprüfung verwenden wir die in Python integrierte Standardfunktion `isinstance()` (vgl. Abschnitt 4.1.4).
2. **Objektvergleich** – Anschließend werden diejenigen Attributwerte verglichen, die für die Aussage »Gleichheit« relevant sind. Die hierzu notwendigen Attribute des Objekts werden (z. B. in der Reihenfolge ihrer Definition oder des ersten vermuteten Unterschieds) per Operator `==` auf Gleichheit geprüft. Beachten Sie dazu bitte die Ausführungen im Hinweiskasten auf der nächsten Seite.

Basierend auf diesen Erkenntnissen ergibt sich folgende Realisierung der `__eq__()`-Methode für die Klasse `Car`, die wir passend in die zuvor gezeigte Klasse einfügen:

```
class Car:
    # wie oben

    def __eq__(self, other):
        if not isinstance(other, Car):
            return False

        return self.brand == other.brand and \
               self.color == other.color and \
               self.horse_power == other.horse_power
```

Nach Integration dieser Erweiterung wiederholen wir unseren Vergleich. Da nun die jeweiligen Attribute auf Übereinstimmung geprüft werden, erhalten wir `True` als Resultat. Ein Vergleich mit `is` liefert selbstverständlich `False`, da es sich ja um unterschiedliche Objekte handelt:

```
>>> toms_car = Car("Audi", "BLUE", 275)
>>> jims_car = Car("Audi", "BLUE", 275)
>>> print(toms_car == jims_car)
True
>>>
>>> toms_car is jims_car
False
```

Hinweis: Vergleich von Gleitkommazahlen (`float`)

Aufgrund der systemimmanenten Ungenauigkeit bei Berechnungen mit Gleitkommazahlen müssen wir bei deren Vergleich besondere Vorsicht walten lassen bzw. sie in Implementierungen von `__eq__()` möglichst vermeiden. Folgendes Beispiel verdeutlicht warum:

```
>>> 0.1 + 0.1 + 0.1 == 0.3
False
>>>
>>> 2.71 + 0.01 == 2.72
False
```

Sofern dringend benötigt, kann man sich zum Vergleich von Gleitkommazahlen eine Hilfsmethode `is_equal_within_precision(value, expected, epsilon)` wie folgt definieren:

```
def is_equal_within_precision(value, expected, epsilon):
    return expected - epsilon < value < expected + epsilon
```

Damit werden alle Werte für den erwarteten und den zu prüfenden Wert als »gleich« angesehen, falls deren Differenz kleiner als »Epsilon« ist, etwa 0,00001.

4.2 Nächste Schritte

4.2.1 Klassen ausführbar machen

In der Einleitung dieses Kapitels habe ich erwähnt, dass sich die Funktionalität objektorientierter Programme aus dem Zusammenspiel verschiedener Klassen bzw. Objekte ergibt. Demzufolge muss es zumindest einen Startpunkt, die Hauptapplikation, geben. Bevor ich darauf eingehe, behandle ich einige Grundlagen.

Verhalten für Klassen definieren – statische Methoden und Variablen

Wir haben gerade gesehen, wie wir mithilfe von Methoden das Verhalten von Objekten definieren. Darüber hinaus ist es möglich, sowohl Methoden als auch Variablen für Klassen zu definieren. Diese sind keinem Objekt zugeordnet, sondern der Klasse selbst. Dazu dient eine Kennzeichnung mit `@staticmethod`, die der Definition vorangestellt wird. Man spricht dann von einer ***statischen Methode***. Für Variablen gilt Folgendes: All diejenigen, die innerhalb einer Klasse definiert sind, aber nicht innerhalb einer Methode, werden als statisch angesehen. Man spricht dann von einer ***statischen Variablen***.

Wir nutzen nochmals ein kleines Beispiel. Nachfolgend werden in einer Klasse `StaticExample` sowohl eine statische Methode und Variable als auch eine »normale« Objektmethode definiert:

```
class StaticExample:
    static_info = "Class wide info"

    @staticmethod
    def generate_info():
        print("static methods can be called without creating objects")
        return "Special Information"

    def object_method(self):
        print("object methods must be called on objects")
        print("static methods/variables are accessible")
        return StaticExample.static_info
```

Die Unterschiede zwischen den beiden Arten von Methoden sind im Listing schon durch die Texte der Konsolenausgaben angedeutet. Hier möchte ich es nochmals explizit erwähnen: Eine statische Methode kann ohne vorheriges Erzeugen eines Objekts (auch Instanz genannt) aufgerufen werden. Dazu nutzt man die Punktnotation mit dem Klassennamen – Gleiches gilt für statische Variablen:

```
>> StaticExample.generate_info()
static methods can be called without creating objects
'Special Information'
>>> StaticExample.static_info
'Class wide info'
```

Für Objektmethoden bedarf es einer Instanz der Klasse. Versucht man den Aufruf wie zuvor gezeigt, erhält man eine Fehlermeldung. Deshalb erzeugen wir ein Objekt und rufen die Methode erneut auf:

```
>>> StaticExample.object_method()
Traceback (most recent call last):
  File "<stdin>", line 1, in <module>
TypeError: object_method() missing 1 required positional argument: 'self'

>>> se = StaticExample()
>>> se.object_method()
object methods must be called on objects
static methods/variables are accessible
'Class wide info'
```

Im obersten Listing fällt Ihnen nach diesen Erklärungen vielleicht der Parameter `self` auf. Genau dieser ermöglicht den Zugriff auf das Objekt selbst.

Eine Klasse als ausführbare Einheit definieren

Möchte man aus einer Klasse eine ausführbare Einheit machen, so empfiehlt es sich, dieser Klasse eine Funktion mit dem Namen `main` folgendermaßen hinzuzufügen und diese abhängig von der automatisch von Python gesetzten internen Variablen `__name__` (vgl. Abschnitt 2.8.2) aufzurufen:

```
def main():
    # Hauptprogramm


if __name__ == "__main__":
    main()
```

Applikation als Klasse definieren

Wenden wir uns wieder unserem Beispiel der Autos zu. Zwar könnte man dort in der Klasse `Car` eine `main()`-Funktion ergänzen, aber das wäre recht unnatürlich, weil diese Klasse ja Dinge modelliert. Es bietet sich an, die eigentliche Applikation als eine separate Klasse zu modellieren.

Wie gerade motiviert, besteht ein Python-Programm in der Regel aus vielen Modulen und Klassen. Normalerweise dienen einige davon zum Verwalten von Daten, andere stellen Funktionalitäten bereit und oftmals gibt es eine spezielle Klasse, die die Hauptapplikation enthält. In dieser wird dann gewöhnlich die `main()`-Funktion definiert.

Für unser Beispiel könnte das Hauptprogramm etwa eine Klasse `CarManagementApplication` sein, die zur Verwaltung von Autos eines Autohändlers dient. Exemplarisch gehen wir von einem vordefinierten Bestand an Autos als Liste mit `Car`-Objekten aus und bieten zwei Suchen oder Filterungen an, nämlich nach Marke und nach Mindest-PS. Für beides realisieren wir korrespondierende Methoden. Dabei nutzen wir jeweils eine `for-in`-Schleife einmal mit Werten und einmal mit einer Bereichsangabe mit `range()`, um beide Varianten nochmals zu wiederholen.

```
# ... Car wie zuvor definiert ..

class CarManagementApplication:
    def __init__(self):
        self.available_cars = [Car("Renault", "BLUE", 75),
                               Car("Renault", "PETROL", 175),
                               Car("Ferrari", "RED", 455),
                               Car("BMW", "GREEN", 255),
                               Car("BMW", "YELLOW", 125),
                               Car("VW", "WHITE", 65),
                               Car("VW", "BLUE", 105)]

    def filter_by_brand(self, brand):
        for current_car in self.available_cars:
            if current_car.brand == brand:
                print(current_car)

    def filter_by_horse_power_greater_than(self, min_horse_power):
        for i in range(len(self.available_cars)):
            if self.available_cars[i].horse_power > min_horse_power:
                print(self.available_cars[i])

# ...
```

Bitte beachten Sie, dass die drei Punkte (...) für ausgelassene Klassen, Funktionen usw. stehen, um die Darstellung im Buch übersichtlich zu halten und nicht zu viele Wiederholungen aufzuführen.

Für die Hauptapplikation wird der Programmablauf in der nachfolgend gezeigten Funktion `main()` beschrieben. Dort erzeugen wir eine Instanz der Klasse `CarManagementApplication` und führen dann zwei Suchen durch, einmal nach der Marke »Renault« und einmal nach mehr als 150 PS:

```
# ...

def main():
    app = CarManagementApplication()

    print("Alle Renaults im Angebot:")
    app.filter_by_brand("Renault")

    print()

    print("Alle Autos mit mehr als 150 PS:")
    app.filter_by_horse_power_greater_than(150)


if __name__ == "__main__":
    main()
```

Wenn wir diese Klasse als Modul definieren, dann können wir diese auf der Konsole folgendermaßen starten:

```
$ python3 carmanagementapplication.py
```

Dabei kommt es zu folgenden Programmausgaben, die die beiden Filterungen zeigen:

```
Alle Renaults im Angebot:
Marke: Renault / Farbe: BLUE / PS: 75
Marke: Renault / Farbe: PETROL / PS: 175

Alle Autos mit mehr als 150 PS:
Marke: Renault / Farbe: PETROL / PS: 175
Marke: Ferrari / Farbe: RED / PS: 455
Marke: BMW / Farbe: GREEN / PS: 255
```

4.2.2 Packages

Ein bereits angedeuteter Vorteil der Objektorientierung liegt in der Wiederverwendung. Dabei existieren verschiedene Formen. Die einfachste ist das Nutzen von Funktionalitäten aus anderen Modulen und Klassen. Das haben wir gerade für die Autoverwaltung gesehen. Dazu muss man allerdings Zugriff auf die anderen Klassen besitzen und diese referenzieren. Das nennt man auch »importieren«. Die Quelle sind oftmals Packages und Verzeichnisse mit darin enthaltenen Dateien (Modulen) und Klassen.

Arten von Packages

Wenn Ihre Programme größer werden und mehrere Module und Klassen umfassen, dann kommt schnell der Wunsch auf, diese passend zu gruppieren, etwa eine Aufteilung in Hilfsklassen, Klassen für die Modellierung und das Hauptprogramm vorzunehmen. Je umfangreicher eine Anwendung wird, also je mehr Module diese enthält, desto wichtiger ist eine Gruppierung und Strukturierung. Dazu kann man die Dateien des Programms in verschiedenen Verzeichnissen ablegen

In Python existiert zudem das Konzept der ***Packages***, die einem Verzeichnis entsprechen und einen sogenannten Namensraum bilden. Python erlaubt keine zwei Klassen gleichen Namens in einem Package, jedoch ist es möglich, gleichnamige Klassen in unterschiedlichen Packages zu definieren.

Packages lassen sich in zwei Kategorien untergliedern:

- Eingebaute Packages und Module (durch Python mitgeliefert und einige nachinstallierbar)
- Benutzerdefinierte Packages und Module (vom Benutzer definiert)

Benutzerdefinierte Packages

Kommen wir zu unserer Applikation zurück. Bislang haben wir nirgendwo Packages gesehen. Nun wollen wir aber für mehr Struktur sorgen (können). Dazu kann man die Module in verschiedenen Verzeichnissen oder sogar Packages ablegen.

Packages entsprechen Verzeichnissen im Dateisystem, mit der Besonderheit, dass eine spezielle Datei namens `__init__.py` enthalten sein muss. Diese Datei kann leer sein und zeigt dann lediglich an, dass das Verzeichnis ein Package ist.

Benötigen Sie ein neues Package, so müssen Sie im Dateisystem ein neues gleichnamiges Verzeichnis und die Datei anlegen. Bequemer lässt sich ein neues Package mit der IDE erstellen. Dann wird automatisch das korrespondierende Verzeichnis sowie die Datei angelegt.

Durch das Konzept der Packages definiert man einen sogenannten Namensraum. Unter Verwendung der Punktnotation wird es möglich, gleichnamige Module in unterschiedlichen Packages zu definieren, also z. B.: `cars.motors` und `boats.motors`.[4]

Übrigens spielt die Datei `__init__.py` eine ähnliche Rolle wie die Funktion `__init__()` in einer Python-Klasse. Die Datei kann man als den Konstruktor des Packages ansehen. Dort lassen sich beliebige Python-Anweisungen ausführen, insbesondere können auch Daten initialisiert werden. Die Datei `__init__.py` wird immer dann ausgeführt, wenn das Package direkt bzw. indirekt (also Funktionalität daraus) importiert wird.

4.2.3 Übergang zum Einsatz einer IDE

Bislang kam oftmals der Python-Kommandozeileninterpreter zum Einsatz, weil wir dort Beispiele mit ein oder zwei kurzen Modulen bzw. Klassen gut nachvollziehbar gestalten können.

Ein Python-Programm besteht normalerweise aber aus mehreren oder vielen Modulen und Klassen. Dann helfen IDEs dabei, die Struktur eines Projekts sowie dessen Untergliederung in Verzeichnisse und Packages sowie Module und Klassen gut handhabbar zu halten. Bei den bislang gezeigten Beispielen und Applikationen mit vorwiegend einer Klasse ist das nur ein geringer Vorteil. Wenn wir uns aber komplexere Applikationen mit einer Vielzahl an Packages und Klassen und somit Verzeichnissen und Dateien vorstellen, wird die manuelle Arbeit doch schnell mühsam und fehlerträchtig.

Wie in der Einführung beschrieben, lassen sich mithilfe von IDEs sowohl Module und Klassen als auch Verzeichnisse und Packages ganz einfach anlegen. Ebenso gestaltet sich das Modifizieren der Python-Kommandos (auch Editieren von Sourcecode genannt) mit einer IDE deutlich komfortabler als mit dem Python-Kommandozeileninterpreter. Das gilt ebenfalls für die Programmausführung.

Für die kommenden, etwas umfangreicheren Klassen oder Python-Programme werden wir bevorzugt die IDE nutzen. Exemplarisch zeige ich als Erinnerung und Ergänzung folgende wichtige Schritte:

- Projekt in PyCharm anlegen
- Modul/Python-Datei anlegen
- Sourcecode editieren
- Programm ausführen

4 Tatsächlich reicht es für kleinere Programme oftmals bereits aus, wenn man lediglich Verzeichnisse anlegt.

Projekt in PyCharm anlegen

Wie Sie ein neues Python-Projekt anlegen, ist in Abschnitt 1.4.3 beschrieben. Zur Erinnerung: Öffnen Sie das Hauptmenü und wählen Sie dort `File > New Project...`. Im erscheinenden Dialog geben Sie dann den gewünschten Projektnamen ein und erzeugen das Projekt durch Drücken des Create-Buttons. Danach werden Sie noch gefragt, ob Sie das Projekt in einem separaten Fenster öffnen wollen, was Sie bestätigen.

Abbildung 4-3 *Dialog beim Öffnen eines Projekts*

Modul/Python-Datei anlegen

Ausgehend von der Baumdarstellung auf der linken Seite in Abbildung 4-4 lässt sich ein neues Modul / eine Python-Datei anlegen. Dazu öffnen Sie durch einen Rechtsklick oder Ctrl + Klick ein Kontextmenü und wählen dort den Eintrag `New > Python File`.

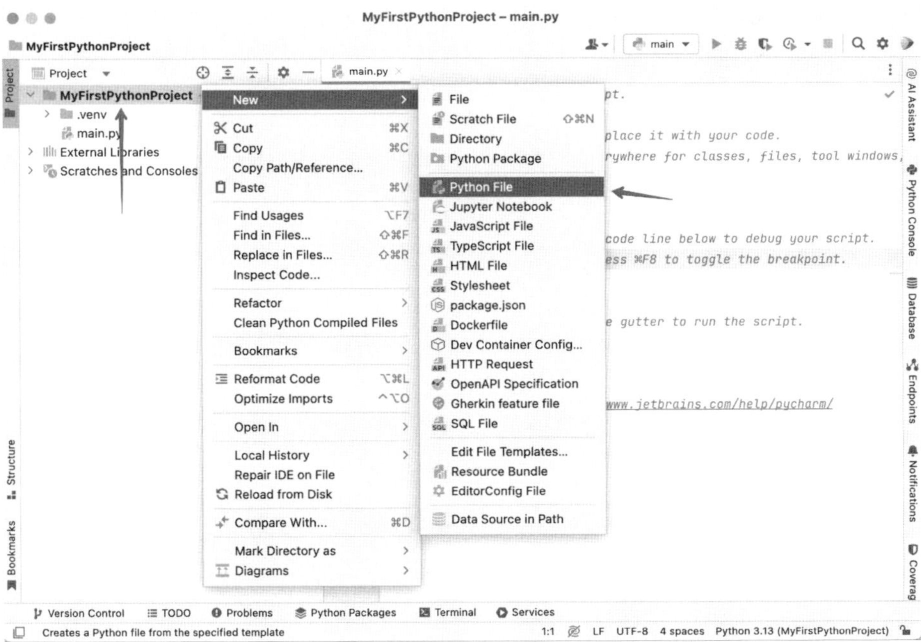

Abbildung 4-4 *Kontextmenü zum Anlegen einer Python-Datei*

Durch Auswahl des Kontextmenüs öffnet sich folgender Dialog zum Erzeugen einer neuen Python-Datei (vgl. Abbildung 4-5):

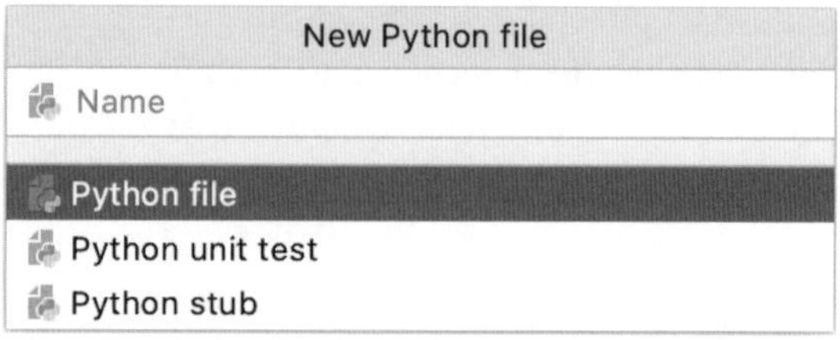

***Abbildung 4-5** Dialog zum Erstellen einer neuen Python-Datei*

Im Dialog gibt man den gewünschten Dateinamen ein, woraufhin diese Datei dann erzeugt wird. Für die nachfolgenden Aktionen nutzen wir ein Python-Modul mit `myfirstpythonmodule` als Namen.

Sourcecode editieren

Nachdem das Grundgerüst steht, können Sie den Sourcecode aus den Beispielen im Editor einfügen bzw. abtippen. Praktischerweise findet sich dort schon ein einfaches Grundgerüst als Datei `main.py`. Man kann entweder diese Datei nutzen oder eigene Python-Dateien anlegen, um dort zu experimentieren, wie es in Abbildung 4-6 angedeutet ist.

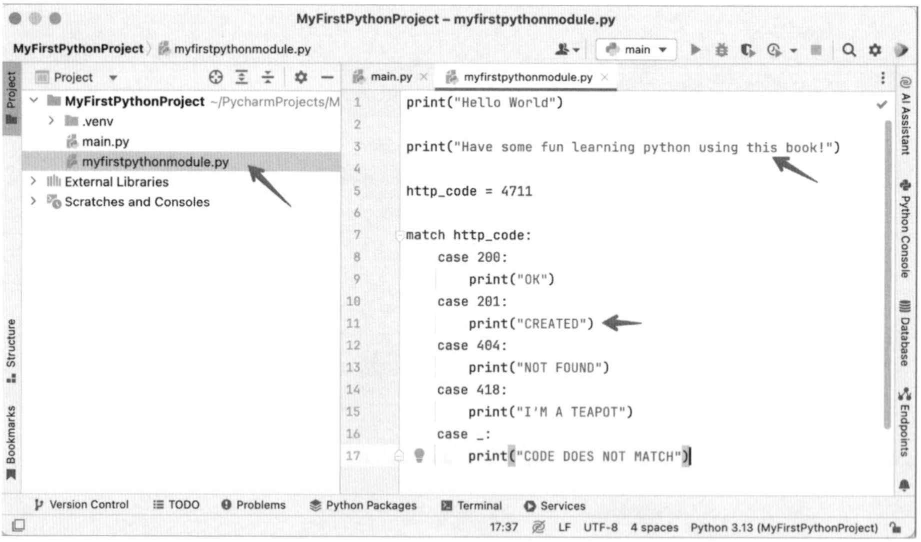

***Abbildung 4-6** Sourcecode editieren*

Programm ausführen

Sicherlich wollen Sie das so entstandene Python-Programm auch in Aktion erleben. Dazu ist eine `main()`-Funktion hilfreich, wie sie im Beispiel in Abschnitt 1.4.4 in Abbildung 1-24 zu sehen war. Eine `main()`-Funktion ist jedoch optional. Wird diese nicht definiert, so werden die Python-Anweisungen im Skriptmodus Zeile für Zeile von oben nach unten ausgeführt, wie dies bereits in Abschnitt 1.2.5 vorgestellt wurde.

Mithilfe des Kontextmenüs oder des grünen Play-Pfeils (vgl. Abbildung 4-7) lässt sich die Ausführung starten – wobei immer das zuletzt ausgeführte Programm gemerkt wird. Um dies zu ändern, kann man ein anderes Programm mit dem Kontextmenü (Rechts- oder Ctrl-Klick) ausführen.

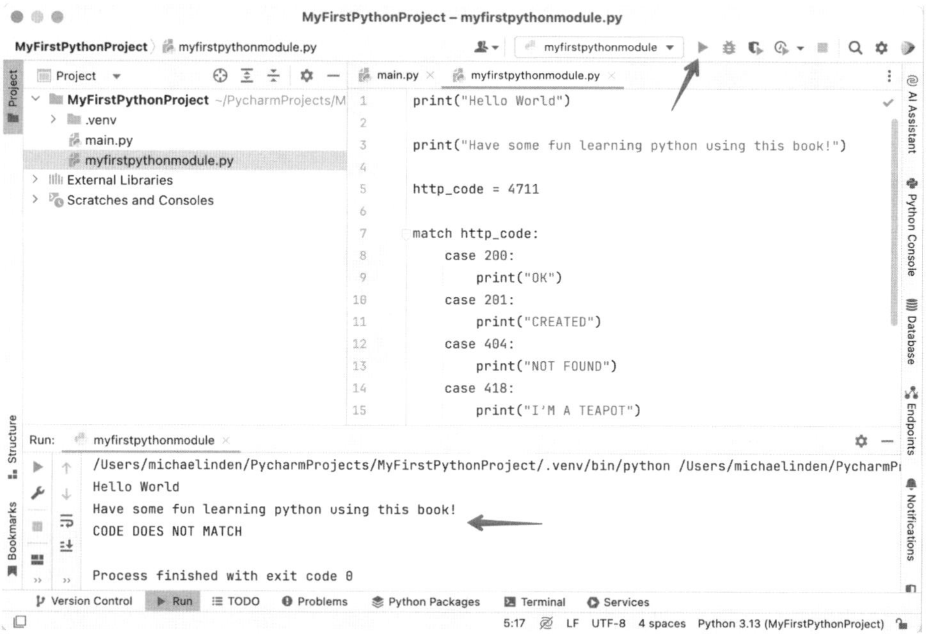

Abbildung 4-7 *Programm ausführen*

4.2.4 Verstecken von Informationen

Beim Verstecken von Informationen, auch ***Kapselung*** bzw. ***Information Hiding*** genannt, möchte man erreichen, dass gewisse Informationen bzw. Modellierungsdetails (also Methoden oder Attribute) einer Klasse nicht nach außen dringen. Konkret: nicht von anderen Modulen und Klassen nutzbar sind. Wieso ist dies hilfreich? Das erkennen wir, wenn wir über folgende Punkte bei der Modellierung von Klassen nachdenken:

- Geheime Informationen – Stellen wir uns Passwörter vor: Diese möchte man sicher nicht einfach öffentlich zugänglich machen.

- Unveränderliche Informationen – Beispielsweise ist der Geburtstag eines Menschen nachträglich nicht änderbar. Deshalb sollte sich dieser Wert für eine Klasse `Person` nach der Konstruktion nicht ändern (können). Machen wir es etwas handfester: Für Autos steht die Marke schon zur Produktion fest. Aus einem Audi oder VW wird kein Porsche werden. Etwas Ähnliches haben wir aber in der Einführung gemacht, da wurde aus einem VW kurzerhand ein Audi. Vielleicht fühlte sich das für Sie dort bereits etwas merkwürdig an, nun wissen Sie, dass Sie damit richtig lagen. Gutes OO-Design vermeidet derartige Überraschungen.
- Wertebereiche – Für gewisse Attribute sind nur bestimmte Wertebereiche gültig: Obwohl vielleicht der Typ `int` oder `float` genutzt wird, ist lediglich ein kleiner Bruchteil der Werte auch tatsächlich erlaubt. Denken Sie beispielsweise an Altersangaben, PS oder Rabatte. Eine untere Grenze ist oftmals der Wert 0. Vielfach gibt es auch Obergrenzen.

Wenn wir die Attribute wie bisher einfach so definieren und direkt darauf zugreifen, lässt sich weder eine Wertebereichsprüfung etablieren noch der Zugriff kontrollieren. Dadurch kann es zu merkwürdigem und fehlerhaftem Programmverhalten kommen. Deswegen sollten wir zumindest spezielle schützenswerte Attribute in ihrer Zugreifbarkeit einschränken. Als Folge müssen wir eine Zugriffsmöglichkeit auf diese Attribute anbieten. Eine Variante sind Zugriffsmethoden, wie man sie aus anderen Programmiersprachen kennt. In Python gibt es ergänzend die Möglichkeit, Properties zu nutzen. Mit beidem können wir bei Bedarf Wertebereiche prüfen, ungültige Aktionen verbieten oder unerwünschte Informationen herausfiltern, wie wir später noch sehen werden.

Sichtbarkeiten / Zugreifbarkeit

Während Sprachen wie Java oder C++ sogenannte Sichtbarkeiten besitzen, um den Zugriff auf Klassenbestandteile steuern und schützen zu können, ist dies in Python so nicht möglich. Allerdings gibt es mit dem Voranstellen der Zeichen _ und __ vor den eigentlichen Namen zwei Varianten, um Ähnliches zu erzielen:

- _ – Wenn die Namen von Attributen und Methoden in Python mit _ beginnen, dann bedeutet der eine Unterstrich per Konvention, dass diese Methode oder dieses Attribut als privat und Implementierungsdetail der Klasse anzusehen ist. Allerdings wird dies von Python nicht forciert und es werden auch keine Zugriffe aus anderen Modulen unterbunden. Vielmehr ist man auf die Beachtung dieser Tatsache durch andere Programmierer angewiesen.
- __ – Ein doppelter Unterstrich kennzeichnet eine Methode als intern, wie wir dies etwa für `__str__()` oder `__eq__()` bereits gesehen haben. Für Attribute eingesetzt, ist ein solches Attribut nicht mehr unter seinem Namen nach außen für andere Klassen sichtbar. Tatsächlich wird der Name dann zu `_ClassName__attribute`. Das gilt ebenfalls für Methoden und dient dazu, Methoden über den Klassennamen speziell zugreifbar zu machen.

Auswirkungen auf unsere Klasse `Car` Bislang besitzt die Klasse `Car` drei Attribute, nämlich für Marke, Farbe und PS. Diese waren bisher einfach zugänglich, sodass wir problemlos nicht nur die Farbe, sondern sogar die Marke ändern konnten, was wir zuvor schon als nicht erstrebenswert erkannt haben. Schauen wir uns nochmals die aufs Wesentliche gekürzte Implementierung der Klasse `Car` an:

```
class Car:
    def __init__(self, brand, color, horse_power):
        self.brand = brand
        self.color = color
        self.horse_power = horse_power

    def __str__(self):
        return f"Marke: {self.brand} / Farbe: {self.color} /" + \
               f" PS: {self.horse_power}"

    def paint_with(self, new_color):
        self.color = new_color

    def apply_tuning_kit(self):
        self.horse_power += 150

    # ...
```

Obwohl die Klasse `Car` mit `paint_with()` und `apply_tuning_kit()` verhaltensdefinierende Methoden zum Umlackieren und Tuning anbietet, ist es Nutzern möglich, diese zu ignorieren und direkt auf die korrespondierenden Attribute `color` bzw. `horse_power` zuzugreifen und diese (auch unerwartet) zu modifizieren.

Dem lässt sich entgegenwirken, indem die Attribute als privat bzw. intern, also mit _ markiert werden. Allerdings wäre es Nutzern immer noch problemlos möglich, darauf zuzugreifen. Wenn man die Zugriffsmöglichkeit stärker einschränken möchte, dann hilft das Präfix __. Die Klasse `Car` wird mit Letzterem folgendermaßen angepasst:

```
class Car:
    def __init__(self, brand, color, horse_power):
        self.__brand = brand
        self.__color = color
        self.__horse_power = horse_power

    def __str__(self):
        return f"Marke: {self.__brand} / Farbe: {self.__color} /" + \
               f" PS: {self.__horse_power}"

    def paint_with(self, new_color):
        self.__color = new_color

    def apply_tuning_kit(self):
        self.__horse_power += 150

    # Zugriff nach außen gewähren
    def brand(self):
        return self.__brand

    def horse_power(self):
        return self.__horse_power

    # ...
```

Wertebereichsprüfungen und Properties

Die zur Kapselung neu eingeführten Zugriffsmethoden ermöglicht es uns, dort verschiedene Prüfungen zu integrieren und ungültige Werte zurückzuweisen.

Nachfolgend wollen wir für Autos die PS-Werte nur im Bereich von 1 bis 2000 zulassen. Innerhalb einer `set()`-Methode prüfen wir den übergebenen Wert auf die Einhaltung des gewünschten Wertebereichs, bevor wir eine Zuweisung vornehmen. Ein Wert außerhalb des Bereichs löst durch das Schlüsselwort `raise` einen `ValueError` aus: Die Programmausführung stoppt und die Zuweisung wird nicht ausgeführt (vgl. Kapitel 9).

```
def set_horse_power(self, horse_power):
    if horse_power <= 0 or horse_power > 2_000:
        raise ValueError("INVALID PS: not in range 1 - 2000")

    self.__horse_power = horse_power
```

Betrachten wir folgende Anweisungen, um die Wertebereichsprüfung in Aktion zu erleben. Dazu wir einmal der gültige Wert 1234 gesetzt und danach der ungültige Wert –42, der jedoch zurückgewiesen wird:

```
my_car = Car("VW", "ORANGE", 123)

my_car.horse_power(1234)
print(my_car)

my_car.horse_power(-42)
print(my_car)
```

Es kommt zu folgenden Ausgaben:

```
Marke: VW / Farbe: ORANGE / PS: 1234
Traceback (most recent call last):
  File "/Users/michaelinden/PycharmProjects/Einfach-Python-V2/ch04_oodesign/
        car_restricted_access.py", line 57, in <module>
    main()
  File "/Users/michaelinden/PycharmProjects/Einfach-Python-V2/ch04_oodesign/
        car_restricted_access.py", line 51, in main
    my_car.horse_power(-42)
  File "/Users/michaelinden/PycharmProjects/Einfach-Python-V2/ch04_oodesign/
        car_restricted_access.py", line 38, in horse_power
    raise ValueError("INVALID PS: not in range 1 - 2000")
ValueError: INVALID PS: not in range 1 - 2000
```

Wertebereichsprüfungen mit Properties Etwas mehr »pythonic« ist es, die Methodenaufrufe wie einen Attributzugriff aussehen zu lassen. Dazu kann man die Methoden mit `@` speziell kennzeichnen[5]:

```
@property
def horse_power(self):
    return self.__horse_power

@horse_power.setter
def horse_power(self, horse_power):
    if horse_power <= 0 or horse_power > 2_000:
        raise ValueError("INVALID PS: not in range 1 - 2000")

    self.__horse_power = horse_power
```

Dadurch sieht das Lesen und Schreiben wie ein Attributzugriff per `.`-Notation aus, intern werden aber die Methoden beim lesenden und schreibenden Zugriff ausgeführt, weshalb auch der Wertebereichsverstoß erkannt wird:

```
>>> my_car.horse_power = 1234
>>> print(my_car.horse_power)
1234
>>>
>>> my_car.horse_power = 7271
Traceback (most recent call last):
  File "<stdin>", line 1, in <module>
  File "<stdin>", line 31, in horse_power
ValueError: INVALID PS: not in range 1 - 2000
```

Dieses Beispiel hat gut verdeutlicht, dass man mit dem hier gezeigten Vorgehen Attribute vor dem direkten Zugriff von außen schützen und bei Bedarf weitere Funktionalitäten ausführen kann – besser noch, die Aufrufer der Klasse sehen dies nicht.

4.2.5 Packages: Auswirkungen auf unsere Applikation

Wir wollen nun unsere Applikation in zwei Packages aufteilen, nämlich `domain` und `main`, um dadurch eine logische Trennung zu erzielen. Wie schon erwähnt, lassen sich Packages auch gruppieren und strukturieren. Dazu kann man etwa als übergeordnetes Namenselement `carapp` wählen, um die Zugehörigkeit zur Automanagement-Applikation auszudrücken. Die Verortung in den jeweiligen Kapiteln wird durch den vorderen Teil `ch04_oodesign` repräsentiert.[6]

5 Das sind Dekoratoren, ein fortgeschritteneres Thema, für dessen Behandlung ich Sie unter anderem auf mein Buch »Python Challenge« [4] verweise.

6 Laut PEP 8 (`https://www.python.org/dev/peps/pep-0008/#package-and-module-names`) sollte ein Package-Name keine Unterstriche enthalten. Hier weichen wir ausnahmsweise und auch nur minimal von der Konvention ab, um die Lesbarkeit des Namens zu erhöhen.

Kommen wir zur eigentlichen Implementierung zurück. Dazu erstellen wir wie zuvor beschrieben jeweils die Klassen `Car` und `CarManagementApplication`, so wie sie bereits gezeigt wurden. Das Ergebnis sollte ähnlich zu Abbildung 4-8 aussehen.

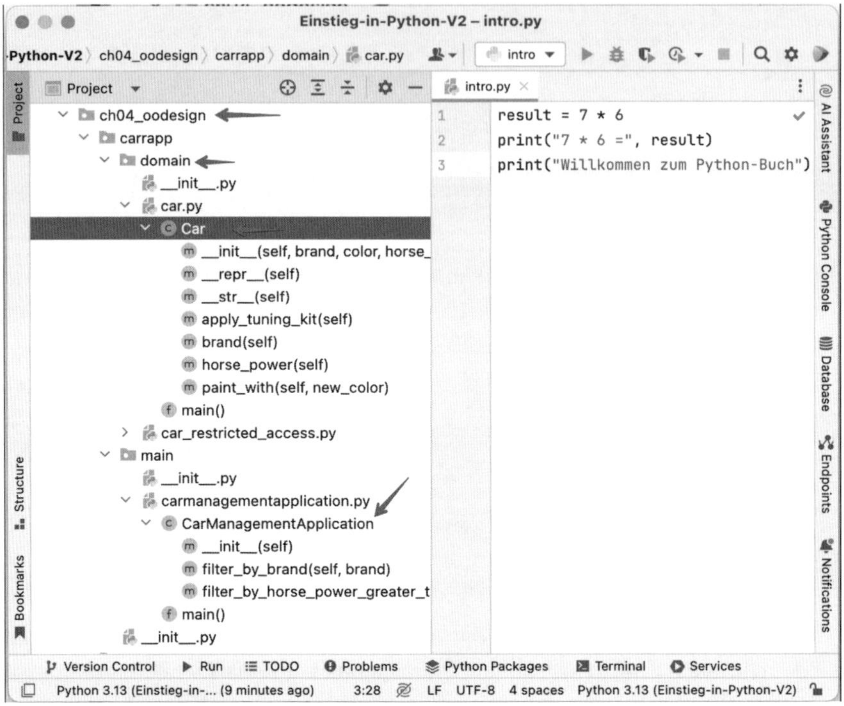

***Abbildung 4-8** Package-Struktur in PyCharm*

Sichtbarkeiten und Auswirkungen

Es ist besonders interessant, was diese neue Struktur sowie die Änderungen der Sichtbarkeiten für Auswirkungen besitzen. Dadurch, dass die Attribute durch das Präfix __ nach außen schlechter zugänglich sind, benötigt es korrespondierende Zugriffsmethoden oder alternativ Properties, um die Attribute verwenden zu können.

Variante mit Zugriffsmethoden In der Klasse `Car` müssen wir deshalb noch passende Zugriffsmethoden definieren:

```
class Car:
    # wie zuvor gezeigt

    # Zugriff nach außen gewähren
    def brand(self):
        return self.__brand

    def horse_power(self):
        return self.__horse_power
```

Zudem benötigen wir in der Applikation folgenden Import:

```
from ch04_oodesign.carrapp.domain.car import Car
```

In der Implementierung der Applikation werden dann diese Zugriffsmethoden anstatt direkter Zugriffe auf die Attribute verwendet:

```
    def filter_by_brand(self, brand):
        for current_car in self.available_cars:
            if current_car.brand() == brand:
                print(current_car)

    def filter_by_horse_power_greater_than(self, min_horse_power):
        for i in range(len(self.available_cars)):
            if self.available_cars[i].horse_power() > min_horse_power:
                print(self.available_cars[i])
```

Variante mit Properties Eine Alternative ist die Variante mit Properties, wodurch sich nur minimal etwas am Aufruf ändert:

```
    def filter_by_brand(self, brand):
        for current_car in self.available_cars:
            if current_car.brand == brand:
                print(current_car)

    def filter_by_horse_power_greater_than(self, min_horse_power):
        for i in range(len(self.available_cars)):
            if self.available_cars[i].horse_power > min_horse_power:
                print(self.available_cars[i])
```

Der Unterschied zur vorherigen Variante mit Zugriffsmethoden ist im Listing nur durch die fehlenden Klammern `()` des Methodenaufrufs erkennbar und sieht wie ein normaler Attributzugriff aus – das ist eher »pythonic«. Etwas klarer wäre es ersichtlich, wenn die Zugriffsmethoden `get_brand()` und `get_horse_power()` geheißen hätten.

Um die eleganten Property-Zugriffe zu ermöglichen, müssen wir in der Klasse `Car` die Zugriffsmethoden mit `@property` kennzeichnen:

```
class Car:
    # wie zuvor gezeigt

    # Zugriff nach außen gewähren
    @property
    def brand(self):
        return self.__brand

    @property
    def horse_power(self):
        return self.__horse_power
```

Applikation in der IDE

In Abbildung 4-9 sehen wir die Klasse `CarManagementApplication` im Editorfenster der IDE. Diese Klasse entstammt dem Package `ch04_oodesign.carapp.main` und nutzt die Klasse `Car` aus dem Package `ch04_oodesign.carapp.domain`, weshalb diese mit dem passenden `import` eingebunden wird. Im unteren Teil der IDE sehen wir die Konsolenausgabe einer Programmausführung.

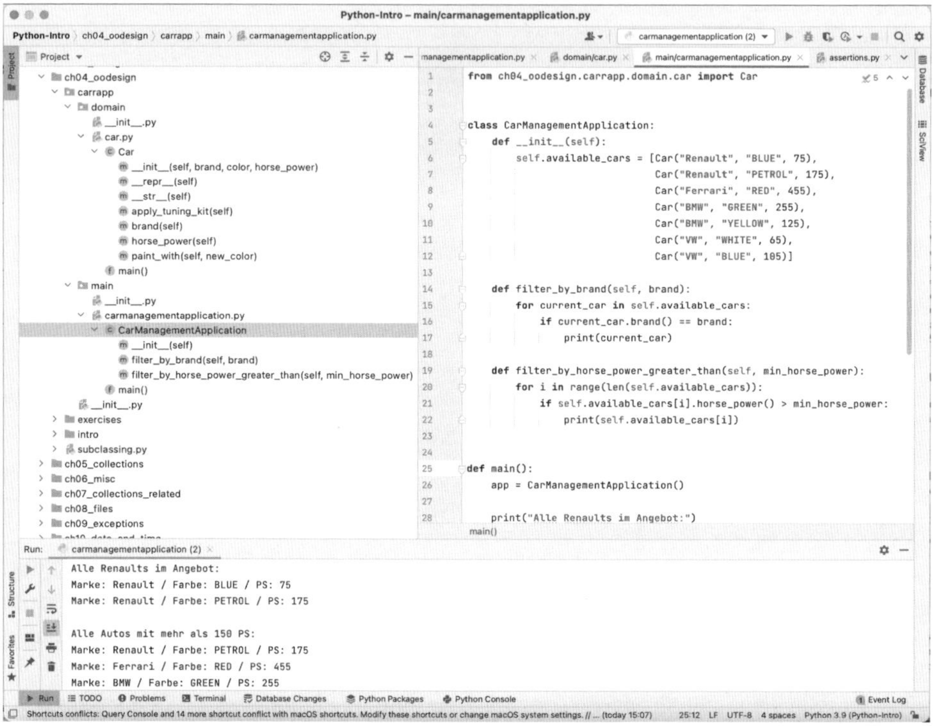

***Abbildung 4-9** Die Beispielapplikation in PyCharm*

4.3 Vererbung

Nachdem in den vorangegangenen Abschnitten die Grundlagen zur objektorientierten Programmierung besprochen wurden, lernen wir nachfolgend ein paar weitere wichtige Konzepte wie Vererbung kennen.

Eine spezielle Art, neue Klassen basierend auf bestehenden Klassen zu definieren, nennt sich ***Vererbung***. Die wiederverwendete Klasse bezeichnet man als ***Basis***-, ***Ober***- oder ***Super***klasse. Die neu entstehende Klasse erweitert oder übernimmt (erbt) durch diesen Vorgang das Verhalten und die Eigenschaften der bestehenden Klasse und wird ***abgeleitete*** oder ***Sub***klasse genannt. Der Vererbungsakt wird nach dem Klassennamen durch Angabe des Basisklassennamens in runden Klammern ausgedrückt. Eine Subklasse muss dann in ihrer Implementierung lediglich die Unterschiede zu ihrer Basisklasse beschreiben und nicht komplett neu entwickelt werden.

Im folgenden Beispiel definiert die Basisklasse `BaseClass` bereits zwei Methoden, die für mögliche Subklassen als Grundlage dienen. Die zweite Methode `other_method()` definiert keine Implementierung. Um das auszudrücken, gibt es in Python das Schlüsselwort `pass`:

```
class BaseClass:
    def method(self):
        print("called method")

    def other_method(self):
        pass
```

Die abgeleitete Klasse `SubClass` übernimmt automatisch die beiden Methoden: In der nachfolgend gezeigten Implementierung wird die erste Methode um etwas Funktionalität ergänzt, die zweite wird unverändert übernommen, weshalb sie nicht nochmals aufgeführt werden muss. Beides bildet den Grundstock für Wiederverwendung. Darüber hinaus wird hier als funktionale Ergänzung noch eine eigene Methode definiert:

```
class SubClass(BaseClass):
    def method(self):
        super().method()
        # Weitere Aktionen
        print("other actions")

    # Zusätzliche Funktionalität
    def additional_method(self):
        pass
```

Mit `super().method()` lassen sich Methoden der Basisklasse aufrufen. Vererbung ermöglicht dadurch die ***Wiederverwendung*** bereits existierender Funktionalität. Geschickt und passend eingesetzt lassen sich so Verallgemeinerungen und Abstraktionen schaffen, die für mehr Klarheit und leichtere Nutzbarkeit sorgen (können).

Basisklassen

In diesem Abschnitt schauen wir uns an, warum und wie man Basisklassen einsetzt.

Am Beispiel von grafischen Figuren lässt sich das Ganze gut verdeutlichen. Stellen wir uns eine Applikation vor, die Figuren zeichnen soll. Diese werden jeweils als eigenständige Klassen modelliert, die als Basisfunktionalität Methoden zum Zeichnen anbieten. Ohne Abstimmung über die zu verwendenden Methodennamen und durch mehrere an der Implementierung beteiligte Entwickler entstehen schnell unterschiedliche Namen, etwa neben `draw()` auch die Varianten `draw_line()`, `draw_rect()` usw. Das ist für einige Figurenklassen in Abbildung 4-10 gezeigt.

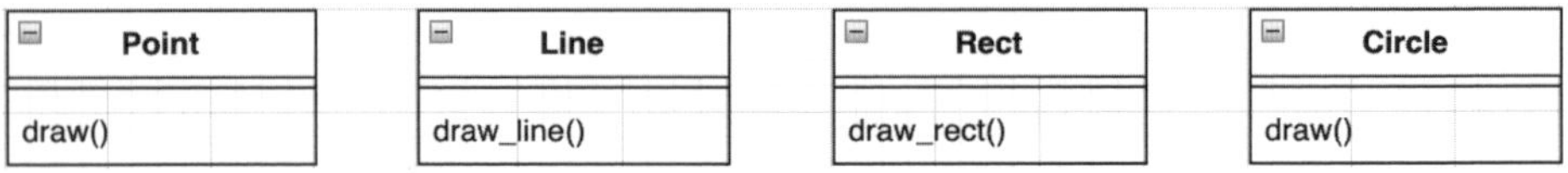

***Abbildung 4-10** Klassen für grafische Figuren (ohne Basisklasse)*

Durch die abweichenden Methodennamen sowie die nicht existente gemeinsame Basisklasse wird die Handhabung der Figuren für nutzende Klassen umständlich und nicht intuitiv: Die Methodennamen weichen von Klasse zu Klasse ab. Um diesen Missstand zu beheben, führen wir eine Basisklasse `BaseFigure` mit einer `draw()`-Methode ein und vereinheitlichen in den Subklassen die Methodennamen, was für Konsistenz sorgt. Zudem lässt sich die von Subklassen gemeinsam genutzte Funktionalität in der Basisklasse zentral definieren.

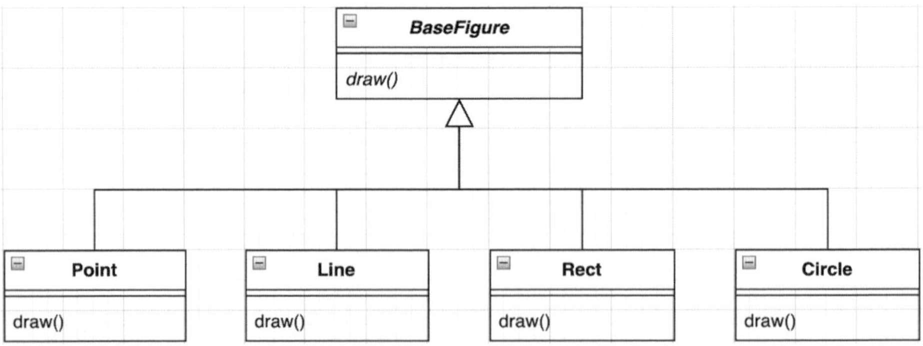

***Abbildung 4-11** Grafische Figuren mit Basisklasse*

Dieses Vorgehen ist insofern praktisch, als es Sourcecode-Duplikation vermeidet, die ohne gemeinsame Basisklasse durch die mehrfache Realisierung von Funktionalität in den jeweiligen Klassen entstehen würde. Ein weiterer Grund für die Einführung einer gemeinsamen Basisklasse ist, dass man mehrere Klassen einheitlich behandeln möchte. Eine solche Basisklasse definiert dann das gemeinsame, standardisierte Verhalten.

Tipp: Duck Typing

Während die Zugehörigkeit zu einem Basistyp in anderen objektorientierten Sprachen eine elementare Voraussetzung für die korrekte Arbeitsweise ist, verhält es sich in Python durch die dynamische Typisierung anders. Man spricht hier auch von ***Duck Typing***. Umgangssprachlich sagt man: Wenn es wie eine Ente aussieht und alle Eigenschaften mitbringt, dann wird es wohl eine Ente sein. Auf das Programmieren übertragen bedeutet das, dass der Typ des Objekts nicht so wichtig ist, vielmehr muss dieses Objekt alle Methoden und Attribute bereitstellen, die von einem Aufrufer verwendet werden. Für eine ausführlichere Darstellung konsultieren Sie diese Webseite: `https://realpython.com/duck-typing-python`.

Für das obige Beispiel würde es in Python vollkommen ausreichen, wenn alle grafischen Figuren eine `draw()`-Methode anbieten, um einheitlich behandelt bzw. aufgerufen werden zu können. Die Basisklasse ist hier nicht entscheidend, kann aber zum besseren Verständnis eingeführt werden.

4.4 Aufgaben und Lösungen

4.4.1 Aufgabe 1: Superheld

In dieser Aufgabe soll eine Klasse `SuperHero` implementiert werden, die Superhelden mit ihren Namen, ihren Superkräften und ihrer Stärke modelliert. Zudem soll eine Methode `is_stronger_than()` prüfen, ob ein Superheld stärker als ein anderer ist. Schließlich ist eine allgemeingültige Prüfung zu realisieren, die den stärksten Superhelden aus einer Menge zurückgibt. Dazu soll eine statische Methode `strongest_of()` erstellt werden. Folgendes Hauptprogramm zeigt die Verwendung und mögliche Aufrufe – variieren Sie gern die Eigenschaften.

```
def main():
    superman = SuperHero("Superman", "Kryptonite-Power", 1_000)
    batman = SuperHero("Batman", "Techno-Power", 100)
    ironman = SuperHero("Ironman", "Techno-Power", 500)

    print("Superman stronger than Batman?",
          superman.is_stronger_than(batman))
    print(SuperHero.strongest_of([superman, batman, ironman]))
```

Lösung

Um die Aufgabenstellung zu erfüllen, implementieren wir zunächst einmal eine Klasse `SuperHero` mit drei Attributen und einer informativen Konsolenausgabe:

```
class SuperHero:
    def __init__(self, name, superpower, strength):
        self.name = name
        self.superpower = superpower
        self.strength = strength

    def __str__(self):
        return f"{self.name} has {self.superpower} of strength {self.strength}"

    # ...
```

Die drei Punkte sind nicht Bestandteil der Klasse, sondern bedeuten, dass die Implementierung mit weiteren Blöcken fortgesetzt wird.

Nachfolgend gilt es noch, die beiden gewünschten Methoden zu implementieren. Die Prüfung der Stärke ist ziemlich einfach durch einen Vergleich der jeweiligen Werte im Attribut `strength` folgendermaßen zu realisieren:

```
    # ...

    def is_stronger_than(self, other):
        return self.strength > other.strength

    # ...
```

Um den stärksten der Superhelden zu ermitteln, durchlaufen wir die Menge der möglichen Kandidaten und prüfen jeweils, ob der aktuelle Held stärker als der momentan stärkste ist. Dazu haben wir praktischerweise gerade schon eine passende Methode erstellt. Initial gibt es noch keinen aktuell stärksten Superhelden, weshalb man im ersten Durchlauf direkt eine Zuweisung macht, da noch `strongest_hero == None` gilt:

```
    # ...

    @staticmethod
    def strongest_of(heros):
        strongest_hero = None

        for hero in heros:
            if strongest_hero is None or hero.is_stronger_than(strongest_hero):
                strongest_hero = hero

        return strongest_hero

# main()
```

Im Listing ist die Position der `main()`-Funktion markiert. Dort müssen die Zeilen aus der Aufgabenstellung eingefügt werden.

4.4.2 Aufgabe 2: Zähler

In dieser Aufgabe soll ein Zähler als Klasse entworfen werden, der folgende Anforderungen erfüllt:

1. Er lässt sich auf den Wert 0 zurücksetzen.
2. Er lässt sich um eins erhöhen.
3. Der aktuelle Wert lässt sich abfragen.

Dabei existiert bereits das folgende, rudimentäre Grundgerüst:

```
class Counter:
    def __init__(self, count):
        self.count = count
```

Das Attribut `count` speichert den Wert des Zählers und kann von überall abgefragt und verändert werden. Das Rücksetzen erfolgt durch Übergabe von 0. Die obige Implementierung sollen Sie erweitern und verbessern, indem Sie zu den Anforderungen passende Methoden implementieren und als Kür das Attribut »verstecken«. Dazu kann man einen doppelten Unterstrich voranstellen. Andere Klassen können dann nicht mehr wie gewohnt per Name darauf zugreifen – dieser Trick stellt einen Weg dar, auch in Python ein wenig Kapselung zu ermöglichen, wie es andere Sprachen durch Sichtbarkeitsmodifier erreichen.

Lösung

Der erste Entwurf sieht zum Verarbeiten des Zählers die Methoden `get_counter()` und `set_counter()` vor. Zum Rücksetzen des Werts dient die Methode `reset()`. Zudem wird die Sichtbarkeit des Attributs durch Einsatz der Notation mit zwei Unterstrichen (__) eingeschränkt:

```
class Counter:
    def __init__(self):
        self.__count = 0

    def get_counter(self):
        return self.__count

    def set_counter(self, count):
        self.__count = count

    def reset(self):
        self.__count = 0
```

Diskussion der Lösung und mögliche Probleme Obwohl diese Variante die Datenkapselung bereits gut umsetzt, birgt sie einen Fallstrick. In den Anforderungen stand, dass der Zähler um den Wert eins erhöht werden soll – allerdings kann der Zähler mithilfe von `set_counter()` auf beliebige Werte gesetzt und sogar verringert werden. Auch das gewünschte Hochzählen lässt sich nur eher unelegant durch Kombination von Aufrufen wie folgt implementieren:

```
set_counter(get_counter() + 1)
```

Schlimmer noch, man muss es überall dort, wo man die Funktionalität dieser Klasse nutzen möchte, immer wieder selbst realisieren.

Exemplarisch ist dies für ein Beispiel gezeigt, wo der `Counter` zunächst zweimal hochgezählt und danach zurückgesetzt wird:

```
# Counter erzeugen, 2 x hochzählen und dann resetten
counter = Counter()
counter.set_counter(counter.get_counter() + 1)
counter.set_counter(counter.get_counter() + 1)
print(counter.get_counter())
counter.reset()
print(counter.get_counter())
```

Verbesserte Lösung Mit etwas Nachdenken kommt man vielleicht auf die Idee, eine Methode `increment()` anzubieten, wodurch sich die Handhabung deutlich vereinfacht. Schließlich können wir noch das Attribut in `value` umbenennen und somit auch die `get()`-Methode. Hier ist `current_value()` deutlich besser als `get_counter()`, weil Ersteres klar ausdrückt, dass der Wert geliefert wird, Letzteres suggeriert, dass ein Zähler geliefert würde.

Nach diesen Vorüberlegungen erstellen wir folgende Implementierung, in der alle Anforderungen korrekt und gut verständlich umgesetzt sind. Hier stehen nicht die technischen Details im Vordergrund, sondern man konzentriert sich auf ein logisches Modell. Zudem werden feingranulare Zugriffe auf die interne Variable verhindert:

```
class Counter:
    def __init__(self):
        self.__value = 0

    def current_value(self):
        return self.__value

    def increment(self):
        self.__value += 1

    def reset(self):
        self.__value = 0
```

4.4.3 Aufgabe 3: Objekte mit Dictionary selbst gebaut

Klassen helfen bei der Modellierung und Strukturierung von Daten. Probieren Sie einmal aus, wie man ein Dictionary für die Datenhaltung nutzen könnte, wenn es keine Klassen dafür gäbe.

Definieren Sie für zwei Personen jeweils deren Namen, deren Geburtstag sowie deren Wohnort in Form von Einträgen. Seien Sie bezüglich der Werte kreativ. Ermitteln Sie dann den Wohnort der ersten Person und den Geburtstag der zweiten. Für den Geburtstag verwenden Sie bitte einen String oder falls Sie schon etwas vorgreifen wollen die Klasse `date` aus dem Modul `datetime` (vgl. Kapitel 10).

Lösung

Als Beispiel definieren wir zwei Variablen `michael` und `tim`. Die entsprechenden Werte modellieren wir als Schlüssel-Wert-Paare. Hilfreich ist dazu die direkte Definition in geschweiften Klammern, mit der das Ganze einfach von der Hand geht. Nun ist lediglich ein Zugriff mit `get()` bzw. `[]` und passender Angabe des Schlüssels vonnöten:

```
import datetime

michael = {"name": "Michael",
           "birthday": "07.02.1971",
           "city": "Zürich"}

tim = {"name": "Tim",
       "birthday": datetime.date(1971, 3, 27),
       "city": "Kiel"}

print(michael.get("city"))
print(tim["birthday"])
```

Es kommt zu folgender Ausgabe:

```
Zürich
1971-03-27
```

5 Collections

Aus Kapitel 2 wissen wir bereits, dass in Python Listen, Mengen und Schlüssel-Wert-Abbildungen, auch Dictionaries genannt, zur Verwaltung von anderen Objekten dienen. Das wird durch sogenannte ***Containerklassen*** realisiert, nämlich `list`, `set` und `dict`. Diese wollen wir uns nun etwas genauer ansehen.

5.1 Schnelleinstieg

5.1.1 Die Klasse `list`

Sollen mehrere Werte, etwa Namen, Städte, Aufgaben, Kunden usw., verwaltet werden, dann sind Listen oftmals eine gute Wahl – aus dem realen Leben kennen wir Einkaufslisten, To-do-Listen, Wunschlisten und viele andere.

In Python ermöglichen Listen die Speicherung von Werten und bieten einen positionsbasierten (indizierten) Zugriff auf die Elemente. Eine Liste behält die Reihenfolge der Elemente bei und offeriert darüber hinaus diverse Funktionalitäten. Insbesondere lässt sich eine dynamische Befüllung oder Zusammensetzung abbilden.

Leere Liste erzeugen – `list()` und `[]`

Zum Einstieg definieren wir mit `list()` oder kürzer `[]` je eine leere Liste zur Speicherung von Städten und Namen:

```
>>> cities = list()
>>> names = []
>>> type(names)
<class 'list'>
```

Liste aus kommaseparierter Aufzählung erzeugen Darüber hinaus lässt sich eine Liste praktischerweise aus einer fixen Folge von Werten erzeugen:

```
>>> cities = ["Kiel", "Bremen", "Zürich"]
```

Einzelne Werte hinzufügen – `append()`

Will man einer Liste einzelne Werte hinzufügen, dann hilft dabei die Methode `append()`. Damit fügen wir der Liste `names` ein paar Namen hinzu:

```
>>> names.append("Tim")
>>> names.append("Tom")
>>> names
['Tim', 'Tom']
```

Einzelne Werte positionsbasiert hinzufügen – `insert()`

Elemente lassen sich nicht nur am Ende per `append()`, sondern mithilfe von `insert()` auch an einer gewissen Position hinzufügen. Dazu übergibt man die gewünschte Position (0-basiert) und den einzufügenden Wert. Im Listing nutzen wir mit dem Index 0 zweimal die vorderste Position, um erst den Namen Anton und dann Andreas vorne einzufügen:

```
>>> names.insert(0, "Anton")
>>> names.insert(0, "Andreas")
>>> names
['Andreas', 'Anton', 'Tim', 'Tom']
```

Spezialfall Selbstverständlich kann man ein Element auch an letzter Position durch eine passende Positionsangabe, nämlich der Länge, hinzufügen:

```
names.insert(len(names), "Last")
# alternativ mit fixer Positionsnagabe
# names.insert(4, "Last")
>>> names
['Andreas', 'Anton', 'Tim', 'Tom', 'Last']
```

Geeigneter ist jedoch der Aufruf von `append()` ohne Indexparameter:

```
>>> names.append("Last2")
>>> names
['Andreas', 'Anton', 'Tim', 'Tom', 'Last', 'Last2']
```

Prüfen, ob ein Eintrag existiert – `in`

Um zu prüfen, ob ein Element in einer Liste existiert, dient das Schlüsselwort `in`. Es liefert `True`, wenn der gesuchte Wert vorhanden ist, ansonsten `False`.

Wie folgt lässt sich prüfen, ob die Werte/Namen Tim und Micha in der Liste `names` enthalten sind:

```
>>> print("Tim?", "Tim" in names)
Tim? True
>>> print("Micha?", "Micha" in names)
Micha? False
```

Positionsbasierter Zugriff – `[<pos>]`

Um auf ein Element einer Liste zuzugreifen, geben Sie die gewünschte Position in eckigen Klammern und 0-basiert an. Die Werte lassen sich also positionsbasiert mit folgender Syntax `values[i]` auslesen. Das führt zu einem indizierten Zugriff und liefert das i-te Element aus `values`.

```
>>> names[2]
'Tim'
```

Besonderheit: Negativer Index In Python gibt es bei Listen analog zu Strings die Besonderheit eines Zugriffs mit negativem Index: Damit werden die Elemente von hinten ausgelesen. Dabei entspricht der Wert –1 der letzten Position und eine –2 der vorletzten Position. Dies geht weiter bis zum Index `-len(list)`. Allgemein gilt $-idx \Leftrightarrow \texttt{len(txt)} - idx$ für dieses wichtige und mächtige Feature, wie es die folgende Grafik verdeutlicht.

```
>>> numbers = [0, 1, 2, 3, 4, 5, 6, 7, 8, 9]
>>> numbers[-1]
9
>>> numbers[-2]
8
>>> numbers[-9]
1
>>> numbers[-10]
0
```

```
>>> numbers[len(content) - 1]
9
>>> numbers[len(content) - 2]
8
>>> numbers[len(content) - 9]
1
>>> numbers[len(content) - 10]
0
```

Abbildung 5-1 *Listenzugriffe mit negativem Index*

Was passiert, wenn ich an falscher Stelle zugreife? Basierend auf der Beschreibung zuvor wollten wir nachprüfen, was passiert, wenn wir mit einer Position zugreifen, für die keine Daten existieren, etwa wie folgt mit einem Wert jenseits der oberen Grenze, hier 77, oder einem hohen negativen Index, hier –77:

```
>>> names[77]
Traceback (most recent call last):
  File "<stdin>", line 1, in <module>
IndexError: list index out of range
>>>
>>> names[-77]
Traceback (most recent call last):
  File "<stdin>", line 1, in <module>
IndexError: list index out of range
```

Wir erkennen, dass ein Zugriff außerhalb des gültigen Indexbereichs, hier mit 77 und –77, zu einem `IndexError`, einer speziellen Exception, die einen fehlerhaften Index ausdrückt, führt. Nicht nur durch die einzuhaltenden Grenzen, sondern auch weil man sich schnell mal um eine Position vertut, haben positionsbasierte Zugriffe über einen Index so ihre Tücken.

Auf Fehlerbehandlung gehe ich später in Kapitel 9 ein. Hier sei nochmals darauf hingewiesen, dass nach einer solchen Fehlersituation (ohne weitere Behandlung) die Ausführung unseres Python-Programms gestoppt wird.

Modifikationen ausführen – `[<pos>]=<value>`

Mitunter müssen Werte nachträglich geändert werden. Hier soll der an Position 1 gespeicherte Name Anton durch den Wert Mike ersetzt werden. Wir modifizieren den gespeicherten Wert mit einem indizierten Zugriff in Kombination mit einer Zuweisung unter Angabe der Indexposition und des neuen gewünschten Werts wie folgt:

```
>>> names[1] = "Mike"
>>> names
['Andreas', 'Mike', 'Tim', 'Tom', 'Last', 'Last2']
```

Wir sehen, dass nun erwartungsgemäß der Wert Mike an Position 1 gespeichert ist – 0-basiert.

Element positionsbasiert löschen – `del`

Ab und zu sind Werte aus dem Datenbestand zu löschen. Dazu dient das Kommando `del`. Diesem wird der Name der Liste und der Index des zu löschenden Elements übergeben. Wir entfernen nachfolgend die Elemente mit dem Index 2 und 4:

```
>>> names
['Andreas', 'Mike', 'Tim', 'Tom', 'Last', 'Last2']
>>> del names[2]
>>> names
['Andreas', 'Mike', 'Tom', 'Last', 'Last2']
>>> del names[4]
>>> names
['Andreas', 'Mike', 'Tom', 'Last']
```

Elemente wertbasiert löschen – `remove()`

Mithilfe von `remove()` kann man Elemente durch Angabe ihres Werts löschen – existiert der angegebene Wert nicht, so löst dies einen `ValueError` aus, was einen ungültigen Wert symbolisiert:

```
>>> names.remove("Tom")
>>> names
['Andreas', 'Mike', 'Last']
>>>
>>> names.remove("Tim")
Traceback (most recent call last):
  File "<stdin>", line 1, in <module>
ValueError: list.remove(x): x not in list
```

Was passiert, wenn mehrere gleiche Werte existieren? Solange die Werte in einer Liste eindeutig und unterschiedlich sind, ist das Verhalten von `remove()` klar, aber wie verhält es sich, wenn mehrere Elemente gleichen Werts existieren? Wird das erste gelöscht oder alle? Folgendes Beispiel beantwortet die Frage:

```
>>> duplicates = ["Tim", "John", "Tim", "John"]
>>> duplicates.remove("Tim")
>>> duplicates
['John', 'Tim', 'John']
>>> duplicates.remove("Tim")
>>> duplicates
['John', 'John']
```

Anzahl an Elementen ermitteln – `len()`

Schließlich wollen wir wissen, wie viele Elemente nach unseren Aktionen in der Liste `names` verblieben sind, und rufen dazu `len()` auf:

```
>>> len(names)
3
```

Durch die Elemente iterieren

In Kapitel 2 »Schnelleinstieg« haben wir einige Schleifenvarianten kennengelernt. Diese eignen sich auch zum Durchlaufen einer Liste. Betrachten wir zwei Beispiele.

Indizierte `for`-Schleife Die `for`-Schleife mit Index nutzt in ihrer Bedingung die Größenabfrage mit `len()` und im Schleifenkörper einen indizierten Zugriff mit `[i]`:

```
>>> names
['Andreas', 'Mike', 'Last']
>>>
>>> for i in range(len(names)):
...     print(names[i])
...
Andreas
Mike
Last
```

`for-in`-Schleife Wie schon erwähnt, sind Indexzugriffe ab und an die Quelle für Fehler. Ist die Position nicht relevant, so stellt die `for-in`-Schleife die bessere Alternative dar. Sie bietet sukzessiven Zugriff auf die einzelnen Werte:

```
>>> for name in names:
...     print(name)
...
Andreas
Mike
Last
```

Listen sortieren – `sort()`

Teilweise ist es hilfreich, die in einer Liste gespeicherten Werte zu sortieren. Dazu dient die Methode `sort()`. Hier betrachten wir dies für Städtenamen in der Liste `city_names`:

```
>>> city_names = ["Zürich", "Luzern", "Konstanz", "Bremen", "Kiel"]
>>> city_names.sort()
>>> city_names
['Bremen', 'Kiel', 'Konstanz', 'Luzern', 'Zürich']
```

Und hier für Zahlen:

```
>>> numbers_to_be_sorted = [1, 7, 2, 9, 11, 6, 3]
>>> numbers_to_be_sorted.sort()
>>> numbers_to_be_sorted
[1, 2, 3, 6, 7, 9, 11]
```

Aber Moment? Tatsächlich kann man sich fragen, nach welchem Kriterium die Einträge denn sortiert werden. Das ist eine gute Frage! Details dazu schauen wir uns später in Abschnitt 5.2.3 an.

Alle Elemente löschen – `clear()`

Mitunter möchte man Berechnungsergebnisse verwerfen. Um den Inhalt einer Liste zu löschen, rufen Sie `clear()` auf:

```
>>> names.clear()
>>> names
[]
```

Fallstricke beim Hinzufügen

Betrachten wir den Fall, dass man einer Liste nicht nur einzelne Elemente, sondern gleich einen Schwung an Daten hinzufügen möchte. Bislang haben wir zum Hinzufügen einzelner Werte die Methoden `append()` und `insert()` genutzt.

Schauen wir uns an, was passiert, wenn wir mehrere Namen in einem Rutsch durch Aufruf der Methode `append()` hinzufügen wollen:

```
>>> names = ["Tim", "Tom", "Mike"]
>>> names.append(["Maike", "Peter", "John"])
```

Prüfen wir einmal nach, ob die Liste der Namen auch wie erwartet tatsächlich sechs Elemente enthält:

```
>>> names
['Tim', 'Tom', 'Mike', ['Maike', 'Peter', 'John']]
```

Ups, was sehen wir denn da? Wir haben versehentlich eine Liste als Element einer Liste, eine sogenannte verschachtelte Liste, erzeugt! Wie kam es dazu? Wir haben einen kleinen Denkfehler begangen und Python hat genau das gemacht, was wir befohlen haben, nämlich einen Wert zur Liste der Namen hinzuzufügen, der jedoch selbst eine Liste ist. Die so entstandenen verschachtelten Listen behandelt Abschnitt 5.2.6.

Mehrere Elemente hinzufügen – `extend()` und +=

Hier korrigieren wir unseren Fehler durch einen Aufruf von `del` zum Löschen der inneren Liste und dem Aufruf von `extend()` zum Einfügen mehrerer Werte:

```
>>> del names[3]
>>> names
['Tim', 'Tom', 'Mike']
>>> names.extend(["Maike", "Peter", "John"])
>>> names
['Tim', 'Tom', 'Mike', 'Maike', 'Peter', 'John']
```

Das war doch prima. Etwas kürzer und handlicher in der Schreibweise ist der `+=`-Operator zum Hinzufügen mehrerer Elemente wie folgt:

```
>>> names += ["Micha", "Sophie"]
>>> names
['Tim', 'Tom', 'Mike', 'Maike', 'Peter', 'John', 'Micha', 'Sophie']
```

Mögliche Missverständnisse Gerade haben wir kennengelernt, dass der Operator `+=` sehr praktisch ist, um mehrere Elemente an eine Liste anzuhängen. Allerdings birgt das Ganze auch die Gefahr von Flüchtigkeitsfehlern und Fehlverwendungen, nämlich dann, wenn man statt einer Liste ein einzelnes Element angibt:

```
>>> names = []
>>> names += "Tim"
>>> names += "Tom"
>>> names
['T', 'i', 'm', 'T', 'o', 'm']
```

Für textuelle Werte sehen wir, dass diese beim Hinzufügen in einzelne Zeichen aufgespalten und somit zeichenweise als Elemente einer Liste gespeichert werden. Das liegt daran, dass Strings sogenannte sequenzielle Datentypen sind (vgl. Abschnitt 8.1), die beim Aufruf von `+=` in ihre Einzelteile zerlegt werden.

Keine Missverständnisse für Zahlen Das zuvor beschriebene Problem besteht für Zahlen nicht, weil diese nicht iterierbar sind (vgl. Abschnitt 8.3). Eine Fehlverwendung wird dann durch einen `TypeError` geahndet:

```
>>> numbers = [1, 2, 3]
>>> numbers += 4
Traceback (most recent call last):
  File "<stdin>", line 1, in <module>
TypeError: 'int' object is not iterable
```

5.1.2 Die Klasse `set`

Die Klasse `set` modelliert eine ungeordnete Sammlung (Menge) von Elementen. Das mathematische Konzept der Mengen besagt, dass diese keine Duplikate enthalten. Somit bilden Sets eine ungeordnete Datenstruktur, die duplikatfrei ist, aber folglich auch keinen indizierten Zugriff bietet. Stattdessen existieren Mengenoperationen wie Test auf Enthaltensein sowie die Berechnung von Vereinigungs-, Schnitt- und Differenzmengen.

Leeres Set erzeugen – `set()`

Als Ausgangsbasis definieren wir eine leere Menge zur Speicherung von Namen:

```
>>> names = set()
```

Beachten Sie bitte, dass die folgende Notation kein Set, sondern ein leeres Dictionary (vgl. Abschnitt 5.1.3) erzeugt:

```
>>> wrong_names = {}
>>> type(wrong_names)
<class 'dict'>
```

Set basierend auf Werten erzeugen Um eine fixe Wertebelegung vorzugeben, können wir `set()` mit der Angabe der Werte in Form einer Liste aufrufen. Alternativ kann man geschweifte Klammern und eine direkte Auflistung der Werte nutzen:

```
>>> other_names = set(["James", "Jim"])
>>> other_names
{'Jim', 'James'}
>>> other_names = {"James", "Jim"}
>>> other_names
{'Jim', 'James'}
```

Einzelne Werte hinzufügen – `add()`

Mithilfe der Methode `add()` lassen sich einzelne Werte hinzufügen. Nachfolgend ergänzen wir im Set `names` ein paar Namen:

```
>>> names.add("Tim")
>>> names.add("Tom")
>>> names.add("Tim")
>>> names
{'Tim', 'Tom'}
```

Erwartungskonform und automatisch sorgt das `set` für Duplikatfreiheit – die Menge enthält den Wert Tim nur einmal, obwohl dieser Wert zweimal hinzugefügt wurde.

Mehrere Werte hinzufügen – `update()`

Bei Bedarf kann man auch mehrere Werte in einem Rutsch durch Aufruf von `update()` hinzufügen – hier in Form einer Liste von drei Namen, sodass das Set `names` danach wie erwartet fünf Elemente enthält:

```
>>> names.update(["Mike", "Peter", "John"])
>>> names
{'Peter', 'Mike', 'Tim', 'Tom', 'John'}
```

Beachten Sie bitte, dass Sets im Gegensatz zu Listen leider nicht den praktischen `+=`-Operator anbieten.

Prüfen, ob ein Eintrag existiert – `in`

Um zu prüfen, ob ein Element in einem Set existiert, verwenden Sie `in`. Es liefert `True`, wenn der gesuchte Wert vorhanden ist, ansonsten `False`.

```
>>> "John" in names
True
>>> "Michael" in names
False
```

Bestimmtes Element löschen – `remove()`

Manchmal sollen Werte aus dem Datenbestand entfernt werden. Dazu dient die `remove()`-Methode, die wir nachfolgend zum Löschen des Eintrags John nutzen. Eine nachträgliche Prüfung mit `in` liefert dann `False`:

```
>>> names.remove("John")
>>> "John" in names
False
>>> names
{'Tim', 'Tom', 'Peter', 'Mike'}
```

Analog zu Listen löst der Versuch, ein nicht enthaltenes Element zu löschen, einen Fehler (`KeyError`) aus, der anzeigt, dass ein Wert nicht vorhanden ist:

```
>>> names.remove("UNKNOWN")
Traceback (most recent call last):
  File "<stdin>", line 1, in <module>
KeyError: 'UNKNOWN'
```

Interessanterweise scheint es mit dem Operator `-` möglich, ein Element oder gar mehrere Elemente zu löschen, ohne dass es bei deren Nichtexistenz zu einem `KeyError` kommt. Tatsächlich berechnet der Operator `-` aber die Differenzmenge. Um jedoch wirklich etwas zu löschen, muss man `-=` aufrufen:

```
>>> names - {"Mike"}
{'Tim', 'Tom', 'Peter'}
>>> names -= {"Peter", "Mike"}
{'Tim', 'Tom'}
```

Anzahl an Elementen ermitteln – `len()`

Schließlich wollen wir wissen, wie viele Elemente nach unseren Aktionen im Set `names` verblieben sind, und rufen dazu `len()` auf:

```
>>> len(names)
2
```

Durch die Elemente iterieren

In Kapitel 2 »Schnelleinstieg« haben wir bereits einige Schleifenvarianten kennengelernt. Zum Durchlaufen eines Sets kann man keine positionsbasierten, indizierten Varianten nutzen, sondern nur die `for-in`-Schleife:

```
>>> for name in names:
...     print(name)
...
Tim
Tom
```

Alle Elemente löschen – `clear()`

Mitunter möchte man Berechnungsergebnisse verwerfen. Um den Inhalt eines Sets zu löschen, rufen Sie `clear()` auf:

```
>>> names.clear()
>>> names
set()
```

Mengenoperationen

Um die von Python unterstützten Mengenoperationen kennenzulernen, definieren wir zwei Mengen mit Zahlen. Dann berechnen wir die typischen Mengenoperationen wie z. B. Vereinigung, Schnitt und Differenz, aber auch die symmetrische Differenzmenge[1] (vgl. Abbildung 5-2):

```
number_set1 = {1, 2, 3, 4, 5, 6, 7, 8}
number_set2 = {2, 3, 5, 7, 9, 11, 13}
print("union: %s\nintersection: %s\ndiff 1-2: %s\nsym diff: %s" %
      ((number_set1 | number_set2), (number_set1 & number_set2),
       (number_set1 - number_set2), (number_set1 ^ number_set2)))
```

Das führt zu folgenden Ausgaben:

```
union: {1, 2, 3, 4, 5, 6, 7, 8, 9, 11, 13}
intersection: {2, 3, 5, 7}
diff 1-2: {8, 1, 4, 6}
sym diff: {1, 4, 6, 8, 9, 11, 13}
```

1 Diese umfasst alle Elemente, die entweder in der Menge A oder B, aber nicht in beiden Mengen enthalten sind.

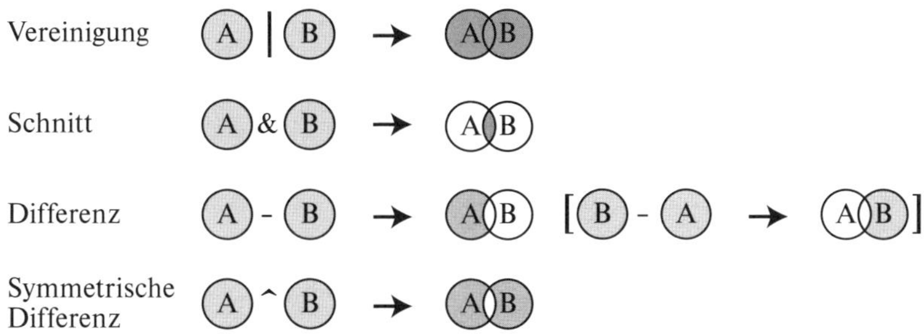

Abbildung 5-2 *Typische Mengenoperationen*

5.1.3 Die Klasse `dict`

Wenden wir uns nun den Abbildungen von Schlüsseln auf Werte zu. Diese werden auch als ***Dictionary*** oder als ***Lookup-Tabelle*** bezeichnet. Unabhängig vom Namen ist die zugrunde liegende Idee, Abbildungen von Schlüsseln auf Werte, sogenannte »Schlüssel-Wert«-Paare, zu speichern. Ein intuitiv verständliches Beispiel sind Telefonbücher, bei denen Namen auf Telefonnummern abgebildet werden. Eine Suche über einen Namen (Schlüssel) liefert meistens recht schnell eine Telefonnummer (Wert). Falls keine Rückabbildung von Telefonnummer auf Name existiert, wird das Ermitteln eines Namens zu einer Telefonnummer jedoch ziemlich aufwendig.

Leeres `dict` erzeugen – `dict()` und `{}`

Als Beispiel definieren wir ein leeres `dict` zur Speicherung der Abbildung von Städten auf (ungefähre) Einwohnerzahlen entweder mit `{}` oder `dict()`:

```
>>> city_inhabitants_map = {}
>>> type(city_inhabitants_map)
<class 'dict'>
>>> city_inhabitants_map = dict()
```

Dictionary mit Werten erzeugen Wir erzeugen ein Dictionary mit einer fixen Menge von Abbildungen durch Angaben von Schlüssel : Wert wie folgt:

```
>>> bern_berlin_map = {"Bern": 170_000, "Berlin": 3_500_000}
>>> bern_berlin_map
{'Bern': 170000, 'Berlin': 3500000}
```

Werte hinzufügen – [<key>]=<value> und update()

Einzelne Werte lassen sich mithilfe von Zuweisungen indiziert über den Schlüssel hinzufügen. Folgendermaßen ergänzen wir ein paar Städte und deren Einwohnerzahl:

```
>>> city_inhabitants_map["Zürich"] = 443_000
>>> city_inhabitants_map["Hamburg"] = 2_000_000
```

Mehrere Daten lassen sich in einem Rutsch durch Aufruf von `update()` ergänzen, hier, um die Einträge für Bern und Berlin sowie separat Kiel hinzuzufügen:

```
>>> city_inhabitants_map.update(bern_berlin_map)
>>> city_inhabitants_map.update({"Kiel": 250_000})
>>> city_inhabitants_map
{'Zürich': 443000, 'Hamburg': 2000000, 'Kiel': 250000, 'Bern': 170000, 'Berlin':
      3500000}
```

Prüfen, ob ein Schlüssel existiert – `in`

Um zu prüfen, ob ein Schlüssel in einem Dictionary existiert, verwenden Sie `in`. Dies liefert `True`, wenn der gesuchte Eintrag zu dem Schlüssel vorhanden ist, ansonsten `False`. Demnach wird Zürich im definierten Datenbestand gefunden, Bremen jedoch nicht:

```
>>> "Zürich" in city_inhabitants_map
True
>>> "Bremen" in city_inhabitants_map
False
```

Prüfen, ob ein Wert existiert – `in`

Darüber hinaus ist es möglich, zu prüfen, ob ein spezieller Wert in einem Dictionary gespeichert ist. Dazu dient wieder der Operator `in`, allerdings in Kombination mit der Methode `values()`, die Zugriff auf die in einem Dictionary gespeicherten Werte liefert. Nachfolgend betrachten wir das einmal für den Wert 443.000, der zum Schlüssel Zürich gehört und daher `True` liefert. Da der Wert 1.234.567 jedoch keinem Schlüssel zugeordnet ist, erhalten wir hierfür `False`.

```
>>> 447_000 in city_inhabitants_map.values()
True
>>> 1_234_567 in city_inhabitants_map.values()
False
```

Zugriff über Schlüssel – `get()` und `[<key>]`

Um mit den gespeicherten Werten arbeiten zu können, lassen sich diese mit dem jeweiligen Schlüssel mit `get()` auslesen – existiert jedoch kein Eintrag zum übergebenen Schlüssel, so wird der Wert `None` zurückgegeben. Das vollziehen wir mit den Schlüsselwerten Zürich und X-STADT nach:

```
>>> city_inhabitants_map.get("Zürich")
447000
>>> city_inhabitants_map.get("X-STADT")
>>> print(city_inhabitants_map.get("X-STADT"))
None
```

Kürzer geht das Ganze mit der eckigen Klammerschreibweise – allerdings löst dann ein nicht vorhandener Eintrag zum übergebenen Schlüssel einen `KeyError` aus.

```
>>> city_inhabitants_map["Zürich"]
447000
>>> city_inhabitants_map["X-STADT"]
Traceback (most recent call last):
  File "<stdin>", line 1, in <module>
KeyError: 'X-STADT'
```

Defaultwert mit `get()` Ein Vorteil von `get()` ist, dass man dort für den Fall, dass kein passender Eintrag gefunden wird, wie folgt einen Defaultwert angeben kann:

```
>>> city_inhabitants_map.get("X-STADT", 42_195)
42195
```

Modifikationen ausführen – `[<key>]=<value>`

Mitunter sind Werte nachträglich zu ändern. Hier soll die Einwohnerzahl für Bern auf den Wert 144.000 korrigiert werden. Wir modifizieren den gespeicherten Wert mit der eckigen Klammersyntax und einer Zuweisung wie folgt:

```
>>> city_inhabitants_map["Bern"] = 144_000
>>> city_inhabitants_map
{'Zürich': 447000, 'Hamburg': 2000000, 'Kiel': 250000, 'Bern': 144000, 'Berlin':
    3500000}
```

Einträge löschen – `del` und `pop()`

Ab und zu sind Werte aus dem Datenbestand zu löschen. Dazu dient die `pop()`-Methode, der man den Schlüssel übergibt und die den zugehörigen Wert liefert sowie das Schlüssel-Wert-Paar löscht. Außerdem kann man mit `del` arbeiten.

Löschen wir zunächst einmal die Einträge Bern (mit `del`) und dann Kiel (mit `pop()`). Danach prüfen wir, ob diese Abbildungen aus dem Dictionary entfernt worden sind – in beiden Fällen wäre ein `KeyError` ausgelöst worden, wenn nicht vorhandene Schlüssel angegeben worden wären. Das wird abschließend für den nicht vorhandenen Schlüssel X-STADT gezeigt:

```
>>> del city_inhabitants_map["Bern"]
>>>
>>> city_inhabitants_map.pop("Kiel")
250000
>>> city_inhabitants_map
{'Zürich': 447000, 'Hamburg': 2000000, 'Berlin': 3500000}
>>>
>>> city_inhabitants_map.pop("X-STADT")
Traceback (most recent call last):
  File "<stdin>", line 1, in <module>
KeyError: 'X-STADT'
```

Anzahl an Einträgen ermitteln – `len()`

Um zu ermitteln, wie viele Elemente nach unseren Aktionen im Dictionary verblieben sind, rufen wir `len()` auf:

```
>>> len(city_inhabitants_map)
3
```

Durch die Elemente iterieren

In Kapitel 2 »Schnelleinstieg« haben wir bereits einige Schleifenvarianten kennengelernt. Bei Dictionaries muss man zum Durchlaufen etwas anders vorgehen, da man hier keinen indizierten Zugriff besitzt. Allerdings lassen sich die Abbildungen mit folgenden Methoden auslesen:

- **`items()`** – Erzeugt eine Liste, die alle Schlüssel-Wert-Paare des Dictionaries als Tupel enthält.
- **`keys()`** – Liefert eine Liste mit allen im Dictionary hinterlegten Schlüsseln.
- **`values()`** – Liefert eine Liste mit allen im Dictionary hinterlegten Werten.

Betrachten wir deren Aufrufe und Ausgaben:

```
>>> city_inhabitants_map.items()
dict_items([('Zürich', 447000), ('Hamburg', 2000000), ('Berlin', 3500000)])
>>> city_inhabitants_map.keys()
dict_keys(['Zürich', 'Hamburg', 'Berlin'])
>>> city_inhabitants_map.values()
dict_values([447000, 2000000, 3500000])
```

`for-in`-Schleife in drei Varianten Nutzen wir dieses Wissen zur Ausgabe der Schlüssel, Werte und Schlüssel-Wert-Einträge wie folgt:

```
>>> for city in city_inhabitants_map.keys():
...     print(city)
...
Zürich
Hamburg
Berlin

>>> for inhabitant_count in city_inhabitants_map.values():
...     print(inhabitant_count)
...
447000
2000000
3500000

>>> for entry in city_inhabitants_map.items():
...     print(entry)
...
('Zürich', 447000)
('Hamburg', 2000000)
('Berlin', 3500000)
```

Schauen wir uns ergänzend an, was passiert, wenn man die Iteration direkt auf dem Dictionary aufruft – diese Kurzform sorgt für eine Auflistung der Schlüssel:

```
>>> for entry in city_inhabitants_map:
...     print(entry)
...
Zürich
Hamburg
Berlin
```

Alle Elemente löschen – `clear()`

Mitunter möchte man alle Einträge verwerfen. Um den Inhalt eines Dictionaries zu löschen, rufen Sie `clear()` auf:

```
>>> city_inhabitants_map.clear()
>>> city_inhabitants_map
{}
```

5.2 Nächste Schritte

5.2.1 Comprehensions

Python bietet mit sogenannten ***Comprehensions*** eine elegante und mächtige Möglichkeit, Datenstrukturen anhand von Berechnungsvorschriften zu erzeugen. Für Listen notiert man in eckigen Klammern einen Ausdruck, der basierend auf einer Folge von Werten (genauer einem Iterable (vgl. Abschnitt 8.3)) sowie einer Berechnungsvorschrift eine neue Ergebnisliste erzeugt:

```
[<expr> for value in <iterable>]
```

Es lässt sich sogar eine Berechnungsvorschrift inklusive Bedingung angeben:

```
[<expr> for value in <iterable> if <condition>]
```

Nachfolgend erzeugen wir eine Liste mit den Zahlen von 0 bis 10 (exklusive), danach durch eine Berechnungsvorschrift das Quadrat und schließlich alle geraden Zahlen von 0 bis 10 (exklusive) mit Angabe einer Bedingung – `range(10)` ist ein Beispiel für ein Iterable:

```
>>> [value for value in range(10)]
[0, 1, 2, 3, 4, 5, 6, 7, 8, 9]
>>>
>>> [value * value for value in range(10)]
[0, 1, 4, 9, 16, 25, 36, 49, 64, 81]
>>>
>>> [n for n in range(10) if n % 2 == 0]
[0, 2, 4, 6, 8]
```

Es lassen sich auch komplexere Ausdrücke angeben, etwa die Erzeugung von Tupeln (hier zur Lesbarkeit etwas hübscher ausgerichtet):

```
>>> tuples = [(x, y) for x in range(3) for y in range(5)]
>>> tuples
[(0, 0), (0, 1), (0, 2), (0, 3), (0, 4),
 (1, 0), (1, 1), (1, 2), (1, 3), (1, 4),
 (2, 0), (2, 1), (2, 2), (2, 3), (2, 4)]
```

Was steckt dahinter?

Comprehensions sind eine praktische und kompakte Form, um verschachtelte Schleifen und Berechnungsvorschriften angeben zu können. Betrachten wir zum Einstieg, wie deren Gegenstück mit klassischen `for`-Schleifen aussieht. Beginnen wir dazu mit der bereits bekannten Berechnung der geraden Zahlen:

```
>>> even = [n for n in range(10) if n % 2 == 0]
>>>
>>> even = []
>>> for n in range(10):
...     if n % 2 == 0:
...         even += [n]
...
>>> even
[0, 2, 4, 6, 8]
```

Schauen wir uns nun noch die Berechnung der Tupel an, zunächst als Wiederholung kurz und knackig als Einzeiler mit einer Comprehension und danach dann in Form zweier verschachtelter Schleifen:

```
>>> tuples = [(x, y * 2) for x in range(3) for y in range(5)]
>>>
>>> tuples = []
>>> for x in range(3):
...     for y in range(5):
...         tuples.append((x, y * 2))
...
>>> tuples
[(0, 0), (0, 2), (0, 4), (0, 6), (0, 8), (1, 0), (1, 2), (1, 4), (1, 6), (1, 8),
        (2, 0), (2, 2), (2, 4), (2, 6), (2, 8)]
```

Grenzen

Das Ganze lässt sich prinzipiell beliebig weiterführen, jedoch ist im Hinblick auf Lesbarkeit und Verständlichkeit vermutlich bei drei Schleifen eine Grenze erreicht, wie nachfolgend demonstriert:

```
>>> [(x, y, z) for x in range(3) for y in range(3) for z in range(3)]
[(0, 0, 0), (0, 0, 1), (0, 0, 2), (0, 1, 0), (0, 1, 1), (0, 1, 2),
 (0, 2, 0), (0, 2, 1), (0, 2, 2),
 (1, 0, 0), (1, 0, 1), (1, 0, 2), (1, 1, 0), (1, 1, 1), (1, 1, 2),
 (1, 2, 0), (1, 2, 1), (1, 2, 2),
 (2, 0, 0), (2, 0, 1), (2, 0, 2), (2, 1, 0), (2, 1, 1), (2, 1, 2),
 (2, 2, 0), (2, 2, 1), (2, 2, 2)]
```

Generell sollte man die Komplexität nicht allzu groß werden lassen, um die Verständlichkeit und Wartbarkeit zu gewährleisten.

Unabhängig davon sind Comprehensions ein mächtiges und hilfreiches Merkmal von Python, das Sie sicher beherrschen sollten.

Set und Dictionary Comprehension als Varianten

Ähnliche Möglichkeiten existieren für Sets und Dictionaries – in beiden Fällen lässt sich eine Berechnungsvorschrift inklusive Bedingung angeben.

Für Sets schreibt man:

```
{<expr> for value in <iterable> if <condition>}}
```

Für Dictionaries gilt folgende Notation:

```
{<key>: <value> for element in <iterable> if <condition>}
```

Einführende Beispiele Nachfolgend ist exemplarisch die Ermittlung aller ungeraden Zahlen bis 10 als Menge und die Abbildung von geraden Zahlen auf deren Quadrat als Dictionary gezeigt:

```
>>> {i for i in range(10) if i % 2 != 0}
{1, 3, 5, 7, 9}
>>>
>>> {n: n ** 2 for n in range(10) if n % 2 == 0}
{0: 0, 2: 4, 4: 16, 6: 36, 8: 64}
```

Praxisnähere Beispiele Man könnte beispielsweise auch auf ein Dictionary mit Produkt- und Preisinformationen eine Teuerung von 10 % gerundet auf zwei Nachkommastellen per `round()` aufschlagen:

```
>>> price_catalog = {'milk': 1.5, 'tee': 2.5, 'book': 25}
>>> increased = {item: round(price * 1.1, 2)
...                 for (item, price) in price_catalog.items()}
>>> increased
{'milk': 1.65, 'tee': 2.75, 'book': 27.5}
```

Zum Abschluss betrachten wir ein Dictionary mit Abbildungen von Buchstaben auf Zahlen. Als Berechnung wird der Buchstabe entsprechend dem ursprünglichen Zahlenwert wiederholt und der neue Wert ist dessen Verdopplung, allerdings nur für die ursprünglichen Zahlenwerte im Bereich 3 bis 5:

```
>>> char_numbers = {'a': 1, 'b': 2, 'c': 3, 'd': 4, 'e': 5, 'f': 6}
>>>
>>> modified = {key * value : value * 2 for (key, value) in char_numbers.items()
        if 2 < value < 6}
>>> modified
{'ccc': 6, 'dddd': 8, 'eeeee': 10}
```

5.2.2 Slicing – Zugriff auf Teilbereiche von Listen

Betrachten wir nun die mächtigen Slicing-Operationen auf Listen, um einzelne Elemente, aber auch Teilbereiche oder sogar nicht zusammenhängende Bereiche zu extrahieren. Unter anderem sind folgende Operationen definiert:

- **`[start:end]`** – `values[start:end]` führt zu einem Slicing und liefert die Elemente von Position `start` bis exklusive `end` aus `values` als neue Liste.[2] Dabei gibt es interessante Varianten. Zum einen ist das `[:]` ohne Bereichsangabe, das zu einer Kopie der gesamten Liste führt. Zum anderen liefern `[start:]` und `[:end]` jeweils die Teile, beginnend bei `start` bis zum Ende bzw. vom Anfang bis zum Index `end` exklusive.
- **`[start:end:step]`** – `values[start:end:step]` führt zu einem Slicing und liefert die Elemente von Position `start` bis exklusive `end` mit einer Schrittweite von `step` aus `values` als neue Liste. Dabei gibt es als interessante Variante `[::-1]` ohne Bereichsangabe und mit negativer Schrittweite, wodurch eine neue Liste in umgekehrter Reihenfolge der Werte entsteht.

Einführende Beispiele

Zunächst definieren wir eine Liste mit Zahlen und führen dann Slicing darauf aus, um vom Anfang, in der Mitte und vom Ende gewisse Bereiche auszuschneiden – wiederum profitieren wir davon, mit einem negativen Index zu arbeiten, um den Startpunkt vom Ende her spezifizieren zu können:

```
>>> numbers = [0, 1, 2, 3, 4, 5, 6, 7, 8, 9, 10, 11, 12]
>>>
>>> first_three = numbers[0:3]
>>> in_the_middle = numbers[2:8]
>>> last_three = numbers[-3:]
>>>
>>> first_three
[0, 1, 2]
>>> in_the_middle
[2, 3, 4, 5, 6, 7]
>>> last_three
[10, 11, 12]
>>>
>>> copy = numbers[:]
>>> from_start_to_middle = numbers[:6]
>>> from_middle_to_end = numbers[7:]
>>>
>>> copy
[0, 1, 2, 3, 4, 5, 6, 7, 8, 9, 10, 11, 12]
>>> from_start_to_middle
[0, 1, 2, 3, 4, 5]
>>> from_middle_to_end
[7, 8, 9, 10, 11, 12]
```

2 Slicing funktioniert auf Listen, Tupeln und Strings. Dabei ist das gelieferte Resultat dann vom jeweiligen Ausgangstyp, also für Listen wird als Ergebnis eine Liste geliefert, für Tupel ein Tupel und für Strings ein String.

Positionen durch positive und negative Indizes beschreiben Schauen wir uns ein weiteres Beispiel für Slicing an. Hier nutzen wir es, um aus einer Liste mit Namen aus der hinteren Mitte und vom Ende aus zu extrahieren:

```
>>> names = ["Anne", "Barbara", "Jane", "Jennifer", "Joelle"] + \
...          ["Lili", "Sophie", "Svenja"]
>>>
>>> names[5:7]
['Lili', 'Sophie']
>>> names[-3:-1]
['Lili', 'Sophie']
```

Man kann auch nur ein einzelnes Element wie folgt extrahieren:

```
>>> names = ["Anne", "Barbara", "Jane", "Jennifer", "Joelle"] + \
...          ["Lili", "Sophie", "Svenja"]
>>>
>>> names[4:5]
['Joelle']
>>> names[-4:-3]
['Joelle']
```

Einführende Beispiele mit Schrittweite

Wir wollen die Angabe einer Schrittweite, insbesondere auch einer negativen, kennenlernen und beginnen wieder mit einer Liste von Zahlen als Datengrundlage:

```
>>> numbers = [0, 1, 2, 3, 4, 5, 6, 7, 8, 9, 10, 11, 12]
>>>
>>> every2nd_after_1 = numbers[1::2]
>>> every2nd_between_2_11 = numbers[2:11:2]
>>> every2nd_down_between_11_2 = numbers[11:2:-2]
>>>
>>> every2nd_after_1
[1, 3, 5, 7, 9, 11]
>>> every2nd_between_2_11
[2, 4, 6, 8, 10]
>>> every2nd_down_between_11_2
[11, 9, 7, 5, 3]
```

Ebenso verfahren wir mit einer Liste von Namen. Hier können wir mit Slicing die gesamte Reihenfolge umkehren oder mit einer Schrittweite von 2 arbeiten:

```
>>> names = ["Anne", "Barbara", "Jane", "Jennifer", "Joelle"] + \
...          ["Lili", "Sophie", "Svenja"]
>>>
>>> reversed = names[::-1]
>>> every_2nd = names[::2]
>>> every_2nd_reversed = names[::-2]
>>>
>>> reversed
['Svenja', 'Sophie', 'Lili', 'Joelle', 'Jennifer', 'Jane', 'Barbara', 'Anne']
>>> every_2nd
['Anne', 'Jane', 'Joelle', 'Sophie']
>>> every_2nd_reversed
['Svenja', 'Lili', 'Jennifer', 'Barbara']
```

5.2.3 Sortierung – `sort()` / `sorted()`

Mitunter ist es hilfreich, die in einer Liste gespeicherten Werte zu sortieren. Hier betrachten wir dies sowohl für textuelle Werte in Form von Städtenamen als auch für Zahlen. Bekanntermaßen bieten Listen zum Sortieren die Methode `sort()`:

```
>>> city_names = ["Zürich", "Luzern", "Konstanz", "Bremen", "Kiel"]
>>> city_names.sort()
>>> city_names
['Bremen', 'Kiel', 'Konstanz', 'Luzern', 'Zürich']
>>>
>>> numbers = [1, 7, 8, 14, 2, 11, 4, 3]
>>> numbers.sort()
>>> numbers
[1, 2, 3, 4, 7, 8, 11, 14]
```

Absteigend sortieren Für eine absteigende Sortierung übergibt man im benannten Parameter (vgl. Abschnitt 6.3) `reverse` den Wert `True`:

```
>>> city_names.sort(reverse=True)
>>> city_names
['Zürich', 'Luzern', 'Konstanz', 'Kiel', 'Bremen']
>>>
>>> numbers.sort(reverse=True)
>>> numbers
[14, 11, 8, 7, 4, 3, 2, 1]
```

Nach Kriterium sortieren Bei Strings könnte beispielsweise eine Sortierung nach Länge gewünscht sein. Um eine alternative Sortierung auszuführen, bietet `sort()` den benannten Parameter `key`. Für die Sortierung nach Länge lässt sich direkt die Funktion `len()` angeben – allerdings ohne Klammern, sondern nur der Name `len` an sich:

```
>>> city_names.sort(key=len)
>>> city_names
['Kiel', 'Zürich', 'Bremen', 'Luzern', 'Konstanz']
```

Betrachten wir eine leicht ungewöhnliche Sortierung, nämlich eine nach dem letzten Buchstaben :-) Dazu definieren wir eine Funktion `last_char()` zum Zugriff auf den letzten Buchstaben und verweisen in `key` auf diese:

```
>>> def last_char(input):
...     return input[-1]
...
>>> city_names.sort(key=last_char)
>>> city_names
['Zürich', 'Kiel', 'Bremen', 'Luzern', 'Konstanz']
```

Bislang verlief das Sortieren ja recht problemlos. Etwas komplexer wird das Ganze, wenn man Objekte sortieren möchte. Wieso?

Objekte sortieren

Die Sortierung für Zahlen oder Wörter erfolgt intuitiv und basiert auf ihrer ***natürlichen Ordnung***, die beschreibt etwa für Zahlen eine Reihenfolge, bei der die Zahlen ihrer Wertigkeit nach geordnet sind, oder für Strings eine alphabetische Ordnung. Für Objekte ist es allerdings nicht immer offensichtlich ist, welche Attribute die Reihenfolge bestimmen. Soll etwa bei Personen nach Name und Alter oder auch noch nach Wohnort sortiert werden oder soll nur eine Auswahl der Attribute die Sortierung bestimmen?

Objekte nach Kriterium sortieren – Operator < Für Personenobjekte wäre es denkbar, nach Alter zu sortieren. Beginnen wir mit der Definition einer einfachen Klasse und der Erstellung von Beispieldaten:

```
class SimplePerson:
    def __init__(self, name, age, city):
        self.name = name
        self.age = age
        self.city = city

    def __repr__(self):
        return f"{self.name} {self.age} {self.city}"


def main():
    persons = [SimplePerson("Mike", 50, "Bern"), SimplePerson("Jim", 7, "Köln"),
               SimplePerson("Tim", 50, "Kiel"), SimplePerson("Jim", 14, "Bern"),
               SimplePerson("Peter", 50, "Aachen"),
               SimplePerson("Fred", 14, "Paris"),
               SimplePerson("Peter", 40, "Aachen"),
               SimplePerson("Peter", 55, "Aachen")]

    persons.sort()
    print(persons)


if __name__ == "__main__":
    main()
```

Probieren wir einen Aufruf von `sort()` aus:

```
Traceback (most recent call last):
  File "/Users/michaelinden/PycharmProjects/Einfach-Python-V2/ch05_collections/
       intro/sorting.py", line 31, in <module>
    main()
  File "/Users/michaelinden/PycharmProjects/Einfach-Python-V2/ch05_collections/
       intro/sorting.py", line 26, in main
    persons.sort()
TypeError: '<' not supported between instances of 'SimplePerson' and '
      SimplePerson'
```

Wir sehen, dass sich Python beschwert, da es nicht weiß, wie es zwei `SimplePerson`-Objekte miteinander vergleichen soll. Wie man anhand der Fehlermeldungen sieht, dient dazu der Operator <. Dieser wird mithilfe einer speziellen Methode `__lt__()` (lt = less than) implementiert und beschreibt die natürliche Ordnung für Objekte. Für unsere Klasse wollen wir zunächst den Namen und dann das Alter vergleichen:

```
class SimplePerson:
    def __init__(self, name, age, city):
        self.name = name
        self.age = age
        self.city = city

    def __repr__(self):
        return f"{self.name} {self.age} {self.city}"

    def __lt__(self, other):
        return self.name < other.name or \
               (self.name == other.name and self.age < other.age)
```

Damit ist der Aufruf von `sort()` möglich und wir erhalten folgendes Resultat:

```
[Fred 14 Paris, Jim 7 Köln, Jim 14 Bern, Mike 50 Bern, Peter 40 Aachen,
 Peter 50 Aachen, Peter 55 Aachen, Tim 50 Kiel]
```

Das ist schon ein guter Erfolg. Allerdings benötigt man in der Praxis neben der natürlichen Ordnung recht häufig weitere Sortierungen, etwa für tabellarische Darstellungen, bei denen man nach einer oder mehreren Spalten sortieren möchte. Mit solchen abweichenden Sortierungen beschäftigen wir uns nun.

Objekte nach Kriterium sortieren Wie zuvor für Strings gezeigt, lässt sich der Parameter `key` nutzen, um die Sortierung zu steuern. Das funktioniert ebenfalls für Objekte, etwa um eine passende Extraktion eines Attributs, hier des Alters, zu realisieren:

```
def extract_age(person):
    return person.age

persons.sort(key=extract_age)
print(persons)
```

Damit erhält man folgende Ausgabe:

```
[Jim 7 Köln, Fred 14 Paris, Jim 14 Bern, Peter 40 Aachen, Mike 50 Bern,
 Peter 50 Aachen, Tim 50 Kiel, Peter 55 Aachen]
```

Objekte nach mehreren Kriterien sortieren Nun wollen wir neben der natürlichen Ordnung (nach Name und nach Alter) auch nach Alter und dann alphabetisch sortieren Auch für die natürliche Ordnung könnte man eine passende Funktion definieren, die die Attribute als Liste zurückgibt:

```
def by_age_and_name(person):
    return person.age, person.name

def by_name_and_age(person):
    return person.name, person.age

def by_city_and_age(person):
    return person.city, person.age
```

Bevor wir die ersten beiden gleich einsetzen, müssen wir noch die Funktion `sorted()` kennenlernen.

Die Funktion `sorted()`

Bislang haben wir beim Sortieren immer auf den Ausgangsdaten gearbeitet. Für viele Anwendungsfälle wollen oder dürfen wir die Originaldaten aber nicht durcheinanderwürfeln, nur weil eine andere Sortierung zum Einsatz kommt. Um eine neue sortierte Datenstruktur zu erhalten, gibt es die Funktion `sorted()`. An diese werden die zu sortierende Liste und die Kriterien übergeben, für die wir zuvor passende Funktionen definiert haben. Als Ergebnis erhalten wir eine entsprechend sortierte neue Liste:

```
sorted_by_age_and_name = sorted(persons, key=by_age_and_name)
print("by_age_and_name", sorted_by_age_and_name)

sorted_by_name_and_age = sorted(persons, key=by_name_and_age)
print("by_name_and_age", sorted_by_name_and_age)
```

Als Ergebnis erhalten wir Folgendes:

```
by_age_and_name [Jim 7 Köln, Fred 14 Paris, Jim 14 Bern, Peter 40 Aachen,
Mike 50 Bern, Peter 50 Aachen, Tim 50 Kiel, Peter 55 Aachen]
by_name_and_age [Fred 14 Paris, Jim 7 Köln, Jim 14 Bern, Mike 50 Bern,
Peter 40 Aachen, Peter 50 Aachen, Peter 55 Aachen, Tim 50 Kiel]
```

5.2.4 Tauschen von Elementen – `swap()`

Eine gebräuchliche Funktionalität für Listen ist das Vertauschen von Elementen an zwei Positionen. Das ist nachfolgend visualisiert.

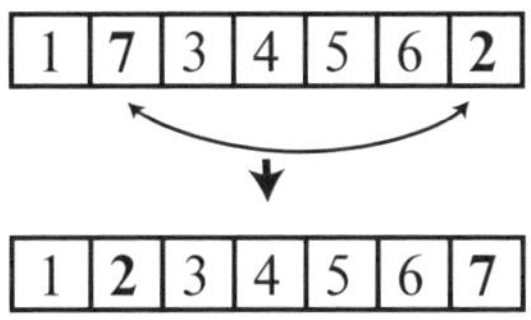

Abbildung 5-3 *Tauschen von Elementen*

Diese Funktionalität kann man einfach und lesbar in einer Funktion `swap(values, first, second)` wie folgt schreiben:

```
def swap(values, first, second):
    value1 = values[first]
    value2 = values[second]

    values[first] = value2
    values[second] = value1
```

Das Ganze lässt sich auch mit nur drei Zuweisungen und einer temporären Variablen lösen, jedoch finde ich die vorherige Variante ein klein wenig verständlicher:

```
def swap(values, first, second):
    tmp = values[first]

    values[first] = values[second]
    values[second] = tmp
```

Mit der Python-Besonderheit des Tuple Unpacking (vgl. Abschnitt 2.9.2) kann man das Ganze noch kürzer wie folgt schreiben:

```
def swap_tuple(values, first, second):
    values[first], values[second] = values[second], values[first]
```

Experimentieren wir ein wenig und tauschen Werte an einigen Positionen:

```
>>> numbers = [1, 2, 3, 4, 5, 6, 7, 8, 9]
>>> swap(numbers, 3, 5)
>>> swap(numbers, 2, 6)
>>> numbers
[1, 2, 7, 6, 5, 4, 3, 8, 9]
>>>
>>> swap(numbers, 1, 7)
>>> swap(numbers, 0, 8)
>>> numbers
[9, 8, 7, 6, 5, 4, 3, 2, 1]
```

Was haben wir gerade gelernt? Wir können mithilfe von `swap()` eine Funktionalität bauen, die den Inhalt einer Liste sukzessive in die umgekehrte Reihenfolge bringt.

Listen-Reverse mit `swap()` Weil wir gerade so schön in Fahrt sind, wollen wir eine entsprechende Funktion zum Umdrehen des Listeninhalts selbst realisieren. Als Schmankerl möchten wir in der Lage sein, auch nur innerhalb von Bereichen, gegeben durch die vordere und hintere Position, die Werte zu tauschen. Was benötigen wir dazu? Zunächst einmal je einen Positionszeiger für vorne und hinten, die wir beide an `swap()` übergeben. Nach jedem Tauschvorgang wandern diese aufeinander zu. Was uns noch fehlt, ist eine Abbruchbedingung. Wir stoppen, wenn sich die Positionen überlappen. Damit bietet sich eine Realisierung mit einer `while`-Schleife an, die nach dem Tauschen der Elemente die Positionszeiger aufeinander zu bewegt:

```
def reverse(values, start, end):
    while start < end:
        swap(values, start, end)

        start += 1
        end -= 1
```

Alternativ können wir ausgehend von der Startposition auch einfach bis zur Mitte laufen und jeweils die korrespondierenden Elemente tauschen. Damit ergibt sich eine Variante mit der `for-in`-Schleife – allerdings ist diese für meinen Geschmack schlechter lesbar, vor allem durch die Berechnung der Grenzen und der resultierenden Positionswerte:

```
def reverse2(values, start, end):
    for i in range((end-start) // 2):
        swap(values, i + start, end - i)
```

Probieren wir diese Funktion aus:

```
>>> numbers = [1, 2, 3, 4, 5, 6, 7, 8, 9]
>>> reverse2(numbers, 0, len(numbers) - 1)
>>> numbers
[9, 8, 7, 6, 5, 4, 3, 2, 1]
```

Das Allerbeste kommt zum Schluss: Dadurch, dass wir mit zwei Positionszeigern als Parametern arbeiten, sind wir sogar in der Lage, nur Teilbereiche einer Liste in der Reihenfolge umzukehren. Das ist nachfolgend zweimal für den Indexbereich 2 bis 6 (exklusiv) gezeigt. Durch den doppelten Aufruf wird die ursprüngliche Reihenfolge wiederhergestellt. Führen wir die Aktion zunächst einmal aus:

```
>>> numbers = [1, 2, 3, 4, 5, 6, 7, 8, 9]
>>> reverse2(numbers, 2, 6)
>>> numbers
[1, 2, 7, 6, 5, 4, 3, 8, 9]
```

Wiederholen wir die Aktion für den gleichen Bereich, so haben wir das Ganze rückgängig gemacht:

```
>>> reverse2(numbers, 2, 6)
>>> numbers
[1, 2, 3, 4, 5, 6, 7, 8, 9]
```

Tipp: Rekursive Variante

Bei Rekursion geht es darum, die Lösungsfindung durch Selbstaufrufe zu realisieren (vgl. Abschnitt 6.9). In diesem Fall tauschen wir jeweils ein Element und rufen dann die Funktion erneut mit veränderten Grenzen auf. Im Beispiel sieht man, dass ein zweimaliger Aufruf dann das Originalergebnis wieder herbeiführt:

```
>>> def reverse_rec(values, start, end):
...     if start < end:
...         swap(values, start, end)
...         reverse_rec(values, start + 1, end - 1)
...
>>> numbers = [1, 2, 3, 4, 5, 6, 7, 8, 9]
>>> reverse_rec(numbers, 2, 6)
>>> numbers
[1, 2, 7, 6, 5, 4, 3, 8, 9]
>>> reverse_rec(numbers, 2, 6)
>>> numbers
[1, 2, 3, 4, 5, 6, 7, 8, 9]
```

5.2.5 Reihenfolge umkehren – `reverse()` und `reversed()`

Mithilfe des Elementtauschens und der Funktion `swap()` haben wir das Umkehren der Reihenfolge der Elemente in einer Liste realisiert. Praktischerweise geht es in Python einfacher mit den eingebauten Funktionalitäten in Form der Methode `reverse()` und der Funktion `reversed()`. Analog zum Pärchen `sort()` / `sorted()` arbeitet auch die Kombination `reverse()` / `reversed()`. Erstere ist eine Methode der Liste und dient dazu, deren Reihenfolge umzukehren. Mit der Built-in-Funktion `reversed()` wird basierend auf den Werten der Ausgangsdaten eine neue Liste mit umgedrehter Reihenfolge erzeugt, genauer: ein Iterator (vgl. Abschnitt 8.3), der diese produzieren kann. Um die Daten als Liste zu erhalten, müssen wir `list()` aufrufen:

```
>>> numbers = [1, 2, 3, 4, 5, 6, 7, 8, 9]
>>> numbers.reverse()
>>> numbers
[9, 8, 7, 6, 5, 4, 3, 2, 1]
>>>
>>> reversed(numbers)
<list_reverseiterator object at 0x102984f70>
>>> list(reversed(numbers))
[1, 2, 3, 4, 5, 6, 7, 8, 9]
```

Auch wenn man durch unsere spezielle Auswahl an Zahlen an eine Sortierung denken könnte, ist dies bei `reverse()` / `reversed()` nicht der Fall, wie es folgendes Beispiel nochmals verdeutlicht – es geht wirklich um die Reihenfolge der Elemente innerhalb der Liste, die sich umkehrt:

```
>>> elements = ["1st", "2nd", "3rd", "4th", "LAST"]
>>> elements.reverse()
>>> elements
['LAST', '4th', '3rd', '2nd', '1st']
```

5.2.6 Mehrdimensionale Listen

In diesem Abschnitt wollen wir uns kurz mit mehrdimensionalen Listen beschäftigen. Weil es in der Praxis häufiger vorkommt und weil man es sich auch visuell gut vorstellen kann, beschränken wir uns dabei auf zweidimensionale Listen. Zwar müssen diese nicht zwingend rechteckig sein, aber dies ist vermutlich der Normalfall.

Beispiel

Die einzelnen Werte kann man wie gewohnt in eckigen Klammern notieren. Dabei enthält eine Liste wiederum Listen (hier gleicher Länge). Eine zweidimensionale Liste mit Zahlen erstellen wir etwa folgendermaßen:

```
>>> twodim = [[1, 1, 1, 1],
...           [2, 2, 2, 2],
...           [3, 3, 3, 3],
...           [4, 4, 4, 4]]
>>> twodim
[[1, 1, 1, 1], [2, 2, 2, 2], [3, 3, 3, 3], [4, 4, 4, 4]]
```

Solche rechteckigen Ausrichtungen sind in der Praxis recht gebräuchlich. Als Analogie lässt sich eine zweidimensionale Liste wie eine Schrankwand mit nummerierten Schubladen für Elemente verwenden. Nachfolgend ist das für eine 5×3-Liste (5 Positionen in x-Richtung und 3 Reihen in y-Richtung) schematisch dargestellt.

	0	**1**	**2**	**3**	**4**
0	0,0	0,1	0,2	0,3	0,4
1	1,0	1,1	1,2	1,3	1,4
2	2,0	2,1	2,2	2,3	2,4

Abbildung 5-4 *Schubladendenkweise für eine zweidimensionale Liste*

Schauen wir uns an, wie einfach man eine Ausgabe gestalten kann:

```
>>> def print2d(values):
...     for line in values:
...         print(line)
...
```

Rufen wir die Funktion einmal auf:

```
>>> print2d(twodim)
[1, 1, 1, 1]
[2, 2, 2, 2]
[3, 3, 3, 3]
[4, 4, 4, 4]
```

Ergänzendes Beispiel

Eine zweidimensionale rechteckige Liste lässt sich etwa zur Modellierung eines Spielfelds, eines Sudoku-Rätsels oder einer Landschaft, repräsentiert durch Zeichen, nutzen. Zum besseren Verständnis und Einstieg betrachten wir ein Beispiel: Nehmen wir an, »#« stünde für eine Begrenzungsmauer, »$« für einen einzusammelnden Gegenstand und »P« für den Spieler sowie »X« für den Ausgang aus einem Level. Mit diesen Zeichen kann man ein Spielfeld wie folgt beschreiben:

```
################
##  P         ##
####   $ X  ####
###### $  ######
################
```

In Python lässt sich zur Verarbeitung eine verschachtelte oder mehrdimensionale Liste, also eine Liste, die eine oder mehrere Listen enthält, folgendermaßen nutzen:

```
>>> world = [list("################"),
...          list("##  P         ##"),
...          list("####   $ X  ####"),
...          list("###### $  ######"),
...          list("################")]
```

Verbesserungen in der Ausgabe

Betrachten wir auch noch das Spielfeld und seine Ausgabe, an der wir erkennen, dass der Aufruf von `list()` die textuellen Eingaben in jeweils einzelne Buchstaben aufgespalten hat:

```
>>> print2d(world)
['#', '#', '#', '#', '#', '#', '#', '#', '#', '#', '#', '#', '#', '#', '#', '#']
['#', '#', ' ', ' ', 'P', ' ', ' ', ' ', ' ', ' ', ' ', ' ', ' ', ' ', '#', '#']
['#', '#', '#', '#', ' ', ' ', ' ', '$', ' ', 'X', ' ', ' ', '#', '#', '#', '#']
['#', '#', '#', '#', '#', '#', ' ', '$', ' ', ' ', '#', '#', '#', '#', '#', '#']
['#', '#', '#', '#', '#', '#', '#', '#', '#', '#', '#', '#', '#', '#', '#', '#']
```

Für das Spielfeld wäre eine Darstellung ohne eckige Klammern und Anführungszeichen wünschenswert. Mithilfe von `join()` (vgl. Abschnitt 3.2.2) können wir die Elemente einer Liste in eine Zeichenkette umwandeln und mit `print()` ausgeben:

```
>>> def print2dnice(values):
...     for line in values:
...         print("".join(line))
...
```

Schauen wir uns das Ergebnis an:

```
>>> print2dnice(world)
################
## P          ##
####   $ X  ####
###### $  ######
################
```

Spezialfall: Nicht rechteckige Listen

Weil mehrdimensionale Listen in Python als Listen von Listen realisiert sind, lassen sich auch beliebig unterschiedliche Längen modellieren, wie hier eine dreieckige Ausrichtung:

```
>>> twodim_triangle = [[1],
...                    [2, 2],
...                    [3, 3, 3]]
```

Wir rufen die Funktion zur Ausgabe auf, um die Dreieckseigenschaft klarer zu erkennen:

```
>>> print2d(twodim_triangle)
[1]
[2, 2]
[3, 3, 3]
```

Machen wir es noch etwas konkreter für eine verschachtelte String-Liste namens `personen`. Das sieht dann in etwa so aus.

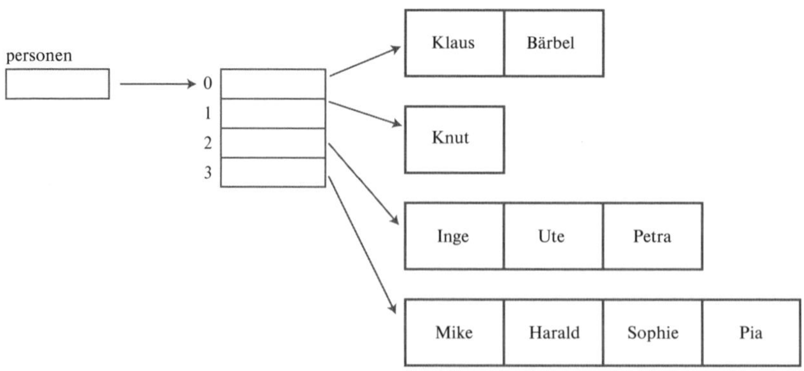

Abbildung 5-5 *Beispiel Personen-2D-Liste*

In Python schreibt man das folgendermaßen:

```
>>> personen = [["Klaus", "Bärbel"],
...             ["Knut"],
...             ["Inge", "Ute", "Petra"],
...             ["Mike", "Harald", "Sophie", "Pia"]]
>>> personen
[['Klaus', 'Bärbel'], ['Knut'], ['Inge', 'Ute', 'Petra'], ['Mike', 'Harald', '
      Sophie', 'Pia']]
```

5.3 Aufgaben und Lösungen

5.3.1 Aufgabe 1: Tennisverein-Mitgliederliste

Nehmen wir an, wir verwalten die Mitglieder eines Tennisvereins in Form einer Liste. Implementieren Sie folgenden Registrierungsprozess: Zunächst melden sich Michael, Tim und Werner an. Prüfen Sie, ob sich Jana schon angemeldet hat. Nun registriert sich Andreas. Schließlich melden sich zeitgleich Lili, Jana und Natalija an. Geben Sie die Anzahl der Mitglieder aus.

Lösung

Die Aufgabenstellung bietet schon den ersten Anhaltspunkt. Wir starten mit einer leeren Liste. Die jeweiligen Meldungen von mehreren Teilnehmern können wir auch als Listen modellieren. Um die so entstandenen temporären Listen der Mitgliederliste hinzuzufügen, nutzen wir `+=`, später `extend()`. Ob sich Jana schon angemeldet hat, lässt sich durch einen Aufruf von `in` feststellen. Nun fügen wir den Nachzügler Andreas als Einzeleintrag mit `append()` hinzu. Danach registrieren sich drei Damen. Diese werden mit `extend()` hinzugefügt. Schließlich ermitteln wir mit `len()` die Anzahl der Mitglieder:

```
>>> mitglieder_liste = []
>>> mitglieder_liste += ["Michael", "Tim", "Werner"]
>>> mitglieder_liste
['Michael', 'Tim', 'Werner']
>>>
>>> "Jana" in mitglieder_liste
False
>>>
>>> mitglieder_liste.append("Andreas")
>>> mitglieder_liste
['Michael', 'Tim', 'Werner', 'Andreas']
>>>
>>> mitglieder_liste.extend(["Lili", "Jana", "Natalija"])
>>> mitglieder_liste
['Michael', 'Tim', 'Werner', 'Andreas', 'Lili', 'Jana', 'Natalija']
>>>
>>> len(mitglieder_liste)
7
```

5.3.2 Aufgabe 2: Liste mit Farbnamen füllen und filtern

Als Aufgabe sollen Sie eine Liste mit Namen von Farben befüllen – seien Sie einfach kreativ oder verwenden Sie Rot, Grün, Blau, Violett und Gelb. Danach sollen für alle Farben, deren Name eine ungerade Länge besitzt, der Name inklusive Länge des Namens ausgegeben werden.

Lösung

Nach der Definition einer passenden Liste durchlaufen wir diese mit einer `for-in`-Schleife. Jeden Eintrag prüfen wir in `if` durch Aufruf von `len()` mithilfe des Modulo-Operators auf ungerade Länge – erinnern wir uns: Dieser berechnet der Rest einer Division. Ist dieser ungleich 0 und damit die ursprüngliche Länge ungerade, geben wir den Farbnamen und die Längeninformation aus:

```
>>> colors = ["Red", "Green", "Blue", "Purple", "Yellow"]
>>> for color in colors:
...     length = len(color)
...     if length % 2 != 0:
...         print(color, "has length", length)
...
Red has length 3
Green has length 5
```

5.3.3 Aufgabe 3: Duplikate entfernen – Variante 1

In dieser Aufgabe geht es darum, aus einer Liste alle doppelten Einträge zu entfernen. Nehmen wir dazu eine Liste von Städten, die konsolidiert werden soll.

Lösung

Selbstverständlich gibt es diverse Möglichkeiten, Duplikate aus einer Liste zu entfernen. Die natürlichste und mit dem wenigsten eigenen Programmieraufwand verbundene Lösung ist die Überführung der Werte in ein Set durch Aufruf des passenden Konstruktors (`set()`) – eben weil ein Set keine Duplikate erlaubt und diese automatisch beim Erstellen entfernt werden. Benötigt man als Ergebnis eine Liste, so kann man `list(set(cities))` aufrufen.

```
>>> cities = ["Kiel", "Hamburg", "Zürich", "Bremen",
...           "Hamburg", "Zürich", "Kiel", "Bremen"]
>>>
>>> cities_set = set(cities)
>>> print(cities_set)
{'Kiel', 'Bremen', 'Zürich', 'Hamburg'}
```

5.3.4 Aufgabe 4: Duplikate entfernen – Variante 2

In der zweiten Aufgabe zum Thema Duplikate sollen die Buchstaben eines Texts derart reduziert werden, dass nur noch ein Exemplar jedes Buchstabens als einzelner Eintrag in einer Liste enthalten ist und die ursprüngliche Reihenfolge erhalten bleibt.

Betrachten wir als ein Beispiel diese Eingabe:

```
"ABC_ABCD_ABCDE"
```

Gemäß Aufgabentext wird Folgendes erwartet:

```
['A', 'B', 'C', '_', 'D', 'E']
```

Lösung

Etwas anspruchsvoller und aufwendiger als die Duplikatentfernung mithilfe eines Sets ist das Löschen von doppelten Buchstaben aus einem Text unter Beibehaltung der Reihenfolge der Buchstaben. Zwar könnten wir den String in eine Liste konvertieren und danach daraus ein Set erstellen. Dadurch würden wir aber fast immer die in der Aufgabenstellung geforderte Originalreihenfolge der Buchstaben verlieren – nur mit Zufall würde diese mit der Originalreihenfolge übereinstimmen.

Duplikate löschen mit Reihenfolge Die eben angewendete Strategie mit einem Set als Datenspeicher führt uns zu der Idee, für jeden gefundenen Buchstaben eine Speicherung in einem Set vorzunehmen. Wir durchlaufen den String zeichenweise von vorne nach hinten und im Falle der Nichtexistenz in den bereits aufgefundenen Buchstaben fügen wir den aktuellen Buchstaben zur Ergebnisliste hinzu. Zudem muss er danach noch in die Menge der bereits gefundenen Buchstaben aufgenommen werden:

```
def remove_duplicates(text):
    result = []
    already_seen = set()

    for ch in text:
        if ch not in already_seen:
            already_seen.add(ch)
            result.append(ch)

    return result


print(remove_duplicates("ABC_ABCD_ABCDE"))
print(remove_duplicates("ABCABCDDEFFEGHHH"))
```

Es kommt zu folgenden Ausgaben:

```
['A', 'B', 'C', '_', 'D', 'E']
['A', 'B', 'C', 'D', 'E', 'F', 'G', 'H']
```

5.3.5 Aufgabe 5: Hauptstädte

In dieser Aufgabe sollen zu speziellen Länderkennungen, wie CH, DE oder GB, die jeweiligen Landeshauptstädte ermittelt werden. Existiert die Kennung nicht, so soll eine passende Information ausgegeben werden. Schreiben Sie dazu eine Funktion.

Lösung

Wir definieren zunächst eine Funktion `capital(available_mappings, state)`. Dort nutzen wir ein Dictionary, das wir zuvor mit einigen Werten befüllt haben. Zur Abfrage rufen wir `get()` mit einem Fallback-Wert auf. Diese Methode liefert uns entweder den korrekten Eintrag, sofern dieser zu dem gewünschten Schlüssel existiert, oder aber den angegebenen Fallback-Wert, hier den Text `"UNKNOWN STATE: "`, sowie den Schlüssel:

```
>>> def capital(available_mappings, state):
...     return available_mappings.get(state, "UNNOWN STATE: " + state)
...
>>> capital_cities = {"CH": "Bern", "DE": "Berlin", "GB": "London"}
>>> print(capital(capital_cities, "CH"))
Bern
>>> print(capital(capital_cities, "US"))
UNNOWN STATE: US
```

5.3.6 Aufgabe 6: Häufigkeiten von Namen

Stellen Sie sich vor, es wäre eine Liste mit Namen gegeben. Nun wollen Sie wissen, welcher Name am häufigsten vorkommt bzw. genauer, für alle Namen deren Anzahl ermitteln.

Gegeben seien beispielsweise folgende Namen:

```
>>> names = ["Tim", "Tom", "Mike", "Jim", "Tim", "Mike", "James", "Mike"]
```

Dafür erwarten wir folgender Ausgabe:

```
{'Tim': 2, 'Tom': 1, 'Mike': 3, 'Jim': 1, 'James': 1}
```

Lösung

Überlegen wir kurz, wie wir die Aufgabenstellung sinnvoll umsetzen können. Zum Aufbereiten des Resultats bietet sich ein Dictionary an, hier als eine Abbildung von Name auf Anzahl:

```
>>> names = ["Tim", "Tom", "Mike", "Jim", "Tim", "Mike", "James", "Mike"]
>>>
>>> name_to_count_map = {}
```

Nun durchlaufen wir die Liste von vorne nach hinten und schauen für jeden Namen nach, ob dieser bereits im Dictionary hinterlegt ist. Falls dies der Fall ist, addieren wir den Wert 1 auf den aktuellen Zählerstand. Gab es noch keinen Eintrag für den Namen, so fügen wir initial den Wert 1 per Zuweisung und eckiger Klammersyntax hinzu:

```
>>> for name in names:
...     if name not in name_to_count_map:
...         name_to_count_map[name] = 1
...     else:
...         name_to_count_map[name] += 1
...
>>> print(name_to_count_map)
{'Tim': 2, 'Tom': 1, 'Mike': 3, 'Jim': 1, 'James': 1}
```

5.3.7 Aufgabe 7: Rotation um eine oder mehrere Positionen

In dieser Aufgabe besteht die Herausforderung darin, die Elemente einer Liste um n Positionen nach links bzw. rechts zu rotieren. Dabei sollen die Elemente zyklisch am Anfang bzw. Ende nachgeschoben werden. Das gewünschte Vorgehen ist nachfolgend für eine Rotation um je eine Position visualisiert, wobei die mittlere Liste die Ausgangsbasis bildet:

2	3	4	1	⇐	1	2	3	4	⇒	4	1	2	3

Lösung

Der Algorithmus für eine Rotation um ein Element nach rechts ist simpel: Merke dir das letzte Element und kopiere dann wiederholt jeweils das in Rotationsrichtung eins weiter vorne liegende Element in das dahinter.

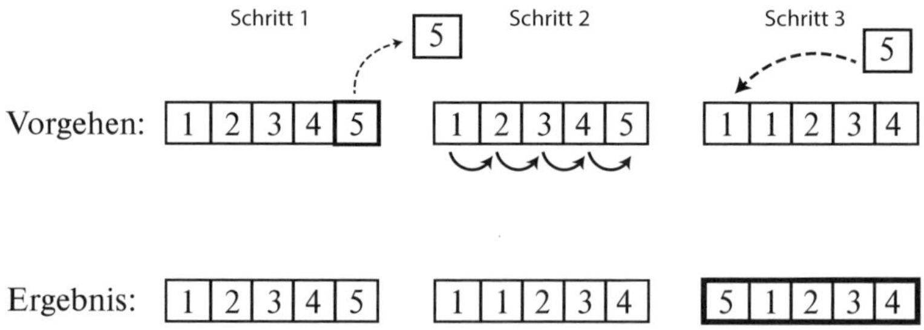

Abbildung 5-6 *Rotieren von Elementen*

Abschließend wird das zwischengespeicherte letzte Element an vorderster Position eingefügt. Im Fall von weniger als zwei Elementen sind keine Aktionen nötig.

```
>>> def rotate_right(values):
...     if len(values) < 2:
...         return
...
...     end_pos = len(values) - 1
...     temp = values[end_pos]
```

```
...
...     for i in range(end_pos, 0, -1):
...         values[i] = values[i - 1]
...
...     values[0] = temp
...
```

Die Rotation nach links arbeitet analog. Hier merken wir uns das vorderste Element. Dann kopieren wir jeweils die dahinterliegenden um eine Position nach vorne und schließlich ersetzen wir das Element an letzter Position mit dem zwischengespeicherten ehemals vordersten Element:

```
>>> def rotate_left(values):
...     if len(values) < 2:
...         return
...
...     end_pos = len(values) - 1
...     temp = values[0]
...
...     for i in range(end_pos):
...         values[i] = values[i + 1]
...
...     values[end_pos] = temp
...
```

Probieren wir das Ganze einmal aus:

```
>>> numbers = [1, 2, 3, 4, 5, 6, 7]
>>> rotate_right(numbers)
>>> numbers
[7, 1, 2, 3, 4, 5, 6]
>>> rotate_left(numbers)
>>> numbers
[1, 2, 3, 4, 5, 6, 7]
```

Rotation um n Positionen Eine naheliegende Erweiterung ist das Rotieren um eine bestimme Anzahl an Positionen. Das kann man dadurch lösen, dass man die gerade entwickelte Funktionalität n Mal aufruft:

```
>>> def rotate_right_by_n_simple(values, n):
...     for i in range(n):
...         rotate_right(values)
...
>>> rotate_right_by_n_simple(numbers, 3)
>>> numbers
[5, 6, 7, 1, 2, 3, 4]
```

Diese Lösung ist grundsätzlich akzeptabel, wenn auch durch die häufigen Kopieraktionen nicht performant. Wie es effizienter geht, erkläre ich in meinem Buch »Python Challenge« [4].

5.3.8 Aufgabe 8: Dreieckige Liste: Upside Down

Bei dieser Aufgabe sei eine verschachtelte Liste mit dreieckiger Form gegeben. In dieser Liste sollen alle Zeilen bis zur Mitte mit den jeweils unteren getauscht werden. Schreiben Sie eine Funktion `upside_down(values)`, um diese Funktionalität bereitzustellen.

Gehen wir von folgender einfachen dreieckigen Listenstruktur aus:

```
>>> original = [["ONE"],
...             ["TWO", "TWO"],
...             ["THREE", "THREE", "THREE"]]
```

Dann soll ein Aufruf von `upside_down(original)` folgendes Resultat liefern:

```
[["THREE", "THREE", "THREE"],
 ["TWO", "TWO"],
 ["ONE"]]
```

Zunächst muss man wohl etwas überlegen und wie nahezu immer gibt es verschiedene Lösungswege. Schauen wir uns ein paar mögliche an.

Lösung: Erste Idee mit neuer Liste und viel Kopieren

Eine Idee ist es, eine neue verschachtelte Liste gleicher Länge zu erzeugen und dann von hinten durch die Originalliste zu laufen und mit den jeweiligen Werten zu befüllen:

```
>>> def upside_down_V1(values):
...     result = [[] for i in range(len(values))]
...
...     result_pos = 0
...     for i in range(len(values) - 1, -1, -1):
...         result[result_pos] = values[i]
...         result_pos += 1
...
...     return result
...
```

Prüfen wir dies kurz nach:

```
>>> original = [["ONE"],
...             ["TWO", "TWO"],
...             ["THREE", "THREE", "THREE"]]
>>>
>>> print(upside_down_V1(original))
[['THREE', 'THREE', 'THREE'], ['TWO', 'TWO'], ['ONE']]
```

Tatsächlich erhalten wir das gewünschte Ergebnis, das wir folgendermaßen noch etwas schöner ausgeben:

```
>>> for line in upside_down_V1(original):
...     print(line)
...
['THREE', 'THREE', 'THREE']
['TWO', 'TWO']
['ONE']
```

Pythonic Way Mit der mächtigen Slicing-Operation `[::-1]` ist es eleganter und viel kürzer möglich – alternativ wäre auch `list(reversed(original))` denkbar.

```
>>> original[::-1]
[['THREE', 'THREE', 'THREE'], ['TWO', 'TWO'], ['ONE']]
```

Aber: Wie könnten wir es noch effizienter machen? Wie wäre es möglich, die Aufgabenstellung ohne die Erzeugung einer neuen Liste umzusetzen?

Lösung: Tricky Inplace

Tatsächlich ist das machbar. Dabei nutzen wir aus, dass die verschachtelten Listen wiederum Listen enthalten, die man ganz einfach tauschen kann. Gemäß dieser Idee müssen wir nun von oben bis zur Hälfte laufen und jeweils die Werte an der ersten und letzten Position tauschen und dies für die nächstinneren Positionen wiederholen, eben bis man die Mitte erreicht:

```
>>> def upside_down_inplace(values):
...     for i in range(len(values) // 2):
...         tmp = values[i]
...
...         end_pos = len(values) - 1 - i
...         values[i] = values[end_pos]
...         values[end_pos] = tmp
...
```

Da wir hier auf den eigentlichen Daten arbeiten, gibt es nun keinen Rückgabewert mehr.

Auch hier prüfen wir die Funktionalität kurz nach:

```
>>> original = [["ONE"],
...             ["TWO", "TWO"],
...             ["THREE", "THREE", "THREE"]]
>>>
>>> upside_down_inplace(original)
>>> for line in original:
...     print(line)
...
['THREE', 'THREE', 'THREE']
['TWO', 'TWO']
['ONE']
>>>
>>> upside_down_inplace(original)
>>> for line in original:
...     print(line)
...
['ONE']
['TWO', 'TWO']
['THREE', 'THREE', 'THREE']
```

6 Ergänzendes Wissen

In diesem Kapitel schauen wir uns Themen wie Benutzereingaben, Zufallszahlen, Besonderheiten bei Parameterübergaben sowie den Ternary-Operator an und erweitern unsere Kenntnisse zu Aufzählungen und Fallunterscheidungen mit `match` sowie zu den Schlüsselwörtern `break` und `continue` in Schleifen. Dann beschäftigen wir uns mit der dynamischen Auswertung von Ausdrücken sowie einer »Rekursion« genannten Technik, mit der sich diverse Problemstellungen elegant lösen lassen. Abschließend zeige ich ein Praxisbeispiel.

6.1 Benutzereingaben `input()`

Programme verarbeiten in der Regel diverse Daten. Diese können etwa aus Dateien eingelesen werden (vgl. Kapitel 7) oder aber aus grafischen Benutzeroberflächen oder Datenbanken stammen.[1] Im einfachsten Fall werden zu verarbeitende Daten vom Benutzer auf der Kommandozeile eingegeben. Dafür besitzt Python die Funktion `input()`, die wir nun kennenlernen wollen.

Beispiel

Der Funktion `input()` gibt man eine Zeichenkette mit, die den Benutzer zur Eingabe auffordert. Der zurückgelieferte Wert ist ein String. Im folgenden Beispiel erfragen wir zunächst den Namen und dann das Alter. Dieses wandeln wir mit `int()` in eine Ganzzahl, um Berechnungen anstellen zu können, hier, um den Wert 10 zu addieren:

```
name = input("Wie heißen Sie? ")
age = input("Wie alt sind Sie? ")

age_plus_10 = int(age) + 10
print("Herzlich willkommen", name + "!")
print("In 10 Jahren sind Sie", age_plus_10, "Jahre alt!")
```

Auf der Konsole sieht das Ganze in etwa so aus:

```
Wie heißen Sie? Michael
Wie alt sind Sie? 53
Herzlich willkommen Michael!
In 10 Jahren sind Sie 63 Jahre alt!
```

1 Benutzeroberflächen und Datenbanken sowie der Zugriff darauf sind fortgeschrittenere Themen, die in diesem Buch nicht behandelt werden.

Typumwandlung Weil `input()` einen String als Ergebnis liefert, man aber immer mal wieder Zahlenwerte benötigt, sieht man oftmals eine Typumwandlung direkt bei der Eingabe wie folgt sowohl für Ganzzahlen als auch Gleitkommazahlen:

```
>>> zahl = int(input("Bitte geben Sie eine Ganzzahl ein: "))
Bitte geben Sie eine Ganzzahl ein: 42
>>> print(zahl)
42
>>> floatzahl = float(input("Bitte geben Sie eine Gleitkommazahl ein: "))
Bitte geben Sie eine Gleitkommazahl ein: 42.195
>>> print(floatzahl)
42.195
```

Tipp: Unsichtbare Eingabe etwa für Passwörter

Manchmal möchte man die Benutzereingabe nicht lesbar auf der Konsole durchführen, beispielsweise, um geheime Informationen wie Passwörter auch geheim zu halten. Dabei hilft das Modul `getpass` und die Funktion `getpass()`:

```
from getpass import getpass

user = input("User: ")
pwd = getpass("Password: ")

print("Nutzername", user, "/ Kennwort", pwd)
```

Innerhalb des Terminals von PyCharm funktioniert die versteckte Eingabe jedoch nicht – mit dem Python-Kommandozeileninterpreter dagegen schon.

6.2 Zufallswerte und das Modul `random`

Das in Python integrierte Modul `random` bietet einige Funktionalitäten zur Erzeugung von Zufallszahlen. Schauen wir uns zum Einstieg ein paar Aufrufe auf der Konsole an. Im Anschluss gehe ich dann auf die einzelnen Möglichkeiten etwas genauer ein.

```
>>> import random
>>>
>>> random.random()
0.16364941375885966
>>>
>>> random.randint(1, 49)
33
>>>
>>> random.randrange(10, 100)
13
>>>
>>> random.choice(["Wasser", "Wein", "Bier", "Apfelschorle", "Cola"])
'Cola'
>>>
>>> values = ["AB", "BC", "CD", "DE"]
>>> random.shuffle(values)
>>> values
['DE', 'CD', 'AB', 'BC']
```

Zufallswerte im Bereich 0 bis 1 – `random()`

Die Funktion `random.random()` liefert eine Zufallszahl zwischen 0,0 (inklusive) und 1,0 (exklusive): Um mehr Kontrolle über den Wertebereich der Zufallszahl zu bekommen, z. B. wenn Sie nur eine Zufallszahl zwischen 0 und 100 benötigen, können Sie die folgende Formel verwenden:

$$zufallszahl = random.random() * 100$$

Zufallswerte aus einem Bereich – `randrange()`

Wenn man Zufallszahlen aus einem Wertebereich mit fixer unterer (inklusive) und oberer (exklusive) Grenze benötigt, bietet Python die Funktion `random.randrange()`, hier für Werte aus dem Bereich 10 (inklusive) bis 100 (exklusive):

```
>>> random.randrange(10, 100)
24
>>> random.randrange(10, 100)
63
>>> random.randrange(10, 100)
41
```

Dabei kann man optional eine Schrittweite mitgeben. Dann werden ausgehend vom Startwert nur Zufallswerte mit der angegebenen Schrittweite erstellt:

```
>>> random.randrange(200, 5000, 100)
2900
>>> random.randrange(200, 5000, 100)
4000
>>> random.randrange(200, 5000, 100)
2800
```

Werte aus einer Liste zufällig wählen – `choice()`

Mitunter ist es praktisch, aus einem Datenbestand einen Wert zufällig zu wählen. Dafür bietet sich die Funktion `choice()` an, exemplarisch für drei Pizzavarianten gezeigt:

```
>>> random.choice(["Napoli", "Funghi", "Diavolo"])
'Funghi'
>>> random.choice(["Napoli", "Funghi", "Diavolo"])
'Diavolo'
>>> random.choice(["Napoli", "Funghi", "Diavolo"])
'Napoli'
```

Das Ganze funktioniert natürlich auch mit Listen von Zahlen. Nachfolgend wählen wir dreimal zufällig eine Zahl aus den Primzahlen bis 20:

```
>>> random.choice([2, 3, 5, 7, 11, 13, 17, 19])
2
>>> random.choice([2, 3, 5, 7, 11, 13, 17, 19])
13
>>> random.choice([2, 3, 5, 7, 11, 13, 17, 19])
5
```

Listen durcheinanderwürfeln – `shuffle()`

Ab und an möchte man einen bestehenden Datenbestand durcheinanderwürfeln bzw. mischen, etwa bei einem Kartenspiel. Dazu bietet Python praktischerweise die Funktion `shuffle()`. Im Beispiel werden die Zahlen von 1 bis 15 durcheinandergewürfelt:

```
>>> numbers = [1, 2, 3, 4, 5, 6, 7, 8, 9, 10, 11, 12, 13, 14, 15]
>>> random.shuffle(numbers)
>>> numbers
[2, 8, 13, 12, 5, 10, 1, 15, 6, 3, 7, 11, 14, 4, 9]
```

6.3 Besonderheiten von Parametern

Wir haben bereits diverse Funktionen aufgerufen und dort auch Parameter übergeben. Tatsächlich wurde dabei zuvor sogar schon ein benannter Parameter verwendet, nämlich etwa `end` bei `print()` oder `key` bei `sort()`. Schauen wir uns nachfolgend ein paar Details zur Parameterübergabe in Python an.

6.3.1 Parameter mit Position bzw. Name

Gehen wir von der folgenden einfachen Funktion aus, die drei Parameter entgegennimmt und deren Wert ausgibt. Dabei kommen sowohl f-Strings als auch eine normale Ausgabe zum Einsatz:

```
>>> def parameter_example(first, second, third):
...     print(f"first: {first}, second: {second}")
...     print("third:", third)
...
```

Bekanntermaßen und wie gewohnt lässt sich diese Funktion auf folgende Weise positionsbasiert aufrufen:

```
>>> # positionsbasiert
>>> parameter_example(1, 22, 333)
first: 1, second: 22
third: 333
```

Als Variation ermöglicht Python eine Parameterübergabe per Name auf folgende Art, wobei dann die Reihenfolge keine Rolle spielt:

```
>>> # namensbasiert
>>> parameter_example(second = 22, third = 333, first = 1)
first: 1, second: 22
third: 333
```

Man kann also Werte entweder positionsorientiert oder basierend auf deren Namen angeben. Bei Letzterem ist die Reihenfolge egal. Die Angaben lassen sich nicht beliebig mixen. Allerdings kann man einige Werte erst positionsbasiert und danach die restlichen namensbasiert übergeben. Betrachten wir dazu wiederum obige Funktion, die sich ergänzend auf folgende Weise aufrufen lässt:

```
>>> # erst positionsbasiert, dann namensbasiert
>>> parameter_example(1, third = 333, second = 22)
first: 1, second: 22
third: 333
```

6.3.2 Parameter mit Defaultwert

Mitunter bietet es sich an, für einige Parameter vordefinierte Werte angeben zu können. Das erlaubt es beim Aufruf, für diese speziellen Parameter entsprechende Angaben wegzulassen oder nur bei tatsächlichem Bedarf zu spezifizieren. Dadurch entstehen optionale Parameter. Diese dürfen jedoch nur hinten in der Parameterliste auftreten.

Betrachten wir wiederum ein Beispiel mit drei Parametern, wobei der letzte eine optionale Information transportieren kann, die standardmäßig einen leeren Text enthält:

```
>>> def parameter_with_default(x, y, opt_info=""):
...     print("(%d, %d)" % (x,y))
...     if opt_info:
...         print("Info:", opt_info)
...
```

Diese Funktion lässt sich auf folgende Weisen mit und ohne optionalen Parameter aufrufen:

```
>>> parameter_with_default(2, 7)
(2, 7)
>>> parameter_with_default(2, 7, "Special Info")
(2, 7)
Info: Special Info
```

6.3.3 Var Args – variable Anzahl an Argumenten

Mitunter ist es hilfreich, eine beliebige Anzahl von Werten an eine Funktion (oder auch Methode) übergeben zu können. Tatsächlich kennen wir bereits eine Funktion, die genau das unterstützt: nämlich die Funktion `print()`. Im Verlauf des Buchs wurde diese schon mehrmals mit einer unterschiedlichen Anzahl an kommaseparierten Werten aufgerufen.

Eine solche variable Anzahl an Argumenten wird auch Var Args als Kurzform für Variable Arguments genannt. Möchte man dies für eigene Funktionen erlauben, so muss dazu vor dem Parameter ein Stern, etwa `*args`, angegeben werden. Das bedeutet dann, dass sich beim Aufruf beliebig viele Werte übergeben lassen. Demnach muss beim Schreiben der Funktion nicht bekannt sein, wie viele Argumente später beim Aufruf übergeben werden.

Schauen wir uns nun an, wie man eine derartige Funktion unter Verwendung des Sterns vor dem Parameternamen selbst definieren und dann flexibel nutzen kann:

```
>>> def flexi_print(*values):
...     print(*values)
...
>>> flexi_print("ONE")
ONE
>>> flexi_print("ONE", "TWO")
ONE TWO
>>> flexi_print("ONE", "TWO", "THREE")
ONE TWO THREE
```

Nach diesem Beispiel zum Einstieg lernen wir, wie man auf den übergebenen Parameterwerten eine Aktion ausführt. Nachfolgend wird dies für eine Summenberechnung inklusive der Ausgabe einer Meldung vor dem Ergebnis gezeigt. Die einzelnen Werte lassen sich praktischerweise sehr leicht mit einer `for-in`-Schleife durchlaufen:

```
>>> def var_args_sum(info, *args):
...     result = 0
...     for num in args:
...         result += num
...     return info + str(result)
...
>>> var_args_sum("Summe: ", 1, 2, 3, 4, 5, 6, 7)
'Summe: 28'
```

Am Beispiel erkennt man, dass neben den Var Args weitere Parameter möglich sind. Allerdings muss der Var-Arg-Parameter am Ende stehen und es darf nicht mehr als einen davon geben.

Trickreiche Nutzung

Werden an eine Funktion keine Werte übergeben, so existiert für einige Berechnungen, etwa die Summation, ein sinnvoller Ergebniswert. Für die Summe einer leeren Eingabe wäre etwa die 0 eine valide Rückgabe. Sollte allerdings das Minimum oder Maximum einer leeren Wertemenge bestimmt werden, gibt es dafür keine geeignete Rückgabe.

Als Trick kann man leere Eingaben vermeiden, indem man einen erforderlichen Parameter und ergänzend eine variable Argumentliste nutzt. So wird immer mindestens ein, aber auch beliebig weitere Parameter bereitgestellt.

Nachfolgend wird dieses Vorgehen zur Berechnung des Minimums gezeigt:

```
>>> def my_min(firstvalue, *othervalues):
...     min_ = firstvalue
...     for val in othervalues:
...         if val < min_:
...             min_ = val
...     return min_
...
```

Welchen Vorteil bringt diese Definition gegenüber der reinen Definition per Var Args?

Schauen wir uns kurz eine Verwendung an – eine leere Parameterliste wird von Python (natürlich) direkt beim Aufruf zurückgewiesen.

```
>>> my_min()
Traceback (most recent call last):
  File "<stdin>", line 1, in <module>
TypeError: my_min() missing 1 required positional argument: 'firstvalue'
>>> my_min(47)
47
>>> my_min(47, 25, 17, 7, 50)
7
```

Hinweise Bitte beachten Sie folgende zwei Punkte:

1. Eine Berechnung des Minimums sollten Sie nicht selbst implementieren, da es dazu bereits vorgefertigte Funktionalität in Python gibt – hier dient das nur zur Demonstration von einer notwendigen, optionalen und variablen Anzahl an Parametern.
2. Weil der Name `min` in Python schon definiert ist, empfiehlt es sich, bei einem derartigen Namenskonflikt einer Variablen hinten ein _ anzufügen. Dies wird im zweiten nachfolgenden Praxistipp als Shadowing thematisiert.

Tipp: Besonderheiten für Schlüssel-Wert-Paare

Man kann sogar eine variable Anzahl an Schlüssel-Wert-Paaren mit `**` vor dem Parameter als Übergabe wie folgt definieren:

```
>>> def process_values(**kwargs):
...     for key, value in kwargs.items():
...         print("{0} = {1}".format(key, value))
...
>>> programmer_languages = {"Tim": ["Java"], "Michael": ["Java", "Python"]}
>>>
>>> process_values(**programmer_languages)
Tim = ['Java']
Michael = ['Java', 'Python']
```

Diese Art der Parameterübergabe ist allerdings ein fortgeschritteneres Thema und wird daher in diesem Buch nicht weiter vertieft.

Fallstrick: Shadowing: Verdecken von Built-ins

Im Zusammenhang mit der Definition von Variablen möchte ich Sie auf einen Fallstrick aufmerksam machen. Mitunter fällt es schwer, einen sinnvollen Namen für eine Variable zu finden. Man könnte versucht sein, einfach den Namen des Typs zu verwenden, etwa wie folgt:

```
>>> list = []
```

Doch diese (reine) Nutzung des Typs ist problematisch, weil hierdurch ein sogenanntes ***Shadowing*** erfolgt und danach der Built-in-Typ nicht mehr funktioniert.

Schauen wir uns ein Beispiel an, wie etwa die Listenfunktionalität durch eine unbedachte Namensgebung unzugreifbar wird. Zunächst definieren wir ganz normal eine Liste basierend auf einer Zeichenkette, dann verwenden wir (versehentlich) den puren Namen `list` für eine Zuweisung einer leeren Liste und schließlich wollen wir wieder eine Liste auf Basis einer Zeichenkette definieren:

```
>>> list("ABCDEF")
['A', 'B', 'C', 'D', 'E', 'F']
>>> list = []
>>> list("ABCDEF")
Traceback (most recent call last):
  File "<stdin>", line 1, in <module>
TypeError: 'list' object is not callable
```

Shadowing ist nicht auf Built-in-Typen beschränkt, sondern wirkt sich auch auf Built-in-Funktionen aus. Nachfolgend ist dies für die eingebaute Standardfunktionalität `min()` gezeigt, die plötzlich durch einen Lambda-Ausdruck (vgl. Abschnitt 8.6) zur Addition mutiert:

```
>>> min = lambda a, b: a + b
>>> min(7, 2)
9
```

Sofern man sich der Tatsache bewusst ist, kann es etwa bei der Verwendung innerhalb einer Funktion kein Problem darstellen. Möchte man diese Unschönheit jedoch klarer aufzeigen, sieht man als Abhilfe häufig das Anhängen eines _ an den Variablennamen:

```
>>> min_ = lambda a, b: a + b
>>> list_ = []
```

Oftmals lässt sich mit ein wenig Nachdenken jedoch ein besserer Name finden:

```
>>> add = lambda a, b: a + b
>>> characters = []
```

Aber Achtung: Falls Sie bei der Addition an `sum` gedacht haben, dann hätten Sie gleich die nächste Built-in-Funktionalität verdeckt. Daran sieht man, wie schnell das geschehen kann.

6.4 Ternary-Operator

Manchmal wirkt eine Kombination aus `if` und `else` leicht ungelenk bzw. etwas länglich. Als Abhilfe gibt es eine Kurzform, die als ternärer Operator bekannt ist. Er heißt ternär, weil das Ganze aus drei Teilen besteht, einem Ausdruck zur Selektion, dem Positiv- sowie dem Negativfall:

```
variable = expressionTrue if condition else expressionFalse
```

Damit lassen sich mehrere Zeilen einer `if`-/`else`-Konstruktion durch eine einzige Zeile ersetzen.

Beispiel

Das Konstrukt

```
>>> time = 20
>>> if time < 18:
...     print("Good day")
... else:
...     print("Good evening")
...
Good evening
```

kann wie folgt vereinfacht werden:

```
>>> time = 20
>>> result = "Good day" if time < 18 else "Good evening"
>>> print(result)
Good evening
```

Schauen wir uns ein weiteres Beispiel an:

```
>>> age = 49
>>> "old enough" if age >= 18 else "too young"
'old enough'
```

Im Beispiel ist der Wert der Variablen `age` mit 49 größer gleich 18 und damit die Bedingung erfüllt, somit wird »`old enough`« ausgegeben. Wäre der Wert von `age` beispielsweise 7, dann würde die Bedingung zu `False` ausgewertet und »`too young`« ausgegeben.

Tipp: Der ternäre Operator in der Praxis

Obwohl es verlockend ist, Platz zu sparen, bedenken Sie für eine gute Lesbarkeit und Verständlichkeit Folgendes: Sie sollten sich beim Einsatz wirklich auf einfache Abfragen beschränken, sonst wird der Sourcecode recht schnell unleserlich.

6.5 Aufzählungen mit `Enum`

Für diverse Anwendungsfälle gibt es einige vordefinierte, zusammengehörende Werte, etwa Jahreszeiten (Frühling, Sommer, Herbst, Winter) oder T-Shirt-Größen (XS, S, M, L, XL, XXL).

Erste Idee: Listen mit fixen Werten

Überlegen wir kurz: Wie würden wir Derartiges mit unserem bisherigen Wissen implementieren? Eine ziemlich naheliegende Idee besteht darin, dafür Listen mit fixen Werten wie folgt zu definieren:

```
>>> jahreszeiten = ["Frühling", "Sommer", "Herbst", "Winter"]
>>> tshirt_sizes = ["XS", "S", "M", "L", "XL", "XXL"]
```

Betrachten wir einen Einsatz:

```
>>> print(jahreszeiten[0])
Frühling
>>> print("Ich mag den", jahreszeiten[1])
Ich mag den Sommer
```

Fallstricke Das Ganze wirkt noch etwas unhandlich. Aber Moment! Es birgt auch richtige Fallstricke – man kann nämlich unerwartet in der Liste ändern und so wird aus einer Jahreszeit versehentlich eine Stadt!

```
>>> jahreszeiten[1] = "Zürich"
>>> print("Ich mag den", jahreszeiten[1])
Ich mag den Zürich
```

Das ist unerwünscht und sicher nicht gewollt. Als Abhilfe und Alternative könnte man die unveränderlichen Tupel (vgl. Abschnitt 2.9.2) zur Definition der möglichen Werte nutzen:

```
>>> jahreszeiten = ("Frühling", "Sommer", "Herbst", "Winter")
>>> tshirt_sizes = ("XS", "S", "M", "L", "XL", "XXL")
```

Eine (versehentliche) Zuweisung wird dann folgendermaßen mit einem `TypeError` (vgl. Kapitel 9) unterbunden:

```
>>> jahreszeiten[1] = "Zürich"
Traceback (most recent call last):
  File "<stdin>", line 1, in <module>
TypeError: 'tuple' object does not support item assignment
```

Der unschöne Indexzugriff verbleibt aber auch bei Tupeln als Manko. Schauen wir uns nun an, wie man die Definition von zusammenhängenden Werten mit Enums lösen kann.

Aufzählungen mit `Enum` als Abhilfe

Gerade haben wir zur Repräsentation von Aufzählungen mithilfe von Listen und Tupeln etwas getrickst, aber diese Modellierungsvarianten offenbaren schnell ihre Nachteile. Besser wäre es doch, wenn wir die Werte fix definieren und in Form eines Typs bereitstellen könnten. Dabei helfen Aufzählungen. Eine solche erstellt man basierend auf `Enum` und durch Angabe einzelner Konstanten in jeweils eigenen Zeilen. Damit die Konstanten automatisch eindeutige Werte erhalten, bietet sich ein Aufruf von `auto()` an. Beachten Sie, dass die Konstanten per Konvention in Großbuchstaben geschrieben werden sollten:

```
>>> from enum import Enum, auto
>>>
>>> class Jahreszeiten(Enum):
...     FRÜHLING = auto()
...     SOMMER = auto()
...     HERBST = auto()
...     WINTER = auto()
```

Es entsteht ein eigener Typ, hier einer namens `Jahreszeiten`. Gleiches gilt für die nachfolgenden Größenangaben namens `Size`.

```
>>> class Size(Enum):
...     XS = auto()
...     S = auto()
...     M = auto()
...     L = auto()
...     XL = auto()
...     XXL = auto()
...
```

Die in den Enums vorgegebenen Werte können nicht mehr modifiziert werden und es lassen sich auch keine Aufzählungswerte ergänzen oder umdefinieren. Eine Aufzählung ist somit eine geordnete Sammlung konstanter Werte.

Möchte man eine solche Konstante verwenden, so geschieht das durch Angabe des Typnamens und des Konstantennamens etwa wie folgt:

```
>>> shirt_size = Size.XL
>>> shirt_size
<Size.XL: 5>
```

Der Enum-Typ lässt sich mit einer `for`-Schleife durchlaufen und jede Enum-Konstante erhält durch `auto()` einen numerischen Wert, der per `value` zugreifbar ist:

```
>>> for name in Jahreszeiten:
...     print(name, "=", name.value)
...
Jahreszeiten.FRÜHLING = 1
Jahreszeiten.SOMMER = 2
Jahreszeiten.HERBST = 3
Jahreszeiten.WINTER = 4
```

Besonderheit von `Enum`: Werte für Konstanten

Manchmal ist es wünschenswert, nicht nur den Namen der Konstanten, sondern auch beschreibende Eigenschaften vorgeben zu können. Das lernen wir am Beispiel der Modellierung von Himmelsrichtungen kennen. Diese begegnen uns insbesondere im Kontext von zweidimensionalen Datenstrukturen. Dann trägt es zur Lesbarkeit und Verständlichkeit bei, wenn in der Aufzählung neben allen wesentlichen Himmelsrichtungen auch Offsets in x- und y-Richtung definiert sind. Dazu verwenden wir statt `auto()` ein passendes Tupel:

```
class Direction(Enum):
    N = (0, -1)
    NE = (1, -1)
    E = (1, 0)
    SE = (1, 1)
    S = (0, 1)
    SW = (-1, 1)
    W = (-1, 0)
    NW = (-1, -1)
```

Greifen wir exemplarisch auf den Wert `NE` zu:

```
>>> print(Direction.NE.value)
(1, -1)
>>> ne = Direction.NE
>>> print(ne.value[0], "/", ne.value[1])
1 / -1
```

6.6 Fallunterscheidungen mit `match`

In vielen Sprachen gibt es zur Definition von Fallunterscheidungen neben der `if`- auch die `switch`-Anweisung. Letztere fehlte lange Zeit in Python. Seit Version 3.10 bietet Python mit `match` eine mächtige Variante zur Fallunterscheidung, mit der sich auch die `switch`-Anweisung realisieren lässt. Darüber hinaus unterstützt `match` das sogenannte »Pattern Matching«, ein Verfahren, das die Prüfung komplexerer Ausdrücke ermöglicht.

Python 3.9.x

Nehmen wir an, wir wollten HTTP-Statuscodes auf ihre Bedeutung abbilden. Das kann man mit einer `if`-Kaskade wie folgt lösen (hier nur auszugsweise gezeigt) – allerdings fällt auf, dass dies nicht wirklich gut lesbar ist.

```
if http_code == 200:
    print("OK")
elif http_code == 201:
    print("CREATED")
elif http_code == 404:
    print("NOT FOUND")
else:
    print("UNMATCHED CODE")
```

Verbesserung mit Python 3.10

Betrachten wir, wie viel klarer das obige Konstrukt durch den Einsatz von `match` und der Angabe von Werten hinter `case` wird – insbesondere kann man mit _ auch einen Wildcard-Fall aufnehmen, der immer dann angesprungen wird, wenn die anderen `case` nicht passen:

```
match http_code:
    case 200:
        print("OK")
    case 201:
        print("CREATED")
    case 404:
        print("NOT FOUND")
    case _:
        print("UNMATCHED CODE")
```

Kombination von Werten

Durch den Pipe-Operator (» | «) ist es möglich, mehrere Werte anzugeben, für die die nachfolgende Aktion ausgeführt werden soll, hier für Donnerstag und Freitag in Kombination sowie für Samstag und Sonntag gezeigt:

```
def get_info(day):
    match day:
        case 'Monday':
            return "I don't like..."
        case 'Thursday' | 'Friday':
            return 'Nearly there!'
        case 'Saturday' | 'Sunday':
            return 'Weekend!!!'
        case _:
            return 'In Between...'
```

Komplexeres Matching I

Wir haben gerade gesehen, dass man Werte mit dem Pipe-Operator als Alternativen angeben kann. Es lassen sich dort auch Werteaufzählungen auf Übereinstimmung prüfen:

```
>>> values = (2, 3, 4)
>>>
>>> match values:
...     case [1, 2, 3, 4]:
...         print("4 in a row")
...     case [1, 2, 3] | [2, 3, 4]:
...         print("3 in a row")
...     case [1,2,4] | [1,3,4]:
...         print("3 but not connected")
...     case _:
...         print("SINGLE OR DOUBLE")
...
3 in a row
```

Komplexeres Matching II

Die Möglichkeiten von `match` sind aber noch mächtiger, was ich hier lediglich andeuten möchte – mit dem Hinweis, dass man nach den Werten bei `case` zusätzliche Bedingungen angeben kann:

```
def classify(person):
    match person:
        case (name, age, "male" | Gender.MALE):
            print(f"{name} is a man and {age} years old")
        case (name, age, "female" | Gender.FEMALE):
            print(f"{name} is a woman and {age} years old")
        case (name, _, gender) if gender is not None:
            print(f"no age specified: {name} is {gender}")
        case (name, age, _) if age is not None:
            print(f"no gender specified: {name} is {age} years old.")
```

Bei `match` findet das bereits erwähnte Pattern Matching statt. In `case` wird nicht nur geprüft, ob eine Übereinstimmung mit dem Pattern vorliegt, sondern es werden auch die angegebenen Variablen mit entsprechenden Werten belegt (Details finden Sie unter `https://www.python.org/dev/peps/pep-0622`). Hier dient »_« als »Wildcard«-Operator und matcht mit allem.

Der Vollständigkeit halber schauen wir uns den Enum für das Geschlecht an:

```
class Gender(Enum):
    MALE = auto()
    FEMALE = auto()
```

Die obige Klassifikation rufen wir mit folgenden Wertekombinationen auf:

```
classify(("Micha", 53, "male"))
classify(("Lili", 44, Gender.FEMALE))
classify(("NO GENDER", 44, None))
classify(("NO AGE", None, "ALL"))
```

Das führt zu folgenden Ausgaben:

```
Micha is a man and 53 years old
Lili is a woman and 44 years old
no gender specified: NO GENDER is 44 years old.
no age specified: NO AGE is ALL
```

6.7 break, continue und else in Schleifen

In diesem Abschnitt wollen wir uns mit `break` und `continue` als zwei Möglichkeiten beschäftigen, Schleifendurchläufe abzubrechen bzw. zu überspringen.[2] Zudem stelle ich mit `else` in Kombination mit Schleifen eine Python-Besonderheit vor.

6.7.1 Funktionsweise von break und continue

Mit `break` kann man aus einer Schleife beim Eintreten einer bestimmten Bedingung herausspringen. Mithilfe von `continue` wird der aktuelle Durchlauf einer Schleife abgebrochen und diese wird mit der Prüfung im Schleifenkopf fortgeführt.

break in for

Schauen wir uns als Beispiel ein `break` in einer `for`-Schleife von 0 bis 10 an. Durch das `if` und das anschließende `break` springt man aus der Schleife (diese wird nicht weiter durchlaufen), hier, wenn die Variable `i` den Wert 4 erreicht:

```
>>> for i in range(10):
...     if i == 4:
...         break
...     print(i)
...
```

Dadurch kommt es zu folgenden Ausgaben:

```
0
1
2
3
```

continue in for

Mit `continue` bricht man die aktuelle Iteration (einen Durchlauf) der Schleife ab. Das geschieht oftmals in Kombination mit `if`, also wenn eine bestimmte Bedingung eintritt. Alle Anweisungen des Schleifenrumpfs nach `continue` werden übersprungen (nicht mehr ausgeführt) und die Schleife wird mit der nächsten Iteration fortgesetzt.

Zur Demonstration nutzen wir erneut eine `for`-Schleife von 0 bis 10. Durch das `if` und das `continue` erfolgt keine Ausgabe für die Werte 2, 4, 6 und 8:

```
>>> for i in range(10):
...     if i == 2 or i == 4 or i == 6 or i == 8:
...         continue
...     print(i)
...
```

2 Beides besitzt den Hang zum schlechten Stil.

Eleganter schreibt man diese Prüfung folgendermaßen:

```
>>> for i in range(10):
...     if i in [2, 4, 6, 8]:
...         continue
...     print(i)
...
```

In beiden Fällen kommt es zu folgenden Ausgaben:

```
0
1
3
5
7
9
```

`break` in `while`

Konsistenterweise kann man `break` und `continue` auch in `while`-Schleifen verwenden. Während `break` analog wie bei `for`-Schleifen arbeitet, gibt es bei `continue` eine Kleinigkeit zu beachten, die wir nachfolgend am Beispiel sehen werden.

Beginnen wir mit dem `break` für den Wert 4 in einer `while`-Schleife wie folgt:

```
>>> i = 0
>>> while i < 10:
...     print(i)
...     i += 1
...     if i == 4:
...         break
...
```

Dadurch kommt es erwartungsgemäß zu folgenden Ausgaben:

```
0
1
2
3
```

Besonderheit: Endlosschleife Als Besonderheit existiert die Endlosschleife `while True`. Weil diese Bedingung niemals zu `False` ausgewertet wird, läuft die Abarbeitung der Schleife potenziell für immer – in diesem Fall stellt `break` ein geeignetes Mittel dar, die Schleife zu beenden.[3]

```
while True:
    # Anweisungen
    if condition
        break
```

3 Das kann man auch durch Auslösen einer Exception erreichen (vgl. Kapitel 9). Allerdings ist das `break` stilistisch schöner.

Diese Form der Schleife ist hilfreich, wenn man vorab keine geeignete Bedingung formulieren kann oder sich diese dynamisch ergibt, etwa basierend auf Benutzereingaben. Zum besseren Verständnis schauen wir uns ein Beispiel an.

Man könnte beispielsweise ein kleines Programm zum Verdoppeln von Zahlen schreiben, wobei ein Abbruch erfolgen soll, wenn der Benutzer die 0 eingibt. Nachfolgend ist dazu eine mögliche Abfolge gezeigt:

```
>>> while True:
...     value = int(input("Verdoppele, Ende mit 0: "))
...     if value == 0:
...         break;
...     print("Doppelt:", value * 2)
...
Verdoppele, Ende mit 0: 2
Doppelt: 4
Verdoppele, Ende mit 0: 4
Doppelt: 8
Verdoppele, Ende mit 0: 7
Doppelt: 14
Verdoppele, Ende mit 0: 0
```

continue in while

Verdeutlichen wir die Arbeitsweise von `continue` mit einer Schleife von 0 bis 10. Durch das `if` und das `continue` erfolgt keine Ausgabe für die Werte 2, 4, 6 und 8:

```
>>> i = 0
>>> while i < 10:
...     if i == 2 or i == 4 or i == 6 or i == 8:
...         i += 1
...         continue
...     print(i)
...     i += 1
...
```

Dadurch kommt es erwartungsgemäß zu folgenden Ausgaben:

```
0
1
3
5
7
9
```

Bitte beachten Sie, dass `continue` den aktuellen Schleifendurchlauf sofort abbricht. Wenn Sie also eine Schleifenvariable hochzählen wollen, dann müssen Sie das explizit vor dem `continue` manuell erledigen, weil bei `while` die Veränderung der Schleifenvariablen im Gegensatz zur `for`-Schleife nicht automatisch erfolgt.

Welcher Implementierungsfehler passiert leicht bei `continue`? Schnell wird als Implementierungsfehler die Veränderung der Schleifenvariablen vergessen – hier ist zur Verdeutlichung die Veränderung des Schleifenzählers noch als Kommentar verblieben:

```
>>> i = 0
>>> while i < 10:
...     if i == 2 or i == 4 or i == 6 or i == 8:
...         # fehlendes Inkrement
...         # i += 1
...         continue
...     print(i)
...     i += 1
...
```

Es kommt dann zu folgender Ausgabe, weil Python in einer Endlosschleife verharrt – die Variable `i` verweilt ewig beim Wert 2.

```
0
1
```

Hier hilft nur noch ein Programmabbruch mit der Tastenkombination Ctrl+C, was dann wie folgt auf der Konsole protokolliert wird:

```
Traceback (most recent call last):
  File "<stdin>", line 2, in <module>
KeyboardInterrupt
```

6.7.2 Wie macht man es besser?

Wenn man sich die Konstrukte anschaut, bergen diese Potenzial für Missverständnisse. Für das `break` und das `continue` kann man zumindest für die `while`-Schleife eine deutliche Vereinfachung erzielen. Schauen wir uns das Vorgehen an.

Beim `break` und `while`

Beim `break` wird die Schleife abgebrochen. Falls es sich um eine einfache Abfrage handelt, bietet es sich an, die obere Grenze der Schleife anzupassen, also die Schleifenabbruchbedingung passend zu korrigieren.

Diese Ausgangsbasis

```
>>> i = 0
>>> while i < 10:
...     print(i)
...     i += 1
...     if i == 4:
...         break
...
```

wird dann folgendermaßen transformiert:

```
>>> i = 0
>>> while i < 4:
...     print(i)
...     i += 1
...
```

In beiden Fällen kommt es erwartungsgemäß zu folgenden Ausgaben:

```
0
1
2
3
```

Beim `break` und `for`

Für die `for`-Schleife gilt diese Anpassung der oberen Grenze analog. Damit lässt sich

```
>>> for i in range(10):
...     if i == 4:
...         break
...     print(i)
...
```

wie folgt vereinfachen:

```
>>> for i in range(4):
...     print(i)
...
```

In beiden Fällen kommt es erwartungsgemäß zu folgenden Ausgaben:

```
0
1
2
3
```

Beim `continue` und `while`

Im Fall von `continue` kann man die Prüfung invertieren und damit auf das `continue` verzichten. Bedenken Sie, dass beim Invertieren aus `or` dann `and` und natürlich aus `==` dann `!=` wird. Das folgt den Regeln von De Morgan (`https://de.wikipedia.org/wiki/De-morgansche_Gesetze`).

Als Ausgangsbasis dient folgende Schleife:

```
>>> i = 0
>>> while i < 10:
...     if i == 2 or i == 4 or i == 6 or i == 8:
...         i += 1
...         continue
...     print(i)
...     i += 1
...
```

Die ursprüngliche Bedingung

```
if i == 2 or i == 4 or i == 6 or i == 8:
```

ändert sich der Argumentation oben zufolge dann zu:

```
if i != 2 and i != 4 and i != 6 and i != 8:
```

Setzen wir dies in die ursprüngliche Schleife ein und entfernen auch das `continue`:

```
>>> i = 0
>>> while i < 10:
...     if i != 2 and i != 4 and i != 6 and i != 8:
...         print(i)
...     i += 1
...
```

Wir sehen, dass die Implementierung leicht an Klarheit gewinnt und funktional gleichwertig ist, weil es beide Male erwartungsgemäß zu folgenden Ausgaben kommt:

```
0
1
3
5
7
9
```

Weitere Vereinfachung Bekanntermaßen kann man die `or`-Verknüpfung eleganter mithilfe einer `in`-Prüfung schreiben:

```
if i in [2, 4, 6, 8]:
```

In dem Fall wird statt der Negation und der `and`-Verknüpfung eine Negation der `in`-Prüfung genutzt:

```
if i not in [2, 4, 6, 8]:
```

Lassen Sie uns das Ganze ausprobieren und schauen, ob wir die korrekten Ausgaben erhalten. Insbesondere haben wir die Logik in der Schleife vereinfachen und damit leichter nachvollziehbar gestalten können.

```
>>> i = 0
>>> while i < 10:
...     if i not in [2, 4, 6, 8]:
...         print(i)
...     i += 1
...
0
1
3
5
7
9
```

Beim continue und for

Verbleibt noch `for` und `continue`: Hier lässt sich kein Gewinn durch eine Umformung erzielen.

6.7.3 Besonderheit: else in Schleifen

In Python kann man für Schleifen mit dem Schlüsselwort `else` einen Block angeben, der ausgeführt wird, sofern die Schleife nicht mit `break` verlassen wurde.

Schauen wir uns dazu ein Beispiel an:

```
>>> for i in range(1, 4):
...     print(i)
... else:
...     # print() wird ausgeführt, da kein break in der Schleife
...     print("Executed because no break in for loop")
...
```

Es kommt zu folgender Ausgabe:

```
1
2
3
Executed because no break in for loop
```

Nun integrieren wir ein `break` in die Schleife:

```
>>> for i in range(1, 4):
...     print(i)
...     if i == 3:
...         break
... else: # Folgendes print() wird NICHT ausgeführt, da break in der Schleife
...     print("Not executed due to break")
...
```

Es kommt zu folgender Ausgabe:

```
1
2
3
```

Das Ganze gilt übrigens auch für `while`-Schleifen:

```
>>> count = 0
>>> while count < 4:
...     count = count + 1
...     print(count)
...     if count == 3:
...         break
... else:
...     print("No Break")
...
1
2
3
```

6.8 Ausdrücke mit `eval()` auswerten

Python bietet die Funktion `eval()` zum dynamischen Auswerten von einfachen Ausdrücken. Somit kann man innerhalb eines Python-Programms wiederum Python ausführen, nämlich den Sourcecode, den man an `eval()` textuell als Parameter übergibt, etwa einfache mathematische Berechnungen bzw. Ausdrücke:

```
>>> eval("2 + 5")
7
>>> eval("7 > 42")
False
```

Variablen einbinden und Funktionen aufrufen

Es ist ebenfalls möglich, eingebaute Funktionalität wie `min()` oder wie nachfolgend `sum()` aufzurufen, hier mit einer Liste von Argumenten:

```
>>> eval("sum([2, 3, 5, 8])")
18
```

Interessant wird das Ganze, wenn man Variablen miteinbezieht:

```
>>> x = 14
>>> y = 2
>>> eval("x / y")
7.0
```

Das geht natürlich ebenso in Kombination mit einem Funktionsaufruf:

```
>>> eval("min(x, y)")
2
```

Und sogar wie folgt:

```
>>> eval("print('Minimum: ', min(x, y))")
Minimum:  2
```

Ergänzend kann man Variablen auch in Form eines Dictionaries übergeben:

```
>>> eval("x + y + z", {"x": 1, "y": 2, "z": 3})
6
```

Bedenkenswertes

Abschließend noch ein Wort der Warnung: Bitte bedenken Sie, dass durch die Ausführung beliebigen Sourcecodes natürlich auch Sicherheitsrisiken entstehen. Nutzen Sie `eval()` daher mit besonderer Vorsicht und nur im lokalen Kontext mit Werten, die Sie unter Kontrolle haben.

Tipp: Was passiert unter der Motorhaube?

Um einen als String gegebenen Ausdruck auszuwerten, führt `eval()` folgende Schritte aus:

1. Ausdruck parsen (analysieren und in Bestandteile zerlegen)
2. In Bytecode (eine für die Ausführung optimierte Repräsentation) wandeln
3. Ausdruck auswerten und Ergebnis zurückliefern

6.9 Rekursion

Rekursion ist ein Vorgehen, bei der eine Funktion sich selbst aufruft. Das mag zunächst merkwürdig klingen, aber diese Vorgehensweise ermöglicht es, komplizierte Probleme in einfachere Teilprobleme zu zerlegen, die leichter zu lösen sind.

Rekursion ist möglicherweise anfangs ein wenig schwierig zu verstehen. Der beste Weg zur Erkenntnis besteht darin, damit zu experimentieren.

6.9.1 Einführendes Beispiel: Fakultät

Die Berechnung der Fakultät ist ein Beispiel für eine einfache rekursive Definition. Mathematisch ist die ***Fakultät*** für eine positive Zahl n als das Produkt (also die Multiplikation) aller natürlichen Zahlen von 1 bis einschließlich n definiert. Zur Notation wird das Ausrufezeichen der entsprechenden Zahl nachgestellt. Beispielsweise steht 5! für die Fakultät der Zahl 5:

$$5! = 5 * 4 * 3 * 2 * 1 = 120$$

Dies lässt sich wie folgt verallgemeinern:

$$n! = n * (n - 1) * (n - 2) * ... * 2 * 1$$

Basierend darauf ergibt sich die rekursive Definition:

$$n! = \begin{cases} 1, & n = 0, n = 1 \\ n \cdot (n-1)!, & \forall n > 1 \end{cases}$$

Dabei steht das umgedrehte »A« ($\forall$) für »für alle«.

Diese Formel lässt sich ziemlich direkt in Python übertragen:

```
>>> def fac(n):
...     if n == 0 or n == 1:
...         return 1
...     print("calling fac(" + str(n - 1) + ")")
...     return n * fac(n - 1)
...
```

Rufen wir diese Funktion einmal für den Wert 5 auf und vollziehen die Selbstaufrufe anhand der Konsolenausgaben nach:

```
>>> fac(5)
calling fac(4)
calling fac(3)
calling fac(2)
calling fac(1)
120
```

Was passiert unter der Motorhaube? Wenn `fac()` aufgerufen wird, dann wird der aktuelle Wert mit der Fakultät für den um eins verringerten Wert multipliziert. Damit ergeben sich etwa folgende Schritte:

```
5 * fac(4)
5 * 4 * fac(3)
...
5 * 4 * 3 * 2 * fac(1)
5 * 4 * 3 * 2 * 1
```

6.9.2 Weiterführendes Beispiel: Fibonacci-Zahlen

Auch die ***Fibonacci-Zahlen*** lassen sich hervorragend rekursiv definieren, wobei die Formel ein klein wenig komplizierter ist:

$$fib(n) = \begin{cases} 1, & n = 1 \\ 1, & n = 2 \\ fib(n-1) + fib(n-2), & \forall n > 2 \end{cases}$$

Diese Formel lässt sich ziemlich direkt in Python übertragen:

```
def fib(n):
    if n <= 0:
        raise ValueError("n must be >= 1")

    if n == 1 or n == 2:
        return 1

    # rekursiver Abstieg
    return fib(n - 1) + fib(n - 2)
```

Es ergibt sich für die ersten n folgender Werteverlauf:

n	1	2	3	4	5	6	7	8
fib(n)	1	1	2	3	5	8	13	21

Wenn man sich die Berechnungsvorschrift grafisch verdeutlicht, dann wird schnell klar, wie weit sich die Hierarchie der Selbstaufrufe potenziell aufspannt – für größere n wäre das Ganze viel ausladender, wie es durch die gestrichelten Pfeile angedeutet ist:

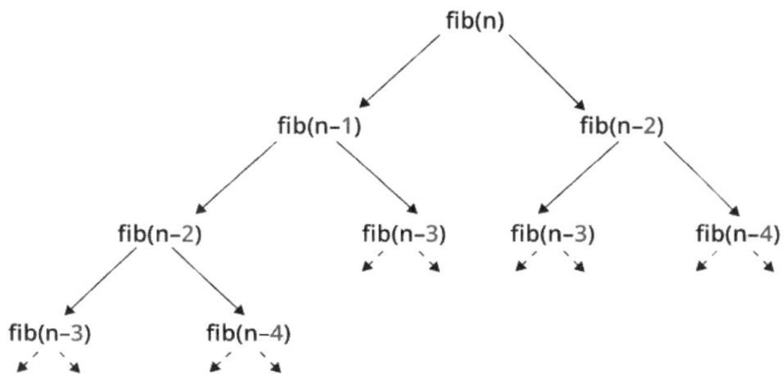

Abbildung 6-1 *Fibonacci rekursiv*

Selbst bei diesem exemplarischen Aufruf erkennt man, dass diverse Aufrufe mehrmals erfolgen, etwa für $fib(n-4)$ und $fib(n-2)$, aber insbesondere dreimal für $fib(n-3)$. Das führt sehr schnell zu aufwendigen und langwierigen Berechnungen. Wie sich dies optimieren lässt, erfahren Sie in meinem Buch »Python Challenge« [4]. Dort behandle ich die Thematik »Rekursion« sowie Optimierungen etwa mit Memoization im Detail und zeige neben einführenden Beispielen auch richtig vertrackte Problemstellungen und wie man diese mit Rekursion lösen kann.

Tipp: Abweichende Definition mit null als Startwert

Es sei noch angemerkt, dass es eine Abwandlung gibt, die beim Wert 0 startet. Dann gilt $fib(0) = 0$ und $fib(1) = 1$ und danach gemäß der rekursiven Definition $fib(n) = fib(n-1) + fib(n-2)$. Dies produziert die gleiche Zahlenfolge wie die obige Definition, nur um den Wert für die 0 ergänzt.

6.9.3 Weiterführendes Beispiel: Lineal

Mit Rekursion lassen sich auch Grafiken erzeugen. Nachfolgend wird eine grafisch simple Variante ausgegeben, die den Unterteilungen eines Lineals nachempfunden ist:

```
-
==
-
===
-
==
-
```

Tatsächlich lässt sich das unter Zuhilfenahme der String-Multiplikation leicht rekursiv wie folgt formulieren, wobei zweimal ein rekursiver Abstieg erfolgt:

```
>>> def lineal_generator(n):
...     if n < 1:
...         return
...     if n == 1:
...         print("-")
...     else:
...         lineal_generator(n - 1)
...         print("=" * n)
...         lineal_generator(n - 1)
...
```

Folgender Aufruf produziert dann eine Konsolengrafik:

```
>>> lineal_generator(4)
-
==
-
===
-
==
-
====
-
==
-
===
-
==
-
```

6.10 Praxisbeispiel: Flächen füllen

Wir wollen das bislang gesammelte Wissen zu mehrdimensionalen Listen und vor allem das gerade erworbene Wissen zu Rekursion nun einsetzen, um eine Funktion `flood_fill(values2dim, start_x, start_y)` zu implementieren, die in einem Spielfeld, gegeben durch eine zweidimensional verschachtelte Liste, alle freien Felder mit einem bestimmten Wert befüllt.

Beispiel

Nachfolgend ist der Füllvorgang für das Zeichen »*« gezeigt. Das Füllen beginnt an einer vorgegebenen Position, etwa in der linken oberen Ecke, und wird dann so lange in alle vier Himmelsrichtungen fortgesetzt, bis die Grenzen der Liste oder eine Begrenzung in Form eines anderen Zeichens gefunden wird:

```
"   # "       "***# "           "   #      #"          "   #******#"
"    #"       "****#"           "    #      #"         "    #******#"
"#   #"   =>  "#***#"           "#   #     #"   =>     "#   #*****#"
" # # "       " #*# "           " # #     #"           " # #*****#"
"  #  "       "  #  "           "  #     #"            "  #*****#"
```

Algorithmus

Um die Füllung zu realisieren, beginnen wir mit dem Startfeld. Ist das Feld leer, füllen wir es und prüfen wiederum dessen vier Nachbarn in den vier Himmelsrichtungen. Erreichen wir die Grenzen oder ein gefülltes Feld, so stoppen wir:

```
def flood_fill(values2dim, x, y):
    # rekursiver Abbruch: Prüfe auf Grenzen
    if x < 0 or y < 0 or x >= len(values2dim[0]) or y >= len(values2dim):
        return

    if values2dim[y][x] == ' ':
        values2dim[y][x] = '*'
        # rekursiver Abstieg: fülle in alle 4 Richtungen
        flood_fill(values2dim, x, y - 1)
        flood_fill(values2dim, x + 1, y)
        flood_fill(values2dim, x, y + 1)
        flood_fill(values2dim, x - 1, y)
```

Prüfung

Nun definieren wir das rechte der einleitend gezeigten Muster als Ausgangsbasis und nehmen dann eine Füllung von Position (5, 0) ausgehend vor:

```
second_world = [list("   #      # "),
                list("    #      #"),
                list("#   #     # "),
                list(" # #     #  "),
                list("  #     #   ")]
print2dnice(second_world)
print("-------- Filling ---------")
flood_fill(second_world, 5, 0)
print2dnice(second_world)
```

Zum leichteren Nachvollziehen wird die Ausgabemethode hier nochmals gezeigt:

```
def print2dnice(values):
    for line in values:
        print("".join(line))
```

Dadurch kommt es zu folgenden Ausgaben, die die korrekte Funktionalität des Flächenfüllens zeigen:

```
   #      #
    #      #
#   #     #
 # #     #
  #     #
-------- Filling ---------
   #******#
    #******#
#   #*****#
 # #*****#
  #*****#
```

6.11 Aufgaben und Lösungen

6.11.1 Aufgabe 1: Würfelspiel

In dieser Aufgabe soll ein einfaches Würfelspiel nachgebildet werden, das beim Würfeln einer 6 mit einer Protokollierung der Anzahl an Versuchen endet. Damit das Ganze schön lesbar bleibt, beginnen Sie bitte damit, eine Hilfsfunktion `roll_dice()` zu schreiben, die den zufälligen Ausgang eines Wurfs modelliert. Nutzen Sie eine Schleife, um jeweils ein Würfelwurf zu simulieren.

Für die Lösung nehmen wir zudem an, dass wir keine boolesche Variable zum Schleifenabbruch nutzen dürfen, sondern lediglich `break`.

Lösung

Wie in der Aufgabenstellung gewünscht, implementieren wir zunächst die Funktion zum Simulieren eines Würfelwurfs. Dabei greifen wir auf die Funktion `randrange()` aus dem Modul `random` zurück. Beachten müssen wir, dass der obere Wert exklusive ist, deswegen wird hier der Wert 7 als obere Grenze gewählt. Dadurch erhalten wir einen Zufallswert im Bereich von 1 bis 6:

```
>>> import random
>>>
>>> def roll_dice():
...     return random.randrange(1, 7)
...
>>> roll_dice()
5
>>> roll_dice()
3
```

Machen wir uns nun an die Modellierung der Würfelrunden.

Wir führen die Aktionen innerhalb einer Endlosschleife (`while True`) aus. Mithilfe eines Aufrufs der Funktion `roll_dice()` wird jeweils ein Würfeln simuliert. Danach wird der Rundenzähler erhöht. Um den Abbruch für das Würfeln bei einer 6 umzusetzen, nutzen wir eine passend gewählte Prüfung mit `if` sowie ein `break`:

```
>>> def play_game():
...     try_counter = 0
...     while True:
...         number = roll_dice()
...         try_counter += 1
...
...         if number == 6:
...             info = "try" if try_counter == 1 else "tries"
...             print("It took", try_counter, info)
...             break
...
>>> play_game()
It took 1 try
>>> play_game()
It took 9 tries
```

6.11.2 Aufgabe 2: Temperaturumrechnung

Gegeben seien folgende Formeln, um Temperaturangaben in Fahrenheit und Celsius jeweils in das andere Format umrechnen zu können:

$$\text{Temperatur in }^\circ\text{F} = \text{Temperatur in }^\circ\text{C} \times 1,8 + 32$$

$$\text{Temperatur in }^\circ\text{C} = (\text{Temperatur in }^\circ\text{F} - 32)/1,8$$

Schreiben Sie zwei Funktionen, die diese Berechnungen realisieren. Gegeben sei noch folgende `Enum`-Aufzählung:

```
>>> from enum import Enum, auto
>>>
>>> class TempConv(Enum):
...     F2C = auto()
...     C2F = auto()
...
```

Schreiben Sie zur Umrechnung eine Funktion `convert(convmethod, temp)`, die die Umrechnung abhängig von Enum passend mit ternärem Operator aufruft.

Lösung

Zuerst implementieren wir die beiden Berechnungsfunktionen analog zu der jeweiligen gegebenen mathematischen Formel wie folgt:

```
>>> def fahrenheit_to_celsius(temp_fh):
...     return (temp_fh - 32) / 1.8
...
>>> def celsius_to_fahrenheit(temp_cs):
...     return temp_cs * 1.8 + 32
...
```

Basierend auf diesen beiden Hilfsfunktionen und dem schon gegebenen `Enum` kann man die Konvertierung ganz einfach mit einem Ternary-Operator folgendermaßen implementieren:

```
>>> def convert(convmethod, temp):
...     return celsius_to_fahrenheit(temp) if convmethod == TempConv.C2F else \
...            fahrenheit_to_celsius(temp)
...
```

Probieren wir das Ganze für einige Temperaturangaben aus:

```
>>> convert(TempConv.C2F , 35)
95.0
>>> convert(TempConv.F2C , 95)
35.0
>>> convert(TempConv.C2F , 40)
104.0
>>> convert(TempConv.F2C , 104)
40.0
```

6.11.3 Aufgabe 3: Palindrom-Prüfung mit Rekursion

Testen Sie für eine textuelle Eingabe, ob diese unabhängig von Groß- und Kleinschreibung ein Palindrom darstellt, also ob der Text von vorne nach hinten und von hinten nach vorne gelesen gleich ist. Beispiele sind »Otto« oder »DrehMalAmHerd«. Nutzen Sie eine rekursive Funktion.

Lösung

Die erste Lösungsidee besteht darin, für einen String zu schauen, ob die Länge ein Zeichen oder kürzer ist. Dann handelt es sich per Definition um ein Palindrom. Ist der String länger, so müssen wir die äußeren beiden Buchstaben auf Übereinstimmung prüfen. Sofern diese gegeben ist, verkürzen wir den String um je ein Zeichen vorne und hinten durch passenden Aufruf von Slicing und testen diesen verkürzten String erneut. Das wiederholt sich, bis wir bei einem String der Länge 0 oder 1 ankommen oder aber vorher eine Abweichung gefunden haben.

```
>>> def is_palindrome_rec(input):
...     if len(input) <= 1:
...         return True
...
...     end_pos = len(input) - 1
...     lower_input = input.lower()
...     if lower_input[0] == lower_input[end_pos]:
...         remaining = input[1 : end_pos]
...         return is_palindrome_rec(remaining)
...
...     return False
...
>>> is_palindrome_rec("Otto")
True
>>> is_palindrome_rec("Michael")
False
>>> is_palindrome_rec("DrehMalAmHerd")
True
```

Etwas ungeschickt ist dabei, dass ständig neue (jeweils vorne und hinten um ein Zeichen verkürzte) Strings erzeugt werden und ständig `lower()` aufgerufen wird, obwohl das nach dem ersten Mal überflüssig ist, da dann ja sicher schon eine Umwandlung stattgefunden hat.

Bleiben wir bei der grundsätzlichen Idee des positionsweisen Vergleichs, aber anstatt ständig neue Strings zu erzeugen, lässt sich das Ganze viel eleganter mithilfe von zwei Positionsmarkern lösen. Wir teilen die Aufgabe noch in eine steuernde Funktion und eine Hilfsfunktion. In der ersten sorgen wir für die korrekte Parametrierung und wandeln den String zudem in Kleinbuchstaben um. Die eigentliche Arbeit erfolgt dann in der Hilfsfunktion `is_palindrome_helper()`. Dort werden wieder die jeweiligen Buchstaben so lange verglichen, wie diese übereinstimmen und sich die Positionsmarker nicht überlappen:

```
>>> def is_palindrome_rec_v2(input):
...     return is_palindrome_helper(input.lower(), 0, len(input) - 1)
...
>>> def is_palindrome_helper(input, start, end):
...     if start >= end:
...         return True
...
...     if input[start] == input[end]:
...         return is_palindrome_helper(input, start + 1, end - 1)
...
...     return False
...
```

Rufen wir diese Version wieder mit den Eingaben von zuvor auf:

```
>>> is_palindrome_rec_v2("Otto")
True
>>> is_palindrome_rec_v2("Michael")
False
>>> is_palindrome_rec_v2("DrehMalAmHerd")
True
```

6.11.4 Aufgabe 4: Einarmiger Bandit

In dieser Aufgabe sollen die zufälligen Ziehungen eines Spielautomaten mit drei Rollen mit Symbolen verglichen werden. Sind alle drei Symbole gleich, so gewinnt man den Jackpot, sind paarweise zwei Symbole gleich, so erhält man ein DOUBLE. Ansonsten hat man verloren und kann sein Glück nochmals versuchen.

Lösung

Zur Implementierung greifen wir auf die Funktion `choice()` zurück, um eine zufällige Wahl eines Symbols zu realisieren. Bei den Symbolen können Sie ein wenig kreativ werden, oftmals findet man CHERRY, BANANA und APPLE. Ob damit der Jackpot erreicht wird, prüfen wir in einem `if`. Im Anschluss prüfen wir für das DOUBLE jeweils paarweise, ob zwei Symbole gleich sind. Damit ergibt sich folgende Realisierung:

```
import random

symbols = ["CHERRY", "APPLE", "66", "BANANA", "MELON", "$$$", "GOLD", "MONEY"]

result1 = random.choice(symbols)
result2 = random.choice(symbols)
result3 = random.choice(symbols)

print(result1, result2, result3, sep=" --- ")

if result1 == result2 and result2 == result3:
    print("JACKPOT")
elif result1 == result2 or result2 == result3 or result1 == result3:
    print("DOUBLE")
else:
    print("YOU LOOSE! TRY AGAIN!")
```

6.11.5 Aufgabe 5: BMI-Rechner

In dieser Aufgabe soll der Body-Mass-Index (BMI) aus Eingaben vom Benutzer berechnet und bewertet werden. Der persönliche BMI ergibt sich aus dem Gewicht in Kilogramm geteilt durch die Körpergröße in Metern zum Quadrat. Die Formel lautet:

$$BMI = \frac{GewichtInKg}{GroesseInM * GroesseInM}$$

Der Benutzer soll diese Angaben auf der Konsole eingeben, danach dann den resultierenden BMI inklusive einer Bewertung ausgegeben bekommen. Die Eingaben sollen in kg und cm erfolgen. Die Originalformel arbeitet mit einer Größenangabe in Metern, weshalb noch eine Umrechnung erforderlich ist.

Als Bewertungsschema gilt:

- Untergewicht: BMI < 18,5
- Normalgewicht: BMI 18,5 – 25
- Übergewicht: BMI > 25

Lösung

Zur Umsetzung lesen wir zunächst das Gewicht und die Körpergröße von der Konsole ein. Danach erfolgen die Berechnungen analog zu der obigen Formel, allerdings müssen wir die cm-Angaben noch in Meter umwandeln, weshalb hier der Faktor 10.000 (100 * 100) zum Einsatz kommt, um die Zentimeterangaben in Meter umzurechnen:

```
weight = int(input("Gewicht (kg): "))
height = int(input("Größe (cm): "))

bmi = round(10000 * weight / (height * height), 1)
print("BMI:", bmi)

if bmi < 18.5:
    print("Untergewicht")
elif bmi > 25:
    print("Übergewicht")
else:
    print("Normalgewicht")
```

Speichern Sie diese Zeilen etwa als `bmi.py` und führen Sie das Programm mit

```
$ python3 bmi.py
```

aus, um dann exemplarisch Folgendes einzugeben:

```
Gewicht (kg): 100
Größe (cm): 184
BMI: 29.5
Übergewicht
```

7 Verarbeitung von Dateien

Ein wichtiger Bestandteil vieler Anwendungen ist die Verarbeitung von Informationen aus Dateien, die das dauerhafte Speichern von Daten ermöglichen. Darüber hinaus müssen die meisten Programme mit anderen Applikationen interagieren und dabei manchmal auch Daten mithilfe von Dateien austauschen.

Python besitzt das Modul `os`, das viele nützliche Funktionalitäten zur Verfügung stellt, um mit Verzeichnissen und auch Dateien zu arbeiten. Einige weitere Funktionalitäten werden durch das Modul `shutil` bereitgestellt.

Bitte beachten Sie, dass bei der Kommunikation und Ein- und Ausgabe immer auch Fehler oder zumindest Probleme zu behandeln sind, etwa dass eine Datei nicht vorhanden ist oder nicht in sie geschrieben werden kann. Aus Gründen der Übersichtlichkeit und weil wir das Thema Fehlerbehandlung erst später in Kapitel 9 vertiefen, wird in den nachfolgenden Beispielen zur Ein- und Ausgabe auf eine ansonsten notwendige Fehlerbehandlung weitestgehend verzichtet.

7.1 Schnelleinstieg

Um verschiedene Dateiaktionen sinnvoll ausführen zu können, wollen wir die folgende Verzeichnisstruktur als Grundlage anlegen und dabei gleich die passenden Funktionalitäten aus dem Modul `os` kennenlernen – den dazu notwendigen Import werde ich nur einmal am Anfang zeigen.

```
files-examples-dir
|-- example-data.csv
|-- example-file.txt
|-- rename-dir
|-- subdir1
\-- subdir2
```

7.1.1 Anlegen von Dateien und Verzeichnissen

Ebenso wie für unser Beispiel zur Dateiverarbeitung müssen auch in der Praxis immer mal wieder Dateien oder Verzeichnisse angelegt werden. Grund genug, das nun mit Python nachzuvollziehen.

Erzeugen neuer Verzeichnisse – `mkdir()`

Mit der Funktion `mkdir()` lässt sich ein neues Verzeichnis erstellen. Als Parameter übergibt man den Pfad des neuen Verzeichnisses. Dabei kann entweder ein vollständiger Pfad angegeben werden oder aber nur ein Verzeichnis. Im letzteren Fall wird dieses im aktuellen Arbeitsverzeichnis erstellt.

Im folgenden Beispiel legen wir das Hauptverzeichnis für das Beispiel neu an. Danach erstellen wir drei Unterverzeichnisse durch Angabe des Namens des Hauptverzeichnisses gefolgt von / und dem Namen des gewünschten Unterverzeichnisses:

```
>>> import os
>>>
>>> os.mkdir('files-examples-dir')
>>> os.mkdir('files-examples-dir/rename-dir')
>>> os.mkdir('files-examples-dir/subdir1')
>>> os.mkdir('files-examples-dir/subdir2')
```

Hinweis: Pfadtrenner

Bevor es losgeht, möchte ich explizit auf eine Sache hinweisen. Ich verwende einen Mac, weshalb der Pfadtrenner ein / ist, bei Windows ist dies ein \.

Erzeugen neuer Dateien mit Pfadangabe – `open()`

Zum Erzeugen von Dateien gibt es keinen separaten Funktionsaufruf, sondern dies wird indirekt über das Öffnen und einen speziellen Modus `x` realisiert. Legen wir zunächst einmal die Datei `example-data.csv` inklusive Angabe des Verzeichnisses an:

```
>>> new_csv_file = open("files-examples-dir/example-data.csv", "x")
```

Sofern die so zu erzeugende Datei allerdings bereits existiert, kommt es zu einem `FileExistError`, etwa falls man den gezeigten Ablauf wiederholt.

Aktuelles Verzeichnis wechseln – `chdir()`

Um die weiteren Aktionen innerhalb des zuvor angelegten Hauptverzeichnisses auszuführen, wollen wir dorthin wechseln. Vom aktuellen Verzeichnis lässt sich mit `chdir()` (chdir = change directory) auf das angegebene Verzeichnis wechseln:

```
>>> os.chdir("files-examples-dir")
```

Datei im aktuellen Verzeichnis erzeugen – `open()`

Nun können wir die verbliebene zu erzeugende Datei anlegen – diesmal ist keine Angabe des Verzeichnisses erforderlich, da wir gerade dorthin gewechselt sind:

```
>>> new_txt_file = open("example-file.txt", "x")
```

7.1.2 Informationen zu Verzeichnissen und Dateien

Nachdem wir Dateien und Verzeichnisse anlegen und auch im Dateisystem navigieren können, wollen wir verschiedene Aktionen kennenlernen.

Aktuelles Verzeichnis und absoluten Pfad ermitteln – `getcwd()` und `abspath()`

Das aktuelle Verzeichnis lässt sich mit `getcwd()` (cwd = current working directory) wie folgt abfragen:

```
>>> print(os.getcwd())
/Users/michaelinden/files-examples-dir
```

An der Ausgabe sehen wir den absoluten Pfad – bisher haben wir immer relativ zum aktuellen Verzeichnis gearbeitet.

Alternativ zu `getcwd()` lässt sich mithilfe von `abspath()` der absolute Pfad für ein Verzeichnis ermitteln. Nachfolgend ist dies exemplarisch für das aktuelle und das übergeordnete Verzeichnis mit den beiden üblichen Abkürzungen `.` und `..` gezeigt:

```
>>> print("abspath", os.path.abspath("."))
abspath /Users/michaelinden/files-examples-dir
>>>
>>> print("abspath", os.path.abspath(".."))
abspath /Users/michaelinden
```

Inhalt eines Verzeichnisses auflisten – `listdir()`

Die Funktion `listdir()` aus dem Modul `os` liefert den Inhalt eines Verzeichnisses als Liste mit Namen.

Nehmen wir die eingangs gezeigte Verzeichnisstruktur und den zuvor erzeugten Inhalt an, dann sollte folgender Aufruf das gezeigte Ergebnis liefern:

```
>>> os.listdir()
['example-file.txt', 'rename-dir', 'subdir2', 'example-data.csv', 'subdir1']
```

Pfad ist Datei oder Verzeichnis? – `isdir()` und `isfile()`

An der von `listdir()` gelieferten Auflistung sehen wir nicht direkt und zweifelsfrei, ob es sich bei einem Pfadnamen um eine Datei oder ein Verzeichnis handelt. Für diese Unterscheidung können die Funktionen `isdir()` und `isfile()` hilfreich sein. Mit deren Hilfe geben wir spezifische Information zu Dateien bzw. Verzeichnissen aus:

```
>>> dircontent = os.listdir()
>>> for path in dircontent:
...     if os.path.isdir(path):
...         print(path, "is a directory")
...     if os.path.isfile(path):
...         print(path, "is a file")
...
example-file.txt is a file
rename-dir is a directory
subdir2 is a directory
example-data.csv is a file
subdir1 is a directory
```

Auf Existenz prüfen – `exists()`

Für einige Anwendungsfälle ist es wichtig, zu wissen, ob eine Datei oder ein Verzeichnis schon existiert oder nicht. Dazu dient die Funktion `exists()`, der man eine textuelle Pfadangabe oder nur einen Dateinamen übergibt:

```
>>> os.listdir()
['example-file.txt', 'rename-dir', 'subdir2', 'example-data.csv', 'subdir1']
>>>
>>> def check_existence(path):
...     if os.path.exists(path):
...         print("File", path, "exists")
...     else:
...         print("No such file", path)
...
>>> check_existence("example-file.txt")
File example-file.txt exists
>>> check_existence("UNKNOWN.txt")
No such file UNKNOWN.txt
```

7.1.3 Informationen in Dateien schreiben und daraus lesen

Nachfolgend lernen wir das Schreiben und Lesen von Texten in und aus Dateien kennen. Um mit den Informationen aus Dateien zu arbeiten, erfolgen gewöhnlich drei Schritte:

1. Datei mit `open()` öffnen
2. Aktionen (Lesen und/oder Schreiben)
3. Datei mit `close()` schließen

Öffnen von Dateien – `open()`

Um eine Datei zu öffnen, existiert die bereits vorgestellte `open()`-Funktion, der man einen relativen oder absoluten Pfad übergibt:

```
>>> file = open("test.txt") # relativer Pfad, aktuelles Verzeichnis
>>> file = open("C:/Data/README.txt") # absoluter Pfad
```

Diese Funktion liefert ein Dateiobjekt zurück, mit dem die Datei entsprechend gelesen oder verändert werden kann. Beim Öffnen lässt sich ein Verarbeitungsmodus angeben. Dabei spezifiziert `r` den Lesemodus, `w` den Schreibmodus und `a` den Anhängemodus. Darüber hinaus kann man die Datei im Textmodus oder im Binärmodus öffnen, wobei standardmäßig vom Textmodus ausgegangen wird. Der Binärmodus `b` ist beispielsweise für die Verarbeitung von Bildern usw. wichtig, stellt aber ein fortgeschritteneres Thema dar, das außerhalb des Fokus dieses Buchs liegt.

Betrachten wir exemplarisch einige Aufrufe:

```
file_to_read = open("test.txt")          # Standard 'r'
file_to_write = open("test.txt",'w')     # Schreibmodus
binary_file_rw = open("img.bmp",'r+b') # Lesen und Schreiben im Binärmodus
```

Schließen von Dateien – `close()`

Wenn wir mit der Durchführung von Dateiaktionen fertig sind, ist es empfehlenswert, die Datei wieder zu schließen, um Systemressourcen freizugeben. Dazu dient ein Aufruf von `close()` und das folgende gebräuchliche Muster:

```
file = open("test.txt", encoding='utf-8')
# File-Aktionen ausführen
file.close()
```

Das Ganze birgt aber ein Problem: Tritt während des Zugriffs auf die Datei ein Fehler auf, der eine Exception auslöst, so wird die Datei nicht ordnungsgemäß geschlossen, da `close()` nicht mehr ausgeführt wird.

Sichere Variante Eine bessere Variante besteht in der Kombination mit einer in Kapitel 9 beschriebenen Fehlerbehandlung mit `try` und `finally`. Beides behandelt das genannte Kapitel im Detail. Hier reicht es, zu verstehen, dass der Block im `try` (bis zum Auftreten eines Fehlers oder ansonsten vollständig) ausgeführt wird und in jedem Fall auch die Anweisungen des Blocks im `finally` – selbst wenn es zuvor zu einem Fehler kam und eine Exception ausgelöst wurde:

```
file = open("test.txt", encoding='utf-8')
try:
    # File-Aktionen ausführen
    pass
finally:
    file.close()
```

Auf ein Detail möchte ich noch hinweisen: Wird in `open()` im Lesemodus eine nicht existente Datei angegeben, so kommt es – wie auch im Sourcecode-Beispiel von zuvor – zu einem `FileNotFoundError`.

Vielleicht sind Sie gerade über das Schlüsselwort `pass` gestolpert. Es drückt einen leeren Block aus, der einfach kein Verhalten definiert. Hier ist das notwendig, um einen Syntaxfehler zu vermeiden, da hinter `try` eine Anweisung stehen muss.

Elegante Variante Es gibt eine elegantere und kürzere Variante mit `with`, die folgendermaßen aussieht:

```
with open("test.txt", encoding='utf-8') as file:
    # File-Aktionen ausführen
    pass
```

Praktischerweise wird hierbei `close()` automatisch aufgerufen, wir müssen es nicht mehr explizit schreiben – der Aufruf erfolgt intern (vgl. Abschnitt 9.3).

Schreiben in Datei – `write()`

Um Daten in eine Datei schreiben zu können, muss diese im Modus `w` oder `a` für Schreiben bzw. Anhängen geöffnet werden. Zudem existiert noch der kurz vorab schon besprochene Modus `x`, der eine neue Datei zum Schreiben erzeugt. Existiert die Datei bereits, so kommt es beim Modus `x` zu einem `FileExistsError`. Die anderen vorher genannten Modi ermöglichen in dem Fall einfach das Scheiben in die Datei. Die Auswirkungen der Modi verdeutliche ich im Anschluss, nachdem das Einlesen beschrieben wurde.

Für das Schreiben von Daten gibt es die Methode `write()`, die die Anzahl der in die Datei geschriebenen Zeichen zurückgibt.

Als Beispiel wollen wir eine simple Personenliste schreiben. Um die Daten im späteren Programmverlauf sauber wieder einlesen zu können, denken wir dabei an die Angabe des Zeilenumbruchs:

```
>>> with open("personenListe.txt", 'w', encoding='utf-8') as file:
...     file.write("Person1: Michael\n")
...     file.write("Person2: Peter\n")
...     file.write("This file contains three lines\n")
...
17
15
31
```

Es entsteht eine neue Datei mit dem Namen `personenListe.txt` im aktuellen Verzeichnis, wenn sie nicht bereits existiert. Wenn sie existiert, wird sie überschrieben.

Einlesen aus Datei – `read()`

Gerade haben wir Daten geschrieben. Um diese wieder einzulesen, müssen wir die Datei im Lesemodus `r` öffnen.

Zum Einlesen dient die Methode `read()`, der man optional eine Anzahl an Bytes übergeben kann. Ohne diese Angabe wird die gesamte Datei eingelesen:

```
>>> with open("personenListe.txt", 'r', encoding='utf-8') as file:
...     content = file.read()
...     print(content)
...
Person1: Michael
Person2: Peter
This file contains three lines
```

Tatsächlich ist das noch leicht unhandlich und erfordert ein bisschen Nacharbeit, um an die einzelnen Informationen bzw. Zeilen zu kommen. Praktischerweise erfüllt eine Datei auch das Iterator-Protokoll (vgl. Abschnitt 8.3), sodass wir eine `for-in`-Schleife folgendermaßen verwenden können:

```
>>> with open("personenListe.txt", 'r', encoding='utf-8') as file:
...     # Zeilenweises Lesen
...     for line in file:
...         print(line, end="")
...
```

```
Person1: Michael
Person2: Peter
This file contains three lines
```

Weil die Zeilen in der Datei selbst ein Zeilenumbruchzeichen (`\n`) enthalten, nutzen wir den Parameter `end` der Funktion `print()`, um doppelte Zeilenumbrüche bei der Ausgabe zu vermeiden.

Zeilenweises Einlesen mit `readline()` bzw. `readlines()` Alternativ zu dem eben gezeigten Ansatz lassen sich alle Zeilen in Form einer Liste mithilfe von `readlines()` einlesen:

```
>>> with open("personenListe.txt", 'r', encoding='utf-8') as file:
...     lines = file.readlines()
...     print("Lines", lines)
...
Lines ['Person1: Michael\n', 'Person2: Peter\n', 'This file contains three lines
    \n']
```

Bei sehr großen Dateien kann es speichertechnisch günstiger sein, zunächst nur einige Zeilen einzulesen und zu verarbeiten. Dabei unterstützt uns die Methode `readline()`. Nachfolgend lesen wir die Datei zeilenweise ein und protokollieren Zeile für Zeile die eingelesenen Informationen:

```
>>> with open("personenListe.txt", 'r', encoding='utf-8') as file:
...     count = 1
...     line_content = file.readline()
...     while line_content:
...         print("Line", count, ":", line_content, end="")
...         line_content = file.readline()
...         count += 1
...
Line 1 : Person1: Michael
Line 2 : Person2: Peter
Line 3 : This file contains three lines
```

Tipp: Walross-Operator :=

Weil es recht gebräuchlich ist, erst Daten zu lesen und danach in einer `while`-Schleife weitere Daten zu lesen und auf das Ende zu vergleichen, bietet Python seit Version 3.8 den Walross-Operator := (Assignment-Expression, also Zuweisung und Aktion in einem). Damit vereinfacht sich das Ganze wie folgt:

```
>>> with open("personenListe.txt", 'r', encoding='utf-8') as file:
...     count = 1
...     while line_content := file.readline():
...         print("Line", count, ":", line_content, end="")
...         count += 1
...
Line 1 : Person1: Michael
Line 2 : Person2: Peter
Line 3 : This file contains three lines
```

Einfluss der Verarbeitungsmodi

Nachfolgend präsentiere ich ein paar Beispiele, wie sich die Verarbeitungsmodi beim Öffnen einer Datei auswirken.

Modus x – Erzeugen Beim Modus `x` wird eine neue Datei erzeugt, in die Informationen geschrieben werden können. Existiert eine gleichnamige Datei allerdings bereits, so kommt es zu einem `FileExistsError`. Das Verhalten lässt sich folgendermaßen nachvollziehen:

```
>>> path = "TO_BE_CREATED.txt"
>>> check_existence(path)
No such file TO_BE_CREATED.txt
>>>
>>> with open(path, 'x') as file:
...     # Aktionen
...     pass
...
>>> check_existence(path)
File TO_BE_CREATED.txt exists
```

Dabei verwenden wir die bereits in Abschnitt 7.1.2 entwickelte und hier nochmals zum leichteren Nachvollziehen dargestellte Funktion `check_existence()`:

```
>>> def check_existence(path):
...     if os.path.exists(path):
...         print("File", path, "exists")
...     else:
...         print("No such file", path)
```

Modus w – Überschreiben Auch beim Modus `w` wird eine neue Datei erzeugt oder eine bereits vorhandene geöffnet, in die Informationen geschrieben werden können. Existiert die Datei bereits, so geht allerdings der gesamte bisherige Inhalt verloren. Die Arbeitsweise verdeutlichen diese Kommandos:

```
>>> path = "OVERWRITE.txt"
>>> check_existence(path)
No such file OVERWRITE.txt
>>>
>>> with open(path, 'w') as file:
...     file.write("create_if_not_exists_else_overwrite\n")
...
36
>>> check_existence(path)
File OVERWRITE.txt exists
>>>
>>> with open(path, 'w') as file:
...     file.write("pure-overwrite\n")
...
15
```

Modus a – Anhängen Beim Modus `a` wird eine Datei erzeugt bzw. bei Existenz zum Anhängen von Daten geöffnet. Existiert die Datei bereits, so bleibt der bisherige Inhalt erhalten.

Betrachten wir wieder einen Ablauf auf der Kommandozeile zum besseren Verständnis:

```
>>> path = "APPEND.txt"
>>> check_existence(path)
No such file APPEND.txt
>>>
>>> with open(path, 'w') as file:
...     file.write("APPEND-1\n")
...
9
>>> with open(path, 'a') as file:
...     file.write("APPEND-2\n")
...
9
>>> with open(path, 'r') as file:
...     print(file.readlines())
...
['APPEND-1\n', 'APPEND-2\n']
```

7.1.4 Diverse Informationen ermitteln

Neben den bisher kennengelernten zentralen Aktionen benötigt man immer mal wieder gewisse Informationen etwa zu Dateigröße oder Zugriffsrechten.

Dateigröße bestimmen – `getsize()`

Mitunter ist man an der Größe einer Datei oder eines Verzeichnisses im Dateisystem interessiert. Diese Informationen liefert die Methode `getsize()`, sofern die Datei bzw. das Verzeichnis existiert. Allerdings ist das Ganze für Verzeichnisse komplizierter zu bestimmen. Zudem entsprechen die Informationen nicht immer zu 100 % der tatsächlichen Größe im Dateisystem (sondern sind eine Angabe in Bytes). Weil Dateisysteme speziell aufgebaut sind, weicht die Angabe von Betriebssystem zu Betriebssystem ab:

```
>>> path = "APPEND.txt"
>>> print("size '" + path + "':", os.path.getsize(path))
size 'APPEND.txt': 18
>>>
>>> print("size '.'", os.path.getsize("."))
size '.' 256
>>>
>>> print("size '..'", os.path.getsize(".."))
size '..' 288
```

Berechtigungen – `readable()` und `writable()`

Ab und zu muss man ermitteln, ob in eine Datei geschrieben werden darf oder ob nur lesende Zugriffe erlaubt sind. Dabei helfen die Funktionen `readable()` und `writable()`.

```
>>> with open(path, 'r') as file:
...     print(path, "is readable", file.readable())
...     print(path, "is writable", file.writable())
...
APPEND.txt is readable True
APPEND.txt is writable False
```

Zeitpunkte – `getatime()`, `getctime()` und `getmtime()`

Auch die Zeitpunkte der Erstellung, des letzten Zugriffs bzw. der letzten Änderungen können mit passenden Funktionen abgefragt werden. Da diese Werte als Sekunden seit 1970 bereitgestellt werden, bietet sich die Definition einer Umrechnungsmethode folgendermaßen an (mehr zum Thema Datumsverarbeitung finden Sie in Kapitel 10):

```
>>> import datetime
>>> def seconds_to_time(seconds):
...     return datetime.datetime.fromtimestamp(seconds)
...
```

Setzen wir diese nun in Kombination mit den geeigneten Abfragen ein:

```
>>> import os.path
>>> print("created", seconds_to_time(os.path.getctime("APPEND.txt")))
created 2021-06-30 23:43:45.564718
>>> print("modified", seconds_to_time(os.path.getmtime("APPEND.txt")))
modified 2021-06-30 23:43:45.564718
>>> print("accessed", seconds_to_time(os.path.getatime("APPEND.txt")))
accessed 2021-06-30 23:43:46.860756
```

Achtung: Nur unter Windows liefert `getctime()` den Erstellungszeitpunkt. Unter unixartigen Betriebssystemen wird die Zeit der letzten Änderung der Metadaten geliefert.

7.1.5 Kopieren und Umbenennen

Kopieren – `copy()`

Das Kopieren von Dateien ist eine speziellere High-Level-Aktion und wird im Modul `shutil` in Form der Funktion `copy()` bereitgestellt. Der Aufruf erfolgt unter Angabe von Quelle (hier: `APPEND.txt`) und Ziel (hier: `copy_of_APPEND.txt`) folgendermaßen:

```
>>> os.listdir()
['example-file.txt', 'rename-dir', 'subdir2', 'example-data.csv', 'subdir1', '
      OVERWRITE.txt', 'TO_BE_CREATED.txt', 'APPEND.txt']
>>>
>>> import shutil
>>> shutil.copy('APPEND.txt', "copy_of_APPEND.txt")
'copy_of_APPEND.txt'
```

Prüfen wir das nach, dann sehen wir, dass eine Kopie namens `copy_of_APPEND.txt` angelegt wurde:

```
>>> os.listdir()
['example-file.txt', 'rename-dir', 'subdir2', 'example-data.csv', 'subdir1', '
      OVERWRITE.txt', 'TO_BE_CREATED.txt', 'copy_of_APPEND.txt', 'APPEND.txt']
```

Nun soll die Datei `example-file.txt` kopiert werden. Diesmal ist das Ziel jedoch das Unterverzeichnis `subdir2` und der Dateiname erhält ergänzend eine Nummerierung:

```
>>> path_dest1 = "subdir2/example-file1.txt"
>>> path_dest2 = "subdir2/example-file2.txt"

>>> shutil.copy("example-file.txt", path_dest1)
'subdir2/example-file1.txt'
>>> shutil.copy("example-file.txt", path_dest2)
'subdir2/example-file2.txt'
```

Auch das prüfen wir kurz folgendermaßen nach:

```
>>> os.chdir("subdir2")
>>> os.listdir()
['example-file1.txt', 'example-file2.txt']
>>> os.chdir("..")
```

Umbenennen – rename()

Mithilfe der Funktion `rename()` lässt sich eine Datei oder ein Verzeichnis umbenennen. Dazu übergibt man den ursprünglichen Namen sowie den gewünschten Namen als Parameter. Nachfolgend nennen wir die Datei `to-be-renamed.txt` in `renamed.txt` um bzw. andersherum, je nach Existenz der Dateien. Dabei beginnen wir mit dem Wechsel in das passende Verzeichnis und dem initialen Anlegen der Datei:

```
>>> os.chdir("rename-dir")
>>> initial_file = open("to-be-renamed.txt", "w")
>>> os.listdir()
['to-be-renamed.txt']
```

Nun kann man das Umbenennen in folgender Funktion definieren und aufrufen:

```
>>> def rename_file():
...     if os.path.exists("to-be-renamed.txt"):
...         os.rename('to-be-renamed.txt', 'renamed.txt')
...     elif os.path.exists("renamed.txt"):
...         os.rename('renamed.txt','to-be-renamed.txt')
...
>>> rename_file()
>>> os.listdir()
['renamed.txt']
>>> rename_file()
>>> os.listdir()
['to-be-renamed.txt']
```

Die Ausgabe wechselt hin und her – natürlich nur, wenn man die Dateien nicht von Hand umbenennt oder löscht. :-)

7.1.6 Löschen

Um das Löschen zu demonstrieren, beginnen wir mit ein paar Vorarbeiten, nämlich dem initialen Anlegen eines Verzeichnisses und zweier Dateien:

```
>>> os.mkdir("dir-to-be-deleted")
>>> os.chdir("dir-to-be-deleted")
>>> file_to_be_deleted_1 = open("to-be-deleted-1.txt", "x")
>>> file_to_be_deleted_2 = open("to-be-deleted-2.txt", "x")
>>> os.listdir()
['to-be-deleted-1.txt', 'to-be-deleted-2.txt']
```

Löschen einer Datei – remove()

Eine Datei kann mit der Funktion `remove()` entfernt (gelöscht) werden. Im Listing sehen wir das Löschen der ersten Datei:

```
>>> os.remove('to-be-deleted-1.txt')
>>> os.listdir()
['to-be-deleted-2.txt']
```

Löschen eines leeren Verzeichnisses – `rmdir()`

Wie gerade gesehen, lässt sich eine Datei mit der Funktion `remove()` löschen. Analog dazu entfernt die Funktion `rmdir()` ein leeres Verzeichnis. Zur Demonstration legen wir ein Verzeichnis `new_and_empty` an und löschen es danach wieder:

```
>>> os.mkdir("new_and_empty")
>>> os.listdir()
['to-be-deleted-2.txt', 'new_and_empty']
>>>
>>> os.rmdir('new_and_empty')
>>> os.listdir()
['to-be-deleted-2.txt']
```

Löschen eines nicht leeren Verzeichnisses – `rmtree()`

Wie gerade erwähnt, kann man mit `rmdir()` allerdings nur leere Verzeichnisse löschen. Das ist manchmal unpraktisch. Deshalb gibt es im Modul `shutil` die Funktion `rmtree()`, mit der sich auch Verzeichnisse löschen lassen, die noch Dateien oder Verzeichnisse enthalten, wie dies für unser Verzeichnis `dir-to-be-deleted` der Fall ist.

Wechseln wir ins darüber liegende Verzeichnis und versuchen das Löschen einmal erfolglos mit `rmdir()` und danach erfolgreich mit `rmtree()`:

```
>>> os.chdir("..")
>>>
>>> os.rmdir("dir-to-be-deleted")
Traceback (most recent call last):
  File "<stdin>", line 1, in <module>
OSError: [Errno 66] Directory not empty: 'dir-to-be-deleted'
>>>
>>> shutil.rmtree("dir-to-be-deleted")
```

7.2 Praxisbeispiel: Directory-Baum darstellen

In diesem Praxisbeispiel geht es darum, eine grafische Ausgabe eines Verzeichnisbaums zu erzeugen. In der ersten Ausbaustufe sollen Dateien und Verzeichnisse pro Verzeichnisebene um je 4 Zeichen eingerückt werden, wodurch sich die Struktur optisch gut nachvollziehen lässt. Das ergibt beispielsweise folgende Ausgabe:

```
first-file
second-file
example-dir
    nested-file-1
    nested-file-2
...
```

7.2.1 Basisvariante

Zur Umsetzung greifen wir auf die bereits beschriebenen Basisfunktionalitäten zurück. Dies geschieht in einer Funktion `print_directory()`, die das aktuelle Verzeichnis und die momentane Einrückungstiefe als Parameter erhält. Als Erstes wird der Verzeichnisinhalt mit `listdir()` bestimmt. Danach wird für jedes Element per String-Multiplikation mit dem Operator `*` der Name passend eingerückt ausgegeben. Im Falle eines Verzeichnisses rufen wir die Funktion mit dem aktuellen Verzeichnis und einem erhöhten Zähler auf. Derartige Selbstaufrufe werden auch Rekursion genannt (vgl. Abschnitt 6.9) und erlauben es oftmals, Programme elegant, verständlich und kurz zu halten – weil wir aber während der Rekursion das aktuelle Verzeichnis wechseln, müssen wir am Ende auch immer noch eine Rückkorrektur durchführen:

```
import os
from os.path import expanduser


def print_directory(current_dir, path, level):

    os.chdir(current_dir)
    files = os.listdir()

    for file in files:
        print("    " * level, end="")
        print(file)

        if os.path.isdir(file):
            print_directory(file, path + file, level + 1)

    # Wechsel zurück in das aktuelle Verzeichnis
    if path != "":
        os.chdir("..")


home = expanduser("~")
print_directory(home + "/files-examples-dir", "", 0)
```

Im Listing sehen wir noch die Ermittlung des Benutzerverzeichnisses durch Aufruf von `expanduser("~")`.

Diese Implementierung produziert beispielsweise folgende Ausgabe:

```
example-file.txt
rename-dir
    to-be-renamed.txt
subdir2
    example-file1.txt
    example-file2.txt
OVERWRITE.txt
TO_BE_CREATED.txt
example-data.csv
APPEND.txt
subdir1
personenListe.txt
```

Obwohl diese Ausgabe schon nicht schlecht ist, wäre es doch wünschenswert, diese grafisch ein wenig zu pimpen.

7.2.2 Variante mit schönerer Darstellung

Unser Ziel ist es, vertikale und horizontale Verbindungslinien in die Darstellung zu integrieren. Am grundsätzlichen Ablauf muss nichts geändert werden. Auch der rekursive Aufruf bleibt gleich. Es ist lediglich etwas an der Implementierung der Ausgabe des Namens zu ändern. Zunächst prüfen wir, ob das letzte Element erreicht wurde, um »`\-- `« auszugeben und für alle anderen Fälle »`|-- `«. Hier müssen wir die `for-in-enumerate`-Schleife verwenden, damit wir sowohl Zugriff auf die Daten als auch den Index haben und so herausfinden können, ob das letzte Element erreicht wurde.

```
import os
from os.path import expanduser


def print_directory(current_dir, path, level):

    os.chdir(current_dir)
    files = os.listdir()

    for i, file in enumerate(files):
        is_last = i == len(files) - 1

        print("    " * level, end="")
        if is_last:
            print("\-- ", end="")
        else:
            print("|-- ", end="")

        print(file)

        if os.path.isdir(file):
            print_directory(file, path + file, level + 1)

    # Wechsel zurück in das aktuelle Verzeichnis
    if path != "":
        os.chdir("..")


home = expanduser("~")
print_directory(home + "/files-examples-dir", "", 0)
```

Nutzt man diese Funktion, so ergibt sich etwa folgende Ausgabe:

```
|-- example-file.txt
|-- rename-dir
    \-- to-be-renamed.txt
|-- subdir2
    |-- example-file1.txt
    \-- example-file2.txt
|-- OVERWRITE.txt
|-- TO_BE_CREATED.txt
|-- example-data.csv
|-- APPEND.txt
|-- subdir1
\-- personenListe.txt
```

Obwohl das schon ziemlich gut aussieht, wäre es wünschenswert, wenn die Linie zwischen verschachtelten Verzeichnissen durchgezogen wäre. Wie erreichen wir das?

7.2.3 Finale Variante mit ausgeklügelter Darstellung

Dazu müssen wir bei der Einrückung etwas nachjustieren. Das erfordert einen kleinen Trick: Wir übergeben jetzt nicht mehr das Level zum Einrücken, sondern eine Zeichenfolge. Dadurch können wir geeignet zwischen vier Leerzeichen »   « und einer Linie »| « unterscheiden. Erneut ändert sich am prinzipiellen Ablauf nichts, allerdings am Aufruf, wo jetzt statt einer Zahl ein String zum Einsatz kommt.

```
import os
from os.path import expanduser


def print_directory(current_dir, path, indent):

    os.chdir(current_dir)
    files = os.listdir()

    for i, file in enumerate(files):
        is_last = i == len(files) - 1

        print(indent, end="")
        if is_last:
            print("\-- ", end="")
        else:
            print("|-- ", end="")

        print(file)

        if os.path.isdir(file):
            new_indent = "    " if is_last else "|   "
            print_directory(file, path + file, indent + new_indent)

    # Wechsel zurück in das aktuelle Verzeichnis
    if path != "":
        os.chdir("..")


home = expanduser("~")
print_directory(home + "/files-examples-dir", "", "")
```

Unsere Modifikation führt schließlich zu einer richtig gelungenen Ausgabe, analog zu folgender:

```
|-- example-file.txt
|-- rename-dir
|   \-- to-be-renamed.txt
|-- subdir2
|   |-- example-file1.txt
|   \-- example-file2.txt
|-- OVERWRITE.txt
|-- TO_BE_CREATED.txt
|-- example-data.csv
|-- APPEND.txt
|-- subdir1
\-- personenListe.txt
```

7.3 JSON-Verarbeitung

JSON steht für JavaScript Object Notation und ist ein leichtgewichtiges Format für den Datenaustausch, das in den letzten 10 Jahren eine der gängigsten Arten, wenn nicht sogar die beliebteste, war, Daten zu verarbeiten. Besonders in der Welt der Webentwicklung wird Ihnen JSON vermutlich durch die vielen REST-APIs,[1] diverse Konfigurationsdateien oder andere Arten der Datenspeicherung begegnen.

Angesichts der weiten Verbreitung und des Einflusses auf die Programmierung werden Sie irgendwann wahrscheinlich lernen wollen, wie man Daten im JSON-Format aus einer Datei liest oder in eine Datei schreibt. Beide Aufgaben sind mit Python recht einfach zu bewältigen, wie Sie in den nächsten Abschnitten sehen werden.

7.3.1 JSON in eine Datei schreiben

Der einfachste Weg, Informationen im JSON-Format mit Python in eine Datei zu schreiben, besteht darin, Ihre Daten in einem Dictionary zu speichern. Dort können weitere verschachtelte Dictionaries und Listen oder andere Typen wie Ganzzahlen und Strings enthalten sein. Praktischerweise ermöglicht es das Modul `json`, ein Dictionary in einen JSON-String umzuwandeln – man spricht von Serialisieren. Ebenso ist eine Rückwandlung daraus in ein Dictionary möglich. Dann spricht man von Deserialisieren.

Beispiel

Als Beispiel betrachten wir das Schreiben verschiedener Informationen. Zunächst importieren wir das Modul `json` und erzeugen uns dann einen Datenbestand. Wir nutzen `with` für ein vereinfachtes Resource Handling (vgl. Abschnitt 9.3) und öffnen damit eine Datei. Die Daten schreiben wir durch Aufruf von `dump()`:

```
>>> import json
>>>
>>> data = {"TIM": {"name": "Tim", "age": 50, "city": "Kiel"},
...         "MIKE": {"name": "Mike", "age": 50, "city": "Zürich"},
...         "INFO": ["This", "is", "an", "information"],
...         "CHECKSUM": 4711}
>>>
>>> with open('data.json', 'w') as jsonfile:
...     json.dump(data, jsonfile)
...
```

Tipp: Versenden über das Netzwerk

Anstelle einer Datei lässt sich als zweiter Parameter beispielsweise auch ein Socket übergeben, das ähnlich wie eine Datei geöffnet, geschlossen und beschrieben werden kann. Das ist vermutlich ein eher verbreiteter Anwendungsfall.

1 https://de.wikipedia.org/wiki/Representational_State_Transfer

Mitunter möchte man die Daten im Programm weiterverarbeiten. Dazu lässt sich durch Aufruf von `dumps()` ein String mit JSON erzeugen – hier sehen wir für den Umlaut in Zürich die Konvertierung in UTF-8:

```
>>> result = json.dumps(data)
>>> result
'{"TIM": {"name": "Tim", "age": 50, "city": "Kiel"}, "MIKE": {"name": "Mike", "
    age": 50, "city": "Z\\u00fcrich"}, "INFO": ["This", "is", "an", "
    information"], "CHECKSUM": 4711}'
```

7.3.2 Lesen von JSON aus einer Datei

Nachdem wir wissen, wie die Daten geschrieben werden, wollen wir sie vermutlich auch wieder einlesen – Gleiches gilt für Daten, die wir von anderen Programmen als Eingabe erhalten. Das Ganze gestaltet sich praktischerweise ebenso einfach wie das Schreiben.

Beispiel

Als Beispiel sollen die gerade geschriebenen Daten eingelesen werden. Dabei hilft uns die Funktion `load()`. Diese liest den JSON-String aus der Datei, parst die JSON-Daten und füllt damit ein `dict` – wie erwähnt, nennt man diese Rekonstruktion auch Deserialisieren.

```
>>> import json
>>>
>>> with open('data.json') as json_file:
...     data = json.load(json_file)
...
>>> data
{'TIM': {'name': 'Tim', 'age': 50, 'city': 'Kiel'}, 'MIKE': {'name': 'Mike', '
    age': 50, 'city': 'Zürich'}, 'INFO': ['This', 'is', 'an', 'information'], '
    CHECKSUM': 4711}
```

Datenzugriff und Navigation

Weil die Daten als Dictionary repräsentiert sind, lässt sich auf diese einfach per eckige Klammernsyntax unter Angabe eines oder mehrerer (verschachtelter) Schlüssel zugreifen, um einzelne Werte oder ganze Datenbestände auszulesen:

```
>>> data["MIKE"]
{'name': 'Mike', 'age': 50, 'city': 'Zürich'}
>>> data["MIKE"]["city"]
'Zürich'
>>> data["INFO"]
['This', 'is', 'an', 'information']
```

7.3.3 Pretty Printing

Wir haben gerade gesehen, wie einfach man JSON mit Python verarbeiten kann. Allerdings werden die Informationen doch ziemlich kompakt aufbereitet. Für den Datenaustausch zwischen Programmen ist das in den meisten Fällen ein guter Standard, jedoch erschwert dies die Lesbarkeit für uns Menschen ungemein. Zum Erzeugen einer besser lesbaren Darstellung bietet sich eine Variante von `dumps()` an, der man mit dem Parameter `indent` die gewünschte Einrücktiefe mitgeben kann.

```
>>> prettyprinted = json.dumps(data, indent=4)
>>> prettyprinted
'{\n    "TIM": {\n        "name": "Tim",\n        "age": 50,\n        "city": "
    Kiel"\n    },\n    "MIKE": {\n        "name": "Mike",\n        "age": 50,\n
            "city": "Z\\u00fcrich"\n    },\n    "INFO": [\n        "This",\n
            "is",\n        "an",\n        "information"\n    ],\n    "CHECKSUM":
     4711\n}'
```

Wir erkennen bereits recht gut die Zeilenumbrüche und Leerzeichen. Schauen wir uns mal an, wie schön lesbar das dann ausgegeben wird:

```
>>> print(prettyprinted)
{
    "TIM": {
        "name": "Tim",
        "age": 50,
        "city": "Kiel"
    },
    "MIKE": {
        "name": "Mike",
        "age": 50,
        "city": "Z\u00fcrich"
    },
    "INFO": [
        "This",
        "is",
        "an",
        "information"
    ],
    "CHECKSUM": 4711
}
```

7.4 Aufgaben und Lösungen

7.4.1 Aufgabe 1: Texte in Datei schreiben und wieder lesen

Schreiben Sie ein paar Zeilen in eine Datei namens `data.txt` und lesen Sie diese danach wieder ein.

Lösung

Zum Schreiben öffnen wir zunächst einmal eine Datei namens `data.txt`, in die wir dann die Nutzdaten mithilfe der Funktion `write()` schreiben. Als Besonderheit sehen wir hier den Einsatz von mehrzeiligen Strings. Dadurch können wir auf die sonst notwendige Angabe von Zeilenumbrüchen verzichten:

```
>>> info = """This is the first line
... This is the second line
... Third line"""
>>>
>>> with open("data.txt", 'w', encoding='utf-8') as file:
...     file.write(info)
...
57
```

Wie folgt lesen wir die Datei mit `readlines()` zeilenweise ein und geben diese aus:

```
>>> with open("data.txt", 'r', encoding='utf-8') as file:
...     content = file.readlines()
...     print(content)
...
['This is the first line\n', 'This is the second line\n', 'Third line']
```

7.4.2 Aufgabe 2: Dateigrößen

Ermitteln Sie die Größe der in der vorherigen Aufgabenstellung geschriebenen Datei.

Lösung

Die Größe einer Datei kann man mithilfe der Funktion `getsize()` bestimmen. Schreiben wir danach erneut ein paar Daten und rufen die Funktion nochmals auf:

```
>>> import os
>>>
>>> print(os.path.getsize("data.txt"))
57
>>>
>>> with open("data.txt", 'w', encoding = 'utf-8') as file:
...     content = file.write("Additional data\n")
...
>>> print(os.path.getsize("data.txt"))
16
```

Zunächst sind wir eventuell verwundert, wieso die Dateigröße von 57 auf 16 Bytes geschrumpft ist. Wenn wir uns dann jedoch an die Einleitung erinnern, so fällt uns sicher wieder ein, dass beim Öffnen zum Schreiben standardmäßig die bestehenden Daten überschrieben werden.

Setzen wir das Beispiel fort und fügen ein paar weitere Daten hinzu, um die Größenveränderung beobachten zu können. Diesmal öffnen wir die Datei `data.txt` jedoch im Append-Modus, indem wir »`a`« angeben:

```
>>> with open("data.txt", 'a', encoding='utf-8') as file:
...     content = file.write("More data\n")
...
```

Die Ausgabe der Größe zeigt, dass eine zusätzliche Datenzeile angehängt wurde, und die Dateigröße erhöht sich somit von 16 auf 26 Bytes:

```
>>> print(os.path.getsize("data.txt"))
26
```

7.4.3 Aufgabe 3: Existenzprüfung

Schreiben Sie etwas Python-Sourcecode, der prüft, ob eine Datei oder ein Verzeichnis, das durch einen Pfadnamen angegeben ist, existiert oder nicht.

Lösung

Ob ein Verzeichnis oder eine Datei existiert, bestimmt man mit einem Aufruf von `exists()`. Diese Funktionalität stammt aus dem Modul `os` bzw. genauer aus dem Submodul `os.path`. Zunächst nutzen wir die Funktion für die in einer der vorherigen Aufgaben angelegte Textdatei mit dem Namen `data.txt`, danach für jeweils ein unbekanntes Verzeichnis `UnknownDir` bzw. eine nicht existierende Datei `unknown.txt`:

```
>>> import os
...
... def exists(pathname):
...     if os.path.exists(pathname):
...         print("File exists")
...     else:
...         print("No such file")
...
>>>
>>> exists("data.txt")
File exists
>>> exists("./UnknownDir")
No such file
>>> exists("unknown.txt")
No such file
```

7.4.4 Aufgabe 4: Rechteprüfung

Schreiben Sie einige Python-Anweisungen, um zu prüfen, ob eine Datei oder ein Verzeichnis lesbar oder schreibbar ist, also die passenden Lese- und Schreibrechte existieren. Geben Sie zudem noch den absoluten Pfad aus, worin sich die Datei befindet.

Lösung

In der Einführung haben wir die Methoden `writable()` und `readable()` kennengelernt, um Berechtigungen zu prüfen. Wiederum nutzen wir die in den vorherigen Aufgaben angelegte Textdatei für diese Prüfung.

Schließlich greifen wir auf die Funktion `abspath()` zur Bestimmung des absoluten Pfads zurück:

```
>>> with open("data.txt", 'a', encoding = 'utf-8') as file:
...     print("readable", file.readable())
...     print("writable", file.writable())
...
readable False
writable True
>>>
>>> with open("data.txt", 'r', encoding = 'utf-8') as file:
...     print("readable", file.readable())
...     print("writable", file.writable())
...
readable True
writable False
>>>
>>> os.path.abspath("data.txt")
'/Users/michaelinden/data.txt'
```

7.4.5 Aufgabe 5: Verzeichnisinhalt auflisten

Schreiben Sie ein Python-Programm, um den Inhalt eines Verzeichnisses auszugeben. Insbesondere sollen möglicherweise enthaltene Unterverzeichnisse nicht weiter verarbeitet werden, sondern nur als eine Zeile ausgegeben werden. Dabei sollen Verzeichnisse und Dateien unterschiedlich markiert werden. Geben Sie auch die Dateigröße an, für Verzeichnisse einfach `-/-`.

Das kann in etwa so aussehen:

```
TEST -/- [DIR]
ex01_write.py 277
ex04_fileinfo.py 322
ex05_print_dir.py 326
ex03_existence.py 99
TESTDIR -/- [DIR]
ex02_filesize.py 281
MIKE-DIR -/- [DIR]
data.txt 83
personenListe.txt 67
```

Lösung

In der Einführung hatte ich die Funktionen `chdir()` und `listdir()` zum Wechseln des Verzeichnisses bzw. Ermitteln des Verzeichnisinhalts vorgestellt. Zudem wurden die Funktionen `isdir()` und `getsize()` besprochen, die wir zum Aufbereiten einer Auflistung mit Informationen zu Dateigröße und einem Hinweis, etwa `[DIR]` für Verzeichnis, benötigen:

```
import os

os.chdir(".")
files = os.listdir()

for current in files:
    size = os.path.getsize(current)
    is_dir = os.path.isdir(current)

    dir_marker = "[DIR]" if is_dir else " "
    size_info_marker = " -/- " if is_dir else " " + str(size)

    print(current + size_info_marker + dir_marker)
```

Kür: Aufbereiten von Listen nur mit Dateien bzw. nur mit Verzeichnissen

Als Kür verbleibt das Aufbereiten von Listen nur mit Dateien bzw. nur mit Verzeichnissen. Dies lässt sich sehr elegant mithilfe von List Comprehensions in Kombination mit den beiden Prüffunktionen `isfile()` und `isdir()` umsetzen:

```
import os

print(os.getcwd())

files = os.listdir()

all_files = [file for file in files if os.path.isfile(file)]
print("all_files", all_files)

all_dirs = [file for file in files if os.path.isdir(file)]
print("all_dirs", all_dirs)
```

II Aufstieg

8 Collections Advanced

Dieses Kapitel beschreibt diverse Funktionalitäten rund um Collections. Dazu gehe ich beispielsweise auf sequenzielle Datentypen, Iteratoren und Generatoren ein. Spezielle benannte Datencontainer lassen sich mit Named Tuples erzeugen. Schließlich schauen wir uns noch einführend Lambdas an.

8.1 Sequenzielle Datentypen

In Python existieren als Basis für verschiedene Datencontainer wie Listen, Tupel und Strings die sogenannten sequenziellen Datentypen. Der Name leitet sich davon ab, dass diese Datencontainer Folgen von Elementen zusammenfassen, d. h., innerhalb des sequenziellen Datentyps haben die Elemente eine definierte Reihenfolge und können über einen Index adressiert werden. Unter anderem folgende Operationen sind definiert:

- **`in`** – `elem in values` prüft, ob sich das Element im Datencontainer befindet.
- **`not in`** – `elem not in values` prüft, ob das Element *nicht* im Datencontainer vorhanden ist.
- **`+`** / **`+=`** – Die Aufrufe `values1 + values2` und `values1 += values2` fügen die Sequenz `values2` an die Sequenz `values1` an und liefern eine neue Sequenz. Dabei meint Sequenz den jeweiligen Ausgangstyp, also für Listen wird als Ergebnis eine Liste geliefert, für Tupel ein Tupel und für Strings ein String. Ein Mix aus Typen resultiert in einem `TypeError`.
- **`*`** – Wiederholt die Sequenz n Mal. Auf diese Weise lassen sich nicht nur Strings wiederholen, sondern auch Listen, was etwa für Initialisierungen sehr praktisch sein kann.
- **`[i]`** – `values[i]` führt zu einem indizierten Zugriff und liefert das i-te Element aus `values`. Im Speziellen kann man mit `[-1]` auf das letzte Element zugreifen.
- **`[start:end]`** – `values[start:end]` führt zu einem sogenannten ***Slicing*** (vgl. Abschnitt 5.2.2) und liefert die Elemente von Position `start` bis exklusive `end` aus `values` als neue Sequenz. Dabei gibt es zwei interessante Varianten. Zum einen ist das `[:]` ohne Bereichsangabe, das zu einer Kopie der gesamten Sequenz führt. Zum anderen liefern `[start:]` und `[:end]` jeweils die Teile, beginnend bei `start` bis zum Ende bzw. vom Anfang bis zum Index `end` exklusive.

- **[start:end:step]** – `values[start:end:step]` führt zu einem Slicing und liefert die Elemente von Position `start` bis exklusive `end` mit einer Schrittweite von `step` aus `values` als neue Sequenz. Dabei gibt es als interessante Variante `[::-1]` ohne Bereichsangabe und mit negativer Schrittweite, wodurch eine neue Sequenz in umgekehrter Reihenfolge der Originalsequenz entsteht.
- **len()** – `len(values)` gibt die Größe, also die Anzahl an Elementen im Datencontainer, zurück.
- **min() / max()** – Aufrufe von `min(values)` bzw. `max(values)` ermitteln das Element mit dem kleinsten bzw. größten Wert aus `values`.
- **sum()** – `sum(values)` summiert die Werte aus `values`.

Beispiel

Schauen wir uns für einige dieser Operationen ein Beispiel an, weil deren Verständnis wichtig für das alltägliche Programmieren ist. Zunächst addieren wir zwei Listen, dann drei String, wobei jeweils noch eine Multiplikation zum Einsatz kommt. Schließlich mixen wir Listen und Tupel, was in einem Fehler resultiert:

```
>>> ['AB'] + ['CD', 'EF'] * 2
['AB', 'CD', 'EF', 'CD', 'EF']
>>> 'AB' + 'CD' + 'EF' * 2
'ABCDEFEF'
>>> ['AB'] + ('CD', 'EF')
Traceback (most recent call last):
  File "<stdin>", line 1, in <module>
TypeError: can only concatenate list (not "tuple") to list
```

Nachfolgend definieren wir zwei Listen mit Namen, addieren diese und führen dann indizierte Zugriffe und Slicing darauf aus:

```
names1 = ["Micha", "Tim", "Tom", "Willi"]
names2 = ["Marcello", "Karthi", "Michael"]
names = names1 + names2

print("All:", names)
print("First:", names[0])
print("Last:", names[-1])
print("Pos 1-3:", names[1:3])
print("Reversed:", names[::-1])
print("Every 2nd:", names[::2])
print("len: %d, min: %s, max: %s" % (len(names), min(names), max(names)))
```

Das führt zu folgenden Ausgaben:

```
All: ['Micha', 'Tim', 'Tom', 'Willi', 'Marcello', 'Karthi', 'Michael']
First: Micha
Last: Michael
Pos 1-3: ['Tim', 'Tom']
Reversed: ['Michael', 'Karthi', 'Marcello', 'Willi', 'Tom', 'Tim', 'Micha']
Every 2nd: ['Micha', 'Tom', 'Marcello', 'Michael']
len: 7, min: Karthi, max: Willi
```

8.2 Spaß mit Listen

In diesem Unterkapitel wenden wir uns einigen nützlichen Besonderheiten von Listen in Python zu.

8.2.1 Additionen und Multiplikationen mit Listen

Schauen wir kurz zurück und erinnern uns: Bei kleineren Datenbeständen bietet es sich an, Listen in Form von Collection-Literalen als kommaseparierte Abfolge von Werten, umrahmt von eckigen Klammern, zu erzeugen. Praktischerweise lassen sich diese sogar addieren, wie es nachfolgend gezeigt ist:

```
>>> numbers = [1, 2, 3]
>>> numbers += [4, 5, 6, 7]
>>> numbers
[1, 2, 3, 4, 5, 6, 7]
```

Initialisierung und Multiplikationen

Als Besonderheit kann man Listen nicht nur wie gerade gezeigt durch Addition miteinander verknüpfen, sondern auch durch Multiplikation n-mal vervielfältigen. Das ist oftmals bei Initialisierungen praktisch. Das folgende Beispiel zeigt, wie sich zwei einelementige Listen mit je einer Zahl per Multiplikation zunächst auf zwei mehrelementige Liste vergrößern und sich dann zu einer Ergebnisliste kombinieren lassen:

```
>>> zero_and_ones = [0] * 5 + [1] * 7
>>> zero_and_ones
[0, 0, 0, 0, 0, 1, 1, 1, 1, 1, 1, 1]
```

Die so erzeugten Werte sind bei Bedarf noch anpassbar:

```
>>> zero_and_ones[2] = 111
>>> zero_and_ones[-2] = 2222
>>> zero_and_ones
[0, 0, 111, 0, 0, 1, 1, 1, 1, 1, 2222, 1]
```

Ein konkreter Anwendungsfall für die Multiplikation von Listen besteht darin, für die Zahlen der 31 Tage im Monat eine passende Endung zu definieren, also 1st, 2nd, 3rd usw. Dafür lassen sich Collection-Literale und Multiplikationen gewinnbringend kombinieren – hier mit dem speziellen Element für Position 0, was eine der menschlichen Denkweise folgende Adressierung erlaubt:

```
>>> endings = ["th", "st", "nd", "rd"] + 17 * ["th"] + \
...     ["st", "nd", "rd"] + 7 * ["th"] + \
...     ["st"]
>>> for i in range(1, 5):
...     print(i, endings[i], sep="")
...
1st
2nd
3rd
4th
```

Zweidimensionale Initialisierung Man kann auch verschachtelte Listen mithilfe von Multiplikationen mit einem gewünschten Ausgangsdatenbestand füllen. Schauen wir uns das für sieben Zeilen an, die jeweils abwechselnd die Zeichen `X` und `-` enthalten sollen, und zwar sieben Mal in Folge pro Zeile. Die Initialisierung schreiben wir wie folgt:

```
>>> nested_values = [["X", "-"] * 7 for _ in range(7)]
```

Schauen wir uns das Resultat an, indem wir es grafisch nett aufbereitet ausgeben:

```
>>> for line in nested_values:
...     for ch in line:
...         print(ch, end="")
...     print()
...
X-X-X-X-X-X-X-
X-X-X-X-X-X-X-
X-X-X-X-X-X-X-
X-X-X-X-X-X-X-
X-X-X-X-X-X-X-
X-X-X-X-X-X-X-
X-X-X-X-X-X-X-
```

8.2.2 Trickserei mit Slicing

Erinnern wir uns auch hier kurz an die mächtigen Slicing-Operationen, mit denen man einzelne Elemente, aber auch Teilbereiche oder sogar nicht zusammenhängende Bereiche extrahieren kann. Mithilfe von `values[start:end]` erhält man die Elemente von Position `start` bis exklusive `end` aus `values` als neue Liste. Mit der Variante `[start:end:step]` lässt sich eine Schrittweite festlegen. Dabei gibt es als interessante Variante `[::-1]` ohne Bereichsangabe und mit negativer Schrittweite, wodurch eine neue Liste in umgekehrter Reihenfolge der Werte entsteht.

```
>>> numbers = [0, 1, 2, 3, 4, 5, 6, 7, 8, 9]
>>> first3 = numbers[0:3]
>>> first3
[0, 1, 2]
>>> every2nd_from_pos2 = numbers[2::2]
>>> every2nd_from_pos2
[2, 4, 6, 8]
>>> reversed = numbers[::-1]
>>> reversed
[9, 8, 7, 6, 5, 4, 3, 2, 1, 0]
```

Mit Slicing kann man nicht nur die zuvor angedeuteten »einfachen« Extraktionen vornehmen, sondern insbesondere auch Werte hinzufügen, ersetzen und sogar löschen. Wie man dazu vorgehen muss, zeige ich Ihnen nun.

Werte hinzufügen

Mit Slicing kann man Elemente etwa

- am Anfang mit [:0],
- am Ende mit [len(<values>):],
- oder an beliebiger Position [<pos>:<pos>] (gleiche Start- und Endposition)

hinzufügen.

Diese Aktionen vollziehen wir für eine Liste von Zahlen nach. Zunächst werden die Werte 0 und 1 vorne angefügt. Danach dann die Werte 13 und 14 hinten. Schließlich werden die Ziffer 4 bis 8 an der passenden Position eingefügt:

```
>>> numbers = [2, 3, 9, 10, 11, 12]
>>>
>>> numbers[:0] = [0, 1]
>>> numbers
[0, 1, 2, 3, 9, 10, 11, 12]
>>>
>>> numbers[len(numbers):] = [13, 14]
>>> numbers
[0, 1, 2, 3, 9, 10, 11, 12, 13, 14]
>>>
>>> numbers[4:4] = [4, 5, 6, 7, 8]
>>> numbers
[0, 1, 2, 3, 4, 5, 6, 7, 8, 9, 10, 11, 12, 13, 14]
```

Werte ersetzen

Zudem lassen sich Werte ersetzen. Dazu weist man einem Bereich, definiert durch Start- und Endindex, eine passend lange Liste mit Werten zu[1] – das ginge mit geeigneter Indexangabe natürlich auch von vorne oder vom Ende:

```
>>> numbers[4:9] = [44, 55, 66, 77, 88]
>>> numbers
[0, 1, 2, 3, 44, 55, 66, 77, 88, 9, 10, 11, 12, 13, 14]
```

Werte löschen

Schließlich kann man Werte löschen, indem man einem Wertebereich eine leere Liste zuweist – das ginge mit passender Indexangabe natürlich auch von vorne oder vom Ende:

```
>>> numbers[4:9] = []
>>> numbers
[0, 1, 2, 3, 9, 10, 11, 12, 13, 14]
```

1 Man kann auch eine längere Liste zuweisen, dann werden einfach mehr Elemente eingefügt als durch den Indexbereich beschrieben und das Ganze wird etwas schwieriger nachvollziehbar.

8.3 Iteratoren

Für Listen und Sets haben wir bereits verschiedene Varianten zum Durchlaufen kennengelernt. Als Vereinheitlichung kam dabei unsichtbar ein Iterator zum Einsatz. Er wird »Iterator« genannt, weil »Iterieren« der Fachbegriff für das Durchlaufen von Datenstrukturen ist.

Iteratoren in Python

Iteratoren werden in Python vielfach verwendet, etwa intern für `for`-Schleifen, Comprehensions usw. Ein Iterator ist eine Art Zeiger, der auf das aktuelle Element verweist und das nächste Element eines Datencontainers liefern kann. Dazu bietet ein Iterator in Python zwei spezielle Methoden, nämlich `__iter__()` und `__next__()`.

Man bezeichnet ein Objekt als Iterable, wenn man von diesem einen Iterator erhalten kann. Dazu dient die Funktion `iter()`, die intern `__iter__()` aufruft. Die Eigenschaft `Iterable` gilt für die meisten eingebauten Container in Python wie `list` und `set`, aber auch für Strings mit dem Typ `str`.

Iteration mithilfe eines Iterators

Nachfolgend besorgen wir uns einen Iterator von einer Liste durch Aufruf von `iter()`. Danach verwenden wir die Built-in-Funktion `next()`, um manuell durch alle Elemente mithilfe eines Iterators zu iterieren. Wenn wir das Ende erreichen und keine weiteren Daten mehr vorhanden sind, wird eine Exception vom Typ `StopIteration` ausgelöst – an der Ausgabe erkennen wir, dass unter der Motorhaube die Funktion `__next__()` aufgerufen wird:

```
>>> some_numbers = [1, 2, 3]
>>> list_iter = iter(some_numbers)
>>>
>>> next(list_iter)
1
>>> next(list_iter)
2
>>> next(list_iter)
3
>>> next(list_iter)
Traceback (most recent call last):
  File "<stdin>", line 1, in <module>
StopIteration# next(obj) is same as obj.__next__()
```

Eine elegantere Art der automatischen Iteration ist die Verwendung einer `for-in`-Schleife. Dort geschehen die Iteration sowie die Aufrufe von `next()` ohne unser Zutun. Zudem tritt nach außen keine `StopIteration` auf:

```
>>> for element in some_numbers:
...     print(element)
...
1
2
3
```

Hintergrundwissen: Funktionsweise der `for-in`-Schleife mit Iteratoren

Praktischerweise versteckt die `for-in`-Schleife die Details der Iteration. Blicken wir hinter die Kulissen und schauen uns an, wie die allgemeine `for-in`-Schleife

```
for element in iterable:
    # Aktion auf dem Element
```

tatsächlich in Python unter der Motorhaube umgesetzt ist, nämlich als Endlosschleife in Kombination mit einem Iterator und dem abgesicherten Aufruf von `next()` sowie dem Behandeln einer potenziell auftretenden `StopIteration` zum Abbruch:

```
# Holen eines Iterators
iter_obj = iter(iterable)

# Endlosschleife
while True:
    try:
        # Zugriff auf nächstes Element
        element = next(iter_obj)
        # Aktion auf dem Element
    except StopIteration:
        # Abbruch im Falle einer StopIteration
        break
```

Innerhalb der `while`-Schleife wird wiederholt `next()` aufgerufen, um das nächste Element zu erhalten. Dann werden die Anweisungen des Schleifenkörpers der `for-in`-Schleife ausgeführt. Das Ganze endet, wenn es keine weiteren zu konsumierenden Elemente mehr gibt. Als Folge wird eine `StopIteration` ausgelöst. Diese wird intern behandelt und die `while`-Schleife mit `break` abgebrochen. Jede andere mögliche Art von Exception wird weiterpropagiert (vgl. Kapitel 9).

Eigenen Iterator erstellen

In diesem Abschnitt schauen wir uns an, wie man einen eigenen Iterator bereitstellen kann. Dazu müssen wir lediglich die Methoden `__iter__()` und `__next__()` implementieren. Dabei liefert die Methode `__iter__()` das Iterator-Objekt selbst zurück. Die Methode `__next__()` muss das nächste Element des Datenbestands zurückgeben. Beim Erreichen dessen Endes und bei nachfolgenden Aufrufen muss `__next__()` eine `StopIteration` auslösen.

Als Beispiel soll die ***Fakultät*** mithilfe eines Iterators berechnet werden. Erinnern wir uns an Abschnitt 6.9.1: Mathematisch ist die Fakultät für eine positive Zahl n als das Produkt (also die Multiplikation) aller natürlichen Zahlen von 1 bis einschließlich n definiert. Zur Notation wird das Ausrufezeichen der entsprechenden Zahl nachgestellt. Beispielsweise steht 5! für die Fakultät der Zahl 5:

$$5! = 5 * 4 * 3 * 2 * 1 = 120$$

Dies lässt sich wie folgt verallgemeinern:

$$n! = n * (n-1) * (n-2) * ... * 2 * 1$$

Wir wollen diese Berechnung mithilfe eines Iterators beschreiben. Dazu benötigen wir Attribute für den Wert der aktuellen Iteration, die Maximalanzahl und einen Zwischenspeicher für das Resultat. Die Initialisierung findet in `__init__()` statt:

```
class FactorialIterator:
    def __init__(self, n=0):
        self.n = n
        self.result = 1
        self.iteration = 1

    def __iter__(self):
        return self

    def __next__(self):
        if self.iteration > self.n:
            raise StopIteration

        self.result *= self.iteration
        self.iteration += 1
        return self.result
```

In `__next__()` prüfen wir die Anzahl der Iterationen und lösen bei Erreichen der Maximalzahl eine `StopIteration` aus, um die Verarbeitung zu stoppen. Dazu dient das Schlüsselwort `raise` in Kombination mit einem Ausnahmetyp. Mehr zu dem Thema erfahren Sie in Abschnitt 9.1.2. Ansonsten führen wir die Multiplikation aus und erhöhen den Zähler für die Anzahl der Iterationen.

Den so erstellten Iterator können wir low-level folgendermaßen nutzen:

```
# Erzeuge einen Iterator
numbers = FactorialIterator(5)

# Erzeuge das Iterable
it = iter(numbers)

# Durchlaufe die Werte mit next()
print(next(it))
print(next(it))
print(next(it))
print(next(it))
print(next(it))
```

Dabei kommt es zu folgenden Ausgaben:

```
1
2
6
24
120
```

Wenn wir ein weiteres Mal

```
print(next(i))
```

aufrufen, dann können keine Daten mehr geliefert werden und es wird eine `StopIteration`-Exception (vgl. Kapitel 9) ausgelöst, wodurch die Verarbeitung abgebrochen und ein Fehlerbericht ähnlich zu folgendem auf der Konsole ausgegeben wird:

```
Traceback (most recent call last):
  File "/Users/michaelinden/PycharmProjects/Einfach-Python-V2/
       ch08_collections_advanced/fac_iterator.py", line 32, in <module>
    print(next(it))
          ~~~~^^^^
  File "/Users/michaelinden/PycharmProjects/Einfach-Python-V2/
       ch08_collections_advanced/fac_iterator.py", line 16, in __next__
    raise StopIteration
StopIteration
```

Einfacher und weniger fehleranfällig ist die Verwendung des selbst erstellten Iterators mit einer `for-in`-Schleife wie folgt:

```
>>> for i in FactorialIterator(5):
...     print(i)
...
1
2
6
24
120
```

8.4 Generatoren

Es ist doch etwas Arbeit, einen Iterator in Python zu erstellen. Wie gesehen, müssen wir dazu in einer Klasse die beiden Methoden `__iter__()` und `__next__()` implementieren. Zudem wird eine interne Datenhaltung benötigt, ebenso wie das Auslösen einer `StopIteration`, wenn es keine Werte mehr zurückzugeben gibt.

Wenn man es ein wenig bequemer haben möchte, dann bieten Generatoren eine einfache Möglichkeit, Iteratoren zu erstellen. Praktischerweise werden die zuvor beschriebenen und bei der Implementierung des eigenen Iterators kennengelernten Aktionen in Python automatisch von Generatoren erledigt. Betrachten wir das an einem Beispiel.

Beispiel: Generator implementieren

Um in Python einen Generator selbst zu erstellen, muss man lediglich eine normale Funktion definieren, die als Besonderheit bei der Rückgabe der Werte statt `return` die `yield`-Anweisung nutzt:

```
def my_first_generator():
    yield "one"
    yield "two"
    yield "three"
    yield "four"
```

Die vom Generator erzeugten Werte werden mit `next()` durchlaufen:

```
gen = my_first_generator()
print(next(gen))
print(next(gen))
print(next(gen))
print(next(gen))
```

Es kommt zu folgenden Ausgaben – ein weiterer Aufruf würde eine `StopIteration` auslösen:

```
one
two
three
four
```

Achtung: Flüchtigkeitsfehler

Wenn man ein wenig unkonzentriert oder noch nicht so vertraut mit Generatoren ist, dann könnte man fehlerhafterweise die Aufrufe wie folgt gestalten, was aber nicht zum gewünschten Erfolg führt, weil immer wieder neue Generatoren erzeugt werden, die jeweils wieder von vorne anfangen:

```
print(next(my_first_generator()))
print(next(my_first_generator()))
print(next(my_first_generator()))
```

Beispiel: Generator mit Zustand implementieren

Erweitern wir das Beispiel aus der Einführung und erkennen, dass wir sogar Variablen innerhalb des Generators definieren können:

```
def my_second_generator():
    n = 1
    print('before first')
    yield n

    n *= 2
    print('before second')
    yield n

    n *= 3
    print('before third and last')
    yield n
```

Schauen wir uns das Ganze diesmal im Kontext einer `for-in`-Schleife an, dann sehen wir, dass die Werte bei jedem Durchlauf passend zwischengespeichert werden:

```
>>> for item in my_second_generator():
...     print(item)
...
before first
1
before second
2
before third and last
6
```

Hinweis: Unterschied zwischen `yield` und `return`

Eine Funktion wird automatisch zu einer Generatorfunktion, falls sie mindestens eine `yield`-Anweisung enthält. Aber worin besteht der Unterschied zwischen `yield` und `return`, wenn doch beide zur Rückgabe eines Werts aus einer Funktion dienen. Bekanntermaßen beendet ein Aufruf von `return` die Abarbeitung der Funktion vollständig. Dagegen gibt `yield` zwar den Wert zurück und auch die Kontrolle an den Aufrufer, aber mit folgender Besonderheit: Innerhalb der Funktion werden alle ihre Zustände (also die Wertebelegungen der Variablen) gespeichert. Bei späteren Aufrufen wird dann basierend darauf an dieser Stelle weitergearbeitet.

Unterschiede zwischen Generatorfunktion und Iterator

Eine Generatorfunktion unterscheidet sich wie folgt von einem Iterator:

- Eine Generatorfunktion enthält eine oder mehrere `yield`-Anweisungen.
- Eine Generatorfunktion gibt einen Iterator zurück.
- Die Methoden `__iter__()` und `__next__()` werden ohne unser Zutun automatisch implementiert. Wie vom Iterator bekannt, können wir mit `next()` durch die Elemente iterieren.
- Sobald die Funktion einen Wert mit `yield` zurückliefert, wird die Ausführung der Generatorfunktion pausiert und die Kontrolle an den Aufrufer übergeben.
- Lokale Variablen und ihre Zustände werden zwischen aufeinanderfolgenden Aufrufen gespeichert.
- Am Ende wird automatisch eine `StopIteration` ausgelöst.

Mit diesen Vorbetrachtungen schauen wir nochmals auf unseren `FactorialIterator` und danach auf die wesentlich kürzere und prägnantere Umsetzung mithilfe einer Generatorfunktion:

```
class FactorialIterator:
    def __init__(self, n=0):
        self.n = n
        self.result = 1
        self.iteration = 1

    def __iter__(self):
        return self

    def __next__(self):
        if self.iteration > self.n:
            raise StopIteration

        self.result *= self.iteration
        self.iteration += 1
        return self.result
```

Weil Generatoren die oben besprochenen Details automatisch im Blick behalten, lässt sich die Implementierung deutlich übersichtlicher und viel sauberer gestalten:

```
def fac_generator(n=0):
    iteration = 1
    result  = 1
    while iteration <= n:
        yield result

        iteration += 1
        result *= iteration
```

8.5 Datencontainer mit `namedtuple`

Tupel gehören zu den grundlegenden und auch häufig verwendeten Datenstrukturen in Python. Noch besser ist es, dass es mit benannten Tupeln (***Named Tuples***) eine praktische Erweiterung normaler Tupel gibt. Named Tuples sind einfach zu erzeugende, leichtgewichtige Typen, die Datencontainer modellieren, also verschiedene Daten zu einer Einheit bündeln.

Benannte Tupel bieten das Beste aus Dictionaries und Tupeln (und sogar Klassen!), da sie sowohl positions- als auch namensbasierte Zugriffe unterstützen. Das bedeutet, dass auf die Attribute im Named Tuple sowohl über ihren Schlüssel (Namen) als auch über ihren Index zugegriffen werden kann.

Einführendes Beispiel

Es ist üblich, einen zweidimensionalen Punkt mit x- und y-Koordinaten als Tupel (x, y) darzustellen:

```
>>> pt1 = (1.0, 5.0)
>>> pt2 = (2.5, 1.5)
```

Die Distanz zwischen zwei Punkten lässt sich folgendermaßen ermitteln – allerdings führt das zu indizierten Zugriffen wie dem folgenden:

```
>>> from math import sqrt
>>>
>>> def distance(pt1, pt2):
...     return sqrt((pt1[0] - pt2[0]) ** 2 + (pt1[1] - pt2[1]) ** 2)
...
>>> distance(pt1, pt2)
3.8078865529319543
```

Im lokalen Kontext mag das einigermaßen verständlich sein, es bietet sich jedoch an, die Modellierung der Punkte durch ein Named Tuple zu verbessern.

Named Tuple zur Modellierung von 2D-Punkten Das Modul `collections` bietet die Funktion `namedtuple()`. Damit können Sie ein Named Tuple als unveränderlichen Typ erstellen. Auf dessen Werte lässt sich über sprechende Attributnamen und mit der Punktnotation statt mit fehlerträchtigen, weil eher unklaren Zahlen-Indizes zugreifen. Für das nachfolgende Named Tuple zur Definition eines Punktes mit Koordinaten sieht man, dass das Tupel einen Namen trägt und die Attribute aus einem String hergeleitet werden, hier `x` und `y`:

```
>>> from collections import namedtuple
>>>
>>> Point = namedtuple('Point2D', 'x y')
>>>
>>> pt1 = Point(1.0, 5.0)
>>> pt2 = Point(2.5, 1.5)
>>>
>>> pt1
Point2D(x=1.0, y=5.0)
>>> pt2
Point2D(x=2.5, y=1.5)
```

Das vordere `Point` in der Zuweisung ist der Name des neu entstehenden Typs, das als erster Parameter beim Aufruf von `namedtuple()` angegebene `Point2D` ist der Name, des Typs, der bei einer Konsolenausgabe dargestellt wird. In der Regel wird man beides gleich nennen, hier weiche ich zur Demonstration des Unterschieds bewusst davon ab.

Schauen wir uns kurz den Einsatz für die Distanzberechnung zweier Punkte an:

```
>>> from math import sqrt
>>>
>>> def distance(pt1, pt2):
...     return sqrt((pt1.x - pt2.x) ** 2 + (pt1.y - pt2.y) ** 2)
...
>>> distance(pt1, pt2)
3.8078865529319543
```

Die Lesbarkeit steigert sich im Vergleich zur initial präsentierten Version durch die Verwendung der Attribute `x` und `y` deutlich.

Named Tuple zur Modellierung von Personendaten Ein simpler Datencontainer zur Modellierung von Personendaten, bestehend aus Name, Alter und Geschlecht, könnte folgendermaßen aussehen:

```
>>> Person = namedtuple('Person', 'name age gender')
>>>
>>> Person("Peter", 37, "MALE")
Person(name='Peter', age=37, gender='MALE')
```

Weiterführendes Beispiel

Wie bei der Vorstellung von Enums in Abschnitt 6.5 erwähnt, trägt es zur Lesbarkeit und Verständlichkeit bei, wenn in einer Aufzählung aller wesentlichen Himmelsrichtungen auch Offsets in x- und y-Richtung definiert sind. Dazu lässt sich statt `auto()` ein passendes Tupel verwenden, hier nochmals zur Erinnerung:

```
class Direction(Enum):
    N = (0, -1)
    NE = (1, -1)
    E = (1, 0)
    SE = (1, 1)
    S = (0, 1)
    SW = (-1, 1)
    W = (-1, 0)
    NW = (-1, -1)
```

Das war zwar schon ein guter Schritt, jedoch kann man das Ganze mithilfe von Named Tuples noch lesbarer und verständlicher gestalten:

```
from collections import namedtuple


dxdy = namedtuple('dxdy', ['dx', 'dy'])

class DirectionV2(Enum):
    N = dxdy(0, -1)
    NE = dxdy(1, -1)
    E = dxdy(1, 0)
    SE = dxdy(1, 1)
    S = dxdy(0, 1)
    SW = dxdy(-1, 1)
    W = dxdy(-1, 0)
    NW = dxdy(-1, -1)
```

Der Zugriff auf die Werte lässt sich verständlich per Name statt potenziell fehlerträchtig indexbasiert gestalten:

```
>>> print(DirectionV2.NE.value)
dxdy(dx=1, dy=-1)
>>> ne = DirectionV2.NE
>>> print(ne.value.dx, "/", ne.value.dy)
1 / -1
```

Besonderheiten

Variante in der Definition der Attribute Es ist alternativ möglich, die Attribute nicht als String, sondern als Liste von Strings zu übergeben:

```
>>> from collections import namedtuple
>>> Person = namedtuple('Person', ['name', 'age', 'gender'])
>>>
>>> mike = Person('Michael', '52', 'MALE')
>>> mike
Person(name='Michael', age='52', gender='MALE')
```

Problematische Definitionen Wenn man etwas unaufmerksam ist, dann verwendet man für den Namen eines der Attribute möglicherweise ein reserviertes Schlüsselwort oder gibt das Attribut mehrmals an. Beides ist im nachfolgenden Beispiel gezeigt. Diese Fehler werden von Python während der Definition erkannt und zurückgewiesen:

```
import collections

try:
    collections.namedtuple('Person', 'name class age gender')
except ValueError as err:
    print(err)

try:
    collections.namedtuple('Person', 'name age gender age')
except ValueError as err:
    print(err)
```

Diese Fehlverwendungen führen zu folgenden Ausgaben:

```
Type names and field names cannot be a keyword: 'class'
Encountered duplicate field name: 'age'
```

Abwärtskompatibilität Praktischerweise sind Named Tuples abwärtskompatibel mit normalen Tupeln, sodass sowohl Indexzugriffe als auch Tuple Unpacking funktionieren:

```
Point = namedtuple('Point', 'x y')
pt1 = Point(1.0, 5.0)
pt2 = Point(2.5, 1.5)

from math import sqrt

# Zugriff über den Index
line_length = sqrt((pt1[0] - pt2[0]) ** 2 + (pt1[1] - pt2[1]) ** 2)

# Tuple Unpacking
x1, y1 = pt1
```

Tipp: Einsatzgebiete für Named Tuples

Generell sind Named Tuples eine enorme Bereicherung und Sie sollten sie bevorzugt dann einsetzen, wenn der Sourcecode dadurch an Klarheit und Verständlichkeit gewinnt. Nahezu immer ist der Einsatz von Named Tuples »pythonischer« (auch »pythonic« genannt), als Tupel zu verwenden. Selbst einfache Datencontainer oder auch gewöhnliche unveränderliche Klassen, die keine Funktionen, sondern nur Attribute besitzen, kann man problemlos durch Named Tuples ersetzen. Es ist sogar möglich, Named Tuples als Basisklassen zu verwenden. Sie sehen, dass es diverse Einsatzgebiete gibt, und nun liegt es an Ihnen, diese auch zu nutzen.

8.6 Einstieg in Lambdas

Dieser Abschnitt stellt Lambda-Ausdrücke (kurz ***Lambdas***) einführend vor. Das Sprachkonstrukt Lambda entstammt der ***funktionalen Programmierung***. Ein ***Lambda*** ist vereinfacht gesprochen ein Behälter für etwas Sourcecode oder auch eine anonyme Funktion, also eine solche ohne Funktionsnamen.

Zwar können Lambdas vielfältig eingesetzt werden, allerdings leidet mitunter die Lesbarkeit und Verständlichkeit. Deshalb zeige ich ergänzend ab und zu lesbare Alternativen. Zudem spricht sich der Styleguide von Python nicht unbedingt für Lambdas aus (vgl. Abschnitt 16.2.1). Dieser Styleguide ist online unter `https://peps.python.org/pep-0008`) als PEP 8 (PEP = Python Enhancement Proposal) verfügbar.

8.6.1 Syntax von Lambdas

Lambdas ähneln Funktionen, besitzen im Gegensatz dazu jedoch keinen Namen, kein `return` und werden auch nicht mit `def` eingeleitet, sondern mit `lambda`. Damit ergibt sich eine kürzere, auf das Wesentliche reduzierte Schreibweise mit folgender Syntax – wobei nur Ausdrücke erlaubt sind, jedoch keine Anweisungen, etwa Abfragen mit `if`:

```
lambda Parameterliste: Ausdruck
```

Ein paar einfache Beispiele für Lambdas sind die Addition von zwei Zahlen, die Multiplikation mit dem Faktor 2 bzw. zweier Zahlen sowie die Berechnung der Potenz. Diese Aktionen kann man als Lambdas wie folgt schreiben – ausnahmsweise und entgegen der PEP-8-Regeln weise ich den jeweiligen Lambda-Ausdruck bewusst einer Variablen zu, um hier die Intention beim Einstieg in die Thematik besser darstellen zu können:

```
>>> add_one = lambda x: x + 1
>>> double_it = lambda x: x * 2
>>> mult = lambda a, b : a * b
>>> power_of = lambda x, y: x ** y
```

Exemplarisch führen wir eine Verdopplung sowie eine Potenzierung aus:

```
>>> print(double_it(7))
14
>>> print(power_of(2,8))
256
```

Tatsächlich sehen diese Lambdas recht unspektakulär aus, und insbesondere wird klar, dass ein Lambda lediglich ein kleines Stück ausführbarer Sourcecode ist. Schauen wir uns zur Abgrenzung für die ersten beiden Beispiele korrespondierende Funktionsdefinitionen an:

```
def add_one(x):
    return x + 1


def double_it(x)
    return x * 2
```

8.6.2 Lambdas im Einsatz mit `filter()` und `map()`

Wir haben mittlerweile ein erstes Gespür für Lambdas entwickelt und wissen, dass man Lambdas anstelle einer Funktion zur Realisierung kleinerer Funktionalitäten nutzen kann. Das gilt vor allem im Zusammenspiel mit den in Python integrierten Funktionen `filter()` und `map()`.

Die folgenden Beispiele sind jeweils Illustrationen für die Verwendung dieser Funktionen mit Lambda-Ausdrücken.

Lambas in Kombination mit `filter()`

Die eingebaute Funktion `filter()` stellt ein klassisches funktionales Konstrukt dar. Sie erhält eine Filterbedingung, auch Prädikat genannt, als erstes Argument und als zweites einen Datenlieferant in Form eines Iterable (also eines Objekts, von dem man einen Iterator erhalten kann). Als Ergebnis liefert `filter()` einen Iterator, der alle Elemente des ursprünglichen Datenbestands (des Iterable) liefert, die die Prädikatsfunktion erfüllen. Um die Werte als Ergebnis in Form einer Liste oder eines Tupels zu erhalten, ist es notwendig, durch Aufruf von `list()` bzw. `tuple()` aus dem Iterator einer Liste bzw. ein Tupel zu konstruieren.

Filtere auf alle geraden Zahlen Nachfolgend zeige ich ein Beispiel, das alle geraden Zahlen in einer gegebenen Liste von ganzen Zahlen filtert:

```
>>> sample_numbers = [1, 5, 4, 6, 8, 11, 3, 12]
>>> is_even = lambda x: (x % 2 == 0)
>>> only_even_numbers = list(filter(is_even, sample_numbers))
>>> only_even_numbers
[4, 6, 8, 12]
```

Filtere auf alle Zahlen größer als 5 Als weiteres Beispiel betrachten wir das Anwenden einer anderen Filterbedingung auf eine Liste von Zahlen:

```
>>> numbers = [1, 6, 8, 10, 14, 2, 11, 7, 0, 3, 2, 1]
>>> filter(lambda num: (num > 5), numbers)
<filter object at 0x1012529e0>
>>> filtered_numbers = tuple(filter(lambda num: (num > 5), numbers))
>>> filtered_numbers
(6, 8, 10, 14, 11, 7)
```

Beachten Sie, dass `filter()` einen Iterator (genauer in Form eines `filter`-Objekts) zurückgibt. In diesem zweiten Beispiel wandeln wir diesen Iterator per Aufruf von `tuple()` in ein Tupel.

Komplexere Filterbedingungen Man kann die Filterbedingungen auch ein wenig komplexer gestalten, jedoch lassen sich keine `if` oder andere Anweisungen im Lambda nutzen – boolesche Verknüpfungen mit `and` und `or` sind dagegen möglich:

```
>>> names = ['tim', 'tom', 'mike', 'KARL']
>>> list(filter(lambda name: 'm' in name, names))
['tim', 'tom', 'mike']
>>>
>>> list(filter(lambda name: 'm' in name or name.startswith("K"), names))
['tim', 'tom', 'mike', 'KARL']
```

Lambda vs. List Comprehension Einleitend erwähnte ich, dass es durchaus elegante Alternativen zum Einsatz von Lambdas gibt. Teilweise ist eine List Comprehension (deutlich) besser verständlich und es entfällt die Notwendigkeit, die Lambda-Funktion zu definieren und aufzurufen. Betrachten wir dies für die beiden gerade zuvor gezeigten Lambda-Aufrufe:

```
>>> names = ['tim', 'tom', 'mike', 'KARL']
>>> [name for name in names if 'm' in name]
['tim', 'tom', 'mike']
>>>
>>> [name for name in names if 'm' in name or name.startswith("K")]
['tim', 'tom', 'mike', 'KARL']
```

Kombination mit `map()`

Die Funktion `map()` erhält als erstes Argument eine Aktion als Funktion bzw. Lambda und wendet diese(n) auf jedes der Elemente ihres zweiten Arguments, eines Iterable, an. Genauso wie `filter()` gibt `map()` einen Iterator zurück, der dem transformierten Iterable entspricht.

Umwandlung in Großbuchstaben Wenn Sie beispielsweise eine Liste von Zeichenketten in eine neue Liste umwandeln möchten, in der jede Zeichenkette mit Großbuchstaben geschrieben wird, könnten Sie `map()` in Kombination mit `upper()` wie folgt verwenden:

```
>>> map(lambda str: str.upper(), ['tim', 'tom', 'jim'])
<map object at 0x101253e50>
>>> list(map(lambda str: str.upper(), ['tim', 'tom', 'jim']))
['TIM', 'TOM', 'JIM']
```

Auch hier müssen Sie wieder `list()` aufrufen, um den von `map()` zurückgegebenen Iterator (hier in Form eines `map`-Objekts) in eine Liste umzuwandeln.

Mathematische Berechnungen Im nachfolgenden Beispiel nutzen wir `map()`, um für Elemente der Liste den Wert zu verdoppeln bzw. zu quadrieren:

```
>>> sample_numbers = [1, 2, 3, 4, 5, 6, 7, 8, 9, 10]
>>> doubled_numbers = list(map(lambda x: x * 2, sample_numbers))
>>> doubled_numbers
[2, 4, 6, 8, 10, 12, 14, 16, 18, 20]
>>>
>>> squared_numbers = list(map(lambda x: x * x, sample_numbers))
>>> squared_numbers
[1, 4, 9, 16, 25, 36, 49, 64, 81, 100]
```

Lambda vs. List Comprehension Statt `map()` aufzurufen, ist eine List Comprehension oftmals besser verständlich. Wiederum entfällt die Notwendigkeit, die Lambda-Funktion zu definieren und anzugeben:

```
>>> [x.upper() for x in ['tim', 'tom', 'jim']]
['TIM', 'TOM', 'JIM']
>>>
>>> sample_numbers = [1, 2, 3, 4, 5, 6, 7, 8, 9, 10]
>>> [x * 2 for x in sample_numbers]
[2, 4, 6, 8, 10, 12, 14, 16, 18, 20]
>>> [x * x for x in sample_numbers]
[1, 4, 9, 16, 25, 36, 49, 64, 81, 100]
```

8.6.3 Lambdas im Einsatz mit `sort()`

Bekanntermaßen können Sie beim Aufruf von `sort()` den benannten Parameter `key` nutzen, um die Sortierung zu steuern (vgl. Abschnitt 5.2.3).

Zum Einstieg in die Sortierung schauen wir uns eine Liste von Zahlen an. Zunächst sortieren wir diese gemäß ihrer ***natürlichen Ordnung***,[2] danach wandeln wir sie mit `str()` in Strings um und sortieren diese nach der Länge (mithilfe der Built-in-Funktion `len()`):

```
>>> numbers = [11, 2, 30, 333, 14, 4444, 100, 2222]
>>> numbers.sort()
>>> print(numbers)
[2, 11, 14, 30, 100, 333, 2222, 4444]
>>>
>>> numbers = [11, 2, 30, 333, 14, 4444, 100, 2222]
>>> numbers.sort(key=lambda x: len(str(x)))
>>> print(numbers)
[2, 11, 30, 14, 333, 100, 4444, 2222]
```

2 Die natürliche Ordnung beschreibt etwa für Zahlen eine Anordnung, bei der die Zahlen ihrer Wertigkeit nach geordnet sind, oder für Strings eine alphabetische Ordnung.

Beispiel

Für Zahlen kann eine Sortierung gemäß der letzten Ziffer durchaus interessant sein, etwa wenn diese eine Prüfziffer darstellt. Zur Demonstration wandeln wir die Zahlen einer Liste mit `str()` zunächst in einen String und greifen dann mit dem Index –1 auf die letzte Position zu:

```
>>> numbers = [11, 2, 30, 333, 14, 4444, 100, 2222]
>>> numbers.sort(key=lambda x: str(x)[-1])
>>> print(numbers)
[30, 100, 11, 2, 2222, 333, 14, 4444]
```

Praxisnäheres Beispiel

Führen wir das Ganze mit einem praxisnäheren Beispiel fort. Stellen wir uns einen Datenbestand vor, der textuelle Werte enthält, die mit dem Präfix `id` starten. Wir wollen aber nun nicht alphabetisch, sondern rein auf den nach dem Text folgenden Zahlen sortieren. Dazu müssen wir die ersten zwei Zeichen abschneiden und den Rest in eine Zahl umwandeln.

Dafür können wir einen Lambda verwenden, sodass die Sortierung nur für die mit den IDs verbundenen Nummern (die Ziffern, die auf den Text `id` folgen) geschieht:

```
>>> ids = ['id1', 'id2', 'id30', 'id3', 'id12', 'id22', 'id100']
>>> print(sorted(ids))
['id1', 'id100', 'id12', 'id2', 'id22', 'id3', 'id30']
>>> # Nach Zahlen sortieren
>>> sorted_ids = sorted(ids, key=lambda x: int(x[2:]))
>>> print(sorted_ids)
['id1', 'id2', 'id3', 'id12', 'id22', 'id30', 'id100']
```

Praxisbeispiel

In Abschnitt 5.2.3 hatten wir eine Klasse `SimplePerson` wie folgt definiert:

```
>>> class SimplePerson:
...     def __init__(self, name, age, city):
...         self.name = name
...         self.age = age
...         self.city = city
...
...     def __repr__(self):
...         return f"{self.name} {self.age} {self.city}"
...
...     def __lt__(self, other):
...        return self.name < other.name or \
...               (self.name == other.name and self.age < other.age)
...
```

Außerdem hatten wir diese Liste von Personen

```
>>> persons = [SimplePerson("Mike", 50, "Stuhr"),
...            SimplePerson("Jim", 7, "Köln"),
...            SimplePerson("Tim", 50, "Kiel"),
...            SimplePerson("John", 14, "Bern"),
...            SimplePerson("Peter", 50, "Aachen"),
...            SimplePerson("Fred", 14, "Paris")]
```

sowie zwei Sortierungen, erst alphabetisch und dann nach Alter sowie erst nach Alter und dann alphabetisch, in Form von Funktionen definiert:

```
>>> def by_name_and_age(person):
>>>     return person.name, person.age
>>>
>>>
>>> def by_age_and_name(person):
>>>     return person.age, person.name
```

Hier greifen wir auf Lambdas anstelle der Funktionen zurück:

```
>>> persons.sort(key=lambda person: [person.name, person.age])
>>> persons
[Fred 14 Paris, Jim 7 Köln, John 14 Bern, Mike 50 Stuhr, Peter 50 Aachen, Tim 50
      Kiel]
>>>
>>> persons.sort(key=lambda person: [person.age, person.name])
>>> persons
[Jim 7 Köln, Fred 14 Paris, John 14 Bern, Mike 50 Stuhr, Peter 50 Aachen, Tim 50
      Kiel]
```

8.7 Aufgaben und Lösungen

8.7.1 Aufgabe 1: Obstkorb

Modellieren Sie einen Obstkorb, der mehrere Früchte enthält. Dabei soll eine Frucht mithilfe eines Named Tuple `Fruit` implementiert werden. Eine Frucht soll Attribute für den Namen der Obstsorte, das Gewicht und die Größe besitzen. Stellen Sie einen Obstkorb in Form einer Liste zusammen. Berechnen Sie das Gesamtgewicht der enthaltenen Früchte.

Lösung

Basierend auf der Aufgabenstellung implementieren wir ein Named Tuple `Fruit`:

```
>>> from collections import namedtuple
>>> Fruit = namedtuple('Fruit', 'name weight size')
```

Damit sind die einfachen Vorarbeiten abgeschlossen und wir machen uns an das Erstellen des Obstkorbs:

```
>>> fruits = [Fruit("Apple", 150, "MEDIUM"),
...            Fruit("Melon", 1500, "LARGE"),
...            Fruit("Lemon", 70, "SMALL")]
```

Als Letztes verbleibt noch das Berechnen des Gesamtgewichts. Dazu definieren wir eine Variable `total_weight` mit 0 als Startwert. Nun nutzen wir eine `for`-`in`-Schleife, um alle Früchte zu durchlaufen. Mithilfe von `weight` erhalten wir das jeweilige Gewicht und addieren dieses zum Ergebnis hinzu:

```
>>> total_weight = 0
>>> for fruit in fruits:
...     total_weight += fruit.weight
...
>>> total_weight
1720
```

8.7.2 Aufgabe 2: Erwachsene aus Personenliste extrahieren

Nehmen wir an, es wären Personen in Form eines Named Tuple modelliert. Zudem werden einige Personen als Liste wie folgt bereitgestellt:

```
>>> from collections import namedtuple
>>>
>>> Person = namedtuple('Person', 'name age')
>>>
>>> persons = [Person("Mike", 37), Person("Tim", 49),
...             Person("Tom", 5), Person("Michael", 50),
...             Person("Jim", 7), Person("James", 17)]
```

Ihre Aufgabe besteht nun darin, alle Personen älter als 17 Jahre zu ermitteln. Finden Sie eine möglichst kurze Lösung, die eine passende Methode sowie einen Lambda nutzt.

Lösung

Beginnen wir mit der Formulierung der Bedingung, die grob `age >= 18` lauten könnte. Da wir aber auf einer Liste von `Person`-Objekten arbeiten, müssen wir die Person auf das Alter abbilden und dieses abfragen. Als Lambda schreibt man das folgendermaßen:

```
>>> is_adult = lambda person: person.age >= 18
```

Nun kann man auf die Methode `filter()` zurückgreifen:

```
>>> list(filter(is_adult, persons))
[Person(name='Mike', age=37), Person(name='Tim', age=49), Person(name='Michael',
      age=50)]
```

8.7.3 Aufgabe 3: Eigene Implementierung von `rindex()`

Eine nützliche Funktionalität, die man leider nur in Strings, nicht aber in sequenziellen Containern findet, ist die Suche vom Ende mit `rindex()`. Realisieren Sie dies und nutzen Sie dazu etwa folgende Basisdaten:

```
>>> values = ['Start', 'End', 'Mid', 'End']
```

Lösung

Die gewünschte Funktionalität kann man sich einfach als Funktion oder Lambda wie folgt selbst implementieren, indem man den sequenziellen Container umdreht und danach mit der Standardfunktion `index()` die Position ermittelt und ein wenig Mathematik betreibt, um dies geeignet umzurechnen:

```
>>> def rindex(values, item):
...     reversed_values = values[::-1]
...     return len(values) - reversed_values.index(item) - 1
...
>>> last_index = lambda values, item: len(values) - values[::-1].index(item) - 1
```

Betrachten wir dies im Einsatz:

```
>>> values = ['Start', 'End', 'Mid', 'End']
>>> values.index("End")
1
>>> rindex(values, "End")
3
>>> last_index(values, "End")
3
>>> rindex(values, "Start")
0
```

8.7.4 Aufgabe 4: Every-N-th-Iterator

Implementieren Sie einen Iterator namens `EveryNth`, der jedes n-te Element durchläuft, also für die Eingabe `[1, 2, 3, 4, 5, 6, 7, 8, 9, 10, 11, 12]` z. B. folgende Werte ausgibt:

- Schrittweite 3: 1, 4, 7, 10
- Schrittweite 5: 1, 6, 11

Lösung

Zunächst benötigen wir die zu durchlaufenden Daten, eine Startposition (initial 0) sowie die Schrittweite. Wir nutzen für Letztere einen Defaultwert von 1. Nun müssen wir `__iter__()` und `__next__()` implementieren. Dabei liefert `__iter__()` nur `self` zurück. In `__next__()` prüfen wir, ob es noch Daten gibt. Falls die aktuelle Position größer gleich der Länge der Daten ist, lösen wir eine `StopIteration` aus. Ansonsten lesen wir den Wert an der aktuellen Position aus und erhöhen dann die Position um die Schrittweite. Als Letztes geben wir den ausgelesenen Wert zurück. Damit ergibt sich folgende Implementierung:

```
class EveryNth:
    def __init__(self, values, step=1):
        self.values = values
        self.step = step
        self.pos = 0

    def __iter__(self):
        return self

    def __next__(self):
        if self.pos >= len(self.values):
            raise StopIteration

        result = self.values[self.pos]
        self.pos += self.step
        return result
```

Probieren wir dies für die Zahlen und die Schrittweiten aus der Einleitung aus:

```
>>> numbers = [1, 2, 3, 4, 5, 6, 7, 8, 9, 10, 11, 12]
>>>
>>> for num in EveryNth(numbers, 3):
...     print(num)
...
1
4
7
10
>>> for num in EveryNth(numbers, 5):
...     print(num)
...
1
6
11
```

Kür: Mit Offset zum Überspringen von Elementen am Anfang

Als Kür implementieren wir einen Iterator `EveryNthWithOffset`, der jedes n-te Element durchläuft, aber die ersten m Elemente überspringt.

```
class EveryNthWithOffset:
    def __init__(self, values, step=1, offset=0):
        self.values = values
        self.step = step
        self.pos = offset

    def __iter__(self):
        return self

    def __next__(self):
        if self.pos >= len(self.values):
            raise StopIteration

        result = self.values[self.pos]
        self.pos += self.step
        return result
```

Probieren wir das für folgende Nutzdaten aus, die exemplarisch mit zwei unwichtigen Startkennungen beginnen, die zu überspringen sind:

```
>>> payload = ["XYZ", "XYZ", "DATA-1", "DATA-2", "DATA-3", "DATA-4", "DATA-5"]
>>> for data in EveryNthWithOffset(payload, 1, 2):
...     print(data)
...
DATA-1
DATA-2
DATA-3
DATA-4
DATA-5
>>>
>>> for data in EveryNthWithOffset(payload, 3, 2):
...     print(data)
...
DATA-1
DATA-4
```

8.7.5 Aufgabe 5: Greeting-Generator

In dieser Aufgabe sollen Sie einen einfachen Generator schreiben, der lediglich bei jedem Aufruf einen neuen Gruß ausgibt, etwa die Abfolge Hallo, Hello, Moin und Grüezi.

Lösung

Ein Generator, der eine fixe Folge von Werten zurückliefern soll, lässt sich unspektakulär als Folge von `yield`-Anweisungen wie folgt schreiben:

```
def greet_generator():
    yield "Hallo"
    yield "Hello"
    yield "Moin"
    yield "Grüezi"
```

Probieren wir das einmal aus:

```
greetings = greet_generator()
print(next(greetings))
print(next(greetings))
print(next(greetings))
print(next(greetings))
```

Es kommt zu folgenden Ausgaben:

```
Hallo
Hello
Moin
Grüezi
```

Diese erhält man auch durch folgende `for-in`-Schleife:

```
for greet in greet_generator():
    print(greet)
```

8.7.6 Aufgabe 6: Fibonacci-Generator

Erinnern wir uns: Die ***Fibonacci-Zahlen*** sind rekursiv wie folgt definiert:

$$fib(n) = \begin{cases} 1, & n = 1 \\ 1, & n = 2 \\ fib(n-1) + fib(n-2), & \forall n > 2 \end{cases}$$

Es ergibt sich für die ersten n folgender Werteverlauf:

n	1	2	3	4	5	6	7	8
fib(n)	1	1	2	3	5	8	13	21

Eine natürliche, sich direkt aus der obigen Formel ergebende, wenn auch nicht performante Umsetzung ist die folgende rein rekursive:

```
def fib(n):
    if n == 1 or n == 2:
        return 1

    return fib(n - 1) + fib(n - 2)
```

Modifizieren Sie das Ganze so, dass diese Werte durch eine Generatorfunktion berechnet werden.

Lösung

Die Umsetzung der Berechnung der Fibonacci-Zahlen startet mit zwei `yield`-Anweisungen. Danach definieren wir zwei Hilfsvariablen `fib_1` und `fib_2`, die jeweils der Fibonacci-Zahl für $n-1$ und $n-2$ entsprechen. Initial also jeweils den Wert 1 besitzen. Die nächste Fibonacci-Zahl ergibt sich aus deren Summe und wird in einer Variablen `fib` gehalten und mit `yield` propagiert. Nun müssen die Variablen nur geeignet neu zugewiesen werden. Damit ergibt sich folgende Implementierung:

```
def fib_gen():
    yield 1
    yield 1

    fib_1 = 1
    fib_2 = 1

    while True:
        fib = fib_1 + fib_2
        yield fib

        fib_2 = fib_1
        fib_1 = fib_2
```

Interessanterweise finden wir hier keine Abbruchbedingung. Es wird also ein unendlicher Datenstrom produziert und somit ist es Aufgabe des Aufrufers, die Iteration abzubrechen.

Nachfolgend betrachten wir die Generierung der ersten zehn Fibonacci-Zahlen mit eine Schleife – hierbei nutzen wir die Python-Besonderheit, in einer Schleife keinen Variablennamen anzugeben, sondern »_«. Damit wird ausgedrückt, dass dieser Wert im weiteren Verlauf nicht mehr benutzt wird:

```
gen = fib_gen()
for _ in range(10):
    print(next(gen))
```

Das führt zu folgenden Ausgaben:

```
1
1
2
3
5
8
13
21
34
55
```

8.7.7 Aufgabe 7: Initialisierung mit List Comprehension und Multiplikation

In dieser Aufgabe soll eine Liste 10-mal mit dem Zeichen X und eine andere Liste mit 10 zufällig ausgewählten Zeichen aus A, B und C, initialisiert werden. Die Ergebnisse sollen in etwa so aussehen:

```
['X', 'X', 'X', 'X', 'X', 'X', 'X', 'X', 'X', 'X']
['A', 'B', 'C', 'A', 'C', 'B', 'B', 'B', 'B', 'C']
```

Kür Als Kür sollen die Abkürzungen für 1st, 2nd, 3rd, ... 20th, 21st, 22nd, ... 31st für Tage im Monat als Liste mit dem Namen `abbreviations` generiert werden. Um das möglichst elegant zu formulieren, kombinieren Sie Listen-Literale, Multiplikation und Addition, Das Resultat sollte wie folgt aussehen:

```
>>> abbreviations[0:10]
['st', 'nd', 'rd', 'th', 'th', 'th', 'th', 'th', 'th', 'th']
>>> abbreviations[10:20]
['th', 'th', 'th', 'th', 'th', 'th', 'th', 'th', 'th', 'th']
>>> abbreviations[20:]
['st', 'nd', 'rd', 'th', 'th', 'th', 'th', 'th', 'th', 'th', 'st']
```

Lösung

Für die Befüllung mit einem X nutzt man folgende List Comprehension oder Multiplikation:

```
>>> ["X" for _ in range(10)]
['X', 'X', 'X', 'X', 'X', 'X', 'X', 'X', 'X', 'X']
>>>
>>>  ["X"] * 10
['X', 'X', 'X', 'X', 'X', 'X', 'X', 'X', 'X', 'X']
```

Die zufällig generierte Folge aus Buchstaben lässt sich so formulieren:

```
>>> import random
>>> [random.choice(["A", "B", "C"]) for _ in range(10)]
['A', 'B', 'C', 'A', 'C', 'B', 'B', 'B', 'B', 'C']
```

Kür In der Kür soll eine Liste mit Abkürzungen erstellt werden. Hier kombinieren wir auf elegante Art und Weise Listen-Literale, Multiplikation und Addition wie folgt:

```
>>> abbreviations = ['st', 'nd', 'rd'] + 17 * ['th'] + \
...                 ['st', 'nd', 'rd'] + 7 * ['th'] + \
...                 ['st']
>>> abbreviations[0:10]
['st', 'nd', 'rd', 'th', 'th', 'th', 'th', 'th', 'th', 'th']
>>> abbreviations[10:20]
['th', 'th', 'th', 'th', 'th', 'th', 'th', 'th', 'th', 'th']
>>> abbreviations[20:]
['st', 'nd', 'rd', 'th', 'th', 'th', 'th', 'th', 'th', 'th', 'st']
```

9 Fehlerbehandlung mit Exceptions

Jedes etwas komplexere Programm muss mit gewissen Fehlersituationen umgehen können. Es erfordert immer ein wenig Mehrarbeit und zusätzliche Zeilen Sourcecode, um adäquat auf unerwartete Situationen reagieren oder Fehler abfangen zu können. Dieser Aufwand ist allerdings erforderlich, um für stabile und verlässliche Software zu sorgen.

Zur Behandlung von Fehlern oder außergewöhnlichen Situationen bieten moderne Programmiersprachen mit Exceptions die Möglichkeit zur Verarbeitung von Fehlerzuständen. Exceptions sind spezielle Sprachkonstrukte, um den Nutzcode und die Verarbeitung von Fehlerzuständen voneinander zu trennen. Insbesondere ist es möglich, die Fehlerbehandlung an die aufrufende Funktion oder Methode weiterzureichen, falls man an der betreffenden Stelle nicht in der Lage ist, passend zu reagieren.

9.1 Schnelleinstieg

Bei der Ausführung von Python-Programmcode können verschiedene Fehler auftreten, beispielsweise aufgrund falscher Eingaben, nicht existierender Dateien oder anderer unerwarteter Rahmenbedingungen.

Zur Signalisierung einer Fehlersituation kann eine Exception entweder intern durch Python oder durch den Programmierer ausgelöst werden. Dabei wird ein zum Fehler korrespondierendes `Exception`-Objekt (oftmals mit Namensendung `Error` oder `Exception`) erzeugt und diesem eine Fehlermeldung mitgegeben. Das ist nachfolgend für eine Umwandlung zweier Texte in eine Ganzzahl vom Typ `int` gezeigt:

```
>>> value = int("7271")
>>> value = int("ERROR")
Traceback (most recent call last):
  File "<stdin>", line 1, in <module>
ValueError: invalid literal for int() with base 10: 'ERROR'
```

Während die Umwandlung in eine Ganzzahl bei textuell angegebenen Ziffern problemlos möglich ist, führt der Aufruf für den Text `ERROR` (selbstverständlich) zu einem Problem. Das resultiert in einem Programmabbruch und produziert einen sogenannten Traceback, eine Protokollierung der Aufrufe der beteiligten Funktionen oder Methoden bis zur fehlerhaften Programmstelle. Dort sehen wir, dass es zu einem in Python vordefinierten `ValueError` kommt. In einem Python-Programm würde(n) insbesondere die Zeile(n) nach dem fehlerhaften Umwandlungsversuch nicht mehr ausgeführt.

Tatsächlich sind Exceptions somit nichts anderes als normale Python-Objekte, die spezifische Informationen über Fehlerzustände bereitstellen. Die Idee ist, dass basierend darauf an anderer Stelle die Behandlung des Fehlers stattfinden kann. Erfolgt diese nicht, so stoppt schließlich die Abarbeitung des Python-Programms.

Wichtige vordefinierte Fehler

Bereits im Verlauf des Buchs und gerade eben haben wir gesehen, dass Python auf Fehlersituationen mit dem Auslösen von Exceptions reagiert. Dabei gibt es für verschiedene Arten von Problemen jeweils passende Typen von Exceptions. Vier recht gebräuchliche vordefinierte Typen sind diese:

- `ValueError` – Mit einem `ValueError` können falsche Belegungen von Parametern ausgedrückt werden.
- `IndexError` – Zu einem `IndexError` kommt es bei fehlerhaften Indexangaben beim Zugriff etwa auf eine Liste.
- `KeyError` – Mit einem `KeyError` werden fehlerhafte Zugriffe (nicht existenter Schlüssel) auf Dictionaries ausgedrückt.
- `ZeroDivisionError` – Eine unerlaubte Division durch null resultiert in einem `ZeroDivisionError`.

9.1.1 Fehlerbehandlung

Mitunter können Programme sinnvoll fortgeführt werden, obwohl eine Fehlersituation aufgetreten ist. Dazu bedarf es in der Regel einer dem Problem angepassten Fehlerbehandlung. In Python ermöglicht es das Exception Handling, potenziell Fehler auslösenden von Fehler behandelndem Sourcecode zu trennen.

Fehlerbehandlung mit `try` und `except`

Die Schlüsselwörter `try` und `except` dienen dazu, mögliche Fehlersituationen mit folgender strukturellen Aufteilung verarbeiten zu können. Dabei sind, wie angedeutet, mehrere `except`-Blöcke möglich – Details folgen in Kürze.

```
try:
    # Hier können Exceptions auftreten
except Exception-Typ1:
    # Hier können Fehlersituationen behandelt werden
except Exception-Typ2:
    # Hier können Fehlersituationen behandelt werden
```

Im `try`-Block stehen diejenigen Anweisungen, die potenziell Fehler verursachen, getreu dem Motto »Give it a try – Versuch mal, ob es funktioniert«. Wenn dann ein Fehler auftritt, kann dieser durch einen `except`-Block behandelt werden. Dazu notiert man im `except`-Block den Sourcecode, der zur Fehlerbehandlung ausgeführt werden soll.

Wenn ein Fehler auftritt, dann wird die Programmausführung gestoppt und der passende `except`-Block abgearbeitet. Welche Art von Problem zu behandeln ist und welcher `except`-Block angesprungen werden soll, wird durch den Typ der Exception bestimmt. Weil Exceptions normale Objekte sind, können dort auch weitere Informationen zum Problem (textuelle Beschreibung/Fehlermeldung, Fehlerursache, ...) bereitgestellt und zur Auswertung ermittelt werden.

Passender `except`-Block Betrachten wir erneut als Beispiel das Ermitteln eines Zahlenwerts aus einer textuellen Angabe, bestehend aus einer Folge von Ziffern:

```
try:
    value = int("7271")
    print("after parsing: result", value)
except ValueError:
    print("can't parse to integer")
```

Weil die textuelle Angabe von 7271 problemlos in die korrespondierende Zahl gewandelt werden kann, wird hier keine Exception ausgelöst und der `except`-Block demzufolge nicht ausgeführt. Stattdessen werden alle Anweisungen des `try`-Blocks abgearbeitet. Damit kommt es zu folgender Ausgabe:

```
after parsing: result 7271
```

Um die Fehlerbehandlung beim Ermitteln eines Zahlenwerts aus einer textuellen Angabe in Aktion zu erleben, wird hier bewusst wie schon eingangs der unsinnige Wert `ERROR` übergeben:

```
try:
    value = int("ERROR")
    print("after parsing: result", value)
except ValueError:
    print("can't parse to integer")
```

Wie erwartet, kann der Wert nicht in eine Ganzzahl gewandelt werden, was einen `ValueError` auslöst. Das wiederum stoppt die Ausführung der Anweisungen im `try`-Block und springt den passenden `except`-Block an. Folglich wird nicht wie zuvor `after parsing: ...`, sondern nur die folgende Fehlermeldung ausgegeben:

```
can't parse to integer
```

Unpassender `except`-Block Die gerade gezeigte Verarbeitung eines möglichen Umwandlungsfehlers war recht eingängig. Wir könnten uns fragen, was eigentlich geschieht, wenn kein passender `except`-Block existiert, etwa wie folgt:

```
try:
    value = int("ERROR")
    print("after parsing: result", value)
except KeyError:
    pass
```

Bei der Ausführung dieser Programmzeilen wird wie zuvor ein `ValueError` ausgelöst. Jedoch existiert im Beispiel dafür kein passender `except`-Block mehr und somit kann keine korrekte Behandlung erfolgen. Dann wird die Fehlersituation wie im einleitenden Beispiel bis zum aufrufenden Programmteil weiterpropagiert und die Verarbeitung schließlich mit einem Traceback abgebrochen:

```
Traceback (most recent call last):
  File "/Users/michaeli/PycharmProjects/Python-Intro/ch09_exceptions/
        exception_example.py", line 2, in <module>
    value = int("ERROR")
ValueError: invalid literal for int() with base 10: 'ERROR'
```

Rekapitulation Im gezeigten Beispiel wird noch mal Folgendes deutlich: Tritt bei der Abarbeitung der Anweisungen des `try`-Blocks ein Fehler auf, der eine Exception auslöst, so stoppt die Verarbeitung der Anweisungen im `try`-Block. Es wird direkt ein auf die Exception ausgelegter `except`-Block angesprungen – sofern ein solcher existiert.

Was wir hier nicht erkennen, aber uns vergegenwärtigen sollten, ist folgende Abarbeitung: Gibt es keinen auf den Typ der Exception passenden `except`-Block, so wird die Exception so lange an die aufrufenden Programmstellen weitergegeben (propagiert), bis entweder ein passender `except`-Block gefunden oder die `main()`-Funktion erreicht wird und damit die Programmausführung stoppt.

Auf mehrere Exceptions reagieren

Wie schon angedeutet, können mehrere `except`-Blöcke existieren, die zu verschiedenen Fehlersituationen korrespondieren und jeweils andere Typen von Exceptions behandeln. Bei Auftreten eines Fehlers wird der Typ der ausgelösten Exception mit den Angaben in den `except`-Blöcken abgeglichen und der Block gewählt, der mit dem Typ der Exception übereinstimmt. Dabei werden die Blöcke in der Reihenfolge im Sourcecode durchgegangen, also von oben nach unten, und der erste, der passt, gewinnt. Alle anderen Blöcke werden nicht ausgeführt.

In nachfolgendem Beispiel forcieren wir zunächst ein paarmal einen `ValueError` aufgrund der fehlschlagenden Umwandlung eines Strings in einen `int`. Schließlich kommt es dann zu zwei Fehlern beim indizierten Zugriff und damit zu einem `IndexError`, weil nur drei Werte existieren und es keine Einträge für die Positionen 3 und 4 (0-basiert) gibt und diese somit ungültig sind:

```
names = ["Tim", "Tom", "Mike"]
for i in range(5):
    try:
        value = int(names[i])
    except (ValueError, ZeroDivisionError):
        print("can't parse to integer")
    except IndexError:
        print("wrong index")
```

Wie erhalten folgende Ausgaben:

```
can't parse to integer
can't parse to integer
can't parse to integer
wrong index
wrong index
```

Unspezifisches Exception Handling

Es ist möglich, aber nicht empfehlenswert, ein allgemeines Exception Handling nur mit `except` ohne Angabe eines Exception-Typs zu schreiben – hier um einen Zugriff mit ungültigem Index zu behandeln:

```
names = ["Tim", "Tom", "Mike"]

try:
    print("INVALID INDEX: " + names[42])
except:
    print("an unspecified error occured, seems to be wrong index")
```

Wie erhalten folgende Ausgabe:

```
an unspecified error occured, seems to be wrong index
```

Aber warum ist ein derartiges unspezifisches Exception Handling nicht empfehlenswert? Der Grund ist folgender: Damit lassen sich Fehlersituationen nicht unterscheiden und somit kann man nicht adäquat auf unterschiedliche Probleme reagieren. Nur selten ist diese Form der Fehlerbehandlung daher sinnvoll.

Der letzte Wille – abschließende Aktionen und der `finally`-Block

Kommen wir nun zum `finally`-Block. Dieser ist optional und seine Anweisungen werden immer dann ausgeführt, wenn der `finally`-Block vorhanden ist – also unabhängig davon, ob ein Fehler aufgetreten ist oder nicht. Sinnvoll kann man den `finally`-Block nutzen, um zwingend benötigte Aufräumarbeiten durchzuführen – im Speziellen auch dann, wenn eine Exception ausgelöst wurde, für die kein passender `except`-Block existiert. Schauen wir uns den Aufbau von `try-except` und `finally` an:

```
try:
    # Hier können Exceptions auftreten
except:
    # Hier werden Exceptions abgearbeitet
finally:
    # Wird immer durchlaufen, ist allerdings optional
```

Betrachten wir ein konkretes, allerdings recht künstliches Beispiel mit einem fehlschlagenden Zugriff auf den ungültigen Index 42:

```
names = ["Tim", "Tom", "Mike"]
try:
    print("INVALID INDEX: " + names[42])
except:
    print("wrong index")
finally:
    print("ALWAYS EXECUTED")
```

Bei der Abarbeitung kommt es erwartungsgemäß zu folgenden Ausgaben:

```
wrong index
ALWAYS EXECUTED
```

Besonderheit: Kein `except` Sofern das `finally` existiert, muss das `except` nicht unbedingt angegeben werden – eins von beiden ist aber immer erforderlich:

```
try:
    # Hier können Exceptions auftreten
finally:
    # Wird immer durchlaufen, ist ohne except erforderlich
```

Was passiert, falls kein `except`-Block existiert? Dann wird zwar der `finally`-Block ausgeführt, allerdings fehlt das Exception Handling. Somit wird die Exception weitergereicht und das Programm gegebenenfalls abgebrochen – Abschnitt 9.1.4 behandelt das später detaillierter.

Schauen wir uns an, wie sich das auf das vorherige Beispiel auswirkt. Dazu wird der `except`-Block auskommentiert, damit der zuvor erwähnte Fall der Exception-Propagation auftritt:

```
names = ["Tim", "Tom", "Mike"]
try:
    print("INVALID INDEX: " + names[42])
#except:
#    print("wrong index")
finally:
    print("ALWAYS EXECUTED")
```

Dabei kommt es zu folgenden Ausgaben, die die Abarbeitung der Anweisung aus dem `finally`-Block und damit die Ausgabe von `ALWAYS EXECUTED` sowie nachfolgend sowohl die Protokollierung als Traceback und den `IndexError` als auch den Programmabbruch zeigen:

```
ALWAYS EXECUTED
Traceback (most recent call last):
  File "/Users/michaelinden/PycharmProjects/Python-Intro/ch09_exceptions/intro/
        try-finally.py", line 3, in <module>
    print("INVALID INDEX: " + names[42])
IndexError: list index out of range
```

Besonderheit: Freigabe von Systemressourcen Bei Dateioperationen sollte man immer auch die Freigabe von Systemressourcen bedenken. Ein Praxisbeispiel für `finally` ist das Schließen einer Datei, das oft nach folgendem Muster umgesetzt ist:

```
file = open("test.txt",encoding = 'utf-8')
try:
    # Datei lesen und verarbeiten
finally:
    file.close()
```

Insbesondere wird durch den `finally`-Block sichergestellt, dass die Datei in jedem Fall geschlossen wird und die belegten Systemressourcen wieder freigegeben werden, vor allem auch, falls es bei den Dateiaktionen zu Zugriffsfehlern kommt. Eine elegantere Möglichkeit dazu sieht wie folgt aus und wird in Abschnitt 9.3 besprochen:

```
with open("test.txt", encoding = 'utf-8') as file:
    # Datei lesen und verarbeiten
```

9.1.2 Exceptions selbst auslösen – `raise`

Mittlerweile haben wir schon mehrmals gesehen, dass bei der Abarbeitung von Programmen in gewissen Fehlersituationen automatisch Exceptions ausgelöst werden. Auch wir als Programmierer können selbst Exceptions auslösen. Dazu dient das Schlüsselwort `raise` in Kombination mit einem Ausnahmetyp. Gebräuchlich sind in Python etwa die vordefinierten Ausnahmetypen, wie `ValueError`, `IndexError`, `FileNotFoundError` usw.

```
>>> raise ValueError("out of bounds")
Traceback (most recent call last):
  File "<stdin>", line 1, in <module>
ValueError: out of bounds
```

Beispiel

Im folgenden Beispiel führen wir das gerade gezeigte Auslösen einer Exception fort, um die Gültigkeit des Parameters `value` zu prüfen. Falls der Wert kleiner oder größer als der jeweilige Grenzwert ist, lösen wir einen `ValueError` aus. Dabei bietet es sich an, einen Hinweis auf das Problem anzugeben:

```
def ensure_value_in_range(value, lower_bound, upper_bound):
    if value < lower_bound or value > upper_bound:
        raise ValueError("out of bounds")
    pass
```

Experimentieren wir ein klein wenig:

```
ensure_value_in_range(5, 2, 7)
ensure_value_in_range(42, 2, 7)
```

Der erste Aufruf ist erfolgreich, der zweite stellt jedoch einen Wertebereichsverstoß dar, der sich wie folgt auswirkt (Fehlermeldung in letzter Zeile):

```
Traceback (most recent call last):
  File "/Users/michaeli/PycharmProjects/Python-Intro/ch09_exceptions/
        raise_exception_2.py", line 7, in <module>
    ensure_value_in_range(42, 2, 7)
  File "/Users/michaeli/PycharmProjects/Python-Intro/ch09_exceptions/
        raise_exception_2.py", line 3, in ensure_value_in_range
    raise ValueError("out of bounds")
ValueError: out of bounds
```

Um für Aufrufer die Behandlung von Fehlersituationen (deutlich) zu erleichtern, empfiehlt es sich, relevante Kontextinformationen oder Details zu möglichen Ursachen in der Exception bereitzustellen. Eine simple Variante ist die Aufnahme wesentlicher Werte in die Fehlermeldung, hier die untere und obere Grenze. Weitere Ideen dazu lernen wir gleich im Anschluss genauer kennen.

```
>>> def ensure_value_in_range(value, lower_bound, upper_bound):
...     if value < lower_bound or value > upper_bound:
...         raise ValueError(f"value {value} out of bounds " +
...                          f"{lower_bound}-{upper_bound}")
...     else:
...         pass
...
>>> ensure_value_in_range(42, 2, 7)
Traceback (most recent call last):
  File "<stdin>", line 1, in <module>
  File "<stdin>", line 3, in ensure_value_in_range
ValueError: value 42 out of bounds 2-7
```

9.1.3 Eigene Exception-Typen definieren

In Python ist es neben der Verwendung vordefinierter Exceptions problemlos möglich, eigene Typen von Exceptions, z. B. eine `CustomerNotFoundException`, zu definieren. Das ist immer dann nützlich, wenn man spezifischere Informationen zu gewissen Fehlersituationen bereitstellen möchte und die in Python vordefinierten Exceptions dies nicht adäquat ermöglichen würden.

Erste Variante einer eigenen Exception

Die nachfolgende `CustomerNotFoundException` basiert auf dem Typ `Exception`:

```
class CustomerNotFoundException(Exception):
    pass
```

Verbesserte Variante einer eigenen Exception

Sinnvoller als eine derart pure Exception ohne eigene Attribute ist es natürlich, weitere Informationen in Form von Attributen bereitzustellen. Für die `CustomerNotFound-Exception` wären dies etwa die Id sowie der Name des Kunden. Diese Werte erhält man während der Konstruktion als Parameter der `__init__()`-Methode. Außerdem implementieren wir die `__str__()`-Methode, um die Protokollierung des Fehlerzustands auf der Konsole lesbar zu gestalten:

```
class CustomerNotFoundException(Exception):
    def __init__(self, customer_id, customer_name):
        self.id = customer_id
        self.name = customer_name

    def __str__(self):
        return "customer {} with id {} not found".format(self.name, self.id)
```

Diese könnte man wie folgt auslösen und resultiert in der gezeigten Fehlermeldung:

```
>>> raise CustomerNotFoundException("4711", "Michael")
Traceback (most recent call last):
  File "<stdin>", line 1, in <module>
CustomerNotFoundException: customer Michael with id 4711 not found
```

9.1.4 Exceptions propagieren – `throws`

Betrachten wir nun die Propagation von Exceptions. Wir wissen bereits Folgendes: Wird eine Exception ausgelöst und wird diese nicht durch ein passendes `except` behandelt, so wird sie entlang der Aufrufkette der Funktionen hochgereicht, bis sie entweder behandelt wird oder aber in der `main()`-Funktion zu einem Programmabbruch führt.[1]

Einführendes Beispiel

Schauen wir uns ein simples Beispiel an. Wir sehen einige Funktionen, die eine Aufrufkette `main()` → `func1()` → `func2()` → `func3()` bilden. In `func3()` wird ein `ValueError` ausgelöst. In keiner der Funktionen findet eine Fehlerbehandlung statt:

```
def func1():
    func2()


def func2():
    func3()


def func3():
    raise ValueError


def main():
    func1()


if __name__ == "__main__":
    main()
```

1 Natürlich funktioniert die Propagation genauso mit selbst definierten Exceptions.

Aufgrund des Mechanismus der automatischen Propagation produziert der Aufruf von `main()` in etwa folgende Ausgaben – wobei die Fehlerursache ganz unten steht und die Aufrufe nach oben hin bis zur ursprünglichen Stelle verfolgt werden können: `main()` → `func1()` → `func2()` → Fehlerstelle in `func3()`.

```
Traceback (most recent call last):
  File "/Users/michaeli/PycharmProjects/Python-Intro/ch09_exceptions/
        exception_propagation_1.py", line 18, in <module>
    main()
  File "/Users/michaeli/PycharmProjects/Python-Intro/ch09_exceptions/
        exception_propagation_1.py", line 14, in main
    func1()
  File "/Users/michaeli/PycharmProjects/Python-Intro/ch09_exceptions/
        exception_propagation_1.py", line 2, in func1
    func2()
  File "/Users/michaeli/PycharmProjects/Python-Intro/ch09_exceptions/
        exception_propagation_1.py", line 6, in func2
    func3()
  File "/Users/michaeli/PycharmProjects/Python-Intro/ch09_exceptions/
        exception_propagation_1.py", line 10, in func3
    raise ValueError
ValueError
```

Erweitertes Beispiel

Erweitern wir das Ganze so, dass es praxisnäher wird, und integrieren eine Fehlerbehandlung in der Funktion `func2()` und lösen in der Funktion `func3()` zwei unterschiedliche Typen von Exceptions aus. Dadurch erkennen wir die Propagation bis zum passenden `except`-Block bzw. bis ganz zur `main()`-Funktion:

```
from ch09_exceptions.ValueOutOfBoundsError import ValueOutOfBoundsError


def func1(value):
    func2(value)


def func2(value):
    try:
        func3(value)
    except ValueOutOfBoundsError as voobe:
        print("handled ValueOutOfBoundsError", voobe)


def func3(value):
    if not value:
        raise ValueError("no value passed to func3()")
    raise ValueOutOfBoundsError(value, 1, 100)


def main():
    func1(123)
    func1(None)


if __name__ == "__main__":
    main()
```

In der unten gezeigten Ausgabe erkennt man für den Aufruf `func1(123)` die Behandlung eines `ValueOutOfBoundsError` in `func2()`, der in `func3()` für den Wert 123 ausgelöst wurde. Das führt zu einer Ausgabe von `handled ValueOutOfBoundsError 123 not in range 1 - 100`.

Der zweite Aufruf `func1(None)` löst einen `ValueError` in `func3()` aus, der durch die Aufrufkette, d. h. von der Funktion `main()` bis zur Fehlerstelle, durchgereicht wird: `main()` → `func1()` → `func2()` → Fehlerstelle in `func3()`.

```
handled ValueOutOfBoundsError 123 not in range 1 - 100
Traceback (most recent call last):
  File "/Users/michaelinden/PycharmProjects/Python-Lernen-Kurz-Und-Gut/
        ch09_exceptions/exception_propagation_2.py", line 31, in <module>
    main()
  File "/Users/michaelinden/PycharmProjects/Python-Lernen-Kurz-Und-Gut/
        ch09_exceptions/exception_propagation_2.py", line 27, in main
    func1(None)
  File "/Users/michaelinden/PycharmProjects/Python-Lernen-Kurz-Und-Gut/
        ch09_exceptions/exception_propagation_2.py", line 9, in func1
    func2(value)
  File "/Users/michaelinden/PycharmProjects/Python-Lernen-Kurz-Und-Gut/
        ch09_exceptions/exception_propagation_2.py", line 14, in func2
    func3(value)
  File "/Users/michaelinden/PycharmProjects/Python-Lernen-Kurz-Und-Gut/
        ch09_exceptions/exception_propagation_2.py", line 21, in func3
    raise ValueError("no value passed to func3()")
ValueError: no value passed to func3()
```

9.2 Fehlerbehandlung in der Praxis

Wenn wir Funktionen oder Methoden schreiben, sollten wir uns möglichst überlegen, mit welchen Werten sie überhaupt sinnvoll umgehen können. In der Informatik spricht man von Preconditions. Selbst ohne die theoretischen Hintergründe leuchtet uns ein, dass bestimmte Funktionalitäten nicht sinnvoll für negative Werte oder eben nur für gewisse Wertebereiche arbeiten. Das gilt etwa für Altersangaben oder Rabatte. In derartigen Fällen sollten wir auf jeden Fall eine spezielle Behandlung für den Aufruf mit negativen Werten integrieren.

9.2.1 Exceptions für Bereichsprüfungen

Wir schauen uns verschiedene Varianten an, gültige Werte beim Aufruf einer Funktionalität sicherzustellen. Zunächst wird eine einfache Prüfung realisiert, die absichert, dass der übergebene Wert nicht negativ ist:

```
import math


def inverse_squareroot(n):
    if n <= 0:
        raise ValueError("n must not be negative or zero, but was " + str(n))

    return 1 / math.sqrt(n)
```

Zu Beginn der Funktion wird der Wert des Parameters geprüft. Ist dieser negativ oder 0, so löst `raise` einen `ValueError` aus. Das führt dazu, dass die Ausführung der Funktion an der Stelle abbricht und auch keine Rückgabe eines Werts erfolgt. Die ausgelöste Exception wird von Python automatisch so lange an die weiteren Aufrufer weitergegeben, bis entweder ein spezifischer `except`-Block gefunden oder die `main()`-Funktion erreicht wurde. Im letzteren Fall bricht das Programm mit einer Fehlermeldung ab.

Schauen wir uns zwei Aufrufe konkret an:

```
print(inverse_squareroot(4))
print(inverse_squareroot(16))
```

Dann kommt es erwartungsgemäß zu folgenden Meldungen:

```
0.5
0.25
```

Nun wollen wir die Parameterprüfung durch Übergabe eines negativen Werts ausprobieren:

```
print(inverse_squareroot(-16))
```

Dieser Aufruf wird mit einem `ValueError` geahndet (Ausgabe auf das Wesentliche gekürzt):

```
Traceback (most recent call last):
...
ValueError: n must not be negative or zero, but was -16
```

In diesem Beispiel sehen wir gleich noch einmal den bereits erwähnten Trick aus der Praxis, in einer Fehlermeldung möglichst alle relevanten Informationen zusammenzutragen und beizufügen.

Exceptions für Bereichsprüfungen

Wir könnten die Bereichsprüfung aus Abschnitt 9.1.2 ein wenig netter gestalten, indem wir eine eigene Klasse `ValueOutOfBoundsError` basierend auf `ValueError` definieren und dort die beiden Grenzwerte als Parameter übergeben:

```
class ValueOutOfBoundsError(ValueError):
    def __init__(self, value, lower, upper):
        self.value = value
        self.lower = lower
        self.upper = upper

    def __str__(self):
        return "{} not in {} - {}".format(self.value, self.lower, self.upper)
```

Betrachten wir einmal deren Einsatz:

```
from ch09_exceptions.ValueOutOfBoundsError import ValueOutOfBoundsError


def ensure_value_in_range(value, lower_bound, upper_bound):
    if value < lower_bound or value > upper_bound:
        raise ValueOutOfBoundsError(value, lower_bound, upper_bound)
    pass
```

Nun rufen wir die Prüffunktionalität zweimal direkt auf:

```
ensure_value_in_range(5, 2, 7)
ensure_value_in_range(42, 2, 7)
```

Schauen wir uns für die vorherigen Aktionen an, wie sich die Fehlermeldungen verbessern und verständlicher werden (Ausgabe auf das Wesentliche gekürzt):

```
Traceback (most recent call last):
  File "/Users/michaeli/PycharmProjects/Python-Intro/ch09_exceptions/
       raise_exception2.py", line 11, in <module>
    ensure_value_in_range(42, 2, 7)
  File "/Users/michaeli/PycharmProjects/Python-Intro/ch09_exceptions/
       raise_exception2.py", line 6, in ensure_value_in_range
    raise ValueOutOfBoundsError(value, lower_bound, upper_bound)
ch09_exceptions.ValueOutOfBoundsError.ValueOutOfBoundsError: 42 not in 2 - 7
```

9.2.2 Elegante Prüfungen mit `assert`

Die `assert`-Anweisung gibt es in vielen Programmiersprachen. Sie hilft dabei, Bedingungen zu prüfen und dadurch Probleme frühzeitig in Ihrem Programm erkennen zu können. Dazu lassen sich Absicherungen mit folgender Syntax im Sourcecode angeben:

```
assert condition
```

Sofern die angegebene Bedingung zu `True` ausgewertet wird, passiert einfach nichts. Ergibt die Bedingung jedoch `False`, so wird in Python ein `AssertionError` ausgelöst. Das Verhalten kann man sich demnach wie folgt vorstellen:

```
if not condition:
    raise AssertionError()
```

Ergänzend ist es möglich, einen erklärenden Hinweistext beim Fehlschlagen anzugeben:

```
assert False, "Oh no! This assertion failed!"
```

Zusicherungen zur Fehlersuche

Mithilfe von `assert` kann man im Programmverlauf prüfen, ob eine Variable den gewünschten und erwarteten Wert besitzt:

```
>>> msg = "EXPECTED VALUE"
>>>
>>> # Wenn die Bedingung True ergibt, passiert nichts:
>>> assert msg == "EXPECTED VALUE"
>>>
>>> # Wenn die Bedingung False ergibt, wird ein AssertionError ausgelöst:
>>> assert msg == "ERROR"
Traceback (most recent call last):
  File "<stdin>", line 1, in <module>
AssertionError
```

Idealerweise prüft man nicht nur die Einhaltung der Bedingung, sondern liefert im Fehlerfall auch einen aussagekräftigen Hinweistext mit:

```
>>> msg = "UNEXPECTED"
>>>
>>> # Wenn die Bedingung False ergibt, wird ein AssertionError ausgelöst:
>>> assert msg == "info", "msg should be 'info', but was '" + msg + "'"
Traceback (most recent call last):
  File "<stdin>", line 1, in <module>
AssertionError: msg should be 'info', but was 'UNEXPECTED'
```

Zusicherungen zur Parameterprüfung

Das Schlüsselwort `assert` lässt sich etwa für Werteprüfungen am Anfang von Funktionen und Methoden verwenden. Man spricht dann auch von der Absicherung von Preconditions, also Bedingungen, die zwingend vor dem Ausführen einer Funktionalität gegeben sein müssen. Als Beispiel ist etwa ein positiver Wert notwendig, um die Wurzel einer Zahl zu bilden oder wie nachfolgend für die Altersangabe bei einer Berechnung der verbleibenden Jahre bis zur Rente mit 65:

```
def years_to_retirement(age):
    assert age > 0, 'only positive numbers are allowed'

    return 65 - age
```

Das kann man problemlos auf mehrere Parameter und komplexere Prüfungen ausbauen:

```
>>> def years_to_retirement(age, working_years):
...     assert 18 <= age <= 65, 'age must be in range 18 - 65'
...     assert 10 < working_years < 50, 'years must be in range 11 - 49'
...
...     return 65 - age
...
```

Provozieren wir einmal bewusst zwei falsche Parametrierungen, um die Absicherung in Aktion zu erleben:

```
>>> years_to_retirement(70, 10)
Traceback (most recent call last):
  File "<stdin>", line 1, in <module>
  File "<stdin>", line 2, in years_to_retirement
AssertionError: age must be in range 18 - 65
>>>
>>> years_to_retirement(65, 7)
Traceback (most recent call last):
  File "<stdin>", line 1, in <module>
  File "<stdin>", line 3, in years_to_retirement
AssertionError: years must be in range 11 - 49
```

9.3 Automatic Resource Management (`with`)

Um bei I/O-Operationen entsprechende Aufräumarbeiten für belegte Systemressourcen auszuführen, können die dazu notwendigen `try-except`-Blöcke recht umfangreich und unleserlich werden. Praktischerweise bietet Python für diese Aufgaben ein automatisches Ressourcenmanagement. Dieses entlastet den Entwickler von manuellen Aufräumarbeiten und es hilft ihm dabei, weniger Fehler zu machen.

Betrachten wir als Beispiel das Einlesen der ersten Zeile einer Datei. Die Abarbeitung in `try` und das zusätzliche `finally` stellen sicher, dass die Datei wieder geschlossen und belegte Systemressourcen freigegeben werden. Dafür ist ein wenig Handarbeit nötig:

```
file = open("test.txt", encoding = 'utf-8')
try:
    line = read_first_line()
    # weitere Aktionen
finally:
    file.close()
```

Elegante Abhilfe mit `with`

Praktischerweise gibt es eine elegantere Art, wie man das Ganze schreiben kann. Mithilfe von `with` wird sichergestellt, dass die dort definierte Ressourcenvariable automatisch durch einen intern stattfindenden, nicht im Sourcecode sichtbaren Aufruf von `close()` geschlossen wird – auf diese Weise müssen wir weder `try` schreiben noch `close()` explizit aufrufen:

```
with open("test.txt", encoding = 'utf-8') as file:
    line = read_first_line()
    # weitere Aktionen
```

Nur der Vollständigkeit halber: Man spricht in dem Zusammenhang auch von ***Kontextmanagern***.

9.4 Aufgaben und Lösungen

9.4.1 Aufgabe 1: Abgesicherter Indexzugriff – Kür mit Fallback

In dieser Aufgabe sollen Sie den Zugriff auf eine Liste derart absichern, dass ein Zugriff außerhalb des gültigen Indexbereichs in einer Warnmeldung und nicht in einem Programmabsturz resultiert. Gegeben seien folgende Zeilen als Ausgangsbasis:

```
>>> names = ["Tim", "Tom", "Mike"]
>>> print(names[4711])
Traceback (most recent call last):
  File "<stdin>", line 1, in <module>
IndexError: list index out of range
```

Schreiben Sie eine Funktion zum abgesicherten Zugriff.

Lösung

Ein Zugriff außerhalb des gültigen Indexbereichs führt zu einem `IndexError`. Den indizierten Zugriff muss man also passend in einen `try-except`-Block einfassen.

```
>>> def safe_get(values, idx):
...     try:
...         return values[idx]
...     except IndexError as ie:
...         print("Illegal index!", ie)
...         return None
...
```

Probieren wir dies einmal aus:

```
>>> names = ["Tim", "Tom", "Mike"]
>>>
>>> print(safe_get(names, 2))
Mike
>>> print(safe_get(names, 4711))
Illegal index! list index out of range
None
```

Als Kür können wir statt einer Fehlermeldung besser einen Fallback-Wert bereitstellen:

```
>>> def safe_get(values, idx, fallback_value):
...     try:
...         return values[idx]
...     except IndexError:
...         return fallback_value
...
```

Beim Ausprobieren kommt es zu folgenden Ausgaben:

```
>>> names = ["Tim", "Tom", "Mike"]
>>> print(safe_get(names, 2, "UNKNOWN"))
Mike
>>> print(safe_get(names, 4711, "UNKNOWN"))
UNKNOWN
```

9.4.2 Aufgabe 2: Resource Handling

In dieser Aufgabe geht es darum, das Resource Handling eleganter zu gestalten. Betrachten wir eine typische Abfolge zum Einlesen einiger Zeilen aus einer Datei inklusive ein wenig Fehlerbehandlung sowie Aufräumarbeiten:

```
file = open('numbers.txt', encoding='utf-8')
try:
    first = file.readline()
    second = file.readline()

    print(int(first.strip()))
    print(float(second.strip()))
except ValueError:
    print("No valid number in line 1 / 2.")
except IOError as ioe:
    print("I/O error:", ioe)
finally:
    file.close()
```

Die gezeigte Lösung ist nicht nur etwas länglich, sondern unelegant und darüber hinaus problematisch, falls es die zu verarbeitende Datei nicht gibt. Dann ist ein `FileNotFoundError` die Folge. Beheben Sie dieses Problem gleich mit:

```
Traceback (most recent call last):
  File "/Users/michaelinden/PycharmProjects/Einfach-Python-V2/ch09_exceptions/
        exercises/ex02_resource_handling.py", line 5, in <module>
    file = open('numbers.txt')
FileNotFoundError: [Errno 2] No such file or directory: 'numbers.txt'
```

Lösung

Wir können uns den Aufruf von `close()` sparen, wenn wir mit `with` arbeiten. Zu beachten ist in diesem Fall, dass das `with` innerhalb des `try`-Blocks und nicht andersherum angegeben werden muss:

```
try:
    with open("numbers.txt", encoding='utf-8') as file:
        first = file.readline()
        second = file.readline()

        print(int(first.strip()))
        print(float(second.strip()))
except ValueError:
    print("No valid number in line 1 / 2.")
except IOError as ioe:
    print("I/O error:", ioe)
```

Diese Lösung besitzt den Charme, dass nun selbst bei der Nichtexistenz der zu verarbeitenden Datei sauber in einem `except`-Block darauf reagiert werden kann und dies verständlich wie folgt protokolliert wird:

```
I/O error: [Errno 2] No such file or directory: 'numbers.txt'
```

Auf eine Sache möchte ich noch hinweisen. Die beiden `except` suggerieren, dass die Fehler im gleichen Bereich stattfinden können. Schöner wäre es allerdings, nur die eigentliche Umwandlung mit einem `try`-Block wie folgt abzusichern:

```
try:
    with open("numbers.txt", encoding='utf-8') as file:
        first = file.readline()
        second = file.readline()

        try:
            print(int(first.strip()))
            print(float(second.strip()))
        except ValueError:
            print("No valid number in line 1 / 2.")
except IOError as ioe:
    print("I/O error:", ioe)
```

10 Datumsverarbeitung

Python bietet in seiner Standardbibliothek unter anderem ein Modul namens `datetime`, um mit Datums- und Zeitangaben zu arbeiten. Lassen Sie uns ein paar einfache Programme erstellen, um in die Materie einzusteigen.

10.1 Schnelleinstieg

Nachfolgend greifen wir immer wieder auf das Modul `datetime` zu, sodass ich folgenden Import voraussetze:

```
>>> import datetime
```

10.1.1 Zeitpunkte und die Klasse `datetime`

Eine der wichtigsten im `datetime`-Modul definierten Klassen ist `datetime`.

Aktuellen Zeitpunkt ermitteln – `now()`

Durch Aufruf der Funktion `now()` erhalten wir ein `datetime`-Objekt, das das aktuelle lokale Datum und die Uhrzeit (ohne Zeitzonenbezug) enthält. Zur einfacheren Handhabung erstellen wir eine gleichnamige Hilfsfunktion:

```
>>> def now():
...     return datetime.datetime.now()
...
>>> now()
datetime.datetime(2023, 1, 8, 14, 31, 48, 945841)
>>> print(now())
2023-01-08 14:32:06.904744
```

Bitte beachten Sie die folgenden beiden Dinge:

- Je nach Datum und aktueller Uhrzeit werden die Ausgaben bei Ihnen natürlich entsprechend abweichen.
- Ein reiner Aufruf von `now()` zeigt das `datetime`-Objekt, wohingegen eine Ausgabe mit `print()` eine ISO-Darstellung besitzt, die sich leicht parsen lässt und auch von anderen Programmiersprachen »verstanden« wird und damit einen Datenaustausch vereinfacht.

Beliebiges `datetime` konstruieren – `datetime()`

Wir können ein `datetime`-Objekt basierend auf Angaben zu Jahr, Monat, Tag und optional auch Zeit erzeugen. Zunächst nutzen wir lediglich Jahr, Monat und Tag, wodurch die Zeitinformationen automatisch auf 0 gesetzt werden:

```
>>> date_no_time_set = datetime.datetime(2020, 11, 23)
>>> date_no_time_set
datetime.datetime(2020, 11, 23, 0, 0)
>>> print(date_no_time_set)
2020-11-23 00:00:00
```

Nun nutzen wir Datums- und Zeitinformationen:

```
>>> date_and_time = datetime.datetime(2017, 11, 28, 23, 55, 59, 342380)
>>> print(date_and_time)
2017-11-28 23:55:59.342380
```

Bestandteile eines Zeitpunkts ausgeben

Bekanntermaßen besteht ein Zeitpunkt aus diversen Bestandteilen. Auf diese können wir per .-Notation und deren Namen zugreifen, etwa auf `year`, `hour` und `minute`:

```
>>> sunday_afternoon = datetime.datetime(2021, 6, 13, 16, 52, 59)
>>>
>>> print("year =", sunday_afternoon.year)
year = 2021
>>> print("month =", sunday_afternoon.month)
month = 6
>>> print("day =", sunday_afternoon.day)
day = 13
>>> print("hour =", sunday_afternoon.hour)
hour = 16
>>> print("minute =", sunday_afternoon.minute)
minute = 52
>>> print("second =", sunday_afternoon.second)
second = 59
>>> print("timestamp =", sunday_afternoon.timestamp())
timestamp = 1623595979.0
```

Zeitpunkt aus Unix-Zeitstempel erzeugen – `fromtimestamp()` und `timestamp()`

Neben der Angabe der einzelnen Bestandteile können wir `datetime`-Objekte aus einem Unix-Zeitstempel erzeugen. Ein solcher Zeitstempel ist die Anzahl der Sekunden zwischen einem bestimmten Datum und dem 1. Januar 1970 in UTC. Die Methode `fromtimestamp()` wandelt einen Zeitstempel in ein Datum um – eine Rückwandlung geschieht mit `timestamp()`:

```
>>> datetime_from_ts = datetime.datetime.fromtimestamp(43211234)
>>> print("Datetime =", datetime_from_ts)
Datetime = 1971-05-16 04:07:14
>>> datetime_from_ts.timestamp()
43211234.0
```

10.1.2 Datumswerte und die Klasse `date`

Jedes `datetime`-Objekt bietet Zugriff auf ein `date`-Objekt, das ein Datum repräsentiert.

Aktuelles Datum ermitteln – `today()`

Die Klasse `date` besitzt eine `today()`-Methode. Zur einfacheren Handhabung innerhalb unserer Applikation, erstellen wir eine gleichnamige Hilfsfunktion:

```
>>> def today():
...     return datetime.date.today()
...
>>> today()
datetime.date(2023, 1, 8)
>>> print(today())
2023-01-08
```

Bitte beachten Sie nochmals die folgenden beiden Dinge:

- Je nach aktuellem Datum werden die Ausgaben bei Ihnen abweichen.
- Ein reiner Aufruf von `today()` zeigt das `date`-Objekt, wohingegen eine Ausgabe mit `print()` eine gut verständliche ISO-Darstellung besitzt, die sich zudem leicht parsen lässt.

Tipp: Unterschiedliche Darstellungen mit `repr()` und `str()`

Wenn Sie sich in Kapitel 4 gefragt haben, worin der Unterschied zwischen `repr()` und `str()` besteht, dann wird es hier deutlich: Mit `repr()` erhalten wir eine computerlesbare und direkt zur Objekterzeugung nutzbare Ausgabe. Mit `str()` eine solche, die eine ISO-Darstellung liefert.

Beliebiges `date` konstruieren – `date()`

Man kann `date`-Objekte durch drei Argumente erzeugen: Jahr, Monat und Tag, etwa wie nachfolgend für den 23.11.2020 als Geburtstag von Sophie:

```
>>> sophies_birthday = datetime.date(2020, 11, 23)
>>> print(sophies_birthday)
2020-11-23
```

Das Ganze lässt sich alternativ auf Basis eines Strings gemäß dem korrespondierenden ISO-Format durch Aufruf von `fromisoformat()` lösen:

```
>>> datetime.date.fromisoformat('2020-11-23')
datetime.date(2020, 11, 23)
```

Jahr, Monat und Tag ermitteln

Basierend auf einem `date`-Objekt können wir Informationen zu Jahr, Monat und Tag durch Zugriff auf die korrespondierenden Attribute ermitteln:

```
>>> today_ = datetime.date.today()
>>>
>>> print(f"Current year: {today_.year} month: {today_.month} " +
...       f"day: {today_.day}")
Current year: 2023 month: 1 day: 8
```

Beachten Sie hier die Notwendigkeit, die Variable `today_` mit _ endend anders als die Funktion zu benennen, damit man `today()` nicht verdeckt und erneut aufrufen kann.

Wochentage ermitteln – `weekday()` und `isoweekday()`

Um den Wochentag zu einem Datum zu ermitteln, schreiben wir uns folgende Hilfsfunktion, die auf `strftime()` basiert (in Abschnitt 10.1.6 erfahren Sie mehr dazu):

```
>>> def get_week_day(date):
...     return date.strftime('%A')
...
>>> get_week_day(datetime.date(1971, 2, 7))
'Sunday'
>>> get_week_day(datetime.date(1979, 7, 14))
'Saturday'
```

Falls wir Zugriff auf den numerischen Wert von 0 – Montag bis 6 – Sonntag benötigen, existiert die Methode `weekday()`. Ergänzend gibt es die Methode `isoweekday()` mit dem Wertebereich 1 bis 7 für Montag bis Sonntag.

```
>>> my_birthday = datetime.date(1971, 2, 7)
>>> my_birthday.weekday()
6
>>> my_birthday.isoweekday()
7
```

Tag im Monat ermitteln

Für einige Anwendungsfälle müssen wir zu einem Datum wissen, der wievielte Tag im Monat dies ist. Dazu schreiben wir uns eine Hilfsfunktion `day_of_month()`, die das Attribut `day` zurückliefert:

```
>>> def day_of_month(date):
...     return date.day
...
>>> day_of_month(datetime.date(1971, 2, 7))
7
```

Tag im Jahr ermitteln

Mitunter ist es von Bedeutung, zu einem Datum die Entsprechung als Tag im Jahr zu ermitteln. Dazu implementieren wir eine Hilfsfunktion namens `day_of_year()`. Diese stützt sich auf `timetuple()` und das Attribut `tm_yday` ab:

```
>>> def day_of_year(date):
...     return date.timetuple().tm_yday
...
>>> day_of_year(datetime.date(1971, 2, 7))
38
```

Alternative mit Formatierung Mithilfe der später detaillierter behandelten Formatierung (vgl. Abschnitt 10.1.6) kann man diese Aufgabe alternativ zu der gerade erstellten Funktion wie folgt lösen:

```
>>> def day_of_year_2(date):
...     return date.strftime('%j')
...
>>> day_of_year_2(datetime.date(1971, 2, 7))
'038'
```

Allerdings erhält man hier als Rückgabe einen String, den man zur weiteren Verarbeitung in der Regel noch geeignet in einen Zahlenwert konvertieren muss.

```
>>> int(day_of_year_2(datetime.date(1971, 2, 7)))
38
```

Datum aus Zeitstempel erzeugen – `fromtimestamp()`

Aus einem Zeitstempel können wir nicht nur `datetime`-Objekte, sondern auch `date`-Objekte erzeugen. Die Methode `fromtimestamp()` wandelt einen Zeitstempel in ein Datum um:

```
>>> date_from_ts = datetime.date.fromtimestamp(43211234)
>>> print("Date =", date_from_ts)
Date = 1971-05-16
```

Datum und Ordinal – `toordinal()` und `fromordinal()`

Für einige Anwendungsfälle ist es hilfreich, die Tage seit Christi Geburt fortlaufend als Zahlenwert zu zählen. Mit `toordinal()` wandelt man ein Datum in einen Zahlenwert, der der Anzahl an Tagen seit dem 1. Januar im Jahr 1 entspricht:

```
>>>>>> today = datetime.date.fromisoformat('2022-07-14')
>>> today.toordinal()
738350
>>> year_10 = datetime.date.fromisoformat('0010-07-14')
>>> year_10.toordinal()
3482
```

Mit `fromordinal()` erhält man ein `date`-Objekt zu dem korrespondierenden Zahlenwert:

```
>>> datetime.date.fromordinal(1)
datetime.date(1, 1, 1)
>>> datetime.date.fromordinal(700_000)
datetime.date(1917, 7, 15)
>>> datetime.date.fromordinal(720_000)
datetime.date(1972, 4, 17)
>>> datetime.date.fromordinal(750_000)
datetime.date(2054, 6, 6)
```

10.1.3 Zeit und die Klasse `time`

Jedes `datetime`-Objekt bietet Zugriff auf ein `time`-Objekt, das eine Zeitangabe repräsentiert.

Aktuelle Zeit ermitteln – `now()` und `time()`

Ein solches `time`-Objekt besitzt eine `time()`-Methode:

```
>>> now_ = datetime.datetime.now().time()
>>> print("now =", now_)
now = 15:14:26.100917
>>> print("type(now) =", type(now_))
type(now) = <class 'datetime.time'>
```

Beachten Sie hier die Notwendigkeit, die Variable `now_` mit _ endend anders als die Funktion zu benennen, damit man `now()` nicht verdeckt und erneut aufrufen kann.

Eine spezielle Zeitangabe als `time`-Objekt repräsentieren – `time()`

Ein `time`-Objekt modelliert eine Zeitangabe und bietet folgende Konstruktionsmöglichkeiten:

```
>>> datetime.time()
datetime.time(0, 0)
>>>
>>> datetime.time(11, 28, 45)
datetime.time(11, 28, 45)
>>>
>>> datetime.time(11, 28, 45, 6789)
datetime.time(11, 28, 45, 6789)
```

Schauen wir uns exemplarisch eine Ausgabe mit `print()` an:

```
>>> print(datetime.time(11, 28, 45))
11:28:45
```

Stunde, Minute, Sekunde und Mikrosekunde ausgeben

Sobald Sie ein `time`-Objekt erstellt haben, können Sie dessen Attribute wie Stunde, Minute usw. einfach per Attribut auslesen und ausgeben:

```
>>> lunch_time = datetime.time(12, 34, 56)
>>>
>>> print("hour =", lunch_time.hour)
hour = 12
>>> print("minute =", lunch_time.minute)
minute = 34
>>> print("second =", lunch_time.second)
second = 56
>>> print("microsecond =", lunch_time.microsecond)
microsecond = 0
```

10.1.4 Zeitdifferenzen und die Klasse `timedelta`

Mitunter muss man die Differenz zwischen zwei Zeitpunkten ermitteln. Dabei hilft die Klasse `timedelta`:

```
>>> start = datetime.datetime(2021, 2, 7, 10, 10, 10)
>>> end = datetime.datetime(2021, 2, 8, 11, 12, 13)
>>> difference = end - start
>>> difference
datetime.timedelta(days=1, seconds=3723)
```

Interessanterweise lässt sich die Berechnung der Differenz auch für Zeitspannen ausführen, selbst wenn diese eine unterschiedliche Granularität besitzen. Nachfolgend verwenden wir in der Berechnung zwei `timedelta`-Objekte. Das Ergebnis wird hier in den Einheiten von Tagen und Sekunden dargestellt:

```
>>> t1 = datetime.timedelta(weeks = 2, days = 3, hours = 5, seconds = 6)
>>> t2 = datetime.timedelta(days = 7, hours = 8, minutes = 9, seconds = 10)
>>> t3 = t1 - t2
>>> t3
datetime.timedelta(days=9, seconds=75056)
```

Neben Addition und Subtraktion kann man ein `timedelta`-Objekt auch mit Ganzzahlen und Fließkommazahlen multiplizieren und durch diese dividieren:

```
>>> t1 = datetime.timedelta(seconds = 33)
>>> t2 = datetime.timedelta(seconds = 54)
>>> diff1 = t1 - t2
>>> diff2 = t2 - t1
>>> sum = t1 + t2
>>> diff1
datetime.timedelta(days=-1, seconds=86379)
>>> diff2
datetime.timedelta(seconds=21)
>>> sum
datetime.timedelta(seconds=87)
>>> diff2 * 5
datetime.timedelta(seconds=105)
>>> diff2 / 2
datetime.timedelta(seconds=10, microseconds=500000)
```

Einfache Datumsarithmetik

Basierend auf einem Zeitpunkt als `date` und einer Zeitdifferenz als `timedelta` lassen sich »Zeitsprünge« vornehmen. Das ist nachfolgend für den 7.2.1971 als Geburtstag des Autors sowie eine Zeitspanne von acht Wochen und 31 Tagen verdeutlicht:

```
>>> michas_birthday = datetime.date(1971, 2, 7)
>>> print(michas_birthday)
1971-02-07
>>>
>>> print(michas_birthday + datetime.timedelta(weeks=8, days=31))
1971-05-05
```

10.1.5 Berechnungen mit Datumswerten

Zum Einstieg in das Thema Berechnungen mit Datumswerten schauen wir uns ein Beispiel an, das noch einmal vergegenwärtigt, dass man zwei Datumswerte mit dem Operator - voneinander subtrahieren kann. Als Ergebnis erhält man ein `timedelta`-Objekt. Dieses wiederum beschreibt die zeitliche Differenz über die Attribute `days` und `seconds`, wobei wir hier nur Ersteres nutzen. Nachfolgend bestimmen wir die Länge des Februars für ein normales Jahr (2014) und ein Schaltjahr (2012):

```
>>> diff1 = datetime.date(2014, 3, 1) - datetime.date(2014, 2, 1)
>>> diff1
datetime.timedelta(days=28)
>>> print(diff1.days)
28
>>> diff2 = datetime.date(2012, 3, 1) - datetime.date(2012, 2, 1)
>>> print(diff2.days)
29
```

Die Länge des Februars ändert sich von 28 auf 29 Tage abhängig davon, ob ein Jahr ein Schaltjahr ist. Die Länge der anderen Monate bleibt erwartungskonform gleich.

Monatslänge bestimmen

Ab und an muss man ermitteln, wie viele Tage ein Monat hat. Basierend auf dem initial gewonnenen Wissen lagert man die Berechnung der Monatslänge zweckmäßigerweise in folgende Funktion aus:

```
>>> def length_of_month(month, year):
...     start = datetime.date(year, month, 1)
...
...     month += 1
...     if month > 12:
...         year += 1
...         month = 1
...
...     end = datetime.date(year, month, 1)
...
...     return (end - start).days
...
```

Bei der Berechnung nutzen wir einen kleinen Trick: Wir springen einen Monat weiter, allerdings müssen wir für ein Ausgangsdatum im Dezember berücksichtigen, dass sich auch das Jahr erhöht und der Monat auf Januar, also den Wert 1 gesetzt wird.

Berechnen wir erneut die Länge des Februars für die beiden Jahre 2012 und 2014:

```
>>> print(length_of_month(2, 2012))
29
>>> print(length_of_month(2, 2014))
28
```

Länge eines Jahres bestimmen

Ebenso wie die Monatslänge kann die Länge eines Jahres von Interesse sein. Dabei hilft wieder die Abfrage mit `days`. Diesmal messen wir die Differenz zwischen dem ersten Januar des gewünschten und des Folgejahres:

```
>>> print((datetime.date(2013, 1, 1) - datetime.date(2012, 1, 1)).days)
366
>>> print((datetime.date(2015, 1, 1) - datetime.date(2014, 1, 1)).days)
365
```

Das lagert man zweckmäßigerweise in folgende Funktion aus:

```
>>> def length_of_year(year):
...     start = datetime.date(year, 1, 1)
...     end = datetime.date(year + 1, 1, 1)
...     return (end - start).days
...
```

Prüfen wir dies für die Jahre 2012 und 2014 nach:

```
>>> print(length_of_year(2012))
366
>>> print(length_of_year(2014))
365
```

Schaltjahr bestimmen – `isleap()`

Es ist wünschenswert, programmatisch ermitteln zu können, ob ein Jahr ein Schaltjahr ist. Dabei hilft uns das Modul `calendar` und die Funktion `isleap()`. Das schauen wir uns für die zuvor genutzten Jahre an:

```
>>> import calendar
>>>
>>> print(calendar.isleap(2012))
True
>>> print(calendar.isleap(2014))
False
```

10.1.6 Formatierung und Parsing

Die Art und Weise, wie Datum und Uhrzeit dargestellt werden, variiert von Land zu Land. Während man in Deutschland ein Datum im Format `dd.mm.YYYY` nutzt (mit den Platzhaltern `d` für Tage, `m` für Monate, `Y` für Jahre), so ist in den USA das Format `mm/dd/YYYY` üblich, während in Großbritannien eher `dd/mm/YYYY` gebräuchlich ist.

Python bietet die Methoden `strftime()` und `strptime()`, um die Formatierung und das Parsing zu handhaben.

`datetime`-Objekt zu String – `strftime()`

Die Methode `strftime()` ist für die Klassen `date`, `datetime` und `time` definiert. Die Methode erzeugt basierend auf einem String mit Platzhaltern eine formatierte Repräsentation für ein gegebenes `date`-, `datetime`- oder `time`-Objekt.

Im folgenden Beispiel nutzen wir die eingangs vorgestellte und hier nochmals aufgeführte Funktion `now()` zum Ermitteln des aktuellen Zeitpunkts, um ein paar Formatierungsvarianten kennenzulernen:[1]

```
>>> def now():
...     return datetime.datetime.now()
...
>>> now_ = now()
>>>
>>> print(now_.strftime("%H:%M:%S"))
13:21:06
>>> print(now_.strftime("%d.%m.%Y, %H:%M:%S"))
13.06.2021, 13:21:06
>>>
>>> print("US:", now_.strftime("%m/%d/%Y, %H:%M:%S"))
US: 06/13/2021, 13:21:06
>>>
>>> print("GB:", now_.strftime("%d/%m/%Y, %H:%M:%S"))
GB: 13/06/2021, 13:21:06
```

Gebräuchliche und wesentliche Platzhalter sind folgende:

- `%Y` – Jahr aus dem Bereich 1 bis 9999
- `%m` – Monat aus dem Bereich 01, 02, ..., 11, 12
- `%d` – Tag aus dem Bereich 01, 02, ..., 30, 31
- `%H` – Stunde aus dem Bereich 00, 01, ..., 22, 23
- `%M` – Minute aus dem Bereich 00, 01, ..., 58, 59
- `%S` – Sekundenangabe aus dem Bereich 00, 01, ..., 58, 59
- `%A` – Name des Tages
- `%B` – Monatsname

1 Hierbei sehen wir den Trick, eine gleichnamige Variable mit einem Unterstrich zu kennzeichnen, um die eigentliche Funktion nicht zu redefinieren.

String zu `datetime` – `strptime()`

Die Methode `strptime()` erzeugt aus einer gegebenen Zeichenkette (die Datum und gegebenenfalls Uhrzeit darstellt) ein `datetime`-Objekt. Damit die Informationen geeignet extrahiert werden können, wird über einen String mit Platzhaltern der erwartete Aufbau der Eingabedaten spezifiziert:

```
>>> date_as_string = "14 July, 1979"
>>> date_object = datetime.datetime.strptime(date_as_string, "%d %B, %Y")
>>> print(date_object)
1979-07-14 00:00:00
```

10.2 Praxisbeispiel: Kalenderausgabe

In diesem Praxisbeispiel wollen wir eine Methode `print_calendar(year, month)` schreiben, die zu einem gegebenen Monat und Jahr ein passendes Kalenderblatt auf der Konsole darstellt.

Für den Juni 2022 erwarten wir folgende Ausgabe:

```
6 / 2022
Mo Di Mi Do Fr Sa So
.. .. 01 02 03 04 05
06 07 08 09 10 11 12
13 14 15 16 17 18 19
20 21 22 23 24 25 26
27 28 29 30 -- -- --
```

Natürlich sollten wir auch ein Ende an einem Sonntag sowie den Start an einem Montag prüfen, um sicherzustellen, dass die Kalenderausgabe auch korrekt funktioniert. Wählen Sie für Ersteres den Juli 2022 und für Letzteres den August 2022.

Vorüberlegungen

Bereits am Kalenderblatt für den Juni 2022 erkennt man ein paar Besonderheiten und Herausforderungen, die auf uns warten:

- Potenziell angebrochene erste und letzte Woche
- Immer am Sonntag erfolgt ein Umbruch.
- Wie bringt man Wochentage und die Anzahl an Tagen miteinander in Verbindung?

Lösung

Zu Beginn geben wir den Monat und das Jahr sowie in einer Titelzeile die Wochentage aus. Danach ermitteln wir für den Monat, mit welchem Wochentag er startet. Ist es nicht der Montag, so überspringen wir mit `skip_till_first_day_of_month()`

einige Wochentage. Um die einzelnen Tage auszugeben, müssen wir die Monatslänge basierend auf den Informationen zum Schaltjahr berechnen. Dazu hatten wir schon folgende Funktion kennengelernt:

```
import datetime


def length_of_month(month, year):
    start = datetime.date(year, month, 1)

    month += 1
    if month > 12:
        year += 1
        month = 1

    end = datetime.date(year, month, 1)

    return (end - start).days
```

Nun kommt der Teil mit ein paar Tricks. Wir laufen alle Datumswerte ab und geben die Zahl formatiert aus. Beim Erreichen eines Sonntags geht es in einer neuen Zeile weiter. Zum Weitergehen zum nächsten Wochentag schreiben wir eine Hilfsfunktion `calc_next_week_day()`. Zum Abschluss sollen alle nicht mehr zu dem Monat gehörenden Tage mit der Zeichenfolge `--` markiert werden. Das ist Aufgabe der Funktion `fill_from_month_end_to_sunday()`:

```
def print_calendar(month, year):
    print(month, "/", year)
    print("Mo Di Mi Do Fr Sa So ")

    cur = datetime.date(year, month, 1)

    # weekday() => Monday == 0 ... Sunday == 6.
    first_in_month = cur.weekday()
    skip_till_first_day_of_month(first_in_month)

    current_week_day = first_in_month
    length_of_month = calc_length_of_month(month, year)

    for i in range(1, length_of_month + 1):
        print("%0.2d" % i, end=" ")

        if current_week_day == sunday():
            print()

        current_week_day = calc_next_week_day(current_week_day)

    fill_from_month_end_to_sunday(current_week_day)

    # letzter Tag nicht Sonntag, dann Umbruch (hier schon einen Tag weiter)
    if current_week_day != monday():
        print()
```

Kommen wir zunächst zu den Hilfsfunktionen zur Rückgabe der Werte für Sonntag und Montag, die rein zur besseren Lesbarkeit und Verständlichkeit wie folgt definiert werden:

```
def sunday():
    return 6


def monday():
    return 0
```

Danach betrachten wir die Hilfsfunktion zum Weitergehen von einem Wochentag auf den nächsten sowie zyklisch vom Sonntag auf einen Montag. Das kann man leicht auf Basis von Wochentagen und einer Modulo-Operation implementieren:

```
def calc_next_week_day(current_week_day):
    return (current_week_day + 1) % 7
```

Verbleiben noch die Funktionen zur Ausgabe der ersten und letzten nicht zum Monat gehörenden Wochentage. Für Ersteres laufen wir ausgehend von einem Montag bis zum Wochentag des ersten Tags des Monats und nutzen dazu die gezeigte Hilfsfunktion:

```
def skip_till_first_day_of_month(first_in_month):
    current_week_day = monday()
    while current_week_day != first_in_month and current_week_day != sunday():
        print(".. ", end="")
        current_week_day = calc_next_week_day(current_week_day)
```

Zum Abschluss der Ausgabe füllen wir die restlichen Tage mit -- auf, bis wir ausgehend vom letzten Wochentag des Monats bei einem Sonntag angelangt sind:

```
def fill_from_month_end_to_sunday(current_week_day):
    next_week_day = current_week_day
    while next_week_day != monday():
        print("-- ", end="")
        next_week_day = calc_next_week_day(next_week_day)
    print()
```

Tipp: Hilfsmethoden und richtige Strukturierung

Wie schon einige Male demonstriert, vereinfacht es die Problemlösung (oftmals sogar deutlich), wenn man sich geeignete Hilfsfunktionen erstellt. Das erlaubt es, in der Implementierung des Algorithmus stärker auf der logischen Ebene zu verbleiben und sich weniger mit Implementierungsdetails abzulenken.

Prüfung

Kopieren Sie die Funktionen in den Python-Kommandozeileninterpreter oder in eine IDE, etwa PyCharm, und denken Sie wieder an den Import `import datetime`. Danach können wir dann exemplarisch einige Fälle einfach einmal durchspielen.

Wir beginnen mit dem Juni 2022:

```
>>> print_calendar(6, 2022)
6 / 2022
Mo Di Mi Do Fr Sa So
.. .. 01 02 03 04 05
06 07 08 09 10 11 12
13 14 15 16 17 18 19
20 21 22 23 24 25 26
27 28 29 30 -- -- --
```

Danach schauen wir mit Juli und August 2022 auf zwei Besonderheiten, mit dem letzten Tag als Sonntag und dem ersten Tag als Montag:

```
>>> print_calendar(7, 2022)
7 / 2022
Mo Di Mi Do Fr Sa So
.. .. .. .. 01 02 03
04 05 06 07 08 09 10
11 12 13 14 15 16 17
18 19 20 21 22 23 24
25 26 27 28 29 30 31

>>> print_calendar(8, 2022)
8 / 2022
Mo Di Mi Do Fr Sa So
01 02 03 04 05 06 07
08 09 10 11 12 13 14
15 16 17 18 19 20 21
22 23 24 25 26 27 28
29 30 31 -- -- -- --
```

Als Letztes betrachten wir die Besonderheit beim Start am Sonntag und beim Ende am Montag:

```
>>> print_calendar(10, 2023)
10 / 2023
Mo Di Mi Do Fr Sa So
.. .. .. .. .. .. 01
02 03 04 05 06 07 08
09 10 11 12 13 14 15
16 17 18 19 20 21 22
23 24 25 26 27 28 29
30 31 -- -- -- -- --

>>> print_calendar(9, 2024)
9 / 2024
Mo Di Mi Do Fr Sa So
.. .. .. .. .. .. 01
02 03 04 05 06 07 08
09 10 11 12 13 14 15
16 17 18 19 20 21 22
23 24 25 26 27 28 29
30 -- -- -- -- -- --
```

10.3 Aufgaben und Lösungen

10.3.1 Aufgabe 1: Wochentage

Welcher Wochentag war der Heiligabend 2023 (24. Dezember 2023)? Welche Wochentage waren der erste und der letzte Tag im Dezember 2023?

Beispiele Folgende Wochentage sollten das Ergebnis sein:

Eingabe	Resultat
24. Dezember 2023	Sunday
01. Dezember 2023	Friday
31. Dezember 2023	Sunday

Lösung

Wir erzeugen ein korrespondierendes `date`-Objekt und ermitteln mithilfe der nachfolgend gezeigten Funktion `get_week_day()` den zugehörigen Wochentag. Das wiederholen wir für den ersten bzw. letzten Tag im Dezember.

Zunächst erstellen wir eine Hilfsmethode zur Ausgabe:

```
def get_week_day(date):
    return date.strftime('%A')


def print_week_day(date):
   print(date.isoformat() + " is a " + get_week_day(date))
```

Nun definieren wir drei `date`-Objekte und geben die Informationen mithilfe der gerade implementierten Hilfsmethode aus:

```
import datetime

christmas_eve = datetime.date(2023, 12, 24)
december1st = datetime.date(2023, 12, 1)
december31st = datetime.date(2023, 12, 31)

print_week_day(christmas_eve)
print_week_day(december1st)
print_week_day(december31st)
```

Es kommt zu folgenden Ausgaben:

```
2023-12-24 is a Sunday
2023-12-01 is a Friday
2023-12-31 is a Sunday
```

10.3.2 Aufgabe 2: Freitag, der 13.

Berechnen Sie alle Vorkommen von Freitag, dem 13. für einen Bereich, definiert durch zwei `dates`. Schreiben Sie eine Funktion `all_friday13th(start_date_incl, end_date_excl)`, wobei das Startdatum inklusive und das Enddatum exklusive anzugeben ist.

Beispiele

Zeitspanne	Resultat
2013 – 2015	['2013-09-13', '2013-12-13', '2014-06-13', '2015-02-13', '2015-03-13', '2015-11-13']
2020 – 2024	['2020-03-13', '2020-11-13', '2021-08-13', '2022-05-13', '2023-01-13', '2023-10-13']

Lösung

In dieser Aufgabe nutzen wir zwei Funktionen innerhalb der eigentlichen Funktion, um sowohl auf Freitag als auch auf den 13. zu testen. Um die entsprechenden zu prüfenden Tage bereitzustellen, hilft uns ein Generator, der sukzessive die Tage aus dem gewünschten Bereich erzeugt. Zur Aufbereitung des Ergebnisses verwenden wir eine List Comprehension, die für den Wertebereich auf den Generator und für die Filterung auf die zwei Hilfsfunktionen zurückgreift:

```
import datetime


# Generator
def date_range(start_date_incl, end_date_excl):
    # range() kann nur mit ints umgehen, deswegen toordinal() nötig
    for day in range(start_date_incl.toordinal(), end_date_excl.toordinal()):
        yield datetime.date.fromordinal(day)


def all_friday13th(start_date_incl, end_date_excl):
    def is_friday(date):
        return date.isoweekday() == 5

    def is13th(date):
        return date.day == 13

    return [day.isoformat() for day in date_range(start_date_incl,
                                                  end_date_excl)
                            if is_friday(day) and is13th(day)]


print("2013--2015:", all_friday13th(datetime.date(2013, 1, 1),
                                    datetime.date(2016, 1, 1)))

print("2020--2024:", all_friday13th(datetime.date(2020, 1, 1),
                                    datetime.date(2024, 1, 1)))
```

Wir führen die obigen Zeilen aus und erhalten das erwartete Ergebnis (hier leicht umformatiert):

```
2013--2015: ['2013-09-13', '2013-12-13', '2014-06-13', '2015-02-13',
             '2015-03-13', '2015-11-13']
2020--2024: ['2020-03-13', '2020-11-13', '2021-08-13', '2022-05-13',
             '2023-01-13', '2023-10-13']
```

10.3.3 Aufgabe 3: Mehrmals Freitag, der 13.

In welchen Jahren gab es mehrfach Freitag, den 13.? Um diese Frage etwa für den Zeitraum von 2013 bis einschließlich 2015 zu beantworten, berechnen Sie ein Dictionary, in dem zu jedem Jahr die entsprechenden Freitage assoziiert sind. Schreiben Sie dazu die Funktion `friday13th_grouped(start_date_incl, end_date_excl)`.

Beispiele

Jahr	Resultat
2013	[2013-09-13, 2013-12-13]
2014	[2014-06-13]
2015	[2015-02-13, 2015-03-13, 2015-11-13]

Lösung

Basierend auf der in der vorherigen Aufgabe definierten Funktion kann man zur Gruppierung ein Dictionary nutzen:

```
def friday13th_grouped(start_date_incl, end_date_excl):
    grouped = {}
    all_friday13th_ = all_friday13th(start_date_incl, end_date_excl)
    for friday_isodate in all_friday13th_:
        key = friday_isodate[0:4]
        if key in grouped:
            grouped[key] += [friday_isodate]
        else:
            grouped[key] = [friday_isodate]

    return grouped
```

Schauen wir uns noch kurz an, ob das Ganze wie erwartet funktioniert, und rufen es folgendermaßen auf:

```
result = friday13th_grouped(datetime.date(2013, 1, 1),
                            datetime.date(2016, 1, 1))
for year, fridays in result.items():
    print(year, ":", fridays)
```

Wir erhalten erwartungsgemäß diese Ausgaben:

```
2013 : ['2013-09-13', '2013-12-13']
2014 : ['2014-06-13']
2015 : ['2015-02-13', '2015-03-13', '2015-11-13']
```

10.3.4 Aufgabe 4: Schaltjahre

In dieser Aufgabe soll die Anzahl der Schaltjahre in einem Bereich, gegeben durch zwei Jahreszahlen, aufgeführt werden. Dazu implementieren wir eine Funktion `count_leap_years(start_date_incl, end_date_excl)`, wobei das Startjahr inklusive und das Endjahr exklusive anzugeben ist.

Beispiele

Zeitraum	Resultat
2010 – 2023	3
2000 – 2023	6

Lösung

Mit der Funktion `range()` lassen sich die Zahlenwerte für die dazwischenliegenden Jahre erzeugen. Für jedes Jahr prüfen wir durch die Funktion `isleap()` aus dem Modul `calendar`, ob es sich um ein Schaltjahr handelt. In dem Fall erhöhen wir einen Zähler:

```
import calendar


def count_leap_years(start_date_incl, end_date_excl):
    count = 0
    for year in range(start_date_incl, end_date_excl):
        if calendar.isleap(year):
            count += 1
    return count
```

Überprüfen wir die Funktionalität für den Zeitraum von 2010 bis 2023, so sollten wir laut obiger Tabelle drei Schaltjahre als Ergebnis erhalten. Im Zeitraum 2000 bis 2023 sind es sogar sechs:

```
print(count_leap_years(2010, 2023))
print(count_leap_years(2000, 2023))

3
6
```

Mit einer List Comprehension kann man das noch kürzer und eleganter schreiben. Zuerst wandeln wir alle Jahre, die ein Schaltjahr sind, in den Wert 1 um. Diese werden als Element der Ergebnisliste gesammelt. Danach müssen wir diese Werte nur noch summieren, wobei uns die Built-in-Funktion `sum()` unterstützt:

```
>>> def count_leap_years_2(start_date_incl, end_date_excl):
...     marked_years = [1 for year in range(start_date_incl, end_date_excl)
...                     if calendar.isleap(year)]
...     print(marked_years)
...     return sum(marked_years)
...
```

Das können Sie mit folgenden Aufrufen nachprüfen:

```
>>> print(count_leap_years_2(2010, 2023))
[1, 1, 1]
3
>>> print(count_leap_years_2(2000, 2023))
[1, 1, 1, 1, 1, 1]
6
```

Alternativ könnte man möglicherweise auch auf folgende Abwandlung kommen, die statt einer 1 die Jahreszahl als Element der Ergebnisliste sammelt und die Anzahl der Einträge in der Liste entspricht dann der Anzahl an Schaltjahren:

```
>>> def count_leap_years_3(start_date_incl, end_date_excl):
...     all_years = [year for year in range(start_date_incl, end_date_excl)
...                  if calendar.isleap(year)]
...     print(all_years)
...     return len(all_years)
...
>>> print(count_leap_years_3(2010, 2023))
[2012, 2016, 2020]
3
>>> print(count_leap_years_3(2000, 2023))
[2000, 2004, 2008, 2012, 2016, 2020]
6
```

11 Bildverarbeitung und Kontakt zur Außenwelt

In diesem Kapitel beschäftigen wir uns überblicksartig mit den beiden externen Bibliotheken *Pillow* (*PIL*) und *requests*. Ersteres erlaubt grundlegende Bildverarbeitungsaktionen, wie z. B. Cropping, Resizing. Die Bibliothek *requests* hilft bei der einfachen Kommunikation im Netz. Beide Bibliotheken sind nicht Bestandteil von Python selbst, sondern müssen entweder per Kommandozeile oder über die IDE separat installiert werden, wie dies im folgenden Text jeweils in den Abschnitten zu den Bibliotheken beschrieben ist. Nach erfolgreicher Installation kann man diese Module wie jedes andere auch mit `import` einbinden.

Zum Abschluss lernen wir das in Python integrierte Modul `webbrowser` kennen, um eine als Datei gespeicherte Grafik im Browser anzuzeigen.

11.1 Die Bibliothek *Pillow* / *PIL*

Die für Python 2 entwickelte Bibliothek *PIL* (Python Imaging Library) erlaubt es auf einfache Weise, Bilder zu laden, zu bearbeiten und zu speichern. Allerdings wird *PIL* in Python 3 nicht weiterentwickelt. Als Abhilfe gibt es mit der Bibliothek *Pillow*[1] einen Nachfolger, der auf Python 3 ausgerichtet ist. Beide Bibliotheken unterstützen diverse Grafikformate wie PNG, GIF, JPG und TIFF sowie einfache Bildbearbeitungsfunktionen, wie Beschneiden, Größenänderungen usw. Den zentralen Einstiegspunkt bildet die Klasse `Image`. Bevor diese verwendbar ist, muss man die Bibliothek *Pillow* installieren.

11.1.1 Installation und Import

Die Installation geschieht aus der Kommandozeile heraus für Windows mit dem Kommando `pip install` und für macOS folgendermaßen:

```
$ pip3 install --upgrade Pillow
```

Für alle nachfolgenden Beispiele muss dieser Import erfolgen:

```
>>> from PIL import Image
```

1 `https://python-pillow.org`

Tipp: Mögliche Verwirrung beim Import

Man könnte erwarten, dass man *Pillow* und nicht *PIL* importieren muss, weil ja *Pillow* und nicht *PIL* installiert wurde. *Pillow* nutzt den gleichen Import wie denjenigen von *PIL*.

11.1.2 Bildverarbeitung

Öffnen – `open()`

Oftmals möchte man ein Bild öffnen, um es dann zu bearbeiten und später zu betrachten oder zu speichern. Dabei gibt man den Bildnamen inklusive des Formats wie `.png` oder `.jpg` an:

```
>>> image = Image.open(<image-name.format>)
```

Als Beispiel nehmen wir ein KI-generiertes Bild namens `James-Giants.png` (vgl. Abbildung 11-1), das einen Superhelden umgeben von drei Riesen zeigt (wie Sie ähnliche Bilder erzeugen, lernen Sie in Kapitel 12):

```
>>> image = Image.open("James-Giants.png")
```

Eigenschaften abfragen

Geladene Bilder besitzen Eigenschaften, wie Format und Größe. Diese Daten lassen sich folgendermaßen in Form der Attribute `format`, `size`, `width` und `height` abfragen:

```
>>> image.format
'PNG'
>>>
>>> image.size
(1792, 1024)
>>>
>>> image.width
1792
>>> image.height
1024
```

Anzeigen – `show()`

Zur Anzeige eines Bildes dient ein Aufruf von `show()`:

```
>>> image.show()
```

Dadurch wird ein Vorschaufenster geöffnet, mit einer Darstellung ähnlich zu der in Abbildung 11-1.

Abbildung 11-1 *KI-generiertes Ausgangsbild*

Cropping und Resizing – `crop()` und `resize()`

Mitunter ist man nur an einem Ausschnitt des Bildes interessiert. In diesem Fall lässt sich durch einen Aufruf von `crop()` unter Angabe der begrenzenden Koordinaten in Form eines Tupels mit vier Werten für die linke, obere, rechte und untere Koordinate[2] ein Bildausschnitt als neues Bild erzeugen. Mithilfe von `resize()` kann man dessen Größe ändern. Hier nutzen wir mit `//` eine Ganzzahldivision, die keine Nachkommastellen liefert. Dadurch reduzieren wir das Bild exakt auf 1/8 der Größe:

```
# crop
cropped_img = img.crop((550, 50, 1150, 950))
cropped_img.show()

# small size img 1/8 of original size
small_img = cropped_img.resize((cropped_img.width // 8,
                                cropped_img.height // 8))
small_img.show()
```

2 Der Ursprung, also (0,0), ist oben links.

Die Ergebnisse sind in Abbildung 11-2 dargestellt.

Abbildung 11-2 *Bildausschnitt und auf 1/8 der Größe verkleinerte Variante*

Rotation – `rotate()`

Manchmal muss ein Bild um einen gewissen Winkel gedreht werden. Dabei sind 90 Grad recht gebräuchlich. Dazu dient ein Aufruf von `rotate()` mit Winkelangabe:

```
rotated_img = cropped_img.rotate(90)
rotated_img.show()
```

Das Ergebnis ist in Abbildung 11-3 zu sehen.

Abbildung 11-3 *Bildausschnitt um 90 Grad rotiert, ohne Größenanpassung*

Aber Achtung: Die Größen werden nicht automatisch angepasst, sondern nur der Bildinhalt selbst wird gedreht. Das wird an den schwarzen Rändern und der abgeschnittenen Bildinformation deutlich. Möchte man das verhindern, lässt sich das Bild folgendermaßen mit Größeanpassung durch Angabe von `expand=True` drehen:

```
rotated_img2 = cropped_img.rotate(90, expand=True)
rotated_img2.show()
```

Damit erhält man das oftmals eher gewünschte Verhalten (vgl. Abbildung 11-4).

Abbildung 11-4 *Bildausschnitt um 90 Grad rotiert, mit Größenanpassung*

Auswirkungen von `expand=True` Die Auswirkungen von `expand=True` lassen sich bei einer Drehung um 45 Grad am besten verdeutlichen (vgl. Abbildung 11-5):

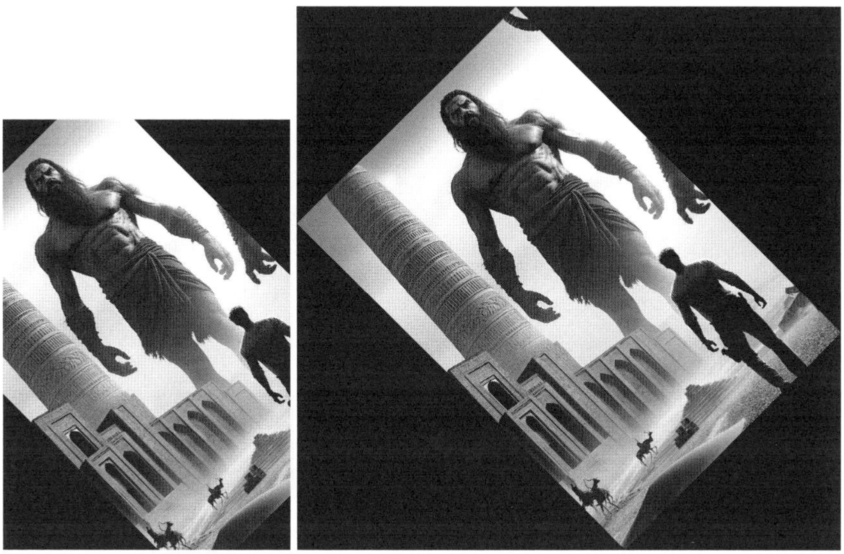

Abbildung 11-5 *Bildausschnitt um 45 Grad rotiert, ohne und mit Größenanpassung*

Speichern – `save()`

Sofern die vorherigen Aktionen ein Ergebnis hervorgebracht haben, das man für später sichern möchte, kann man dies durch Aufruf von `save()` erreichen:

```
>>> cropped_img.save("James-Giants-cropped.png")
```

Alle gebräuchlichen Formate, also PNG, GIF, JPG und TIFF, werden unterstützt. Praktischerweise wird das Format anhand der Dateiendung ermittelt. Alternativ lässt es sich separat als Parameter spezifizieren, wie es hier für die Angabe von `TIFF` gezeigt ist:

```
>>> cropped_img.save(img_name + "-cropped.gif")
>>> cropped_img.save(img_name + "-cropped.jpg")
>>> cropped_img.save(img_name + "-cropped", "TIFF")
```

Schwarz-Weiß-Umwandlung – `convert()`

Bilder können durch eine Schwarz-Weiß-Darstellung interessant wirken. Mit einem Aufruf von `convert()` lässt sich eine Umwandlung vollziehen, wobei `L` für Luminanz steht, also Helligkeit. Damit repräsentiert es nur Graustufen, aber keine Farben.

```
bw_image = img.convert("L")
bw_image.show()
```

Die folgende Abbildung 11-6 zeigt das Ergebnis der Umwandlung:

Abbildung 11-6 *Schwarz-Weiß-Darstellung*

11.1.3 Praxisbeispiel

Im mitgelieferten Projekt (`www.dpunkt.de/Einstieg-in-Python-2`) finden Sie eine AI-generierte Grafik, die wir einlesen wollen, danach geben wir verschiedene Informationen dazu aus, schneiden einen Bildausschnitt aus, verkleinern diesen und rotieren ihn um 90 Grad in zwei Varianten. Das Gleiche machen wir für 45 Grad. Zudem zeigen wir die Resultate der Verarbeitungsschritte an. Für jede der zuvor beschriebenen Bildverarbeitungsaktionen definieren wir eine korrespondierende Funktion, die wir dann in `main()` oder anderen Funktionen aufrufen:

```
from PIL import Image


def print_image_properties(image):
    print("img format:", image.format)
    print("img size:", image.size)
    print("img width x height:", image.width, "x", image.height)


def save_in_formats(image, image_name):
    image.save(image_name + ".png")
    image.save(image_name + ".gif")
    image.save(image_name + ".jpg")
    image.save(image_name, "TIFF")


def perform_crop(image, image_name, crop_area):
    cropped_img = image.crop(crop_area)
    save_in_formats(cropped_img, image_name + "-cropped")
    print_image_properties(cropped_img)
    return cropped_img


def perform_resize_to_one_eighth(image, image_name):
    small_img = image.resize((image.width // 8, image.height // 8))
    small_img.save(image_name + "-small.png")
    print_image_properties(small_img)
    return small_img


def rotation_examples(image, image_name):
    rotated_img = image.rotate(90)
    rotated_img.save(image_name + "-rotate-1.png")
    rotated_img.show()

    rotated_img2 = image.rotate(90, expand=True)
    rotated_img2.save(image_name + "-rotate-2.png")
    rotated_img2.show()

    rotated_img3 = image.rotate(45)
    rotated_img3.save(image_name + "-rotate-3.png")
    rotated_img3.show()

    rotated_img4 = image.rotate(45, expand=True)
    rotated_img4.save(image_name + "-rotate-4.png")
    rotated_img4.show()
```

```
def convert_to_black_and_white(image, image_name):
    bw_image = image.convert("L")
    bw_image.save(image_name + "-BW.gif")
    return bw_image


def main():
    # Öffnen eines Bildes
    image_name = "James-Giants"
    image = Image.open(image_name + ".png")
    image.show()
    print_image_properties(image)

    # Bildausschnitt als neues Bild bereitstellen
    cropped_img = perform_crop(image, image_name, (550, 50, 1150, 950))
    cropped_img.show()

    # Miniaturansicht mit 1/8 Größe erzeugen
    small_img = perform_resize_to_one_eighth(cropped_img, image_name)
    small_img.show()

    # Rotationen ausführen
    rotation_examples(cropped_img, image_name)

    # Umwandlung in Schwarz-Weiss
    bw_image = convert_to_black_and_white(image, image_name)
    bw_image.show()


if __name__ == "__main__":
    main()
```

11.1.4 Weiterführende Informationen

In diesem Unterkapitel konnte ich nur einen ersten Eindruck vermitteln. Dieser soll zum Experimentieren anregen. Dazu finden Sie weitere Informationen auf diesen Webseiten:

- https://pillow.readthedocs.io/en/stable
- https://www.geeksforgeeks.org/python-pillow-tutorial
- https://auth0.com/blog/image-processing-in-python-with-pillow
- https://realpython.com/image-processing-with-the-python-pillow-library

11.2 Das Modul `requests`

Zum Abschluss dieses Kapitels wollen wir eine Datei aus dem Internet herunterladen, dann als Grafik speichern und schließlich in einem Browser anzeigen. Die notwendigen Kenntnisse zur Bildverarbeitung haben wir uns gerade erworben, kommen wir nun zum Absetzen von HTTP-Befehlen.

Das Modul `requests` umfasst eine einfach und elegant zu handhabende HTTP-Bibliothek. Damit lassen sich HTTP/1.1-Anfragen bequem absetzen. Hierzu muss man sich nicht viele Gedanken über Query-Strings oder Daten bei POST machen usw. Eine abgesendete HTTP-Anfrage liefert eine HTTP-Antwort in Form eines Response-Objekts zurück, das Zugriff auf den Inhalt, die Codierung, den Status usw. bietet.

11.2.1 Installation und Import

Um das Modul nutzen zu können, muss die Bibliothek zunächst installiert werden. Die Installation geschieht über die Kommandozeile für Windows mit `pip install` und für macOS auf diese Weise:

```
$ pip3 install --upgrade requests
```

Für alle nachfolgenden Beispiele muss dieser Import erfolgen:

```
>>> import requests
```

11.2.2 Request absetzen – auf Webseite zugreifen

Betrachten wir zur Einführung programmatische Zugriffe auf Webseiten. Dazu müssen wir einen Request erstellen und das passende HTTP-Kommando, hier `GET`, verwenden. Dafür nutzen wir einen Aufruf von `requests.get()`. Dort übergeben wir die gewünschte URL textuell und bekommen eine Response zurück.

```
>>> import requests
>>>
>>> response = requests.get('https://w3schools.com/python/demopage.htm')
>>>
>>> print(response.text)
<!DOCTYPE html>
<html>
<body>

<h1>This is a Test Page</h1>

</body>
</html>
```

Aus der Antwort (`response`) können wir Statuscode (`status_code`) und Inhalt (`content`) usw. (wie bereits gesehen in Textform (`text`)) durch entsprechende Zugriffe auf Attribute auslesen:

```
>>> print(response.status_code)
200
>>> print(response.content)
b'<!DOCTYPE html>\n<html>\n<body>\n\n<h1>This is a Test Page</h1>\n\n</body>\n</
    html>'
```

Anhand des `b'` erkennt man, dass der Inhalt in Form von Bytes vorliegt.

Ebenso ist ein Zugriff auf das Encoding (`encoding`) und auf die Header (`headers`) möglich:

```
>>> print(response.encoding)
ISO-8859-1
>>>
>>> print(response.headers)
{'Content-Encoding': 'gzip', 'Accept-Ranges': 'bytes', 'Age': '45419', 'Cache-
    Control': 'public,max-age=31536000,public', 'Content-Security-Policy': "
    frame-ancestors 'self' https://mycourses.w3schools.com https://pathfinder.
    w3schools.com;", 'Content-Type': 'text/html', 'Date': 'Fri, 23 Aug 2024
    19:38:48 GMT', 'Etag': '"073a76026f5da1:0"', 'Last-Modified': 'Fri, 23 Aug
    2024 06:33:34 GMT', 'Server': 'ECS (amb/6B7E)', 'Vary': 'Accept-Encoding',
    'X-Cache': 'HIT', 'X-Content-Security-Policy': "frame-ancestors 'self'
    https://mycourses.w3schools.com https://pathfinder.w3schools.com;", 'X-
    Powered-By': 'ASP.NET', 'Content-Length': '99'}
```

Bereits diese nahezu minimale Webseite und Antwort liefert einiges an Daten. Oftmals ist es für Beispiele und eine leichtere Handhabbarkeit angebracht, per Slicing (vgl. Abschnitt 3.1.1) eine Begrenzung des Inhalts vorzunehmen.

11.2.3 Wesentliche HTTP-Kommandos (GET, POST, PUT, DELETE, HEAD)

Gerade haben wir bereits das weitverbreitete und oft genutzte GET verwendet. Das ist der Standard zum Lesen von Daten. Wenn Daten an einen Server zu transportieren sind, verwendet man die HTTP-Kommandos POST und PUT, zum Löschen DELETE. Manchmal möchte man auch nur die Header-Informationen auslesen. Dazu kann man mit HEAD prüfen, ob die Seite grundsätzlich erreichbar ist und antwortet.

Bei der Verwendung von GET werden Informationen über den Inhalt bereitgestellt, bei HEAD hingegen bleibt der Inhalt, in diesem Fall `text`, leer:

```
>>> response = requests.get('https://www.python.org')
>>> response.status_code
200
>>> response.text[0:50]
'<!doctype html>\n<!--[if lt IE 7]>   <html class="n'
>>>
>>> response = requests.head('https://www.python.org')
>>> response.status_code
200
>>> response.text
''
```

Zum Ausprobieren der anderen HTTP-Verben kann man Requests beispielsweise an die Seiten *reqres* (`https://reqres.in`) oder alternativ an *httpbin* (`https://httpbin.org`) senden. Beides sind einfache HTTP-Request-Response-Services, denen man Daten schicken und Beispieldaten von dort lesen kann. Wir sehen hier die Statuscodes 201 für CREATED, 200 für OK und 204 für DELETED:

```
>>> requests.post('https://reqres.in/api/users', data={'key': 'value'})
<Response [201]>
>>> requests.put('https://reqres.in/api/users/4711', data={'key': 'value'})
<Response [200]>
>>> requests.delete('https://reqres.in/api/users/4711')
<Response [204]>
```

11.2.4 Response als Datei sichern

Wir kombinieren nun das Wissen um das Absetzen eines Requests und das Auslesen der Response mit unseren bisherigen Kenntnissen zur Dateiverarbeitung mit `with`, `open` und dem Modus `w` aus Kapitel 7. Damit ist es ein Leichtes, die textuellen Inhalte, hier die Body-Informationen der Python-Webseite in Form des Attributs `text`, folgendermaßen als HTML-Datei zu speichern:

```
import requests

# GET-Aufruf absenden
response = requests.get('https://www.python.org/')

# sofern erfolreich, in Datei speichern
if response.status_code == 200:
    with open("./python.html", "w") as html_file:
        html_file.write(response.text)
```

Wenn Sie diese Zeilen ausführen, wird die Python-Webseite heruntergeladen und der Inhalt in der Datei `python.html` im aktuellen Verzeichnis gespeichert.

Grafikdaten als Datei sichern

Obwohl die Python-Seite ziemlich informativ ist, könnte ein Bild noch ein wenig unterhaltsamer sein. Probieren Sie doch einmal die Webseite `https://xkcd.com` aus. Dort finden Sie eine Vielzahl an recht lustigen Kurzcomics. Öffnen wir dementsprechend einen solchen Comic und schreiben das Bild in eine Datei – hierbei nutzen wir den in Kapitel 7 zur Dateiverarbeitung kurz erwähnten Binärmodus:

```
import requests


response = requests.get("https://imgs.xkcd.com/comics/modern_tools.png")

if response.status_code == 200:
    with open("./modern_tools.png", "wb") as png_file:
            png_file.write(response.content)
```

Die entstehende Datei sollte dabei den Inhalt aus Abbildung 11-7 besitzen.

Abbildung 11-7 *Heruntergeladene Grafikdatei*

11.2.5 Weiterführende Informationen

Um den in diesem Unterkapitel gewonnenen ersten Eindruck zu vertiefen und eigene Experimente zu starten, finden Sie weitere Informationen auf diesen Webseiten:

- `https://pypi.org/project/requests`
- `https://requests.readthedocs.io/en/latest`
- `https://www.w3schools.com/python/module_requests.asp`
- `https://realpython.com/python-requests`

11.3 Das Modul `webbrowser`

Kommen wir nun zum in Python standardmäßig mitgelieferten Modul `webbrowser`, um die zuvor erlernten Kenntnisse zur Bildverarbeitung und zu HTTP zu kombinieren und webbasierte Dokumente im Browser anzuzeigen. Dazu bietet das Modul `webbrowser` eine High-Level-Schnittstelle. Für unsere Beispiele genügt ein einfacher Aufruf der Funktion `open()`, um das gewünschte Ergebnis zu erzielen.

Wie üblich muss ein passender Import erfolgen:

```
>>> import webbrowser
```

11.3.1 Datei im Webbrowser öffnen

Nachdem wir die heruntergeladenen Daten als Datei gespeichert haben, besteht jetzt die Kür darin, die Datei mit einem Browser zu öffnen. Wie zuvor greifen wir mit dem Modul `requests` auf eine Webseite zu und öffnen eine Datei zum Schreiben. Als Erweiterung nutzen wir nun das Modul `webbrowser`, das einen einfachen Zugang zu einem Browser ermöglicht. Hier spezifizieren wir den Firefox (eine Installation vorausgesetzt) und öffnen dann das zuvor heruntergeladene Bild.

```
import requests
import webbrowser
from os import path

response = requests.get("https://imgs.xkcd.com/comics/christmas_gps.png")

if response.status_code == 200:
    png_path = "./christmas.png"

    with open(png_path, "wb") as png_file:
        png_file.write(response.content)

    path_ = path.realpath(png_path)
    webbrowser.get("firefox").open("file:///" + path_)
```

Es öffnet sich der Firefox-Browser mit einem Bild wie in Abbildung 11-8.

Abbildung 11-8 *Programmatisch geöffneter Browser*

11.3.2 Google-Suche programmatisch ausführen

Mitunter möchte man eine Suche im Web ausführen. Auch dazu lässt sich das Modul `webbrowser` nutzen, indem eine passende URL inklusive Suchbegriff als Parameter im Query-String (`&q=`) zusammengebaut wird:

```
import webbrowser

search_for = input("Suchbegriff: ")

url_google_search = 'https://www.google.de/search/?q='
webbrowser.open(url_google_search + search_for)
```

Nachdem der Benutzer einen Suchbegriff auf der Konsole eingegeben hat, startet eine Google-Suche.

Hilfestellung mit dem Modul `urllib`

Eine Sache gilt es noch zu bedenken: Falls man als Suchbegriff einen Text mit Leerzeichen eintippt, so entsteht keine gültige URL mehr. Man muss die Leerzeichen passend escapen. Dabei leisten die in Python integrierte Bibliothek in Form des Moduls `urllib` und die Funktion `quote()` gute Dienste:

```
>>> import urllib.parse
>>>
>>> search_for = input("Suchbegriff: ")
Suchbegriff: Python lernen DPunkt
>>>
>>> urllib.parse.quote(search_for)
'Python%20lernen%20DPunkt'
```

Damit verbessern wir das obige Programm wie folgt:

```
import urllib.parse
import webbrowser

search_for = input("Suchbegriff: ")

url = 'https://www.google.de/search?q='
webbrowser.open(url + urllib.parse.quote(search_for))
```

Nun können wir ein Experiment durchführen und geben beispielsweise folgende Begriffe ein:

```
Suchbegriff: Python lernen DPunkt
```

Nach kurzer Zeit erscheint eine Ergebnisliste, ähnlich wie die in Abbildung 11-9 dargestellte, im Browser:

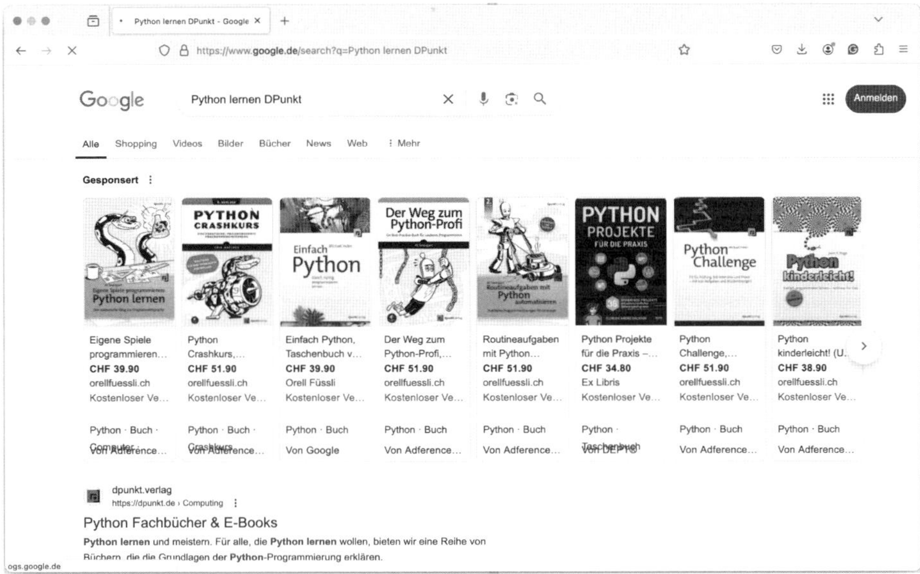

Abbildung 11-9 *Programmatisch ausgeführte Google-Suche*

Variante mit Anzeige der Google-Startseite

Möchte man noch nachträglich etwas im Suchfeld eingeben, lässt sich das Erreichen, indem man den Begriff `search` aus dem Pfad entfernt:

```
import urllib.parse
import webbrowser

search_for = input("Suchbegriff: ")

url_google_home = 'https://www.google.de/?q='
webbrowser.open(url_google_home + urllib.parse.quote(search_for))
```

12 LLMs mit Python im Kurzüberblick

Künstliche Intelligenz (KI), Machine Learning (ML) und Large Language Models (LLMs) sind derzeit in aller Munde. In diesem Kapitel wollen wir uns einführend mit dem Thema LLMs beschäftigen, um ein Gespür für die vielfältigen Möglichkeiten von LLMs in der Praxis zu bekommen. Was vor einigen Jahren noch Utopie und Fiktion war, ist mittlerweile Standard. Das Tempo des Fortschritts ist enorm und die Grenzen des Machbaren werden ständig weiter verschoben. Mittlerweile ist es mit recht wenig Aufwand möglich, den Computer sinnvolle Texte, kleine Geschichten oder sogar überschaubar komplexe Programme erstellen zu lassen, allein indem man ein paar Stichwörter als Ausgangsbasis definiert. Beginnen wir unsere kurze Entdeckungsreise.

12.1 Einführung

KI verändert unser Leben und erlaubt es auch weniger Kreativen, Dinge wie Texte, Bilder usw. erschaffen zu lassen. Daran haben die für Python existierenden Bibliotheken einen bedeutenden Anteil. Werfen wir einen kurzen Blick auf die Grundlagen.

12.1.1 Was sind LLMs? Geschichte und Einsatzgebiete

Damit künstliche Intelligenz Texte, Sourcecode oder Bilder erschaffen kann, muss diese zunächst mit extrem vielen Informationen gefüttert werden. Man trainiert dabei neuronale Netze so, dass diese möglichst sinnvolle Eingabedaten und gewünschte Ausgaben bekommen, um dann die passenden Ausgabedaten für weitere vom Benutzer gewünschte Eingaben erzeugen zu können.

Bereits in den Anfangstagen der KI wollte man Systeme erstellen, die menschliche Sprache verstehen. Lange Zeit war der Fortschritt eher begrenzt. Mit der enorm zunehmenden Rechenleistung heutiger Computer sowie Verbesserungen im Machine Learning gewannen LLMs vor rund 5 bis 10 Jahren immer mehr an Bedeutung. Dabei hat insbesondere GPT-3[1], auf dem auch ChatGPT[2] basiert, die Aufmerksamkeit der breiten Masse erregt.

1 `https://de.wikipedia.org/wiki/Generative_Pre-trained_Transformer_3`

2 `https://chatgpt.com`

Wo spielen LLMs ihre Stärken aus?

Mithilfe von LLMs kann man Sprache erkennen und es ist auch möglich, Übersetzungen oder kleinere Texte zu erzeugen. Mit Convolutional Neural Network (CNN) lassen sich Inhalte aus Bildern detektieren.

Folgende Aufzählung gibt einen groben Überblick über bevorzugte Einsatzgebiete:

- **Erstellung von Inhalt** – Das Schreiben von Texten, etwa Aufsätzen, Studienarbeiten usw., aber auch kleinerer Gedichte oder Geschichten, also die Generierung kreativer Textinhalte, ist eine Kerndomäne von LLMs.
- **Maschinelle Übersetzung** – Viele kennen Systeme wie DeepL[3] oder Grammarly[4], die im Falle von DeepL, nahezu in Echtzeit Texte von einer Sprache in eine andere übersetzen können oder aber im Falle von Grammarly, Texte auf Verbesserungspotenziale in Grammatik, Ausdruck und Wortwahl untersuchen können.
- **Sourcecode-Generierung und -Vervollständigung** – LLMs bilden die Grundlage etwa für einige komfortable Auto-Completion-Funktionalitäten in IntelliJ. Neben dem Vorschlag von Programmfragmenten gibt es mittlerweile mit dem AI Assistent ein Tool, das Sourcecode analysieren und dafür sogar Dokumentation generieren kann.
- **Chatbots und virtuelle Assistenten** – LLMs ermöglichen es, die Interaktionen zwischen Maschinen und Menschen natürlicher und ansprechender zu gestalten.

Auswahl an möglichen Bibliotheken

Python bietet eine reichhaltige Auswahl an Bibliotheken rund um KI. Vermutlich deshalb hat Python in den letzten Jahren einen enormen Hype erfahren. Folgende Aufzählung nennt ein paar mögliche Bibliotheken:

- **Transformers**[5] – Dabei handelt es sich um eine Bibliothek, die vortrainierte LLM-Modelle und Werkzeuge bietet.
- **OpenAI**[6] – Ermöglicht den Zugriff auf leistungsstarke LLMs wie GPT-3. Allerdings sind viele Funktionen nur über eine kostenpflichtige API, die erweiterte Funktionen enthält, möglich, etwa die Erzeugung von Bildern.
- **Hugging Face Hub**[7] – Dabei handelt es sich um eine umfangreiche Community-Plattform, die zum Experimentieren einlädt und verschiedene LLM-Modelle und Tools bietet.

Wir werden zunächst ein paar einführende Beispiele mit der Bibliothek *transformers* realisieren, um ein erstes Gespür zu erhalten. Später werden wir dann mit *OpenAI* etwas

3 https://www.deepl.com/de/translator
4 https://app.grammarly.com
5 https://pypi.org/project/transformers
6 https://openai.com
7 https://huggingface.co/docs/hub/index

Text generieren, eine Stück Python-Sourcecode analysieren lassen sowie die rekursive Berechnung der Fibonacci-Zahlen erstellen. Die Kür besteht darin, eine Nachricht in MP3 umzuwandeln und einige Bilder zu erzeugen.

12.2 Einführende Beispiele mit *transformers*

Zum Einstieg schauen wir uns zwei Beispiele an. Doch zuvor müssen wir ein paar Installationsarbeiten ausführen.

Installation

Wir installieren die Bibliothek *transformers* per Kommandozeile wie folgt (`pip` für Windows):

```
$ pip3 install transformers
```

Die Funktionalität von *transformers* stützt sich auf die drei populärsten Deep Learning Libraries *Jax*, *PyTorch* und *TensorFlow* ab. Damit *transformers* funktioniert, muss zumindest eine der drei genannten Bibliotheken auf Ihrem Computer installiert sein.

Zur Installation von *PyTorch* geben Sie folgendes Kommando ein:

```
$ pip3 install torch torchvision torchaudio
```

Weitere Informationen finden Sie auf der Webseite zu den Bibliotheken:

- `https://pypi.org/project/transformers`
- `https://pytorch.org`

Hinweis: Installationshürden

Während die Installation von *transformers* für Python 3.12 problemlos wie gerade beschrieben ablief, kam es bei mir mit Python 3.13 zu folgender Fehlermeldung (gekürzt):

```
  note: This error originates from a subprocess, and is likely not a problem
        with pip.
  ERROR: Failed building wheel for tokenizers
Failed to build tokenizers
ERROR: ERROR: Failed to build installable wheels for some pyproject.toml
      based projects (tokenizers)
```

Ebenso schlug leider die Installation von *PyTorch* mit Python 3.13 wie folgt fehl:

```
ERROR: Could not find a version that satisfies the requirement torch (from
      versions: none)
ERROR: No matching distribution found for torch
```

Es bleibt zu hoffen, dass diese Kinderkrankheiten mit einem der nächsten Updates von Python 3.13 oder den Bibliotheken behoben sein werden.

12.2.1 Textgenerierung mit *transformers*

Zunächst wollen wir eine kleine Geschichte basierend auf einem Satzfragment erzeugen lassen. Wir betrachten zunächst das Python-Programm und danach liefere ich ein paar Erklärungen. Es ist schlicht unglaublich, wie wenig Sourcecode für die Textgenerierung mit *transformers* nötig ist:

```
# 1) Einbinden des passenden Moduls
from transformers import pipeline

# 2) Auswahl eines Verarbeitungsmodells
text_generator = pipeline("text-generation")

# 3) Angabe eines sogenannten Prompts als Eingabe- und Informationsquelle
prompt = "Once upon a time, there was a brave knight..."

# 4) Aufruf des LLMs
generated_text = text_generator(prompt)

# 5) Zugriff auf die erzeugten Daten
print(generated_text[0]["generated_text"])
```

Konkret sind folgende Schritte erforderlich und im Listing oben markiert.

1. Einbinden des passenden Moduls
2. Auswahl eines Verarbeitungsmodells, Pipeline genannt, hier `text-generation` zur Erzeugung von Texten
3. Angabe eines sogenannten Prompts als Eingabe- und Informationsquelle
4. Aufruf des LLMs zur Generierung des Ergebnistextes
5. Zugriff auf die erzeugten Daten, wobei man hier wissen muss, wie das Ergebnis aufgebaut ist.

Mithilfe des zuvor gezeigten kleinen Programms wird der als Prompt vorgegebene Anfang einer Geschichte fortgesetzt und liefert etwa Folgendes – wobei der Text am Ende teilweise abgeschnitten ist:

```
Once upon a time, there was a brave knight... a valiant young man of the royal
      house of Chillote. One year after dying on her father's battle, he entered
      her castle for a feast in the great hall of the royal palace
```

Normalerweise muss man die eingesetzten Modelle aufwendig trainieren. Erste Experimente gelingen aber auch so. Warum weise ich darauf hin. Ändern Sie doch einmal den Prompt wie folgt ab:

```
prompt = ("Once upon a time, there was a brave bee named Maya and " +
          "her friend Willy. They explore the world of ...")
```

Dann erhält man oftmals keine Geschichte mehr, sondern ab und an nur das Fragment als Antwort, vermutlich weil das Modell für diese Eingabe nicht so ausführlich trainiert wurde:

```
Once upon a time, there was a brave bee named Maya and her friend Willy. They
      explore the world of ... Written by Anonymous
```

Für einen Einstieg soll dies reichen. Später mit *OpenAI* profitieren wir von besser, d. h. umfangreicher vortrainierten Modellen.

Hinweis: String-Verknüpfung

Im obigen Beispiel ist Ihnen vielleicht eine Besonderheit aufgefallen: Wenn Sie längere Texte verwenden wollen, dann kann man diese zwar in einzelne Strings unterteilen und mit + verknüpfen. Wenn die Bestandteile sich über mehrere Zeilen erstrecken, muss man diese jedoch mit Klammern umschließen.

12.2.2 Analyse von Texten

Man kann LLMs auch dazu nutzen, gewisse Aussagen zu bewerten. Betrachten wir wieder ein kleines Beispiel, dass das vortrainierte LLM-Modell für die Stimmungsanalyse nutzt und dazu einige Sätze mit Aussagen analysiert. Wir definieren eine Liste mit Sätzen in etwa wie folgt:

```
def provide_sentences():
    return [
        "The hotel was disappointing. Rooms are dirty, small and overpriced.",
        "This book is a must-read for anyone interested in Python.",
        "It smells amazingly like summer.",
        "Blue is dark, but not red.",
        "Icecream is delicious. I like to eat more.",
        "Icecream is delicous. I like to eat more.",  # bewusster Schreibfehler
    ]
```

Durch die Extraktion der Datenbereitstellung können wir die Schritte sehr ähnlich zum vorherigen Beispiel halten, aber mit der Änderung der Pipeline, hier nutzen wir `sentiment-analysis`. Zudem ist das gelieferte Resultat anders aufgebaut: Die Bewertung zur vorhergesagten Stimmung (`"POSITIVE"` oder `"NEGATIVE"`) befindet sich im Unterelement `label` und eine Bewertung der Zuversicht, dass die Einschätzung korrekt ist, liefert das Unterelement `score`:

```
# 1) Einbinden des passenden Moduls
from transformers import pipeline

# 2) Auswahl eines Verarbeitungsmodells
sentiment_analyzer = pipeline("sentiment-analysis")

# 3) Eingabe- und Informationsquelle
sentences = provide_sentences()

for sentence in sentences:
    # 4) Aufruf des LLMs: Analyse der Stimmung
    sentiment = sentiment_analyzer(sentence)[0]

    # 5) Zugriff auf die erzeugten Daten
    print(f"Sentence: {sentence}")
    print(f"Sentiment: {sentiment['label']} ({sentiment['score']:.2f})")
```

Schauen wir uns die Ergebnisse an. Als Hinweis: Achten Sie penibel auf die Schreibweise, hier am Wort `delicious` verdeutlicht. Ein fehlender Buchstabe, in diesem Fall das i, führt zu einer komplett anderen Bewertung:

```
Sentence: The hotel was disappointing. Rooms are dirty, small and overpriced.
Sentiment: NEGATIVE (1.00)
Sentence: This book is a must-read for anyone interested in Python.
Sentiment: POSITIVE (1.00)
Sentence: It smells amazingly like summer.
Sentiment: POSITIVE (1.00)
Sentence: Blue is dark, but not red.
Sentiment: NEGATIVE (0.93)
Sentence: Icecream is delicious. I like to eat more.
Sentiment: POSITIVE (1.00)
Sentence: Icecream is delicous. I like to eat more.
Sentiment: NEGATIVE (0.96)
```

12.2.3 Was haben wir bisher gelernt?

LLM-Modelle sind in der Lage, Sprache zu verstehen. Je nach Trainingszustand können sogar Nuancen und auch Stimmungen erkannt und oftmals korrekt eingeschätzt werden. Die im zweiten Beispiel gezeigte Stimmungsanalyse lässt sich etwa für einen Chatbot oder aber zur automatisierten Auswertung von Kundenfeedback nutzen.

Um diese Funktionalitäten in eigenen Programmen zur Verfügung zu stellen, muss man weder ausgewiesener Experte in KI noch im Programmieren sein. Es reichen kleine Programme, die man sich anhand von Tutorials zu den Bibliotheken mit wenig Aufwand selbst schreiben oder basierend auf vorhandenen Beispielen, etwa denjenigen aus diesem Buch, geeignet modifizieren kann.

Zwar produzieren LLMs oftmals fantastische Ergebnisse, aber sie liefern ab und an auch mal ungenaue oder irreführende Ergebnisse. Das haben wir ansatzweise bei der Textvervollständigung gesehen. Deswegen ist es sinnvoll, diese Schwachstellen zu kennen und die Resultate immer auch kritisch zu hinterfragen und gegebenenfalls durch einen Experten bewerten zu lassen. Wenn man antizipiert, dass der bisherige Fortschritt bei der Entwicklung von LLMs ungebremst so weitergeht, werden die zukünftig erzielbaren Ergebnisse noch beeindruckender und korrekter sein als derzeit.

12.3 Experimente mit *OpenAI*

In diesem Unterkapitel wollen wir uns ein wenig mit *OpenAI* beschäftigen, da hiermit Experimente oftmals deutlich mehr Spaß machen und man auch Bilder generieren kann. Allerdings muss man bei *OpenAI* für die unterhaltsamen Funktionalitäten einen Account anlegen und weitere Registrierungen vornehmen.

Installation

Wir installieren die Bibliothek *OpenAI* per Kommandozeile wie folgt (`pip` für Windows):

```
$ pip3 install OpenAI
```

Hinweis: Installationshürden

Während die Installation von *OpenAI* für Python 3.12 wie gerade beschrieben ablief, kam es bei mir mit Python 3.13 Release Candidate 3 zu dieser Fehlermeldung (gekürzt):

```
x Preparing metadata (pyproject.toml) did not run successfully.
? exit code: 1
 ---> [6 lines of output]

  Cargo, the Rust package manager, is not installed or is not on PATH.
  This package requires Rust and Cargo to compile extensions. Install it
  through the system's package manager or via https://rustup.rs/

  Checking for Rust toolchain....
```

Als Abhilfe muss man Rust wie folgt installieren

```
$ brew install rust
```

und dann das obige Kommando wiederholen. Interessanterweise trat das Problem dann mit dem finalen Python 3.13 nicht mehr auf.

Damit man mit *OpenAI* arbeiten kann, ist ein spezieller Key erforderlich. Das wiederum erfordert zunächst eine Registrierung und Generierung eines Accounts auf der Seite `https://platform.OpenAI.com/api-keys`. Leider muss man dort eine Zahlungsmöglichkeit angeben, die es später erlaubt, die Services zu nutzen.

Hinweis: Zahlungsinformationen hinterlegen

Es muss eine Zahlungsinformation hinterlegt sein, ansonsten werden die nachfolgend gezeigten Beispiele mit einer Fehlermeldung ähnlich zu dieser beendet:

```
OpenAI.RateLimitError: Error code: 429 - {'error': {'message': 'You exceeded
        your current quota, please check your plan and billing details. For
       more information on this error, read the docs:  ...
```

Die Generierung eines API-Keys sollte in etwa so wie in Abbildung 12-1 aussehen:

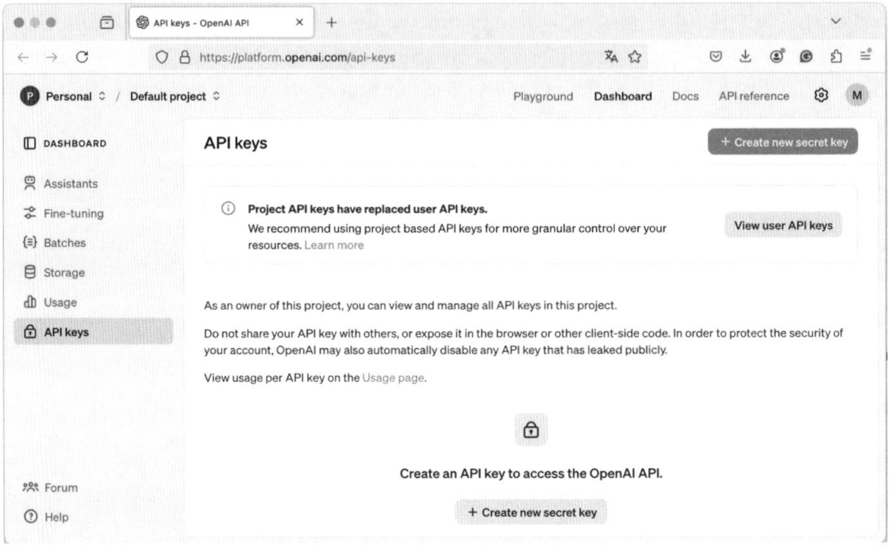

Abbildung 12-1 *OpenAI-Key-Generierung*

Wenn Sie einen anderen Weg über ein Login durch die Applikation nehmen, sehen Sie gegebenenfalls so etwas wie in Abbildung 12-2:

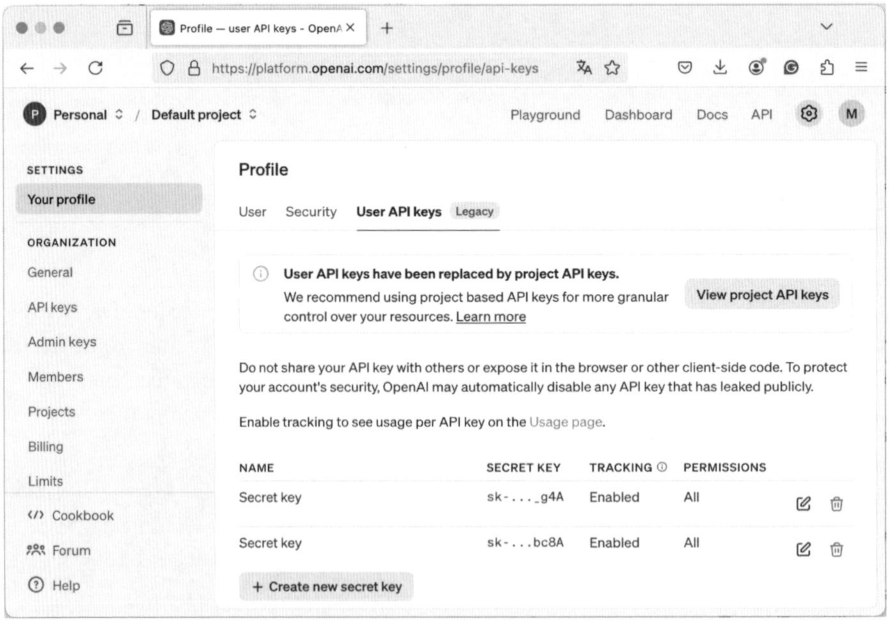

Abbildung 12-2 *OpenAI-Key-Generierung*

Wichtig ist es, diesen Key für die nächsten Programme zu kopieren und als Variable in den folgenden Python-Programmen zu definieren.

12.3.1 Textgenerierung

Nachfolgend betrachten wir die Generierung von Texten wieder am Beispiel des Textfragments aus dem initialen Beispiel. Konkret sind folgende Schritte erforderlich:

1. Einbinden des passenden Moduls
2. Erzeugen einer Instanz von *OpenAI* unter Angabe eines Keys
3. Angabe spezifischer Parametrierungen sowie eines sogenannten Prompts. Im Parameter `message` kann man dazu die Rolle von *OpenAI* sowie die des Benutzers festlegen, hier um das Modell `gpt-3.5-turbo` anzugeben und in der Rolle des Benutzers eine Anfrage abzusetzen.
4. Aufruf des LLMs `client.chat.completions,create()` zur Generierung des Ergebnistextes
5. Zugriff auf die erzeugten Daten, wobei man hier wissen muss, wie das Ergebnis aufgebaut ist.

Diese Schritte sind jeweils als nummerierte Kommentare im Listing markiert:

```
# 1) Einbinden des passenden Moduls
from OpenAI import OpenAI


def main():
    # Beispiel:  'sk-proj-dqY5W.........twzttT3BlbkF..........QjKyOBfDoNT'
    OpenAI_API_KEY = '<YOUR-KEY>'

    # 2) \textit{OpenAI} erzeugen
    client = OpenAI(api_key=OpenAI_API_KEY)

    # 4) Aufruf des LLMs zur Generierung des Ergebnistextes
    response = client.chat.completions.create(
        # 3) Auswahl eines Verarbeitungsmodells über spezifische Parametrierung
        model="gpt-3.5-turbo",
        messages=[
            {"role": "user",
             "content": "Once upon a time, there was a brave bee named Maya "
                        "and her friend Willy. They explore the world of ..."
            }
        ]
    )

    # 5) Zugriff auf die erzeugten Daten
    print(response.choices[0].message.content)


if __name__ == "__main__":
    main()
```

Am generierten Ergebnis sieht man, das *OpenAI* ein besser trainiertes LLM-Modell als *transformers* nutzt (die Modelle befinden sich jeweils auf den Servern von den Bibliotheken) und daher eine richtige Geschichte basierend auf dem Start produziert:

```
flowers and nectar, gathering pollen to make delicious honey. They were known
      far and wide for their adventurous spirit and their ability to find the
      sweetest, most fragrant flowers in the land.
One day, as Maya and Willy were flying through a field of wildflowers, they
      stumbled upon a hidden meadow filled with rare and exotic blooms. Excited
      by their discovery, they decided to explore further, venturing deeper into
      the meadow than they ever had before.
But as they flew deeper into the meadow, they realized they were lost. The sun
      was setting, and the familiar sights of their home hive were nowhere to be
      seen. Panicking, Maya and Willy knew they had to find their way back before
       nightfall, or they would be stuck in the meadow forever.
Using their keen sense of smell and their sharp instincts, Maya and Willy worked
       together to retrace their steps and find their way home. They dodged
      dangerous predators, navigate treacherous obstacles, and finally, as the
      first stars began to twinkle in the sky, they saw the familiar glow of
      their hive in the distance.
Exhausted but exhilarated, Maya and Willy flew back to their hive, where their
      fellow bees greeted them with cheers and admiration for their daring
      adventure. From that day on, Maya and Willy were known as the bravest bees
      in the land, and their tales of exploration and discovery were told for
      generations to come.
```

Dazu fällt mir nur »beeindruckend« ein.

12.3.2 Sourcecode erklären lassen

Nun wollen wir uns ein bisschen Sourcecode erklären lassen. Bislang haben wir eine einfache Aufforderung genutzt und dazu eine Benutzerrolle verwendet, um die Anfrage und Wünsche zu formulieren. Wenn wir die Ergebnisse verbessern wollen, können wir über eine zusätzliche Angabe steuern, welchen Erfahrungsschatz bzw. welche Rolle das LLM spielen soll, etwa die eines erfahrenen Programmierers oder eines Dozenten.

Damit das Ganze im folgenden Programm übersichtlich bleibt, definieren wir die zwei Variablen `system_role` und `user_role`. Außerdem wird auf das modernere und aktuellere GPT-4-Modell zurückgegriffen. Durch `max_token` lässt sich die Ausführlichkeit der Antwort steuern. Der zu analysierende Sourcecode wird über einen Multi-line-String mithilfe der Funktion `sourcecode_input()` bereitgestellt:

```
# 1) Einbinden des passenden Moduls
from OpenAI import OpenAI


def sourcecode_input():
  return """
class SimplePerson:
    def __init__(self, name, age, city):
        self.name = name
        self.age = age
        self.city = city

    def __repr__(self):
        return f"{self.name} {self.age} {self.city}"

    def __lt__(self, other):
        return self.name < other.name or \
               (self.name == other.name and self.age < other.age)
```

```
def main():
    persons = [SimplePerson("Michael", 53, "Zürich"),
               SimplePerson("Jim", 7, "Köln"),
               SimplePerson("Tim", 50, "Kiel"),
               SimplePerson("Jim", 14, "Bern"),
               SimplePerson("Carsten", 45, "Regensburg"),
               SimplePerson("Maya", 38, "Hamburg")]

    persons.sort()
    print("persons", persons)

    sorted_by_name_and_age = sorted(persons,
                                    key=lambda person: (person.name, person.age)
                                   )
    print("by_name_and_age", sorted_by_name_and_age)

    sorted_by_age_and_name = sorted(persons,
                                    key=lambda person: (person.age, person.name)
                                   )
    print("by_age_and_name", sorted_by_age_and_name)

if __name__ == "__main__":
    main()
    """


def main():
    OpenAI_API_KEY = '<YOUR_KEY>'

    # 2) OpenAI erzeugen
    client = OpenAI(api_key=OpenAI_API_KEY)

    # 3) Auswahl eines Verarbeitungsmodells über spezifische Parametrierung
    system_role = {
        "role": "system",
        "content": "You will be provided with a piece of code, and your task is
              to explain it in a concise way."
    }
    user_role = {
        "role": "user",
        "content": sourcecode_input()
    }

    # 4) Aufruf des LLMs zur Generierung des Ergebnistextes
    response = client.chat.completions.create(
        # 3) Auswahl eines Verarbeitungsmodells über spezifische Parametrierung
        model="gpt-4",
        messages=[
            system_role,
            user_role
        ],
        max_tokens=150
    )

    # 5) Zugriff auf die erzeugten Daten
    print(response.choices[0].message.content)


if __name__ == "__main__":
    main()
```

Man erhält damit beispielsweise folgende Erklärung:

```
This code snippet defines a simple Python class called `SimplePerson` with
    attributes `name`, `age`, and `city`. It also implements the `__repr__`
    method to return a string representation of the object and the `__lt__`
    method to allow for comparison of `SimplePerson` objects based on their `
    name` and `age`.

A `main` function is defined where a list of `SimplePerson` objects is created
    and sorted using the built-in `sort` function.
```

12.3.3 Sourcecode generieren lassen

Wir wollen einen Schritt weiter gehen und ein einfaches Programm zur Berechnung der Fibonacci-Zahlen generieren lassen. Wie schon zuvor spezifizieren wir die Rolle des Systems und des Benutzers sowie hier ein abgewandeltes Modell:

```
# 1) Einbinden des passenden Moduls
from OpenAI import OpenAI


def main():
    OpenAI_API_KEY = '<YOUR_KEY>'

    # 2) OpenAI erzeugen
    client = OpenAI(api_key=OpenAI_API_KEY)

    # 3) Spezifische Parametrierung
    system_role = {
        "role": "system",
        "content": "You are a senior developer, skilled in algorithms and
              datastructures, java and python as well as explaining complex
              programming concepts."
    }
    user_role = {
        "role": "user",
        "content": "Write a function to calculate fibonacci numbers recursively.
              "
    }

    # 4) Aufruf des LLMs zur Generierung des Ergebnistextes
    response = client.chat.completions.create(
        # 3) Auswahl eines Verarbeitungsmodells über spezifische Parametrierung
        model="gpt-4o-mini",
        messages=[
            system_role,
            user_role
        ]
    )

    # 5) Zugriff auf die erzeugten Daten
    print(response.choices[0].message.content)


if __name__ == "__main__":
    main()
```

Als Ergebnis erhält man eine umfangreiche Erklärung zu den Fibonacci-Zahlen. Außerdem wird eine Implementierung sowohl für Python als auch Java bereitgestellt. Darüber hinaus erhält man den wertvollen Hinweis, dass die Performance der Lösung für größere Werte ungünstig ist und sich hier der Einsatz von Memoization empfiehlt:

````
Certainly! The Fibonacci sequence is a series of numbers where each number is
      the sum of the two preceding ones, usually starting with 0 and 1. The
      sequence looks like this: 0, 1, 1, 2, 3, 5, 8, 13, 21, and so on.

Here's a simple recursive function to calculate Fibonacci numbers in both Java
      and Python.


### Python Implementation

```python
def fibonacci(n):
    if n < 0:
        raise ValueError("Input should be a non-negative integer.")
    if n == 0:
        return 0
    elif n == 1:
        return 1
    else:
        return fibonacci(n - 1) + fibonacci(n - 2)

# Example usage:
print(fibonacci(10))  # Output: 55
```

### Java Implementation

```java
public class Fibonacci {
    public static int fibonacci(int n) {
        if (n < 0) {
            throw new IllegalArgumentException("Input should be a non-negative
                  integer.");
        }
        if (n == 0) {
            return 0;
        } else if (n == 1) {
            return 1;
        } else {
            return fibonacci(n - 1) + fibonacci(n - 2);
        }
    }

    public static void main(String[] args) {
        System.out.println(fibonacci(10));  // Output: 55
    }
}
```

### Explanation

1. **Base Cases**: The recursion stops when reaching the base cases:
   - When \( n = 0 \), return 0.
   - When \( n = 1 \), return 1.

2. **Recursive Case**:
   - For \( n > 1 \), the function calls itself twice: once with \( n - 1 \) and
         once with \( n - 2 \), adding the results together. This forms a tree
         of calls until the base cases are reached.
````

```
### Note on Performance
While this recursive approach is straightforward, it's not very efficient for
      large values of \( n \) due to the exponential time complexity \( O(2^n) \)
      . This is because it recalculates Fibonacci numbers multiple times. If
      performance is a concern, consider using an iterative approach or utilizing
       memoization to store already computed values.
```

Aus dem gesamten Text lässt sich das folgende Python-Programm extrahieren:

```
def fibonacci(n):
    if n < 0:
        raise ValueError("Input should be a non-negative integer")
    elif n == 0:
        return 0
    elif n == 1:
        return 1
    else:
        return fibonacci(n - 1) + fibonacci(n - 2)
```

Eine recht ähnliche, aber elegantere Implementierung finden Sie bei der Erklärung von Rekursion in Abschnitt 6.9.

12.3.4 Textnachricht in MP3 wandeln

Neben den bislang textuell generierten Resultaten ist es möglich, aus einem Text eine MP3-Nachricht erzeugen zu lassen. Dazu muss der Aufruf an *OpenAI* leicht abgewandelt werden. Hier kommt ein spezielles Text-to-Speech-Modell namens `tts-1-hd` zum Einsatz.

Zudem ist hier ein Resource Handling mit `with` nötig, um den als Parameter `input` spezifizierten mehrsprachigen Text mit der Stimme `nova` in der Datei `output.mp3` als Sprachnachricht zu speichern:

```
# 1) Einbinden des passenden Moduls
from OpenAI import OpenAI


def main():
    OpenAI_API_KEY = '<YOUR_KEY>'

    # 2) OpenAI erzeugen
    client = OpenAI(api_key=OpenAI_API_KEY)

    # 4) Aufruf des LLMs zur Generierung des Ergebnistextes
    with client.audio.speech.with_streaming_response.create(
        # 3) Auswahl eines Verarbeitungsmodells über spezifische Parametrierung
        model="tts-1-hd",
        voice="nova",
        input="Today I just played around with text to speech. It works with"
              " other languages too. Guten Tag lieber Leser! Bonjour. c'est "
              "intéressant. Vamos a la playa. Una camera doppia. Dosvidanje."
    ) as response:
        # 5) Zugriff auf die erzeugten Daten
        response.stream_to_file("output.mp3")


if __name__ == "__main__":
    main()
```

12.3.5 Bildgenerierung

Nachfolgend wollen wir uns abschließend mit der Generierung von Bildern mithilfe von *OpenAI* beschäftigen.

Generierung von Bildern

Die Abläufe sind wieder sehr ähnlich zu denen der vorherigen Beispiele. Allerdings benötigt es ein komplett abweichendes Modell namens `dall-e-3`. Zudem kann man mit `size`, die gewünschte Größe, hier 1792×1024 Pixel, angeben. Derzeit werden diese Größen unterstützt: 256×256, 512×512, 1024×1024, 1024×1792 und 1792×1024. Per `quality="hd"` lässt sich die Qualität auf High Definition stellen – mögliche Werte zur Auswahl sind `"standard"` und `"hd"`.

Darüber hinaus sehen Sie ein paar weitere Imports sowie einen Kommentar mit drei Punkten (`# ...`) im Listing. Dieser zeigt an, dass hier noch etwas Sourcecode fehlt, in diesem Fall derjenige für die Bildverarbeitungsfunktionalitäten. Nach den *OpenAI*-Aufrufen erfolgt der Aufruf der Funktion `process_image()`, der die URL des Bildes sowie der gewünschte Dateiname, hier `generated_picture.pmg`, übergeben wird:

```
from OpenAI import OpenAI

import requests
from PIL import Image


# ...


def main():
    OpenAI_API_KEY = '<YOUR_KEY>'

    client = OpenAI(api_key=OpenAI_API_KEY)

    # 3) Eingabedaten mit einer Beschreibung
    text = ("James, top secret, searching for holy grail, desert, Iraq, "
            "old monuments, mysterious cave")

    # 4) Aufruf des LLMs
    res = client.images.generate(
        model="dall-e-3",
        prompt=text,
        size="1792x1024",
        quality="hd")

    # 5) Zugriff auf die gelieferten Ergebnisse
    image_url = res.data[0].url

    process_image(image_url, "generated_picture.png")


if __name__ == "__main__":
    main()
```

Download und Anzeige von Bildern

Wie gerade angedeutet, wollen wir die generierten Bilder bei Gefallen später weiter nutzen können. Daher laden wir jeweils die Daten von der von *OpenAI* erzeugten URL herunter und speichern diese als PNG. Schließlich öffnen wir dieses Bild, um es zu begutachten. Dazu kommen die Bibliotheken *requests* und *Pillow* zum Einsatz, die wir zuvor passend importiert haben.

Wir implementieren den Download sowie die Verarbeitung und Anzeige folgendermaßen:

```
def download_image(image_url, image_filename):
    # Bibliothek requests, um das Bild in Bytes zu verarbeiten
    response = requests.get(image_url)
    if response.status_code == 200:
        with open(image_filename, "wb") as png_file:
            png_file.write(response.content)
            print('Image sucessfully downloaded: ', image_filename)
        return True
    else:
        return False


def process_image(image_url, image_filename):
    if download_image(image_url, image_filename):
        # Modul Image aus der Pillow-Bibliothek zur Anzeige des Bildes
        img = Image.open(image_filename)
        img.show()
    else:
        print("Image couldn't be retrieved")
```

Die generierten Bilder sind beeindruckend: ein Geheimagent im Stile von James Bond zwischen historischen Monumenten in der Wüste, aber auch ein Inline-Skater mit der Golden-Gate-Bridge im Hintergrund (vgl. Abbildung 12-3).

Abbildung 12-3 *Agent zwischen historischen Monumenten in der Wüste und Inline-Skater vor der Golden-Gate-Bridge*

Wenn man die Texte im Prompt abwandelt, erhält man beispielsweise folgende Bilder eines Rockstars oder eines erfahrenen Progammierers, wie in Abbildung 12-4 gezeigt.

Abbildung 12-4 *Rockstar auf der Bühne und erfahrener Programmierer*

Es ist wahrhaft faszinierend und man ist schnell versucht, weitere Bilder zu erzeugen. Der Kreativität sind hier kaum Grenzen gesetzt. Ebenfalls erstaunlich ist, dass jede Programmausführung trotz identischem Prompt wieder ein neues Bild erschafft, das teilweise ähnlich, aber auch mitunter recht abweichend, inhaltlich aber vergleichbar ist.

Es lassen sich auch etwa Dinosaurier oder Märchenfiguren erzeugen:

Abbildung 12-5 *Dinosaurier und Märchenfigur*

Bilder ähnlich zu den obigen erhalten Sie mit diesen Prompts:

- »James, top secret, searching for holy grail, desert, Iraq, old monuments«
- »Michael, blond, blue eyes, Inline-skating, riding golden gate bridge«
- »female rock star performing on stage«
- »Jim, seasoned java guru, working on new books«
- »three dinosaurs with long teeth, big muscles, hunting in the jungle«
- »friendly witch, lightning, cave with beautiful flowers, howling wolves«

12.3.6 Weiterführende Infos

Das spannende Thema LLMs und deren Möglichkeiten wurde hier überblicksartig und einführend behandelt, sodass Sie eine Vorstellung von der Vielfältigkeit bekommen haben und vielleicht sogar Experimente wagen. Zur Vertiefung finden Sie weiterführende Infos auf folgenden Webseiten:

- `https://OpenAI.com/de-DE`
- `https://platform.OpenAI.com/docs/guides/images/usage`
- `https://www.geeksforgeeks.org/generate-images-with-OpenAI-in-python`
- `https://trojrobert.medium.com/how-to-build-a-text-to-image-app-with-free-ai-model-in-30-lines-of-code-f12c8a2f727f`

III Praxisbeispiele

13 Praxisbeispiel: Tic Tac Toe

Tic Tac Toe ist ein Strategiespiel für zwei Personen. Es wird auf einem Spielfeld mit 3×3 Feldern gespielt. Dort markieren die Spieler abwechselnd freie Positionen entweder mit einem Kreuz oder einem Kreis. Derjenige, der zuerst drei gleiche Formen in einer Reihe horizontal, vertikal oder diagonal erreicht, gewinnt das Spiel.

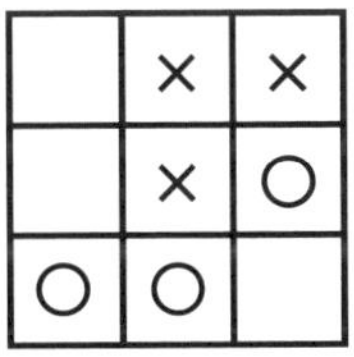

Abbildung 13-1 *Beispiel für ein Tic-Tac-Toe-Spielfeld*

Im Folgenden ist es das Ziel, ein Grundgerüst für ein Tic-Tac-Toe-Spiel zu erstellen, das aber noch genug Raum für eigene Experimente und Erweiterungen bietet.

13.1 Spielfeld initialisieren und darstellen

Zum Einstieg wollen wir eine geeignete Repräsentation bzw. Modellierung des Spielfelds finden. Für das 3×3-Spielfeld bietet sich eine verschachtelte Liste mit jeweils drei Einträgen in x- und y-Richtung an. Die Symbole Kreuz und Kreis kann man gut durch die Buchstaben »X« und »O« repräsentieren. Für ein leeres Feld bietet sich ein Leerzeichen an. Aus Darstellungsgründen wollen wir ein Minuszeichen verwenden.

Spielfeld initialisieren

Nachfolgend schreiben wir eine Funktion, die mithilfe von List Comprehensions ein neues zweidimensionales Gebilde erzeugt und dabei die Zeilen und Spalten je 3-mal durchläuft und jeweils an passender Position ein Minuszeichen speichert:

```
def initialize_board():
    board = [['-' for col in range(3)] for row in range(3)]
    return board
```

Spielfeld darstellen

Machen wir uns an die Darstellung. Diese erfolgt zwar auf der Konsole, soll aber doch ein wenig ansprechend sein und die Felder als Rechtecke visualisieren. Dazu verwenden wir horizontale und vertikale Linien. In Python realisieren wir das, indem wir über alle Zeilen und Spalten laufen und an passender Stelle die Linienbestandteile ergänzen:

```
def print_board(board):
    print("-------------")

    for row in range(3):
        print("| ", end="")
        for col in range(3):
            print(board[row][col] + " | ", end="")
        print()
        print("-------------")
```

Probieren wir das einmal aus:

```
tictactoe_board = initialize_board()
print_board(tictactoe_board)
```

Damit erhalten wir folgende Darstellung:

```
-------------
| - | - | - |
-------------
| - | - | - |
-------------
| - | - | - |
-------------
```

13.2 Setzen der Steine

Nachdem das Spielfeld bereit ist, wollen wir das Ganze mit Leben füllen. Laut Regelwerk wechseln sich die Spieler ab und platzieren an freien Positionen ihr Symbol, also entweder ihr Kreuz oder ihren Kreis. Die folgende Funktion prüft zunächst, ob die durch Zeile `row` und Spalte `col` übergebene Position im Spielfeld noch frei ist. Nur dann wird das übergebene Symbol gesetzt.

```
def place_mark(board, row, col, current_player_mark):
    if board[row][col] == '-':
        board[row][col] = current_player_mark
        return True

    return False
```

Probieren wir das für drei Spielzüge aus:

```
place_mark(tictactoe_board, 0, 0, 'X')
place_mark(tictactoe_board, 1, 1, 'O')
place_mark(tictactoe_board, 0, 1, 'X')

print_board(tictactoe_board)
```

Das sieht schon prima aus:

```
-------------
| X | X | - |
-------------
| - | O | - |
-------------
| - | - | - |
-------------
```

Natürlich kann man hier noch feilen und erweitern. Darauf gehe ich später kurz ein. Insbesondere sollten die Positionsangaben überprüft werden, ob diese im Bereich 0 bis 2 liegen. Was wir aber auf jeden Fall im Anschluss implementieren wollen, ist die Prüfung, ob ein Spieler gewonnen hat.

13.3 Prüfen auf Sieg

Um festzustellen, ob ein Spieler gewonnen hat, muss man alle Horizontalen und Vertikalen sowie die zwei Diagonalen auf drei gleiche Steine prüfen. Wie ab und zu schon erwähnt, empfiehlt es sich beim Programmieren, in kleinen Bausteinen und Funktionalitäten zu denken.

Grundgerüst

Daher setzt sich unsere Prüfung auf Sieg aus drei Aufrufen von speziellen Prüffunktionen der Richtungen zusammen:

```
def check_for_win(board, current_player_mark):
    return check_rows_for_win(board, current_player_mark) or \
           check_columns_for_win(board, current_player_mark) or \
           check_diagonals_for_win(board, current_player_mark)
```

Baustein 1: Prüfung auf drei gleiche Symbole

Bevor wir direkt loslegen, die einzelnen Methoden zu implementieren, sollten wir ein wenig überlegen. Es wird jeweils eine Prüfung für drei Felder benötigt, nämlich, ob diese mit dem derzeitigen Spielersymbol übereinstimmen. Das kann man wie folgt implementieren:

```
def check_all_same(cell1, cell2, cell3, current_player_mark):
    return cell1 == current_player_mark and cell1 == cell3 and cell2 == cell3
```

Baustein 2: Prüfung der Horizontalen und Vertikalen

Mit der obigen Hilfsfunktion `check_all_same()` können wir die horizontale Prüfung so gestalten, dass wir jeweils alle Werte aus den drei Spalten übergeben. Dieser Vorgang wird dann zeilenweise für alle drei Zeilen durchgeführt. Analog geschieht dies für die

Spaltenprüfung. Dort laufen wir in x-Richtung, also Spalte für Spalte, und nutzen dann die Positionsangaben für die drei Zeilen:

```
def check_rows_for_win(board, current_player_mark):
    for row in range(3):
        if check_all_same(board[row][0], board[row][1], board[row][2],
                          current_player_mark):
            return True

    return False


def check_columns_for_win(board, current_player_mark):
    for col in range(3):
        if check_all_same(board[0][col], board[1][col], board[2][col],
                          current_player_mark):
            return True

    return False
```

Erneut sehen wir, dass es am einfachsten ist, wenn man Probleme in kleinere Aufgabenstellungen zerlegt und die entstehenden Lösungsbausteine geeignet kombiniert. Dadurch bleibt das Programm meistens gut verständlich.

Implementierungsvariante: Prüfung mit Positionstupeln

Eine alternative Idee zur Umsetzung besteht darin, Positionstupel statt des Werts an einer Position an eine modifizierte Funktion `check_all_same()` zu übergeben:

```
def check_all_same_v2(board, pos1, pos2, pos3, current_player_mark):
    return (board[pos1[0]][pos1[1]] == current_player_mark and
            board[pos1[0]][pos1[1]] == board[pos2[0]][pos2[1]] and
            board[pos2[0]][pos2[1]] == board[pos3[0]][pos3[1]])
```

Damit steckt etwas mehr Komplexität in der Hilfsfunktion, aber die Aufrufe zur Prüfung ließen sich dadurch noch ein wenig klarer gestalten:

```
def check_rows_for_win_v2(board, current_player_mark):
    for row in range(3):
        if check_all_same_v2(board, (row, 0), (row, 1), (row, 2),
                             current_player_mark):
            return True

    return False


def check_columns_for_win_v2(board, current_player_mark):
    for col in range(3):
        if check_all_same(board, (0, col), (1, col), (2, col),
                          current_player_mark):
            return True

    return False
```

Baustein 3: Prüfung der Diagonalen

So, nun fehlt nur noch die Prüfung für die zwei Diagonalen. Das sind die Positionen 0,0, 1,1, 2,2 sowie 0,2, 1,1 und 2,0. Das realisieren wir folgendermaßen:

```
def check_diagonals_for_win(board, current_player_mark):
    return check_all_same(board[0][0], board[1][1], board[2][2],
                          current_player_mark) or \
           check_all_same(board[0][2], board[1][1], board[2][0],
                          current_player_mark)
```

13.4 Bausteine im Einsatz

Führen wir nun unser Spiel fort, bei dem der Spieler »O« etwas unaufmerksam ist, wodurch der Spieler »X« mit der oberen Horizontalen gewinnen sollte:

```
place_mark(tictactoe_board, 2, 1, 'O')
place_mark(tictactoe_board, 0, 2, 'X')

print_board(tictactoe_board)

print("Winner O?", check_for_win(tictactoe_board, 'O'))
print("Winner X?", check_for_win(tictactoe_board, 'X'))
```

Das Ganze wird wie folgt auf der Konsole protokolliert:

```
-------------
| X | X | X |
-------------
| - | O | - |
-------------
| - | O | - |
-------------
Winner O? False
Winner X? True
```

Nicht nur optisch, sondern auch durch unsere Prüffunktion wird »X« als Sieger ermittelt.

Zwischenfazit

Zwar lässt sich noch die eine oder andere Erweiterung, etwa eine Prüfung auf Gleichstand, ein richtiges Gameplay mit einem Abwechseln der Spieler usw., implementieren. Wir sind hier mit dem Erreichten aber zufrieden. Warum?

Das Schöne an diesem Programm sind die vielen kleinen Bausteine in Form von Funktionen, die passend ineinandergreifen. Dieser Programmierstil empfiehlt sich vor allem auch für größere Projekte, um möglichst die Übersicht und leichte Erweiterbarkeit zu gewährleisten. Hier profitieren wir davon, dass jede Funktionalität praktischerweise in sich abgeschlossen und damit leicht nachvollziehbar sowie verständlich ist. Das geht oftmals auch mit einer guten Testbarkeit einher (vgl. Abschnitt 16.3).

Bonus

Wir können die Darstellung des Spielfelds ein wenig abwandeln:

```
def print_board_nicer(board):
    for row in range(3):
        for col in range(3):
            print(" " + str(board[row][col]) + " ", end="")
            if col < 2:
                print("|", end="")
        print()
        if row < 2:
            print("---+---+---")
```

Damit erhalten wir folgende Ausgabe:

```
 X | X | X
---+---+---
 - | O | -
---+---+---
 - | O | -
```

Mögliche Erweiterungen

Falls Sie interessiert sind, diesen Prototyp zu einem Spiel weiterzuentwickeln, dann können Sie sich an folgenden Erweiterungen versuchen:

- Modellierung der Spielsteine als `Enum`
- Spieler dürfen nur abwechselnd ziehen
- Benutzereingabe für gewünschte Positionen
- Prüfung auf Gleichstand
- Validierung der Positionsangaben
- Modellierung der Postionen als Tupel

14 Praxisbeispiel: CSV-Highscore-Liste einlesen

Dieses Kapitel behandelt als Praxisbeispiel die Verarbeitung von kommaseparierten Daten, auch CSV (Comma Separated Values) genannt. Statt trockener Anwendungsdaten nutzen wir als Eingabe eine Liste von Spielständen eines Spiels. Stellen wir uns dazu eine x-beliebige Spieleapplikation vor, die es einem Spieler erlaubt, die entsprechende Punktzahl vorausgesetzt, sich in einer Highscore-Liste zu verewigen.

14.1 Verarbeitung von Spielständen (Highscores)

Die Highscores werden mithilfe eines `namedtuple` und den Attributen für Name, Punkte und Level wie folgt modelliert:

```
from collections import namedtuple

Highscore = namedtuple('Highscore', 'name points level')
```

Einlesen der Highscores

Nehmen wir weiterhin an, die Spielstände wären kommasepariert etwa wie folgt in Form einer Datei `Highscores.csv` gespeichert. In diesem Beispiel sind bewusst auch fehlerhafte Einträge dargestellt, die dazu dienen, die Implementierung einer robusten Fehlerbehandlung beim Einlesen zu demonstrieren und zu testen:

```
# Name, Punkte, Level
Matze,     1000,      7
Peter,      985,      6
ÄÖÜßöäü,    777,      5

# Negative Punkte / Levelangabe
InvalidPoints, -1,   1
InvalidLevels, 1,   -1

# Fehlender Level
Peter,      985,

# Falsches Format des Levels
Peter,      985,     A6
```

Betrachten wir nun die Implementierung zum Einlesen der dargestellten Datei mit Spielständen. Erwähnenswert ist, dass im Sourcecode verschiedene praktische Dinge, etwa `readlines()` sowie das Resource Handling mit `with`, genutzt werden:

```
from highscore import Highscore # unser NamedTuple


def read_highscores_from_csv(file_name):
    highscores = []

    try:
        with open(file_name, 'r', encoding='utf-8') as file:
            lines = file.readlines()

            for line in lines:
                highscore = extract_highscore_from(line)
                if highscore:
                    highscores.append(highscore)

    except IOError:
        print("processing of file '" + file_name + "' failed!")

    return highscores
```

Aus den einzelnen Zeilen extrahieren wir die Informationen mit der im Anschluss gezeigten Funktion `extract_highscore_from()`.

14.2 Extraktion der Daten

Die eingelesenen Zeilen werden durch Aufruf der Funktion `split()` in einzelne Bestandteile unterteilt. Wir stellen zuerst sicher, dass die erwartete Anzahl an Werten vorliegt. Leer- oder Kommentarzeilen erkennen wir durch die Funktion `is_empty_line_or_comment()` und überspringen diese.

Danach greifen wir positionsbasiert zu und entfernen überschüssige Leerzeichen durch Aufruf von `strip()`. Für die Zahlen erfolgt eine Typumwandlung durch Aufruf von `int()`. Zusätzlich prüfen wir auf einen positiven Wertebereich mithilfe der Funktion `ensure_positive()`. Ist dann sichergestellt, dass alle Daten im gewünschten Format vorliegen, wird daraus ein `Highscore`-Objekt erstellt. Unvollständige oder ungültige Objekte sind somit ausgeschlossen. Im Fehlerfall wird `None` zurückgeliefert:

```
def extract_highscore_from(line):
    values = line.split(",")

    # Behandlung von Leerzeilen, Kommentaren und unvollständigen Einträgen
    if is_empty_line_or_comment(values) or len(values) != 3:
        return None

    try:
        # Auslesen der Werte als String + Typprüfung
        name = values[0].strip()
        points = int(values[1].strip())
        level = int(values[2].strip())

        return Highscore(name, points, level)
```

```
    except ValueError:
        print("Skipping invalid point or level value '", values, "'", sep="")

    return None


def ensure_positive(value):
    if value <= 0:
        raise ValueError("value must be greater than 0!")
    else:
        return value
```

Zum Erkennen einer Leerzeile oder eines Kommentars erstellen wir folgende Hilfsmethode. Eine Leerzeile besteht aus genau einem Element, dessen effektive Länge `len(values[0].strip())` dann dem Wert 0 entspricht. Bei einem Kommentar ist die Voraussetzung, dass das erste Elemente mit # startet. Das drücken wir wir folgt aus:

```
def is_empty_line_or_comment(values):
    return ((len(values) == 1 and len(values[0].strip()) == 0) or
            # Ignoriere Kommentare, die auch ',' oder ';' enthalten
            (len(values) >= 1 and values[0].strip().startswith("#")))
```

Hinweis: Implementierungsvariante für die Hilfsmethode

Die Prüfung auf einen leeren String per `len(values[0].strip()) == 0` kann man auch so schreiben: `not values[0].strip()` – Ersteres erscheint für mich auf dieser technischen Ebene adäquater, Letzteres gilt jedoch eher als pythonic.

Die folgende `main()`-Funktion ruft die realisierte Funktionalität auf:

```
def main():
    highscores_from_csv = read_highscores_from_csv("Highscores.csv")
    print("Highscores:")
    for highscore in highscores_from_csv:
        print(highscore)


if __name__ == "__main__":
    main()
```

Das Programm liest alle Werte aus der Datei `Highscores.csv` ein und filtert nicht valide Daten heraus – inklusive einer Protokollierung. Anschließend werden dann alle korrekten Daten als Liste zurückgeliefert und auf der Konsole ausgegeben:

```
Skipping invalid point or level value '['InvalidPoints', ' -1', '  1\n']'
Skipping invalid point or level value '['InvalidLevels', ' 1', '  -1\n']'
Skipping invalid point or level value '['Peter', '     985', '\n']'
Skipping invalid point or level value '['Peter', '     985', '     A6\n']'
Highscores:
Highscore(name='Matze', points=1000, level=7)
Highscore(name='Peter', points=985, level=6)
Highscore(name='ÄÖÜßöäü', points=777, level=5)
```

Nachdem wir – eine Ausführung des Programms vorausgesetzt – die Klasse konkret in Aktion erlebt haben, möchte ich noch auf einige Dinge etwas genauer eingehen.

14.3 Besonderheiten der Implementierung

Behandlung von Fehlern beim Öffnen der Datei

Im Falle eines Fehlers beim Öffnen der Datei `Highscores.csv` protokollieren wir mögliche Probleme bei der Verarbeitung. In jedem Fall erfolgen durch den Einsatz von Automatic Resource Management (`with`) (vgl. Abschnitt 9.3) automatisch Aufräumarbeiten. Dadurch werden allozierte Systemressourcen wieder freigegeben. Auch die Applikation kann geregelt weiterarbeiten. Sie erhält in diesem Fall entweder eine leere Highscore-Liste oder eine, die mit den Daten gefüllt ist, die bis zum Auftreten des Problems eingelesen werden konnten.[1] Alternativ ließen sich Exceptions an die Applikation durchreichen und dort eine Fehlermeldung erzeugen.

Behandlung von Leerzeilen und Kommentaren

Die eingelesenen Zeilen werden mithilfe der Methode `split()` gemäß dem übergebenen Trennzeichen in Einzelbestandteile zerlegt. Als Ergebnis erhält man eine Liste mit Werten, die der Hilfsfunktion `is_empty_line_or_comment()` als Eingabe dient. Dort erfolgen verschiedene Prüfungen, die es erlauben, sowohl Leerzeilen als auch Kommentarzeilen bei der Auswertung zu überspringen.

Solche Hilfsfunktionen sorgen für mehr Lesbarkeit im eigentlichen Applikationscode und halten diesen frei von Implementierungsdetails.

Ignorieren von unvollständigen Eingaben

Beim Einlesen von textuellen Daten aus CSV-Dateien kann man Inkonsistenzen in den gespeicherten Daten nicht ausschließen. So etwas sollte die Auswertung berücksichtigen und fehlertolerant darauf reagieren. In diesem Beispiel erfolgt bei unvollständiger Angabe von Informationen einfach keine Verarbeitung der Zeile und das Parsing wird mit der nächsten Zeile der Eingabe fortgesetzt. Alternativ kann es aber im Falle von Fehlern sinnvoll sein, entweder gar keine Daten zu lesen oder zusätzlich noch eine Liste mit Fehlern aufzubereiten.

Auswertung der Informationen

Sind alle benötigten Daten vorhanden, d. h., liegen genau drei Tokens in der Eingabe vor, so werden mögliche führende und nachfolgende Leerzeichen der Eingabewerte durch einen Aufruf der Funktion `strip()` entfernt. Dadurch ist es bei der Angabe in der CSV-Datei erlaubt, beliebig viele Leerzeichen zur Ausrichtung der Daten zu verwenden, ohne dass sich dies auf die Daten selbst auswirkt. Der textuelle Wert für den Namen wird ohne weitere Prüfung übernommen. Die beiden Zahlenwerte werden

1 Das Verhalten kann manchmal problematisch sein, etwa wenn die Forderung nach »alles oder nichts« besteht.

durch Aufruf von `int()` in einen `int`-Wert umgewandelt. Wird jedoch in der Eingabe keine Zahl angegeben, so löst dies einen `ValueError` aus und es wird kein `Highscore`-Objekt erzeugt. Neben der eher syntaktischen Prüfung auf Ganzzahl (indirekt durch die Umwandlung mit `int()`) könnte man mithilfe einer Prüfmethode `validate_inputs()` eine weiter gehende semantische Prüfung durchführen, um etwa negative Level- oder Punktzahlen zurückzuweisen. Das haben wir rudimentär durch `ensure_positive()` umgesetzt, aber vermutlich gibt es auch eine Obergrenze der Level usw., die zu prüfen wäre.

15 Praxisbeispiel: Worträtsel

In diesem Kapitel geht es um das Generieren von Worträtseln. Diese sind Ihnen vermutlich aus Zeitschriften bekannt. Die Herausforderung besteht darin, in einem wilden Mix aus scheinbar zufälligen Buchstaben verschiedene dort versteckte Begriffe zu finden. Unsere Aufgabe ist es nun, ein solches Worträtsel auf Basis einer Liste von Wörtern zu generieren. Es soll etwa wie nachfolgend gezeigt aussehen – hier habe ich einige Begriffe schon speziell markiert und in der unteren Wortliste durchgestrichen.

Abbildung 15-1 *Worträtsel als HTML im Browser*

Bei der Implementierung wollen wir Grundlagen eines guten Programmierstils und auch ein paar APIs kennenlernen bzw. das Wissen darüber vertiefen. Insbesondere wollen wir das Prinzip »Separation of Concerns« in Form der Trennung von Datenmodell und dessen Visualisierung beachten. Weitere Bestandteile der Applikation sind der Datenimport sowie die Generierung von einfachem HTML.

15.1 Applikationsdesign – Vorüberlegungen zur Strukturierung

In diesem Praxisbeispiel lege ich besonderen Wert darauf, eine logische Struktur aufzubauen, sodass die Implementierungen einen lesbaren Ablauf ähnlich zu einer Geschichte beschreiben und eher wenig technische Details zeigen. Das erfordert in der Regel die Erstellung einiger Hilfsmethoden und Hilfsklassen.

Basierend auf den bereits verfügbaren Informationen machen wir uns daran, die Struktur der Applikation grob festzulegen. Es ist von unschätzbarem Wert, sich initial Gedanken zu machen und ein gutes Verständnis für die zu lösende Aufgabe zu gewinnen. Mit diesem Wissen erstellt man sich einen groben Bauplan. Dabei geht es vor allem um Zuständigkeiten, weniger um konkrete Methoden. Das kann man in weiteren Schritten festlegen – einiges ergibt sich aber auch erst beim Implementieren. Lassen Sie uns starten.

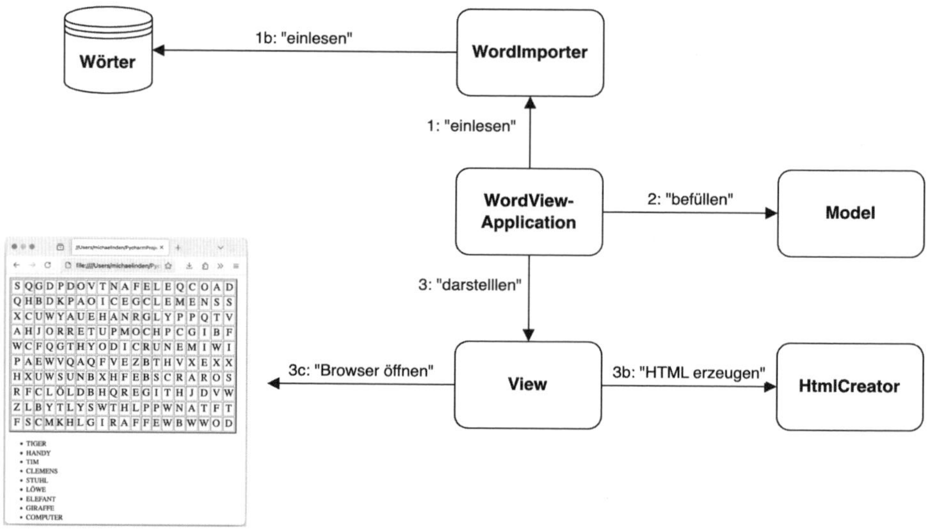

Abbildung 15-2 Applikationsdesign

15.2 Einlesen der verfügbaren Wörter

Beginnen wir mit der leichtesten Aufgabe, nämlich dem Anlegen einer Datei mit Wörtern. Damit das Ganze später programmatisch etwas anspruchsvoller wird, wollen wir dort Kommentarzeilen, eingeleitet durch #, sowie Leerzeilen erlauben. Beides soll selbstverständlich herausgefiltert werden.

Exemplarische Datei mit Wörtern

Gegeben sei etwa folgende Datei mit Wörtern:

```
# Dinge
Auto
Computer
Bildschirm
Laptop
Handy
Stuhl

# Tiere
Tiger
Löwe
Elefant
Nashorn
Giraffe
Bär

# Namen
Michael
Tim
Merten
Florian
Clemens
```

Implementierung der Klasse `WordImporter`

Für das Einlesen der möglichen Wörter greifen wir auf die bereits vorgestellte Methode `readlines()` (vgl. Abschnitt 7.1.3) zurück, die alle Zeilen einer Datei in Form einer Liste von Strings einliest. Diese durchlaufen wir und finden mit der Funktion `is_relevant()` leere Zeilen oder solche mit Kommentaren, um diese nicht ins Ergebnis zu übernehmen:

```python
def import_words(file_name):
    words = []

    try:
        with open(file_name, 'r', encoding='utf-8') as file:
            lines = file.readlines()

            for line in lines:
                word = line.strip().upper()
                if is_relevant(word):
                    words.append(word)

    except IOError:
        print("processing of file '", file_name, "' failed!")

    return words


def is_relevant(word):
    return word and not is_comment(word)


def is_comment(word):
    return word.startswith("#") or word.startswith("//")
```

15.3 Hilfsdatenstrukturen

Die Implementierung des Versteckens von Wörtern wird vereinfacht, wenn wir die möglichen Richtungen in Form eines `Enum` (vgl. Abschnitt 6.5) samt einer Schrittweite in x- und y-Richtung modellieren. Für die Modellierung der Schrittweiten greifen wir auf ein Named Tuple (vgl. Abschnitt 8.5) zurück:

```
from enum import Enum
from collections import namedtuple

dxdy = namedtuple('dxdy', ['dx', 'dy'])

class Direction(Enum):
    N = dxdy(0, -1)
    NE = dxdy(1, -1)
    E = dxdy(1, 0)
    SE = dxdy(1, 1)
    S = dxdy(0, 1)
    SW = dxdy(-1, 1)
    W = dxdy(-1, 0)
    NW = dxdy(-1, -1)
```

Zudem wollen wir Positionen im Buchstabenraster nicht in Form zweier separater Variablen für die x- und y-Position, sondern als eine Einheit repräsentieren. Dabei hilft uns folgende Klasse:

```
class Position:
    def __init__(self, x, y):
        self.__x = x
        self.__y = y

    def adjust_to_dir(self, direction):
        return Position(self.__x + direction.value.dx,
                        self.__y + direction.value.dy)

    def __eq__(self, other):
        return self.__x == other.x and self.__y == other.y

    def __str__(self):
        return f'{self.__x}, {self.__y}'

    def __repr__(self):
        return f'{self.__x}, {self.__y}'

    @property
    def x(self):
        return self.__x

    @property
    def y(self):
        return self.__y
```

Als Besonderheit sehen wir, wie elegant sich eine Positionsänderung basierend auf dem zuvor definierten `Enum` realisieren lässt. Wir wollen unveränderliche Daten modellieren, daher erzeugen wir in `adjust_to_dir()` ein neues `Position`-Objekt mit angepassten Koordinaten und definieren die beiden Koordinaten als Read-only-Property (vgl. Abschnitt 4.2.4).

15.4 Datenmodell

Bislang haben wir uns um kleinere Bausteine gekümmert, die wir für unsere Applikation benötigen. Das Herzstück bildet das Modell, das relevante Daten verwaltet.

15.4.1 Datenspeicherung und Initialisierung

Das Modell speichert die zur Verfügung stehenden und auch die bereits versteckten Wörter in Form von Listen namens `all_possible_words` und `words_to_search` und bietet eine Abstraktion für das Spielfeld. Dieses wird als zweidimensionale verschachtelte Liste realisiert und in der Variablen namens `board` verwaltet. Zu dessen initialer Befüllung mit Spaces dient die Methode `initialize_empty_board()` als Bestandteil von `prepare_board()`, das zudem noch die Wörter per `place_words()` platziert und dann die verbleibenden Freiräume mit zufälligen Buchstaben befüllt. Dazu dient `fill_up_with_random_chars()`. Die Implementierung sieht wie folgt aus:

```
import random

from ch15_praxis_example_wordraetsel.direction import Direction
from ch15_praxis_example_wordraetsel.position import Position


class Model:
    MAX_TRYS = 5

    def __init__(self, words_to_use, num_of_words_to_place):
        self.all_possible_words = []
        self.words_to_search = []
        self.board = []

        self.all_possible_words += words_to_use
        self.prepare_board(num_of_words_to_place)

    def prepare_board(self, words_to_place):
        self.initialize_empty_board()
        self.place_words(words_to_place)
        self.fill_up_with_random_chars()

    def initialize_empty_board(self):
        self.board = [[' ' for x in range(self.get_board_width())]
                      for y in range(self.get_board_height())]

    def get_words_to_search(self):
        return self.words_to_search

    def get_at(self, x, y):
        return self.board[y][x]

    def get_board_width(self):
        return 20

    def get_board_height(self):
        return 10

    # ...
```

Im Listing sehen wir teilweise Aufrufe noch nicht gezeigter Funktionalität. Diese wird schrittweise in den nachfolgenden Abschnitten eingeführt.

15.4.2 Zufällige Wahl von Richtung, Position, Wort und Buchstabe

Im Modell benötigen wir für diverse Aktionen zufällige Werte aus einem vorgegebenen Wertebereich. Dafür greifen wir auf die Python-Standard-Funktionalitäten `randint()`, `randrange()` und `choice()` aus dem Modul `random` zurück (vgl. Abschnitt 6.2).

Damit realisieren wir dann die Bestimmung einer zufälligen Richtung und Position. Ebenfalls kommt dies zur zufälligen Wahl eines beliebigen Worts aus der Liste der verfügbaren Wörter zum Einsatz. Bei der Wahl zufälliger Buchstaben nutzen wir die ASCII-Werte von 65 für A bis 65 + 25 für Z, wobei wir die obere Grenze exklusive angeben, daher 65 + 26. Diese Zahl wandeln wir mit `chr()` in ein Zeichen um:

```
# ...

def choose_random_direction(self):
    return random.choice(list(Direction))

def choose_random_position(self):
    random_x = random.randint(0, self.get_board_width())
    random_y = random.randint(0, self.get_board_height())

    return Position(random_x, random_y)

def choose_random_word(self):
    return random.choice(self.all_possible_words)

def random_char(self):
    return chr(random.randrange(65, 65 + 26))

# ...
```

15.4.3 Algorithmus zum Verstecken von Wörtern

Kommen wir zum Platzieren von Wörtern in der Funktion `place_words()`, die die Anzahl zu versteckender Wörter als Parameter erhält. Wir durchlaufen eine Schleife, solange wir noch nicht die übergebene Anzahl an Wörtern versteckt haben. Das Platzieren eines Worts ist in die Methode `place_single_word()` ausgelagert. Diese gibt `True` zurück, falls sie ein durch `choose_random_word()` zufällig gewähltes Wort erfolgreich platzieren konnte. Als Folge wird das entsprechende Wort aus der Liste der möglichen Kandidaten entfernt und in die Liste der zu suchenden Begriffe aufgenommen. Für den vermutlich seltenen Fall, dass ein Wort trotz mehrerer Versuche nicht auf das Spielfeld passt, wird ein Zähler für nicht erfolgreich platzierte Wörter erhöht. Tritt dieser Fall `MAX_TRIES` Mal auf, so wird das Verstecken (vorzeitig) abgebrochen, da kaum mehr mit weiteren erfolgreichen Platzierungen zu rechnen ist und man dann das Rätsel einfach mit weniger Begriffen fertigstellen kann:

```
    # ...

    def place_words(self, words_to_place):
        impossible_to_place = 0
        while words_to_place > 0:
            if self.place_single_word():
                words_to_place -= 1
            else:
                # So verhindert man eine Endlosschleife
                impossible_to_place += 1
                if impossible_to_place > 5:
                    break

    def place_single_word(self):
        word_fits = False
        word = self.choose_random_word()

        current_try = 0
        while current_try < self.MAX_TRIES and not word_fits:
            pos = self.choose_random_position()
            direction = self.choose_random_direction()

            word_fits = self.word_fits_on_board(word, pos, direction)
            if word_fits:
                self.put_word_on_board(word, pos,  direction)
                self.all_possible_words.remove(word)
                self.words_to_search.append(word)

            current_try += 1

        return word_fits

    # ...
```

15.4.4 Wort prüfen und platzieren

Für jedes zu versteckende Wort stellen wir in `word_fits_on_board()` sicher, dass es sich ausgehend von der Startposition und der gewünschten Richtung vollständig auf dem Spielfeld platzieren lässt. Dort prüfen wir mit einer `for`-Schleife für jeden Buchstaben und dessen durch ein `Position`-Objekt repräsentierte Position, ob diese gültig ist, d. h. auf dem Spielfeld liegt und noch unbelegt ist. In dem Fall wird die Position gemäß der gewählten Richtung angepasst. Andernfalls wird das Ganze abgebrochen.

```
    # ...

    def word_fits_on_board(self, word, start_pos, direction):
        pos = start_pos

        for ch in word:
            if self.is_on_board(pos) and self.is_empty_cell_pos(pos):
                pos = pos.adjust_to_dir(direction)
            else:
                return False

        return True

    # ...
```

Das Platzieren eines Worts läuft von der Vorgehensweise analog, jedoch benötigt es die Prüfungen dort nicht, da das bereits durch `word_fits_on_board()` geprüft wurde.

```
# ...

def put_word_on_board(self, word, start_pos, direction):
    pos = start_pos

    for ch in word:
        self.board[pos.y][pos.x] = ch
        pos = pos.adjust_to_dir(direction)

# ...
```

Weitere Hilfsmethoden und Auffüllen mit zufälligen Buchstaben

Zum Schluss verbleiben nur ein paar Hilfsmethoden. Zunächst einmal eine solche namens `is_on_board()`, die für eine gegebene Position feststellt, ob diese in den Grenzen des Spielfelds liegt. Darüber hinaus fehlt eine Prüfung auf leere Zellen per `is_empty_cell_pos()` bzw. `is_empty_cell()`. Das Auffüllen der leeren Zellen mit zufälligen Buchstaben erledigt `fill_up_with_random_chars()`. Dazu muss man zwei verschachtelte Schleifen nutzen, die für jede Position prüfen, ob diese leer ist, und in dem Fall diese mit einem zufälligen Buchstaben, ermittelt durch `random_char()`, besetzen:

```
# ...

def is_on_board(self, pos):
    return 0 <= pos.y < self.get_board_height() and \
           0 <= pos.x < self.get_board_width()

def is_empty_cell_pos(self, pos):
    return self.is_empty_cell(pos.x, pos.y)

def is_empty_cell(self, x, y):
    return self.board[y][x] == ' '

def fill_up_with_random_chars(self):
    for y in range(self.get_board_height()):
        for x in range(self.get_board_width()):
            if self.is_empty_cell(x, y):
                self.board[y][x] = self.random_char()
```

Mit diesem Programmschnipsel ist die Implementierung der Klasse `Model` vollständig. Alles Weitere ist deutlich kürzer, auch weniger komplex und damit leichter verständlich zu realisieren. Machen wir mit der HTML-Erzeugung weiter.

15.5 HTML-Erzeugung

Wenden wir uns nun der Aufbereitung der Ausgabe in HTML zu. Die Hilfsklasse `HtmlCreator` besteht im Wesentlichen aus textuellem HTML. Dabei profitiert man von den mehrzeiligen Strings, die mit drei Anführungszeichen umschlossen werden (vgl. Abschnitt 3.2.3). An geeigneten Stellen müssen wir noch die Daten integrieren. Dazu dienen die Methoden `create_table()` und `create_word_list()`. Erstere erstellt eine einfache HTML-Repräsentation einer Tabelle und greift dazu auf die vom Modell bereitgestellten Informationen zu Dimensionen mit `get_board_height()` und `get_board_width()` sowie die einzelnen Buchstaben mit `get_at()` und einer Positionsangabe zu. Zur Aufbereitung der Liste mit den versteckten Wörtern bietet das Datenmodell eine korrespondierende Methode namens `get_words_to_search()`.

```
class HtmlCreator:
    def __init__(self, model):
        self.model = model

    def export_as_html(self):
        result = """    <html>
                            <head>
                                <style>
                                   td {
                                       font-size: 18pt;
                                   }
                                </style>
                            </head>
                        <body>
                        """

        result += self.create_table()
        result += self.create_word_list()

        result += """        </body>
                        </html>
                        """

        return result

    def create_word_list(self):
        result = "<ul>"

        for word in self.model.get_words_to_search():
            result += "    <li>" + word + "</li>"

        result += "</ul>"

        return result

    def create_table(self):
        result = "<table border = '3' style='text-align:center'"

        for y in range(self.model.get_board_height()):
            result += "<tr>"
            for x in range(self.model.get_board_width()):
                result += "<td>" + self.model.get_at(x, y) + "</td>"
            result += "</tr>"

        result += "</table>"

        return result
```

Falls die Aufbereitung der Start- und End-HTML-Bestandteile noch komplizierter wird oder man die Struktur einfach noch etwas klarer gestalten möchte, bietet es sich an, zwei Funktionen `create_start_html()` bzw. `create_end_html()` zu extrahieren.

15.6 Ausgabe als HTML und Darstellung im Browser

Die Klasse `View` ist für die Darstellung zuständig, etwa für die Ausgabe auf der Konsole bzw. als HTML. Während sich Ersteres direkt mit zwei ineinander geschachtelten Schleifen lösen lässt, wird Letzteres zum Teil an die Hilfsklasse `HtmlCreator` delegiert. Schließlich wird das HTML als String in eine Datei geschrieben und mit der Funktion `open()` des Moduls `webbrowser` im Browser angezeigt:

```
import webbrowser
from os import path

from ch15_praxis_example_wordraetsel.html_creator import HtmlCreator


class View:
    def __init__(self, model):
        self.model = model

    def display_on_console(self):
        for y in range(self.model.get_board_height()):
            for x in range(self.model.get_board_width()):
                print(self.model.get_at(x, y), end="")
            print()

        print("Search for: ", self.model.get_words_to_search())

    def display_in_browser(self):
        html_file = self.create_html()

        path_ = path.realpath(html_file.name)
        webbrowser.get("firefox").open("file:///" + path_)

    def create_html(self):
        html = HtmlCreator(self.model).export_as_html()

        with open("words.html", "w+") as html_file:
            html_file.write(html)

        return html_file
```

15.7 Hauptapplikation

Die Hauptapplikation `WordViewApplication` nutzt den `WordImporter`, um alle möglichen Wörter einzulesen. Diese werden bei der Konstruktion einer Instanz der Klasse `Model` übergeben. Bekanntermaßen sorgt diese intern für eine zufällige Auswahl und das Platzieren der Wörter sowie das Auffüllen mit zufälligen Buchstaben.

Danach können wir das Spielfeld auf der Konsole ausgeben und im Browser anzeigen. Die dazu genutzte Klasse `View` erhält dafür das zuvor erzeugte `Model`.

Nachfolgend betrachten wir, wie lesbar sich die Applikation und deren `main()`-Funktion aufgrund der gut gewählten Einzelbausteine implementieren lässt:

```
from ch15_praxis_example_wordraetsel.model import Model
from ch15_praxis_example_wordraetsel.view import View
from ch15_praxis_example_wordraetsel.word_importer import WordImporter


def main():
    words_to_use = WordImporter.import_words("words.txt")
    num_of_words_to_place = 10
    model = Model(words_to_use, num_of_words_to_place)

    view = View(model)
    view.display_on_console()
    view.display_in_browser()


if __name__ == "__main__":
    main()
```

Führen wir das Programm aus, so erhalten wir etwa folgende Konsolenausgabe:

```
SQGDPDOVTNAFELEQCOAD
QHBDKPAOICEGCLEMENSS
XCUWYAUEHANRGLYPPQTV
AHJORRETUPMOCHPCGIBF
WCFQGTHYODICRUNEMIWI
PAEWVQAQFVEZBTHVXEXX
HXUWSUNBXHFEBSCRAROS
RFCLÖLDBHQREGITHJDVW
ZLBYTLYSWTHLPPWNATFT
FSCMKHLGIRAFFEWBWWOD
Search for:  ['TIGER', 'HANDY', 'TIM', 'CLEMENS', 'STUHL', 'LÖWE', 'ELEFANT', '
    GIRAFFE', 'COMPUTER']
```

Zudem wird ein Browserfenster bzw. ein neuer Tab mit folgendem Inhalt geöffnet:

Abbildung 15-3 *Worträtsel als HTML im Browser*

15.8 Fazit

Diese von der Funktionalität und der Anzahl an Klassen etwas komplexere Applikation ließ sich aufgrund der Vorüberlegungen zum Design und der Aufteilung in einzelne Bausteine bzw. Funktionseinheiten ziemlich verständlich implementieren.

Für eigene Experimente möchte ich Ihnen ein ähnliches Vorgehen ans Herz legen. Dadurch werden sich Erfolge vermutlich viel schneller und nachhaltiger einstellen als mit der zu oft praktizierten »Vom-Hirn-direkt-in-die-Tastatur«-Methode, bei der man ohne viel Überlegen loslegt und sich dadurch fast zwangsläufig diverse kleinere und größere Denk- sowie Implementierungsfehler einschleichen.

Mit etwas Nachdenken und dem Erstellen eines initialen Designs – wie hier praktiziert – entstehen kleine Bausteine. Diese bieten neben der Übersichtlichkeit den Vorteil, dass man sie oftmals besser prüfen bzw. testen kann. Dabei helfen Unit Tests, die in Abschnitt 16.3 kurz vorgestellt werden.

IV Schlussgedanken

16 Gute Angewohnheiten

Dieses Kapitel stellt Ihnen ein paar Dinge zu gutem Programmierstil vor. Das umfasst zunächst sogenannte Coding Conventions, also Regeln beim Programmieren. Dann zeige ich, wie sich einige davon mit Tools prüfen lassen und wie man Programme mit Pytest testen und dadurch Fehler vermeiden kann.

16.1 Grundregeln eines guten Programmierstils

Im Laufe der Zeit werden sich immer mal wieder neue Wünsche oder Ideen für bisher implementierte Programme ergeben. Sofern Sie dann Änderungen und Anpassungen vornehmen müssen oder wollen, ist es von großem Vorteil, wenn der Sourcecode übersichtlich und gut lesbar ist. Dies erleichtert das Verständnis.

16.1.1 Keep It Human-Readable

Für den Computer ist das Kriterium der Lesbarkeit eines Programms vollkommen unbedeutend, solange das Programm syntaktisch, also von der Grammatik, korrekt ist. Diese syntaktische Korrektheit sagt aber noch gar nichts aus. Selbst wenn das Programm auch semantisch korrekt ist, also keine inhaltlichen Fehler enthält, kann es immer noch fürchterlich strukturiert sein und damit jegliche Veränderung zur Qual werden lassen. Martin Fowler schreibt dazu Folgendes: »Any fool can write code that a computer can understand. Good programmers write code that humans can understand.« Übersetzt: ***»Jeder Dummkopf kann Code schreiben, der für Computer verständlich ist. Gute Programmierer schreiben Code, den Menschen verstehen können«*** [3].

Die gute Lesbarkeit hat verschiedene Aspekte. Als Basis dienen aussagekräftige und sprechende Namen für Klassen, Methoden, Funktionen und Attribute sowie Variablen. Gezielt eingesetzte erklärende Kommentare erleichtern das Verständnis und geben Kontextinformationen.

16.1.2 Keep it Understandable

Mir sind beim Programmieren und insbesondere für die Implementierungen in diesem Buch vor allem eine leichte Nachvollziehbarkeit sowie eine übersichtliche Strukturierung und damit eine vereinfachte Veränderbarkeit wichtig. Deshalb sind die gezeigten Implementierungen möglichst verständlich programmiert. Dadurch ist vielleicht nicht jedes Konstrukt maximal kompakt. Auch in der Praxis kann man mit weniger kompakter dafür verständlicher Programmierung oftmals besser leben.

Beispiel 1

Schauen wir uns zur Verdeutlichung ein kleines Beispiel an. Zunächst betrachten wir die lesbare, gut verständliche Variante zum Umdrehen des Inhalts eines Strings, die zudem sehr schön die beiden wichtigen Elemente des rekursiven Abbruchs und Abstiegs verdeutlicht:

```
def reverse_string(text):
    # rekursiver Abbruch
    if len(text) <= 1:
        return text

    first_char = text[0]
    remaining = text[1:]

    # rekursiver Abstieg
    return reverse_string(remaining) + first_char
```

Die folgende deutlich kompaktere Variante bietet diese Vorteile nicht:

```
def reverse_string_short(text):
    return text if len(text) <= 1 else \
        reverse_string_short(text[1:]) + text[0]
```

Überlegen Sie kurz, in welcher der beiden Funktionen Sie sich sicher fühlen, eine nachträgliche Änderung vorzunehmen. Und wie sieht es aus, wenn Sie Unit Tests ergänzen wollen: Wie finden Sie passende Wertebelegungen und Prüfungen?

Beispiel 2

Lassen Sie mich ein weiteres Beispiel anbringen, um meine Aussage zu verdeutlichen. Nehmen wir folgende der Standardfunktion `count()` nachempfundene Funktion `count_substrings()`, die die Anzahl der Vorkommen eines Strings in einem anderen zählt und für die beiden Eingaben »`halloha`« und »`ha`« das Ergebnis 2 liefert.

Zunächst implementieren wir das einigermaßen geradeheraus wie folgt:

```
def count_substrings(text, value_to_find):
    # rekursiver Abbruch
    if len(text) < len(value_to_find):
        return 0

    count = 0
    remaining = ""
```

```
    # Startet der Text mit der Suchzeichenfolge?
    if text.startswith(value_to_find):
        # Treffer: Setze die Suche nach dem gefundenen
        # Begriff nach der Fundstelle fort

        remaining = text[len(value_to_find):]
        count = 1
    else:
        # entferne erstes Zeichen und suche erneut
        remaining = text[1:]

        # rekursiver Abstieg
    return count_substrings(remaining, value_to_find) + count
```

Schauen wir uns an, wie man dies kompakt zu realisieren versuchen könnte:

```
def count_substrings_short(text, value_to_find):
    return 0 if len(text) < len(value_to_find) else \
        (1 if text.startswith(value_to_find) else 0) + \
        count_substrings_short(text[1:], value_to_find)
```

Würden Sie lieber in dieser Funktion oder der zuvor gezeigten ändern?

Übrigens: Die untere enthält eine subtile funktionale Abweichung! Bei den Eingaben von »`XXXX`« und »`XX`« »konsumiert« die erste Variante immer die Zeichen und findet zwei Vorkommen. Die untere bewegt sich aber jeweils nur um ein Zeichen weiter und findet somit drei Vorkommen.

Und weiter: Die Integration der oben realisierten Funktionalität des Weiterschiebens um den gesamten Suchstring in die zweite Variante wird zu immer undurchsichtigerem Sourcecode führen. Dagegen kann man oben das Weiterschieben um nur ein Zeichen einfach umsetzen und diese Funktionalität dann sogar aus dem `if` herausziehen.

Kommentare

Beachten Sie bitte, dass sich in den abgebildeten Programmen (Listings) diverse Blockkommentare finden, die der Orientierung und dem besseren Verständnis dienen. In der Praxis sollte man derartige Kommentierungen mit Bedacht einsetzen und lieber einzelne Sourcecode-Abschnitte in Funktionen oder Methoden auslagern. Für die Beispiele des Buchs dienen diese Kommentare aber als Anhaltspunkte, weil die eingeführten oder dargestellten Sachverhalte für Sie als Leser vermutlich noch neu und ungewohnt sind.

```
# Startet der Text mit der Suchzeichenfolge?
if text.startswith(value_to_find):
    # Treffer: Setze die Suche nach dem gefundenen
    # Begriff nach der Fundstelle fort
    remaining = text[len(value_to_find):]
    count = 1
else:
    # entferne erstes Zeichen und suche erneut
    remaining = text[1:]
```

16.2 Coding Conventions

Neben meinen bereits präsentierten Gedanken zum Programmierstil möchte ich ergänzend auf zwei Dinge zu Coding Conventions eingehen:

- PEP 8 – Coding Standard (PEP = Python Enhancement Proposal)
- Zen Of Python – Gedanken zu Python

16.2.1 PEP 8 – Coding Standard

Der offizielle Coding Standard für Python ist online unter `https://www.python.org/dev/peps/pep-0008` als PEP 8 verfügbar. Dieser soll dabei helfen, sauberen, einheitlichen und verständlichen Python-Code zu schreiben. Tendenziell legt man in der Python-Community mehr Wert auf schönen Sourcecode, als dies in anderen Sprachen der Fall ist. Generell ist das Motto »Hauptsache es funktioniert« keine nachhaltige Strategie, wie ich es bereits motiviert habe.

Allerdings gibt es ein paar wenige Dinge in PEP 8, über die man geteilter Meinung sein kann, etwa die Begrenzung der Zeilenlänge auf 79 Zeichen. Bei heutigen HiDPI-Monitoren und Auflösungen jenseits von Full HD sind sicher problemlos längere Zeilen von rund 120 Zeichen möglich. Aber allzu lang sollte eine Zeile auch nicht werden – vor allem wenn man einmal zwei Versionsstände einer Datei miteinander vergleichen möchte, kann dies sonst störend sein.

Tooling

Wie schon erwähnt, bietet sich PyCharm als IDE an und gibt direkt im Editor verschiedene Hinweise zum Stil und zu Verbesserungsmöglichkeiten. Einstellungen zur Konfiguration kann man unter `Preferences -> Editor -> Code Style -> Python` (vgl. Abbildung 16-1) sowie `Preferences -> Editor- > Inspections` (vgl. Abbildung 16-2) vornehmen. Insbesondere gibt es bei letzterer die Möglichkeit, `PEP 8 coding style violation` zu aktivieren.

Ergänzendes Tooling

Alternativ oder ergänzend können Sie das Tool `flake8` wie folgt installieren:

```
$ pip3 install flake8
```

Dieses hilft dabei, verschiedene potenzielle Probleme und Verstöße gegen die PEP 8 aufzudecken, wenn Sie es wie folgt aufrufen:

```
$ flake8 <mypythonmodule>.py mydirwithmodules ...
```

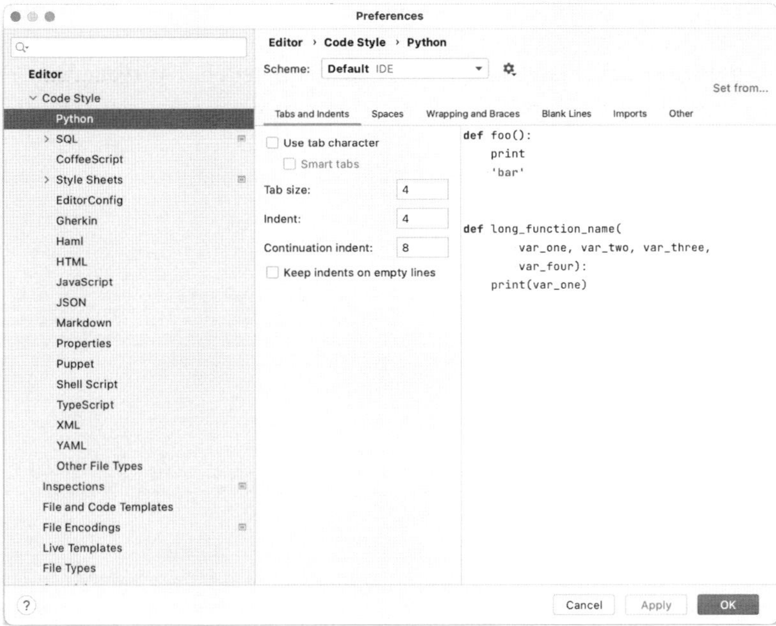

Abbildung 16-1 *Preferences → Code Style → Python*

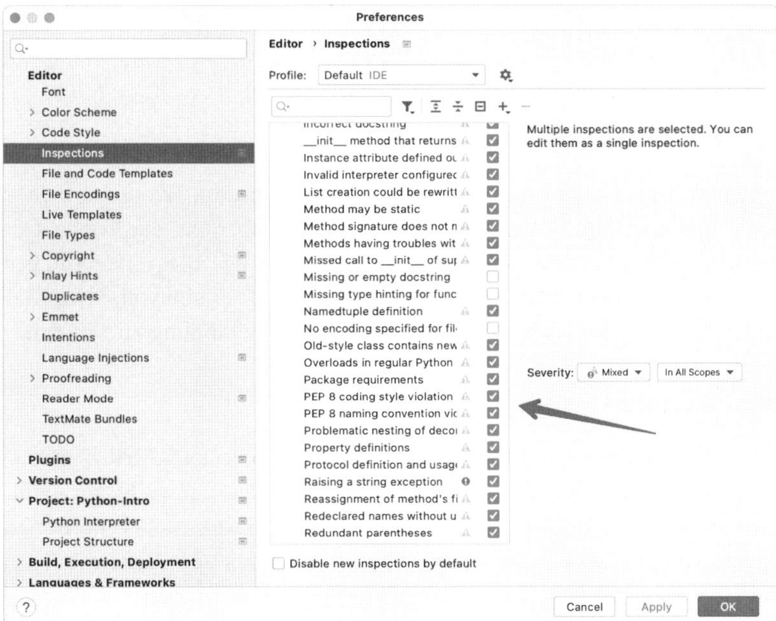

Abbildung 16-2 *Preferences → Inspections*

16.2.2 Zen of Python

Interessanterweise ist in den Kommandozeileninterpreter eine Ausgabe von Hinweisen zum Programmierstil, auch als Zen of Python bekannt, eingebaut. Diese Hinweise erhält man durch folgenden Aufruf:

```
>>> import this
```

Es kommt zu folgender Ausgabe:

```
The Zen of Python, by Tim Peters
Beautiful is better than ugly.
Explicit is better than implicit.
Simple is better than complex.
Complex is better than complicated.
Flat is better than nested.
Sparse is better than dense.
Readability counts.
Special cases aren't special enough to break the rules.
Although practicality beats purity.
Errors should never pass silently.
Unless explicitly silenced.
In the face of ambiguity, refuse the temptation to guess.
There should be one-- and preferably only one --obvious way to do it.
Although that way may not be obvious at first unless you're Dutch.
Now is better than never.
Although never is often better than *right* now.
If the implementation is hard to explain, it's a bad idea.
If the implementation is easy to explain, it may be a good idea.
Namespaces are one honking great idea -- let's do more of those!
```

16.2.3 Namensgebung

Namensregeln lassen sich nur bedingt durch Tools prüfen. Zwar können diese gerade noch eine regelkonforme Schreibweise testen, aber für ein Tool ist der Name `dictionary` oder `list_` genauso gut oder schlecht wie die verständlichen Namen `name_to_person_dict` oder `device_list`. Daher ist es sinnvoll, etwas Selbstdisziplin walten zu lassen und sich etwas Zeit bei der Namensfindung zu nehmen.

Vermeide Namenskürzel

Aussagekräftige Namen machen ein Programm besser lesbar. Abkürzungen und Namenskürzel können das Verständnis erschweren, wenn es sich nicht um gebräuchliche Abkürzungen wie HTML, DB oder XML handelt. Im Extremfall verkümmert ein Variablenname zu einer kryptischen Zusammenstellung aus den Anfangsbuchstaben der Teilworte, etwa `nds` für `NotificationDeliveryService` – eher selten ist das wirklich hilfreich. Oft leidet aber die Verständlichkeit ungemein. Als »Leckerbissen« hat mir ein Kollege die Variable `AAA` zugespielt ... nein, es hat nichts mit Batterien zu tun! Dies ist eine misslungene Abkürzung für eine boolesche Variable mit der Bedeutung »**A**`lle` **A**`nschlüsse` **A**`nzeigen`«.

Bevorzuge sinnvolle Namen vor Kommentaren

Schauen wir uns ein weiteres Negativbeispiel an, das Kommentare nutzt, um den ansonsten nicht besonders gut nachvollziehbaren Sourcecode zu beschreiben:

```
# Enthält den Maximalwert
val = -1

# Durchlaufe alle vorhandenen Tabellenzeilen
for i in range(50):
    val = max(val, values[i])
```

Die beiden Kommentare sind trivial, kaum hilfreich und sogar ein wenig irreführend. Natürlich vermutet man, dass es sich bei `i` um die Zeile handelt und dass `val` den Maximalwert ermitteln soll, aber warum schreibt man es dann nicht gleich wie folgt?

```
PERSON_TABLE_ROW_COUNT = 50

max_age = -1

for i in range(PERSON_TABLE_ROW_COUNT):
    max_age = max(max_age, person_ages[i])
```

Durch eine sinnvolle Benennung der Variablen, hier z. B. `max_age` statt `val` und `person_ages` statt `values`, wird nicht nur der Algorithmus (maximalen Wert wie oben berechnen), sondern auch der dahinter liegende Sinn (maximales Alter der aufgelisteten Personen ermitteln) offensichtlich. Gut gewählte Namen sorgen also nicht nur für Verständlichkeit, sondern erlauben es auch, auf die initial angedeutete »Pseudokommentierung« zu verzichten.

Vermeide Variablennamen, die nur den Typ wiederholen

Manchmal findet man Sourcecode, in dem Variablennamen aus deren Typen hergeleitet werden. Derartige Variablennamen sind oftmals wenig verständlich, da sie keinen Hinweis auf den Einsatzzweck enthalten. Betrachten wir folgendes Beispiel:

```
dict = {}
list = []
```

Für einzelne temporäre Variablen kann es zum Teil schwierig sein, einen sinnvollen Namen zu finden – eine (reine) Nutzung des Typs ist in Python besonders problematisch, weil hierdurch ein sogenanntes ***Shadowing*** erfolgt und danach der Built-in-Typ nicht mehr funktioniert: Mit der oben gezeigten Zuweisung `list = []` wird die Listenfunktionalität durch eben diese unbedachte Namensgebung unzugreifbar:

```
>>> list("ABCDEF")
['A', 'B', 'C', 'D', 'E', 'F']
>>> list = []
>>> list("ABCDEF")
Traceback (most recent call last):
  File "<stdin>", line 1, in <module>
TypeError: 'list' object is not callable
```

Als weiteres Beispiel ist dies für die eingebaute Standardfunktionalität `min()` gezeigt, die plötzlich zur Addition mutiert:

```
>>> min = lambda a, b: a + b
>>> min(7, 2)
9
```

Sofern man sich der Tatsache bewusst ist, kann es etwa bei der Verwendung innerhalb einer Funktion kein Problem darstellen. Möchte man diese Unschönheit jedoch klarer aufzeigen, sieht man als Abhilfe oftmals das Anhängen eines _ – häufig lässt sich mit ein wenig Nachdenken jedoch ein besserer Name finden:

```
>>> min_ = lambda a, b: a + b
>>> list_ = []
```

Zudem wird die reine Verwendung von Typnamen problematisch, wenn mehrere Objekte gleichen Typs verwendet werden:

```
list = []
list2 = []
list3 = []
```

Zur Unterscheidung muss man die Objekte irgendwie kennzeichnen. Meistens werden diese dann einfach durchnummeriert. Dabei stellt sich die Frage nach der Namenskonsistenz: Wird das erste Objekt mit einer »`0`« oder einer »`1`« gekennzeichnet oder noch schlimmer: Erhält der Name, wie im obigen Beispiel, keinen Zusatz?

Verwende sinnvolle, konsistente Namen

Wie bereits angemerkt, helfen sinnvoll gewählte Namen, ein Programm nachvollziehbar zu machen, lassen sich aber leider nicht durch Tools prüfen. Für die Lesbarkeit und die Semantik ist man als Entwickler demnach selbst verantwortlich.

Greifen wir das obige Beispiel wieder auf. Nehmen wir an, die drei Listen würden zur Modellierung von Veränderungen des Inhalts eines Verzeichnisses genutzt. Folgende Namensgebung macht diesen Sachverhalt intuitiv klar:

```
new_files = []
changed_files = []
removed_files = []
```

Im vorherigen Beispiel ist es leicht möglich, `list2` und `list3` zu verwechseln.. Bei der Namensgebung `changed_files` und `removed_files` ist eine Verwechselung nahezu ausgeschlossen.

Hinweis: Vorteil sprechender Namen

Achten Sie darauf, gut lesbaren Sourcecode zu schreiben. Der Grund ist einfach: Sie werden Sourcecode z. B. im Rahmen von Erweiterungen oder Fehlerbehebungen viel häufiger lesen und verstehen müssen, als ihn komplett neu zu schreiben.

16.2.4 Dokumentation

Vermeide Kommentare, die nur den Ablauf beschreiben

Ist ein Abschnitt des Sourcecodes trotz sinnvoller Namensgebung von Variablen, Attributen, Funktionen und Methoden noch nicht ausreichend verständlich, so sollten kurze Kommentare eingefügt werden.

Manchmal wird diese Regel falsch ausgelegt und es werden selbst *einfache* Programmstellen kommentiert: Man findet dann häufig Beschreibungen zum Ablauf bzw. zur Ausführung des Sourcecodes, nicht aber zu dessen Ziel. Das haben wir schon im Beispiel der Namensgebung gesehen. Hier greifen wir es noch einmal auf – in Form einer indexbasierten Iteration über ein Array oder eine Liste namens `tages_umsaetze` mit gespeicherten Einnahmen pro Tag:

```
# SCHLECHTER KOMMENTAR: 365 Tage durchlaufen
for tag in range(365))
    gesamt_umsatz += tages_umsaetze[tag]
```

Es ist viel sinnvoller, zu beschreiben, warum hier eine zwar durch den Variablennamen naheliegende, aber zunächst willkürliche Grenze von 365 Durchläufen verwendet wird, statt nur die offensichtliche Abbruchbedingung der Schleife zu kommentieren. Eine Verbesserung des Kommentars und der Implementierung, die auch Schaltjahre korrekt behandeln kann, könnte so aussehen – der Kommentar ist jetzt nahezu überflüssig:

```
# KORREKTUR: Gesamtumsatz aus den Tagesumsätzen eines Jahres berechnen
tage_im_jahr = len(tages_umsaetze)
for tag in range(tage_im_jahr))
    gesamt_umsatz += tages_umsaetze[tag]
```

Mit einer wertebasierten Iteration mit `for-in` wird es noch robuster und verständlicher:

```
for umsatz_am_tag in tages_umsaetze:
    gesamt_umsatz += umsatz_am_tag
```

16.2.5 Programmdesign

Prüfe Rückgabewerte und behandle Fehlersituationen

Rückgabewerte von Funktionen oder Methoden sollten vom Aufrufer ausgewertet werden, damit angemessen auf eine mögliche Fehlersituation reagiert werden kann. Geschieht dies nicht, so werden Fehler verschleiert oder sie machen sich entweder gar nicht oder nur durch merkwürdiges Programmverhalten bemerkbar.

Beachte die maximale Funktions- bzw. Methodenlänge von ca. 30–50 Zeilen

Eine Funktion bzw. Methode sollte genau eine Teilaufgabe realisieren. Leider sieht man teilweise eine Vielzahl nicht unbedingt zusammengehörender Aktionen. Oftmals geht das mit zunehmender Länge einher. Als Merksatz könnte man sagen: »In der Kürze liegt die Würze.« Wenn eine Funktion bzw. Methode mehrere Dinge erledigt, etwa Informationen beschafft und diese direkt verarbeitet, kann das die sogenannte Orthogonalität (freie Kombinierbarkeit) und Wiederverwendbarkeit stören. Als Folge können Funktionen und Methoden dann nicht wie kleine Bausteine zu neuen, größeren Einheiten kombiniert werden.

Beachte die maximale Klassenlänge von ca. 500–1000 Zeilen

Eine Klasse sollte nur für einen Aufgabenbereich zuständig sein. Wird eine Klasse immer länger, so deutet dies darauf hin, dass sie für zu viele verschiedene Dinge verantwortlich ist. Wie bereits für die Funktionslänge angedeutet, stört dies die Orthogonalität und Wiederverwendbarkeit – in diesem Fall der Klasse. In Python lässt sich diese Regel auch auf Module als Dateien mit Python-Anweisungen anwenden.

16.2.6 Parameterlisten

Halte die Parameterliste kurz

Aus der Psychologie ist bekannt, dass ein Mensch sich etwa 7 ± 2 Dinge im Kurzzeitgedächtnis merken kann. Daher sollte man maximal sieben Parameter verwenden. Übersichtlicher sind natürlich weniger Parameter, am besten nur ein bis vier.

Halte die Reihenfolge von Parametern bei Aufrufen konsistent

Besitzen verschiedene Funktionen oder Methoden gleiche Parameter und rufen sich auf, so sollte die Reihenfolge möglichst einheitlich gehalten werden. Folgendes Listing zeigt ein Negativbeispiel: Die Parameter `a` und `b` sind für die Funktionen `do_this()` und `do_that()` in ihrer Reihenfolge vertauscht:

```
def do_this(a, b):
    return do_that(b, a)


def do_that(b, a):
    pass
```

Warum ist das ungünstig? Die Begründung ist einfach: Ändert sich die Reihenfolge der Parameter ständig, so wird das Verwenden der Funktionen mühselig, da man sich jedes Mal wieder Gedanken über die Aufrufreihenfolge machen muss. Zudem kann durch Vertauschen der Position eines Parameters diesem eine andere semantische Bedeutung gegeben werden. Solche Fehler sind schwierig zu finden.

16.2.7 Logik und Kontrollfluss

Vermeide explizite `True`-/`False`-Literale in `if`-/`while`-Anweisungen

Verwendet man in Abfragen von booleschen Variablen explizit die Schlüsselwörter `True` oder `False`, so wird dies sperrig und unleserlich. Hier ein Beispiel:

```
if attribute_value is False:
    if is_editable is True:
        print("no value but editable")
```

Besser lesbar werden die Abfragen durch Weglassen der booleschen Konstanten und gegebenenfalls durch den Einsatz von `not`:

```
if not attribute_value:
    if is_editable:
        print("no value but editable")
```

Schließlich bietet sich die Kombination zu einer einzeiligen Bedingung an:

```
if not attribute_value and is_editable:
    print("no value but editable")
```

16.3 Auch ans Testen denken

Selbst wenn wir uns sehr viel Mühe geben, lassen sich Fehler nicht immer ausschließen. Eine Fehlersuche kann anstrengend, mühsam und nervenaufreibend sein. Wie lässt sich das vermeiden oder zumindest abmildern? Dazu lernen wir einführend sogenannte ***Unit Tests*** kennen. Ziel dabei ist es, das korrekte Arbeiten einer kleinen Einheit (Unit) – normalerweise ein Python-Modul oder sogar lediglich einige Funktionen daraus – für sich zu untersuchen: Das erleichtert den Fokus auf einen klar abgegrenzten Bereich der Funktionalität, wodurch sich berechnete Ergebnisse besser mit gewünschten Resultaten vergleichen lassen.

Die erwarteten Ergebnisse und die korrespondierenden Testfälle werden in Form von Python-Modulen realisiert. Tests werden also nicht nur durchgeführt, sondern zunächst programmiert.

16.3.1 Das Pytest-Framework

Pytest[1] ist ein in Python geschriebenes, frei verfügbares Framework, das bei der Erstellung und Automatisierung von Testfällen unterstützt. Pytest ist leicht erlernbar und nimmt viel Arbeit beim Schreiben und Verwalten von Testfällen ab. Insbesondere muss nur die Logik für die Testfälle selbst implementiert werden. Im Gegensatz zu einigen anderen Frameworks ist es nicht erforderlich, eine Vielzahl an Funktionen zu lernen, um Testbehauptungen aufzustellen, sondern es reicht eine.

1 `https://docs.pytest.org/en/8.3.x`

Das in Python integrierte Modul unittest ist weniger komfortabel als Pytest in der Handhabung und dadurch auch weniger verbreitet. Details zu den beiden finden Sie unter https://knapsackpro.com/testing_frameworks/difference_between/unittest/vs/pytest. Praktischerweise erlaubt es Pytest auch, eine möglicherweise bestehende Testbasis, erstellt mit unittest, auszuführen, wodurch eine schrittweise Migration von unittest zu Pytest erleichtert wird.

Installation von Pytest

Bevor Sie Pytest verwenden können, müssen Sie es installieren. Das geht mit dem pip-Tool, das für Linux und Windows schlicht pip, aber unter macOS pip3 heißt:

```
$ pip3 install -U pytest
```

Außerdem sind ein paar Plugins ganz nützlich, etwa das zum Aufbereiten einer HTML-Seite:

```
$ pip3 install pytest-html
```

Zur Konfiguration von Pytest in PyCharm lesen Sie bitte die Onlinedokumentation: https://www.jetbrains.com/help/pycharm/pytest.html#9.

16.3.2 Schreiben und Ausführen von Tests

Zum Testen eines Moduls wird normalerweise ein korrespondierendes Testmodul geschrieben. Damit ein solches von Pytest erkannt wird, sollte es mit dem Kürzel test enden, etwa ex03_palindrome_test. Häufig beginnt man zur Absicherung wichtiger Funktionalität damit, zunächst einige zentrale Funktionen durch Tests zu überprüfen. Das sollte schrittweise ausgeweitet werden. Testfälle formuliert man in Form spezieller Testfunktionen, die mit dem Kürzel test_ markiert sein müssen. Ansonsten werden sie von Pytest nicht als Testfall betrachtet und bei der Testausführung ignoriert.

Beispiel: Ein erster Unit Test

Betrachten wir ein einführendes Beispiel:

```
def test_index():
    # ARRANGE
    name = "Peter"

    # ACT
    pos = name.index("t")
    expected = 2

    # ASSERT
    assert pos == expected
```

Interessanterweise sehen wir keine Abhängigkeit zu Pytest. Tatsächlich wird das Ganze automatisch mit Pytest verknüpft und die Ausführung des Standard-Asserts so variiert, dass sich dort Pytest einklinkt und Testergebnisse produziert.

Zudem erwähnenswert ist die Dreiteilung mit ARRANGE-ACT-ASSERT (AAA-Stil) zum Vorbereiten der Aktionen, Ausführen und Auswerten der Ergebnisse. Diese Struktur hilft dabei, saubere und verständliche Tests zu schreiben. Nicht immer gibt es einen ARRANGE-Teil und außerdem kann man die Kommentare weglassen, wenn man geübter ist.

Ausführen von Tests

Zum Ausführen der Unit Tests mit Pytest können Sie entweder

- die Kommandozeile oder
- die IDE

nutzen.

Ausführen von Tests auf der Konsole Das Ausführen der Unit Tests mit Pytest lässt sich im Hauptverzeichnis Ihres Projekts von der Konsole aus starten – hier mithilfe von `python3` und der Modulangabe mit `-m`. Nur auf diese Weise werden die Tests bei mir immer sauber ausgeführt.

```
$ python3 -m pytest
```

Dadurch werden alle Tests gestartet und das Ergebnis auf der Konsole protokolliert. Beispielsweise sieht ein solcher Testlauf gekürzt wie folgt aus:

```
$ python3 -m pytest
================= test session starts ===================
platform darwin -- Python 3.12.4, pytest-8.3.1, pluggy-1.5.0
rootdir: /Users/michaelinden/PycharmProjects/PythonChallenge
plugins: html-4.1.1, metadata-3.1.1
collected 637 items

tests/appendix/example_test.py .                                [  0%]
tests/ch02_math/ex01_basiscs_test.py ................            [  2%]
tests/ch02_math/ex02_number_as_text_test.py .........            [  4%]
tests/ch02_math/ex03_perfectnumber_test.py ..........            [  6%]
tests/ch02_math/ex04_primes_test.py .........................    [ 10%]
...
tests/ch08_binary_trees/ex08_reconstruction_test.py ...          [ 95%]
tests/ch09_search_and_sort/ex01_contains_test.py ....            [ 95%]
tests/ch09_search_and_sort/ex02_partition_test.py ..             [ 96%]
tests/ch09_search_and_sort/ex03_binary_search_test.py ......     [ 96%]
tests/ch09_search_and_sort/ex04_insertion_sort_test.py .         [ 97%]
tests/ch09_search_and_sort/ex05_selection_sort_test.py .         [ 97%]
tests/ch09_search_and_sort/ex06_quick_sort_test.py ...           [ 97%]
tests/ch09_search_and_sort/ex07_bucket_sort_test.py ...          [ 98%]
tests/ch09_search_and_sort/ex08_search_rotated_sorted_test.py ........... [100%]

=============== 627 passed in 3.12s ====================
```

Ein Start mit

```
$ python3 -m pytest --html=pytest-report.html
```

erzeugt zusätzlich eine Aufbereitung der Testresultate als HTML, die Sie sich dann mit dem Browser Ihrer Wahl anschauen können. Ein Beispiel zeigt Abbildung 16-3.

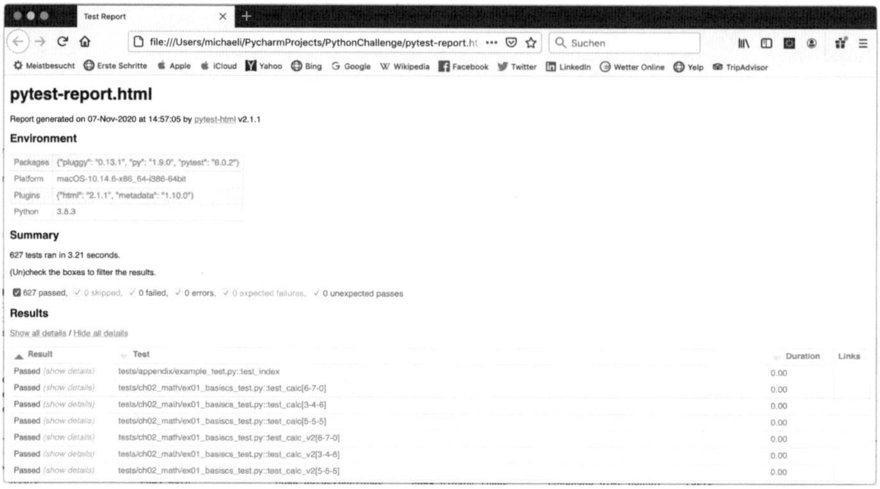

***Abbildung 16-3** HTML-Darstellung eines Test-Reports*

Ausführen von Tests aus der IDE Alternativ ist es etwas bequemer, die Testausführung direkt in der IDE zu starten. Zuvor muss allerdings Pytest korrekt konfiguriert sein. Praktischerweise ist Pytest in die gängige IDE PyCharm integriert. Tests lassen sich entweder über ein Kontextmenü oder über Buttons im GUI ausführen. Dabei kommt es zu einer Ausgabe ähnlich zu der in Abbildung 16-4.

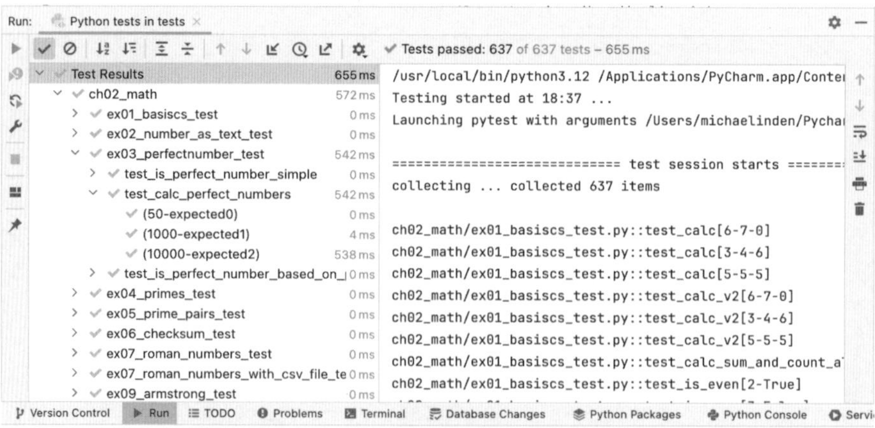

***Abbildung 16-4** Testausführung aus dem GUI der IDE*

Fazit

In diesem Kapitel konnte ich nur einen kurzen Einstieg in das Testen mit Pytest geben, um erste Gehversuche zu ermöglichen. Natürlich gibt es noch deutlich mehr zu entdecken, etwa diverse Plugins. Schauen Sie einmal in die im nächsten Kapitel angegebene Literaturliste, um Ihr Wissen weiter auszubauen.

17 Schlusswort

So, nun haben Sie es also bis zum Ende geschafft. Herzlichen Glückwunsch! Durch die Lektüre, vor allem aber über das Durcharbeiten der Aufgaben und das Nachvollziehen der Lösungen oder gar das Abwandeln einiger Aufgabenstellungen sollten Sie sich ein recht gutes erstes Verständnis von Python erarbeitet haben. Sie sind mittlerweile vertraut mit vielen wichtigen Programmkonstrukten wie Variablen, Bedingungen, Schleifen und einigem mehr. Mit dem gesammelten Wissen sollten sich erste Hobbyprojekte deutlich einfacher umsetzen lassen.

Je länger Sie mit Python entwickeln, desto mehr baut sich auch das Verständnis auf. Wenn Sie Ihre Programmierfähigkeiten auf das nächste Level heben wollen oder an Hintergründen sowie passenden Übungsaufgaben interessiert sind, dann möchte ich Ihnen mein Buch »Python Challenge« [4] wärmstens ans Herz legen. Dort finden Sie ein reichhaltiges Angebot an unterhaltsamen Übungsaufgaben mit unterschiedlichen Schwierigkeitsstufen. Durch deren Lösung können Sie Ihre Python- und Programmierkenntnisse weiter ausbauen.

Persönliche Bitte

Ein persönliches Anliegen habe ich zum Abschluss: Wenn Ihnen das Buch gefallen hat, dann machen Sie doch bitte ein wenig Werbung und sagen Sie es gerne weiter. Natürlich freue ich mich auch über eine positive Rezension bei Amazon.

Feedbacks, Verbesserungsvorschläge oder Erweiterungswünsche sind gerne gesehen. Senden Sie diese bitte per Mail an: `michael_inden@hotmail.com`.

Verbleibt nur noch eins: Haben Sie viel Freude mit dem Programmieren als wunderbarem Hobby. In diesem Sinne: Happy Coding!

Weiterführende Literatur zu Python

Der Markt an Python-Büchern wächst unaufhaltsam und zieht mit dem für Java-Bücher gleich oder überholt ihn schon.

Nach diesem Einstieg bieten sich unter anderem folgende Bücher für eine tiefere Beschäftigung mit Python an:

- »**Python-Tricks – Praktische Tipps für Fortgeschrittene**« von Dan Bader [1]
- »**Mastering Python**« von Rick van Hattern [8]
- »**Fluent Python**« von Luciano Ramalho [7]
- »**Python Challenge: Fit für Prüfung, Job-Interview und Praxis – mit 100 Aufgaben und Musterlösungen**« von Michael Inden [4]

Weiterführende Literatur zu Algorithmen und Datenstrukturen

Zum Einstieg in Algorithmen und Datenstrukturen gibt es diverse Bücher. Folgende kann ich Ihnen zur Komplettierung oder für eine andere Betrachtungsweise empfehlen:

- »**Grokking Algorithms**« [2] von Aditya Y. Bhargava
- »**A Common-Sense Guide to Data Structures and Algorithms**« [9] von Jay Wengrow

Weiterführende Literatur zu Pytest

Weitere Informationen, wie Sie Pytest geeignet nutzen, finden Sie in folgenden Büchern:

- »**Python Testing with pytest: Simple, Rapid, Effective, and Scalable**« von Brian Okken [5]
- »**pytest Quick Start Guide: Write better Python code with simple and maintainable tests**« von Bruno Oliveira [6]

V Anhang

A Schlüsselwörter im Überblick

In Python existiert eine Reihe von Schlüsselwörtern, die reserviert sind und nicht als Bezeichner für Variablen, Funktionen, Methoden, Klassen oder anderes verwendet werden dürfen. Praktischerweise gibt es zwei Wege, um sich im Python-Kommandozeileninterpreter die Schlüsselwörter anzeigen zu lassen. Beide sind im Listing gezeigt:

```
>>> help("keywords")

Here is a list of the Python keywords.  Enter any keyword to get more help.

False               class               from                or
None                continue            global              pass
True                def                 if                  raise
and                 del                 import              return
as                  elif                in                  try
assert              else                is                  while
async               except              lambda              with
await               finally             nonlocal            yield
break               for                 not

>>> import keyword
>>> keyword.kwlist
['False', 'None', 'True', 'and', 'as', 'assert', 'async', 'await', 'break', '
      class', 'continue', 'def', 'del', 'elif', 'else', 'except', 'finally', 'for
      ', 'from', 'global', 'if', 'import', 'in', 'is', 'lambda', 'nonlocal', 'not
      ', 'or', 'pass', 'raise', 'return', 'try', 'while', 'with', 'yield']
```

A.1 Schlüsselwörter im Überblick

Nachfolgend sind die Schlüsselwörter (und einige reservierte Wörter) nochmals tabellarisch mitsamt einer kurzen Beschreibung aufgelistet.

Schlüsselwort	Beschreibung
`False`	Negativer Wahrheitswert
`None`	Repräsentiert »kein Objekt«.
`True`	Positiver Wahrheitswert
`and`	Logische UND-Verknüpfung von zwei Bedingungen

Schlüsselwort	Beschreibung
`as`	Erzeugt einen Alias: Ermöglicht beim Import die Benennung eines Moduls, kann auch zum Benennen einer Variablen dienen.
`assert`	Erlaubt das Aufstellen und Überprüfen von Behauptungen.
`async`	Wird in Kombination mit `def` verwendet, um eine asynchrone Funktion zu definieren. Dazu erfolgt der Zusatz `async` zu Beginn.
`await`	Wartet auf die Ausführung einer asynchronen Funktion.
`break`	Beendet eine Schleife.
`case`	Beschreibt einen Fall in Kombination mit `match`.
`class`	Leitet die Definition einer Klasse ein.
`continue`	Überspringt die restlichen Anweisungen und führt die nächste Iteration einer Schleife aus.
`def`	Leitet die Definition einer Funktion bzw. Methode ein.
`del`	Löscht ein Element aus einer Collection.
`elif`	Beschreibt einen bestimmten Alternativfall bei einem `if`, also in einer bedingten Anweisung.
`else`	Beschreibt den Alternativfall bei einem `if`, also in einer bedingten Anweisung. Alternativ kann es auch beim Exception Handling genutzt werden, um einen Codeblock zu definieren, der nur in dem Fall ausgeführt wird, wenn es zu keiner Exception kam.
`except`	Dient zum Fangen von Exceptions.
`finally`	Erlaubt es beim Behandeln von Exceptions, einen Codeblock zu definieren, der in jedem Fall ausgeführt wird, unabhängig davon, ob es zu einer Exception kam oder nicht.
`for`	Erzeugt eine `for`-Schleife.
`from`	Dient in Kombination mit `import` zum Einbinden bestimmter Teile eines anderen Moduls.
`global`	Definition einer globalen Variablen
`if`	Erzeugt eine bedingte Anweisung.
`import`	Wird verwendet, um ein Modul zu importieren.
`in`	Prüft, ob ein Wert in einer Liste, einem Tupel bzw. einer Collection vorhanden ist.
`is`	Prüft, ob zwei (Referenz-)Variablen gleich sind.
`lambda`	Dient zur Definition eines Lambda-Ausdrucks, also einer anonymen Funktion.
`match`	Erlaubt die Definition von Fallunterscheidungen ähnlich zum `switch` bei anderen Programmiersprachen.

Schlüsselwort	Beschreibung
`nonlocal`	Wird zur Definition einer nicht lokalen Variablen innerhalb einer verschachtelten Funktionsdefinition verwendet.
`not`	Negation einer Bedingung
`or`	Logische ODER-Verknüpfung von zwei Bedingungen
`pass`	Gibt an, dass eine Funktion bzw. Methode keinen Rückgabewert haben soll. Drückt eine leere Anweisung aus.
`raise`	Löst eine Exception aus.
`return`	Dient dazu, eine Funktion bzw. Methode zu verlassen und einen Wert zurückzugeben.
`try`	Ermöglicht das Absichern von Anweisungen und dient zum Formulieren eines `try`-`except`-Blocks.
`while`	Erzeugt eine `while`-Schleife.
`with`	Zur Vereinfachung des Resource Handling bei Exceptions
`yield`	Gibt einen Wert eines Generators zurück.

B Schnelleinstieg Python-REPL

In diesem Buch werden viele Beispiele auf der Konsole ausprobiert. Das liegt vor allem daran, dass Python eine interaktive Kommandozeilenapplikation als REPL (Read-Eval-Print-Loop) bietet, die wir nachfolgend kurz kennenlernen wollen.

B.1 Python-REPL

Der Python-Kommandozeileninterpreter wird unter Windows mit dem Kommando `python` und unter macOS mit `python3` gestartet und erlaubt ein interaktives Arbeiten und das Ausführen kleinerer Sourcecode-Schnipsel. Wie gerade erwähnt, spricht man dabei auch von einer REPL. Dadurch wird es möglich, etwas Python-Sourcecode zu schreiben und Dinge schnell auszuprobieren, ohne dafür eine IDE starten und ein Projekt anlegen zu müssen. Über das Ausmaß des Gewinns lässt sich sicherlich streiten. Überaus praktisch ist die REPL für erste Experimente und für Prototyping.

Einführendes Beispiel

Starten wir die REPL und probieren einige Aktionen und Berechnungen aus. Dabei dient mal wieder eine Abwandlung eines Hello-World-Beispiels als Startpunkt:

```
$ python3
Python 3.13.0 (v3.13.0:60403a5409f, Oct  7 2024, 00:37:40) [Clang 15.0.0 (clang
      -1500.3.9.4)] on darwin
Type "help", "copyright", "credits" or "license" for more information.
>>>
>>> print("Hello Python")
Hello Python
```

Danach addieren wir zwei Zahlen:

```
>>> 2 + 2
4
```

Auch die Definition eigener Funktionen ist wie folgt möglich:

```
>>> def add(m, n):
...     return m + n
...
```

Bei der Eingabe erkennt der Python-Kommandozeileninterpreter praktischerweise, wenn Anweisungen nicht vollständig sind und noch weitere Eingaben in einer Folgezeile benötigt werden. Dies wird durch die drei Punkte am Anfang einer Zeile ausgedrückt. Um dann nach dem `return` die Definition der Funktion und Eingabe zu beenden, müssen Sie dann zweimal Return drücken.

Bei Eingaben in der REPL müssen Sie pingelig auf die Einrückung achten. Denn hat man sich dabei einmal vertan, lässt sich der Fehler oft nur mühsam korrigieren. Daher empfehle ich abgesehen von kleinen Experimenten fast immer den Einsatz einer IDE wie die unter `https://www.jetbrains.com/de-de/pycharm` frei verfügbare IDE PyCharm.

Nach Abschluss der Definition kann man Funktionen dann wie erwartet aufrufen:

```
>>> add(7, 2)
9
```

Komplexere Aktionen

Selbst etwas komplexere Aktionen sind mit der REPL möglich, etwa eine Liste von Namen und einen Lambda-Ausdruck zu definieren und dann eine Filterung vorzunehmen:

```
>>> names = ["Tim", "Jim", "Tom", "James", "Mike", "John"]
>>> filtered_names = list(filter(lambda str: str.lower().startswith("j"),
...                                names))
>>> print(filtered_names)
['Jim', 'James', 'John']
```

Selbstverständlich kann man auch `if`-Abfragen ausführen:

```
>>> if names.index("Mike") >= 0:
...     print("Found Mike")
... else:
...     print("No Mike found")
...
Found Mike
```

Wenn Sie allerdings ähnlich krumme Finger wie der Autor haben, dann ist schnell mal ein Tippfehler gemacht, der sich in der REPL leider nur schwierig bzw. umständlich korrigieren lässt. Praktischerweise ist seit Python in Version 3.13 für macOS und Linux ein Multiline-Editing möglich.

Weitere Kommandos und Möglichkeiten

Außerdem bietet der Python-Kommandozeileninterpreter eine Historie der Befehle, was nützlich sein kann, um ein vorheriges Kommando wiederholt auszuführen. Folgende Tastaturkürzel erleichtern das Editieren und Navigieren:

- Ctrl + A / E – Springt an den Anfang / das Ende einer Zeile.
- ↑ / ↓ – Mit den Cursortasten kann man durch die Historie der Befehle navigieren.

Wie eben gesehen ist die Definition von Listen möglich – das geht auch für Mengen und Dictionaries und sogar recht komfortabel:

```
>>> numbers = [1, 2, 3, 4, 5, 6, 7]
>>> names = {"Tim", "Mike", "Max"}
>>> name_to_age = {"Tim": 41, "Mike": 42}
>>>
>>> print(name_to_age)
{'Tim': 41, 'Mike': 42}
```

Natürlich kann man dann diverse Aktionen darauf ausführen:

```
>>> numbers += name_to_age.values()
>>> numbers
[1, 2, 3, 4, 5, 6, 7, 41, 42]
>>>
>>> names.update({"Peter", "Jim"})
>>> names
{'Mike', 'Max', 'Peter', 'Tim', 'Jim'}
```

Komplexere Aktionen

Neben den gezeigten recht trivialen Aktionen erlaubt der Python-Kommandozeileninterpreter auch komplexere Berechnungen und sogar die Definition von Klassen.

Einbinden anderer Module Manchmal möchte man Funktionalitäten anderer Module verwenden. Wir wollen etwa nachfolgend ein wenig mit Turtle-Grafiken experimentieren.

```
>>> import turtle
>>>
>>>
>>> def drawfigure():
...     turtle.speed(10)
...     turtle.begin_fill()
...     while True:
...         turtle.forward(200)
...         turtle.left(95)
...         if abs(turtle.pos()) < 10:
...             break
...     turtle.end_fill()
...
>>>
>>> screen = turtle.Screen()
2022-11-10 14:03:55.842 Python[2952:12866067] ApplePersistenceIgnoreState:
      Existing state will not be touched. New state will be written to /var/
      folders/bs/79clk1691zj1pkf_07sps4dc0000gn/T/org.python.python.savedState
>>> screen.setworldcoordinates(-100, -100, 300, 300)
>>>
>>> turtle.color('red', 'blue')
>>> drawfigure()
```

Mit der obigen Kommandofolge wird ein Fenster erzeugt und angezeigt. Die Turtle beginnt dann ihre Arbeit und zeichnet ein schönes Muster. Es sollte in etwa wie in Abbildung B-1 aussehen.

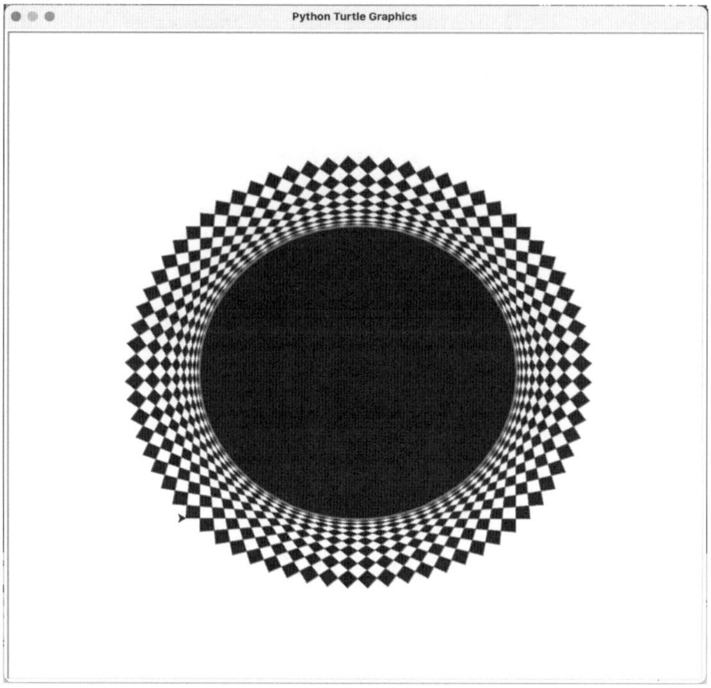

Abbildung B-1 *Einfache Turtle-Grafik mit Python*

Beenden des Python-Kommandozeileninterpreters

Schließlich lässt sich der Python-Kommandozeileninterpreter durch Aufruf von `exit()` oder auch `quit()` beenden.

Oftmals war dieser Funktionsaufruf von `exit()` für Einsteiger doch etwas ungewohnt. Praktischerweise kann man seit Python 3.13 alternativ die Kommandos `exit` und `quit` verwenden.

C Neuerungen in Python 3.13

Dieser Anhang stellt einige der in Python 3.13 umgesetzten Erweiterungen vor, die für Sie von Relevanz sind und Ihnen die weiteren Gehversuche erleichtern können. Wir beginnen mit Verbesserungen bei Fehlermeldungen. Danach schauen wir kurz auf Verbesserungen beim Python-Kommandozeileninterpreter. Schließlich werden noch verschiedene neue Features in Form von PEPs kurz angesprochen.

C.1 Verbesserungen bei Fehlermeldungen

Beim Erstellen von Programmen kommt es immer mal wieder zu verschiedenen Fehlern. Diese kann man umso besser beheben, je mehr Kontextinformationen und je akkurater auch die Zeilennummern und die Position innerhalb der Zeile von Python bereitgestellt werden. Seit Python 3.10 wird intensiv im Bereich der Fehlermeldungen verbessert. Beispielsweise werden mittlerweile fehlende Imports erkannt und nützliche Hinweise zur Abhilfe gegeben:

```
>>> sys.builtin_module_names
Traceback (most recent call last):
  File "<python-input-0>", line 1, in <module>
    sys.builtin_module_names
    ^^^
NameError: name 'sys' is not defined. Did you forget to import 'sys'?
>>>
>>> import sys
>>> sys.builtin_module_names
('_abc', '_ast', '_codecs', '_collections', '_functools', '_imp', '_io', '
     _locale', '_operator', '_signal', '_sre', '_stat', '_string', '_suggestions
     ', '_symtable', '_sysconfig', '_thread', '_tokenize', '_tracemalloc', '
     _typing', '_warnings', '_weakref', 'atexit', 'builtins', 'errno', '
     faulthandler', 'gc', 'itertools', 'marshal', 'posix', 'pwd', 'sys', 'time')
>>>
>>> random.randrange()
Traceback (most recent call last):
  File "<python-input-13>", line 1, in <module>
    random.randrange()
    ^^^^^^
NameError: name 'random' is not defined. Did you forget to import 'random'?
```

In Python 3.13 finden sich folgende Verbesserungen bei Fehlermeldungen:

- **Namenskonflikte bei Modulen** – Beim Einstieg in Python ist es nicht ungewöhnlich, dass man eigene Module so benennt, wie diejenigen aus der Python-Standardbibliothek. Früher kam es dann zu einer eher unverständlichen Fehlermeldung. Mit Python 3.13 wurde das stark verbessert. Es erscheint eine detaillierte Fehlermeldung mit dem Hinweis, das aktuelle Modul umzubenennen.
- **Tippfehler bei benannten Parametern** – Immer einmal wieder vertippt man sich und es kommt zu einem Schreibfehler bei der Angabe eines benannten Parameters. Mit Python 3.13 wird eine möglichst passende Korrektur vorgeschlagen, basierend auf den benannten Parametern, die in der aufgerufenen Funktion verfügbar sind.

C.1.1 Namenskonflikte bei Modulen

Wenn wir uns noch nicht intensiv mit den Modulen der Python-Standardbibliothek beschäftigt haben, könnten wir versehentlich ein eigenes Modul genau so benennen wie ein bereits vordefiniertes. Das wäre beispielsweise dann der Fall, wenn wir eine Python-Datei namens `random.py` mit folgendem Inhalt erstellen:

```
import random

print(random.randint(2, 17))
```

Diese Datei steht in Konflikt mit dem Standardmodul `random`. Ein derartiger Fehler ist schnell einmal gemacht, lässt sich aber erst mit Python 3.13 recht gut nachvollziehen, da die generierte Fehlermeldung einen sinnvollen Hinweis auf die Problemursache liefert.

Python 3.12.x

Wenn wir diese Datei mit Python 3.12 oder älter wie folgt ausführen, erhalten wir zwar eine Fehlermeldung, aber diese ist eher verwirrend: Dort wird ein `AttributeError` mit der Information eines nur teilweise initialisierten Moduls gemeldet:

```
$ python3 random.py
Traceback (most recent call last):
  File "/Users/michaelinden/PycharmProjects/Einfach-Python-V2/ch01_intro/random.
        py", line 1, in <module>
    import random
  File "/Users/michaelinden/PycharmProjects/Einfach-Python-V2/ch01_intro/random.
        py", line 3, in <module>
    print(random.randint(2, 17))
          ^^^^^^^^^^^^^^
AttributeError: partially initialized module 'random' has no attribute 'randint'
      (most likely due to a circular import)
```

Verbesserung mit Python 3.13

Rufen wir das Kommando mit dem aktuellen Python 3.13 auf, so führt das zu einer sehr verständlichen Fehlermeldung, die zudem eine gute Hilfestellung liefert und das ursächliche Problem klar benennt. Zudem wird dort eine Lösung durch Umbenennen des eigenen Moduls vorgeschlagen:

```
$ python3 random.py
Traceback (most recent call last):
  File "/Users/michaelinden/PycharmProjects/Einfach-Python-V2/ch01_intro/random.
        py", line 1, in <module>
    import random
  File "/Users/michaelinden/PycharmProjects/Einfach-Python-V2/ch01_intro/random.
        py", line 3, in <module>
    print(random.randint(2, 17))
          ^^^^^^^^^^^^^^
AttributeError: module 'random' has no attribute 'randint' (consider renaming '/
      Users/michaelinden/PycharmProjects/Einfach-Python-V2/ch01_intro/random.py'
      since it has the same name as the standard library module named 'random'
      and the import system gives it precedence)
```

C.1.2 Tippfehler bei benannten Parametern

Die Verbesserung bei Tippfehlern bei benannten Parametern möchte ich an einem Aufruf der Methode `sort()` einer Liste verdeutlichen, der man den benannten Parameter `key` zur Steuerung der Sortierung mitgeben kann.

Als Beispiel gehen wir von folgender Liste mit Namen und einer Sortierung gemäß dem letzten Buchstaben aus:

```
>>> names = ["Tim", "James", "Micha", "Billy", "Sven"]
>>> names.sort(key=lambda str: str[-1])
>>> names
['Micha', 'Tim', 'Sven', 'James', 'Billy']
```

Python 3.12.x

Schnell hat man sich einmal bei dem Namen des benannten Parameters vertan, hier bewusst `kay` statt `key`, wodurch es in Python 3.12 zu folgender Fehlermeldung kommt:

```
>>> names.sort(kay=lambda str: str[-1])
Traceback (most recent call last):
  File "<pyshell#3>", line 1, in <module>
    names.sort(kay=lambda str: str[-1])
TypeError: 'kay' is an invalid keyword argument for sort()
```

Verbesserung mit Python 3.13

Wiederholen wir das Kommando mit dem aktuellen Python 3.13, so ist die generierte Fehlermeldung deutlich präziser, erkennt und benennt den falsch geschriebenen Parameternamen und bietet sogar einen Korrekturhinweis:

```
>>> names.sort(kay=lambda str: str[-1])
Traceback (most recent call last):
  File "<python-input-10>", line 1, in <module>
    names.sort(kay=lambda str: str[-1])
    ~~~~~~~~~~^^^^^^^^^^^^^^^^^^^^^^^^^
TypeError: sort() got an unexpected keyword argument 'kay'. Did you mean 'key'?
```

C.2 Verbesserungen in der Python-REPL

Durch das Nachvollziehen der Beispiele dieses Buchs sollte Ihnen mittlerweile bestens bekannt sein, dass der Python-Kommandozeileninterpreter (REPL) ein interaktives Bearbeiten und Ausführen kleinerer Sourcecode-Schnipsel erlaubt. Allerdings war die REPL bislang doch eher unkomfortabel in der Nutzung, insbesondere wenn die Experimente mehr als fünf oder zehn Zeilen lang wurden. Ganz besonders störend war dann, dass es keine Unterstützung für das mehrzeilige Editieren gab.

Mit Python 3.13 wurden unter anderem folgende Verbesserungen integriert, die die REPL angenehmer in der Handhabung und auch das Editieren komfortabler machen:

- Die Ausgabe an die Konsole ist jetzt standardmäßig farbig. Diese Verbesserung sorgt beispielsweise für aussagekräftigere Fehlermeldungen.
- Drückt man F1, so öffnet sich eine Hilfe-Funktionalität:

```
>>> Welcome to Python 3.13's help utility! If this is your first time using
Python, you should definitely check out the tutorial at
https://docs.python.org/3.13/tutorial/.

Enter the name of any module, keyword, or topic to get help on writing
Python programs and using Python modules.  To get a list of available
modules, keywords, symbols, or topics, enter "modules", "keywords",
"symbols", or "topics".

Each module also comes with a one-line summary of what it does; to list
the modules whose name or summary contain a given string such as "spam",
enter "modules spam".

To quit this help utility and return to the interpreter,
enter "q", "quit" or "exit".
```

- Mit F2 lässt sich der Verlauf der Eingaben durchsuchen.
- Statt der für Einsteiger eher verwirrenden Aufrufe der Funktionen `exit()` oder `quit()` reicht nun das Kommando `exit` oder `quit`, um die REPL zu beenden.

C.3 Verschiedenes

Neben Aufräumarbeiten finden sich einige in Form von PEPs – Python Enhancement Proposals – umgesetzte Features.

Aufräumarbeiten

Mit Python 3.11 wurden verschiedene Bestandteile der Python-Standardbibliothek, die veraltet waren, speziell gekennzeichnet. Ziel war es, für Ordnung und Übersicht sorgen zu können, indem diese alten Zöpfe später abgeschnitten werden. In Python 3.12 wurden die zugehörigen Module noch beibehalten, nun aber mit Python 3.13 entfernt.

PEP-730: iOS-Support

Nicht nur Python wird zunehmend populärer, auch Smartphones wie iPhones oder Android-Geräte sind weit verbreitet. Python läuft auch mit iOS und ist für Android geplant.

Allerdings ist dabei zu bedenken, dass es unter iOS keine ausführbaren Programme oder einen Python-Kommandozeileninterpreter gibt. Stattdessen existieren nur Apps. Deswegen bedarf es eines Tricks: Man muss eine native App schreiben und in diese kann man dann Python-Sourcecode einbetten.

Mehr Details finden Sie unter `https://peps.python.org/pep-0730`.

PEP-703: Free-Threaded Python (experimentell)

Pythons Möglichkeiten zur Parallelverarbeitung sind durch den sogenannten Global Interpreter Lock (oder GIL) beschränkt. Damit ist keine parallele Ausführung von Threads möglich. Diese Beschränkung soll mit dieser Neuerung aufgehoben werden. Diese Funktionalität ist allerdings noch experimentell.

Mehr Details finden Sie unter `https://peps.python.org/pep-0703`.

PEP-744: JIT (Just in Time) Compiler (experimentell)

Python-Sourcecode wird vor der Ausführung in einen speziellen Bytecode überführt, der dann von einem Interpreter ausgeführt wird. Für diese Transition wurden Optimierungen vorgenommen und allgemeiner Bytecode kann durch spezifischeren ersetzt werden. Dadurch lassen sich Geschwindigkeitssteigerungen von über 10 % erzielen. Mit Python 3.12 gab es weitere Verbesserungen. Schließlich erzeugt Python 3.13 für einzelne Programmabschnitte sogar Maschinencode, statt nur spezialisierten Bytecode. Diese Funktionalität ist allerdings noch experimentell. Man rechnet aber mit Geschwindigkeitssteigerungen von rund 5 %.

Mehr Details finden Sie unter `https://peps.python.org/pep-0744`.

Literaturverzeichnis

[1] Dan Bader. *Python-Tricks – Praktische Tipps für Fortgeschrittene.* dpunkt.verlag, 2018.

[2] Aditya Y. Bhargava. *Grokking Algorithms.* Manning, 2016.

[3] Martin Fowler. *Refactoring: Improving the Design of Existing Code.* Addison-Wesley, 1999.

[4] Michael Inden. *Python Challenge: Fit für Prüfung, Job-Interview und Praxis – mit 100 Aufgaben und Musterlösungen.* dpunkt.verlag, 2021.

[5] Brian Okken. *Python Testing with pytest: Simple, Rapid, Effective, and Scalable.* O'Reilly, 2017.

[6] Bruno Oliveira. *pytest Quick Start Guide: Write better Python code with simple and maintainable tests.* Packt Publishing, 2018.

[7] Luciano Ramalho. *Fluent Python.* O'Reilly, 2. Auflage, 2022.

[8] Rick van Hattern. *Mastering Python.* Packt Publishing, 2016.

[9] Jay Wengrow. *A Common-Sense Guide to Data Structures and Algorithms.* The Pragmatic Programmers, 2017.

Index